A

Der

KULINARISCHE ATLAS

Eine Reise um die Welt in 95 Rezepten

ATLANTIK

Die Originalausgabe erschien 2014 unter dem Titel
The Edible Atlas im Verlag Canongate Books Ltd., London

*Aus dem Englischen von Katja Hald,
Friedrich Pflüger, Karin Schuler und Heike Schlatterer*

*Altlantik Bücher erscheinen im
Hoffmann und Campe Verlag*

1. Auflage 2014
Copyright © 2014 by Mina Holland
Copyright für die Karten © Liane Payne
Für die deutschsprachige Ausgabe
Copyright © 2014 by Hoffmann und Campe Verlag, Hamburg
www.hoca.de
Einbandgestaltung: FAVORITBUERO, München
Symbole: Peter Adlington
Typografie und Gestaltung: Petra Reclam
Satz: Dörlemann Satz, Lemförde
Gesetzt aus der Chaparral und der Antique Olive
Druck und Bindung: Kösel, Krugzell
Printed in Germany
ISBN 978-3-455-70004-6

HOFFMANN
UND CAMPE

Ein Unternehmen der
GANSKE VERLAGSGRUPPE

Für
✳ meine Großmütter ✳

INHALT

DER NAHE OSTEN

ASIEN

AFRIKA

AMERIKA

EINLEITUNG

> Es sind nicht die großen Errungenschaften der Mensch-
> heit, die eine Kultur ausmachen. Es sind vielmehr
> die kleinen, alltäglichen Dinge wie das, was Menschen essen
> und wie sie es servieren.
>
> Laurie Colwin, *Home Cooking*

Wenn wir essen, reisen wir.

Denken Sie an Ihre letzte Reise. Woran erinnern Sie sich am intensivsten? Wenn Sie und ich uns auch nur etwas ähneln, dann wird es das Essen vergangener Reisen sein. Eine Tortilla, goldbraun und saftig, an einem faulen Sonntag in Madrid; dampfend heißes *schakschuka* zum Frühstück in Tel Aviv; Austern am Kiesstrand von Whitstable, aus der Schale geschlürft. Während meine Erinnerungen an nahezu alles, was ich auf meinen Reisen gesehen habe, verblichen sind wie alte Urlaubsfotos, blieben mir die Mahlzeiten gestochen scharf und quasi in Technicolor im Gedächtnis haften.

Es war Proust, der, als er seine *petite madeleine** aß, feststellte, dass Essen uns zurück in die Vergangenheit führen kann. Die vielen verschiedenen Aromen, Zutaten und Zubereitungsarten, denen wir auf unseren Reisen begegnen, enthüllen uns Zauber und Geschmack der jeweiligen Kultur. Was wir an einem bestimmten Ort gegessen haben, ist mindestens genauso wichtig, wenn nicht wichtiger, als alles andere, was wir dort unternommen haben – Besuche von Galerien und Mu-

---

* Vielleicht nehmen Schriftsteller deshalb so gern Bezug auf Prousts Madeleine-Episode, weil sie dem Essen eine literarische Berechtigung gibt. (Der junge Marcel entdeckt in *Auf der Suche nach der verlorenen Zeit*, dass der Geschmackssinn die Vergangenheit zurückholen kann.) Essen wird zu etwas »Wahrem« und ist nicht nur eine sentimentale Liebhaberei. Hier das vollständige Zitat: »Woher strömte diese mächtige Freude mir zu? Ich fühlte, dass sie mit dem Geschmack des Tees und des Kuchens in Verbindung stand, aber darüber hinausging und von ganz anderer Wesensart war ... ganz Combray und seine Umgebung, all das, was nun Form und Festigkeit annahm, stieg aus meiner Tasse Tee.«
Marcel Proust, *In Swanns Welt*

seen, Spaziergänge, Rundfahrten –, denn Essen vermittelt uns im wahrsten Sinne des Wortes den Geschmack des täglichen Lebens.

Egal wo ich bin, ich versuche im Ausland immer, das typischste Gericht und die beste Zubereitungsart ausfindig zu machen. Essen ist der Inbegriff dessen, was eine fremde Kultur von unserer eigenen unterscheidet, und es gibt unverfälscht Einblick in den Alltag der Menschen.

Für Laurie Colwin, die großartige amerikanische Schriftstellerin und Hobbyköchin, steht Essen, wenn es um kulturelle Identität geht, auf einer Stufe mit den »großen Errungenschaften der Menschheit«. Das finde ich auch. So ist das von den Franzosen heiß geliebte Baguette Grundlage für jede Menge Kombinationen typisch gallischer Aromen (Käse, Charcuterie – delikate Fleisch- und Wurstwaren – und vieles mehr). Es steckt voller Geschichte* und vermittelt vermutlich mehr von der Kultur Frankreichs als Monets Seerosen. Paula Wolfert – in den sechziger Jahren mit Paul Bowles und Jack Kerouac von Paris nach Tanger unterwegs und heute eine Expertin für marokkanisches Essen – hatte wohl Colwins Worte im Sinn, als sie mir einmal sagte: »Sage mir, was du isst, und ich sage dir, wer du bist.« Einfach, aber wahr. Im Gegensatz zu Reiseführern und Busrundfahrten vermittelt einem das Essen einen tiefen Einblick in Leben und Denken eines Volkes. Wenn wir von den Tellern eines anderen Landes essen, begreifen wir – Biss für Biss – immer besser, was dessen Kultur ausmacht.

Indem wir die Gerichte anderer Länder essen, lernen wir aber nicht nur die Menschen besser kennen, sondern sehen auch das Essen selbst aus einer neuen Perspektive. Nachdem ich zwölf Jahre lang (Fisch essende) Vegetarierin war, habe ich vor ein paar Jahren wieder angefangen, Fleisch zu essen. Und obwohl ich begeistert jede Art von Wurst und Innereien probiert habe, hatte ich mit Lamm weiter meine Schwierigkeiten. Schon als Kind hasste ich den fettigen, süßlichen Geruch von gebratenem Lamm, eine Aversion, die schon fast pathologisch geworden war. Als ich zum ersten Mal die libanesische Köchin Anissa Helou traf, erwähnte ich nebenbei meine Abneigung gegenüber Lammfleisch. Sie fiel aus allen Wolken: Es sei unmöglich, ein Buch über die Aromen dieser Welt zu schreiben, ohne den Geschmack von Lamm zu kennen.

---

* Einer eher zweifelhaften Überlieferung zufolge, soll das Baguette zur Zeit der Napoleonischen Kriege erfunden worden sein. Angeblich ist es so dünn, damit es in die Hosen der Soldaten passte, so blieb mehr Platz im Marschgepäck. Lange dünne Brotlaibe gibt es in der französischen Küche schon seit Hunderten von Jahren. Das Baguette, so, wie wir es heute kennen, stammt aus dem frühen 20. Jahrhundert.

Ein paar Monate später saß ich in ihrer Wohnung in Shoreditch, aß *kibbeh* (Seite 209), Klöße aus rohem Lammfleisch, ja *verschlang* es geradezu. Der strenge Geschmack des rohen Fleisches, zu dem wir ein weißes Taboulé aßen, wurde von ihrem vorzüglichen, selbstgemachten *saba baharat* (eine Mischung aus sieben Gewürzen) nicht überdeckt, sondern wunderbar ergänzt. Englischer Lammbraten, dessen Geruch an zu vielen Sonntagen in der Küche meiner Großeltern hing, schmeckt mir zwar immer noch nicht, aber wenn es orientalisch zubereitet ist, liebe ich Lammfleisch – sogar roh. Auch persischer *ghormeh sabzi* (Lammeintopf mit Kräutern und Kidneybohnen, Seite 217) war eine Offenbarung für mich. In fremden Küchen tritt jede Zutat unterschiedlich auf, und darum nehmen wir sie auch ganz anders wahr.

In den letzten Jahren hat das Essen in der Kultur Großbritanniens einen Stellenwert erlangt, nur vergleichbar mit dem von Film, Literatur und Musik. In der Kochkunst wird Zeitgeist greifbar. Auch hier gibt es inzwischen globale Trends: Enormen Zulaufs erfreuen sich in London, New York, Tokio oder Melbourne beispielsweise einfache Restaurants, die in leicht schäbigen Räumen Gerichte für mehrere Personen auf einem Teller servieren, oder Edelimbisse, die Gourmet-Fastfood und kunstvolle Backwaren verkaufen.

Berühmte Kochprofis wie der mehrfach Michelin-Stern-gekrönte René Redzepi, der Nahost-Konditor Yotam Ottolenghi oder die Fernsehköchin Nigella Lawson sind heute echte Stars. An vorderster Stelle steht bei ihnen die Kreativität. Sie schöpfen aus vielen verschiedenen kulinarischen und kulturellen Töpfen, um einzigartige Gerichte zu komponieren, von denen Liebhaber guten Essens nicht genug kriegen können.

Trotz dieser Euphorie für Essen und der wachsenden Faszination für kulinarische Trends (die sich mittlerweile so schnell ändern wie die halbjährlich wechselnde Mode) ist unser Wissen um die »traditionellen Küchen« lückenhaft. Echte »Foodies*« kennen vielleicht David Chang**, ordern im Restaurant stolz Gerichte mit Innereien oder zie-

---

* Foodies sind Menschen, deren Hauptinteresse darin besteht, zu essen und mehr über das Essen zu lernen, ohne dass sie ihren Lebensunterhalt in der Gastronomie bestreiten. Als Feinschmecker schätzen sie Selbstgemachtes und hochwertige Zutaten. Gesundheit und Genuss sind ihnen meist gleichermaßen wichtig.

** Chang ist ein amerikanisch-koreanischer Koch und Eigentümer der Momofuku-Restaurants. Er hat zwei Michelin-Sterne und ist Mitherausgeber von *Lucky Peach*, einer trendigen Zeitschrift rund um Themen wie »Ramen-Nudeln«, »Amerikanische Gerichte« oder »Vor und nach der Apokalypse«.

hen Rohmilch pasteurisierter Milch vor. Aber wissen sie auch, was genau eine nationale oder regionale Küche ausmacht? Was beispielsweise charakteristisch ist für Essen aus dem Libanon oder dem Iran? Wie sich diese Länder kulinarisch unterscheiden? Welches die wichtigsten Aromen und Zubereitungsarten sind? Welches die typischen Gerichte? Kurz: Warum essen Menschen in verschiedenen Teilen dieser Welt, was sie essen?

Ich möchte Sie mitnehmen auf eine Reise durch 39 Regionen dieser Welt und dabei deren wesentliche kulinarische Merkmale entschlüsseln, sie für Sie lebendig machen. Sie erinnern sich? Wenn wir essen, reisen wir.

Dieses Buch ist ein Reisepass, mit dem Sie zahlreiche Länder entdecken und fremde Köstlichkeiten probieren können – ohne auch nur einen Fuß vor die eigene Küche setzen zu müssen.

Was macht eine traditionelle Küche aus?

Der amerikanische Farmer und Akademiker Wendell Berry sagte einmal, Essen sei »eine Frage der Landwirtschaft«, und deutete damit an, dass die Gerichte, die wir an einem bestimmten Ort essen, immer unmittelbar mit Klima und Landschaft zusammenhängen, also mit den dortigen lokalen Erzeugnissen. Diese Ansicht ist meiner Meinung nach eine grobe Vereinfachung, sie berücksichtigt lediglich die Geographie.

Tatsächlich entsteht eine traditionelle Küche aus dem Zusammenspiel von Geographie *und* Geschichte. Der Mensch ist ständig in Bewegung, durch Invasionen, Auswanderungswellen und Imperialismus entstehen immer neue Einflüsse, die mit der Landschaft verschmelzen. So entwickeln sich einzigartige lokale Küchen, die aber schon per definitionem hybrid sind – wie etwa die Küche Siziliens, die geprägt ist durch den Einfluss von Griechen, Römern, Normannen, Arabern, Spaniern, Franzosen und, in jüngster Zeit, Italienern. An sizilianischen Gerichten sieht man noch heute, welche Völker die Insel einst bewohnten, gleichzeitig spiegelt sich in ihnen die vielfältige Palette mediterraner Nahrungsmittel.

Meiner Erfahrung nach kann es so etwas wie »reinrassige« Küchen nicht geben. Jede Küche ist ein Bastard, ein Mischling wie ein Straßenköter. Selbst die Küchen, die einen ganz besonderen nationalen oder regionalen Charakter besitzen, verbinden verschiedene Traditionen, regionale Geographie und lokale Erzeugnisse.* Manche Küchen sind deutlich jünger als andere (die Küchen der Neuen Welt beispielsweise). Wenn wir sie genauer betrachten, lernen wir viel über die Entstehung traditioneller Küchen, schließlich kennen wir die jüngere Geschichte besonders gut. Wir werden also nach Kalifornien (Seite 339) reisen, nicht (nur) weil ich eine sentimentale Schwäche für diese Gegend habe, sondern auch weil ich glaube, dass Kalifornien unseren Blick auf das Essen verändert hat. Viele revolutionäre Veränderungen in den Essgewohnheiten Großbritanniens lassen sich auf Amerikas Golden State zurückführen und auf die ganz besondere Art, wie dort unterschiedliche Kochtraditionen miteinander verbunden werden. Sie bilden die Bausteine für etwas völlig Neues – hergeleitet aus anderen Traditionen und trotzdem authentisch.

Traditionelle Küchen sind wie Eintöpfe – oft haben sie die gleichen oder ähnliche Zutaten, die Ergebnisse aber sind grundverschieden. Denken Sie nur daran, wie unterschiedlich die indische und die marokkanische Küche sind trotz vieler Gemeinsamkeiten wie dem Kochen in Tontöpfen, einer langen Eintopftradition und der Verwendung von Kreuzkümmel, Kurkuma, Zimt und unzähligen Gewürzmischungen. Auf einer Karte der Gewürzstraße (Seite 178) lässt sich gut erkennen, wie Landschaft und Menschen – Geographie und Geschichte – ineinandergreifen und jeder Küche, die ich in diesem Buch erkunde, ihr einzigartiges Aroma verleihen.

So funktioniert dieses Buch

Eine umfassende Erbgutanalyse von 39 Küchen dieser Welt zu erstellen, wäre eine Meisterleistung. Dieses Buch möchte nur einen Anfang machen. Es soll Nachschlagewerk sein für jeden wissbegierigen Neuling. Es geht um Geschmacksrichtungen und Zutaten – welche Gewürze werden verwendet, wird Öl bevorzugt oder Butter (oder gar kein Fett) –, aber auch darum, wie Gerichte zubereitet und serviert werden. Die wichtigsten Zutaten jeder einzelnen Küche habe ich unter der Rubrik »Basisvor-

---

* Man sollte allerdings schon unterscheiden zwischen einer Küche, die nach und nach aus dem Zusammenwirken von Geographie und Geschichte entstanden ist, und der sehr bewusst gelenkten »Fusionsküche« moderner Köche.

rat« zusammengestellt. Dort erfahren Sie, welche Grundzutaten Sie benötigen.

Nach dem »Basisvorrat« finden Sie ein paar wenige, wirklich typische Rezepte dieser Region. Wenn Sie sich für eine der beschriebenen Regionen begeistern und mehr wissen wollen, helfen Ihnen die Literaturhinweise auf Seite 401 weiter.

Bitte verstehen Sie meinen »Basisvorrat« als Vorschlag, welche Dinge Sie – zusätzlich zur »Grundausstattung« (Seite 18) – im Haus haben sollten. Der »Basisvorrat« listet Zutaten, die mir typisch erschienen – wie beispielsweise Sichuanpfeffer aus der chinesischen Provinz Sichuan, getrocknete Limetten im Iran oder *pimentón* in Spanien – und die, so hoffe ich, Ihnen Appetit machen, die entsprechenden Kapitel zu lesen, bevor Sie zu Ihren kulinarischen Reisen aufbrechen. Zutaten, die schon zur »Grundausstattung« zählen, werden nicht noch einmal aufgelistet, es sei denn, ich möchte ihren prägenden Einfluss besonders hervorheben: Kichererbsen im Mittelmeerraum beispielsweise oder *tahina* in der Levante und Israel. Zutaten wie natives Olivenöl oder Knoblauch, so wichtig sie auch sein mögen, werde ich in keinem »Basisvorrat« auflisten. Sie gehören in jede gut ausgestattete Küche, egal welche Kochtradition Sie gerade in Angriff nehmen.

Ich habe mich nie von Rezepten versklaven lassen. Wenn man etwas nachkochen möchte, kann ein Rezept ausgesprochen nützlich sein, aber zu viele Menschen sind gefangen in der Vorstellung, ein Rezept sei ein Regelwerk – was das Kochen oft zum Desaster ausarten lässt. Meine einzige Regel lautet: Tun Sie einfach, was Ihnen richtig erscheint. Geben Sie ein bisschen mehr Salz bei oder lassen Sie den frischen Koriander einfach weg, wenn Ihnen Ihr Geschmackssinn dazu rät, und braten Sie das Steak oder das Omelette einfach ein paar Minuten länger oder kürzer, wenn Ihnen danach ist. Niemand kennt Ihren Gaumen und Ihre Küchenausstattung besser als Sie. Lassen Sie Ihrer Kreativität freien Lauf!

Wenn Sie eines der Rezepte kochen möchten, aber eine Zutat nicht auftreiben können oder ein bestimmtes Küchengerät nicht besitzen: lassen Sie sich davon auf keinen Fall abhalten. Ersetzen Sie es einfach durch irgendetwas Naheliegendes. Nicht jeder hat Zugang zu den Schätzen der unzähligen türkischen Läden im Londoner Osten oder besitzt eine Tajine. Ich bin fest davon überzeugt, dass ein authentischer Geschmack auch dann gelingt, wenn nicht akribisch nach Rezept gekocht wird.

Auf den folgenden Seiten finden Sie eine Liste der Dinge, die für mich zur Grundausstattung einer Küche gehören: Geräte und Zutaten, auf die ich in meiner eigenen Küche nicht verzichten möchte. Eine solche Liste kann natürlich je nach Gusto leicht variieren ...

Der Kulinarische Atlas ist zwar als Nachschlagewerk gedacht, hat jedoch auch eine sehr persönliche Note, weil er meine eigenen kulinarischen Vorlieben widerspiegelt. Er erzählt davon, wo ich gewesen bin, mit welchen Menschen ich gesprochen habe und was ich gerne esse. Aus den unzähligen Küchen dieser Welt habe ich nur 39 ausgewählt (es gibt also Lücken), wobei ich in erster Linie solche berücksichtigt habe, die mir für unsere modernen Essgewohnheiten am relevantesten erschienen. (Dabei war eine der überraschendsten Entdeckungen die Bedeutung der persischen Küche. Die alte Kochtradition des heutigen Iran hat viele große Küchen, die wir heute lieben, entscheidend geprägt: die indische, türkische, levantinische und mediterrane. Sie werden in diesem Buch immer wieder auf diese Einflüsse stoßen.) China, Indien, die USA sowie Frankreich, Spanien und Italien habe ich in mehrere Regionen unterteilt. Mir erschienen die Küchen dieser Länder zu nuancenreich, zu heterogen, um sie einfach zusammenzuwerfen.

Ich wünsche mir, dass Sie dieses Buch genauso gerne auf den Nachttisch legen wie neben den Herd. Es soll ein Buch zum Lesen *und* zum Kochen sein. Dank meines Berufes als Gastrojournalistin konnte ich außergewöhnliche und begabte Köche, Küchenexperten und Autoren treffen, die mich inspiriert und mit guten Tipps unterstützt haben. In jedem Kapitel begegnen Sie einem dieser Experten. Es sind so viele, dass ich hier unmöglich jeden aufzählen kann. Sie alle waren sehr großzügig: mit ihrer Zeit, ihrem Wissen und ihrer Kochkunst (und haben mich, als ich an diesem Buch schrieb, durchgefüttert).

Ich hoffe sehr, dass dieser Atlas Sie dazu inspiriert, in Ihrer Küche zu kulinarischen Touren aufzubrechen, sich an vergangene Reisen zu erinnern oder Sie für zukünftige Ziele zu begeistern.

Bon voyage und *bon appétit!*

GRUNDAUSSTATTUNG

Küchengeräte

Wenn ich hier von »Grundausstattung« spreche, dann meine ich das auch so. Ich habe schon viele Kochbücher gelesen, die voraussetzen, dass man einen Gemüsehobel, eine Kitchen-Aid-Maschine oder sogar einen Vakuumgarer besitzt. Diese Geräte haben ihre Berechtigung, aber ich würde sie nicht zur Grundausstattung zählen. Für die meisten Rezepte auf diesen Seiten benötigen Sie keine speziellen Geräte. Schließlich geht es hier um internationale Hausmannskost, und um die zu kochen, sollte die einfache Ausstattung einer funktionierenden Privatküche genügen.

Meiner Meinung nach wird durch zu viele Küchengeräte alles nur komplizierter, und ich vermeide es möglichst, etwas zu benutzen, das meine Finger durch elektrische Messer gefährdet oder lästiges Saubermachen nach sich zieht. Nichtsdestotrotz ist ein Mixer natürlich sehr praktisch bei der Herstellung von Dips, Soßen, Suppen oder Ähnlichem. Und darum steht er auch auf meiner Liste.

Meine Lieblingsliste für eine perfekte Küchenausstattung findet sich in Laurie Colwins Buch *Home Cooking*, wenngleich sie im Gegensatz zu mir auch empfiehlt, einige Geräte doppelt anzuschaffen. Das ist nicht wirklich notwendig, insbesondere dann nicht, wenn Sie Küchenhilfen (Partner, Mitbewohner, Eltern) haben, die zwischendrin abwaschen, während Sie kochen.

Hier also meine kurze Liste. Der Korkenzieher und das Radio sind natürlich nicht zwingend ...

Große beschichtete Bratpfanne Muss nicht teuer sein. Meine Lieblingspfanne habe ich für weniger als 10 Euro im Supermarkt gekauft.

Kochtöpfe Einen mit schwerem Boden, in der Art eines Le-Creuset-Bräters, den man auch in den Ofen stellen kann, und einen leichteren, mittelgroßen (kann ebenfalls ein günstiger aus dem Supermarkt sein).

Wok Seit Ende der neunziger Jahre eines der wichtigsten Accessoires in Studentenküchen und noch immer sehr nützlich, wenn es darum geht, verschiedene Zutaten schnell und effektiv zusammen anzubraten, ohne dass Biss und Geschmack verloren gehen.

Tiefes Backblech / Bratform

Kasserolle

Schnellkochtopf Nicht unbedingt erforderlich, aber sehr praktisch, wenn Sie gerne Eintöpfe kochen oder Ihre Zutaten in einem Bruchteil der sonst erforderlichen Zeit weich garen möchten. Schnellkochtöpfe brauchen in der Regel weniger Wasser, außerdem bleiben die Zutaten aufgrund der kürzeren Garzeit zarter (Fleisch), knackiger (Gemüse) und nährstoffreicher als beim regulären Garen. Man bekommt Schnellkochtöpfe recht günstig in jedem Haushaltswarengeschäft.

Seiher

Große Rührschüssel Egal ob aus Glas, Metall oder Plastik – mehr als eine zu haben, ist nicht verkehrt.

Hochwertiges scharfes Messer

Fleischgabel

Massives Schneidebrett »Massiv« ist hier besonders wichtig. Es gibt nichts Schlimmeres als ein Brett, das beim Arbeiten rutscht (und wenn Messer mit im Spiel sind, auch nichts Gefährlicheres). Wenn möglich, sollten Sie sich ein schweres Holzbrett leisten.

Küchenmaschine oder Mixer

Pürierstab

Mörser und Stößel Möglichst schwer (mein Mörser ist aus Granit). Wenn Sie archaische Erlebnisse schätzen, gibt es kaum etwas Schöneres, als Gewürze eigenhändig zu zerstoßen.

Feine Reibe

Sparschäler

Holzlöffel

Küchenschaber Es fasziniert mich immer wieder, wie leicht man damit das letzte bisschen Teig aus einer Schüssel bekommt.

Servierteller und -schüsseln Am liebsten richte ich mein Essen in großen Schüsseln oder auf ausladenden Platten an. So können Sie Gerichte, die vor dem Servieren noch völlig unspektakulär schienen, schön präsentieren. Hummus beispielsweise schaut direkt nach dem Pürieren ziemlich fade aus, aber wenn Sie es in eine hübsche Tonschale füllen, gutes Olivenöl darüberträufeln und dann mit etwas *zatar* (Seite 228) bestreuen, sieht es einfach phantastisch aus. Als Tipp für Ihren Geschirreinkauf: Immer mal wieder in den Zweite-Wahl-Angeboten von Haushaltsgeschäften stöbern ...

Messbecher

Küchenwaage

Schneebesen Ein Rührgerät ist sicher nicht verkehrt, unbedingt notwendig ist es aber nicht.

Großes feines Sieb

Kuchenform Eine Springform ist besonders praktisch.

Tarteform (mit herausnehmbarem Boden)

Tupperware-Set Nicht nur für die Hausfrau der siebziger Jahre von großem Wert. Unverzichtbar, wenn Sie etwas erst später benutzen oder servieren wollen – und natürlich für die Reste.

Frischhaltefolie und Backpapier

Korkenzieher

Küchenradio

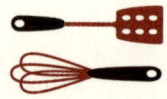

Zutaten

Hier eine Liste der Zutaten, die ich immer vorrätig habe, um jederzeit das Weite suchen zu können – sozusagen eine Liste meiner kulinarischen Fluchthelfer. Mit diesen Dingen im Küchenschrank können Sie jederzeit und im Handumdrehen Interessantes, Exotisches und

Authentisches zaubern: ein Curry mit Kokosmilch, ein Pastagericht oder einen levantinischen Dip.

Auch diese Liste ist subjektiv und basiert auf Gerichten, die ich selbst gerne esse. Wenn ich nur für mich oder eine weitere Person koche, verwende ich beispielsweise selten Fleisch. Sollten Sie zu den konsequenten Fleischessern zählen, schlage ich – für Pastasoßen oder Suppen – einen kleinen Vorrat an Chorizo oder Speck im Kühlschrank vor. Schweine- oder Rinderhackfleisch für Fleischbällchen, einfache ostasiatische Gerichte oder (einmal mehr!) Pastasoßen im Gefrierfach parat zu haben, kann auch nicht schaden. Eine kleine Bitte: Verwenden Sie wenn möglich Biofleisch. Es schmeckt viel besser und ist davon abgesehen auch viel gesünder und schont das ökologische Gleichgewicht. Und: Ziehen Sie Ihre eigenen Kräuter. Das ist viel umweltfreundlicher, als sie im Supermarkt zu kaufen, außerdem vergammeln die Kräuter in den Plastikverpackungen sehr schnell.

Kaufen Sie sich einen Blumenkasten und bepflanzen Sie ihn für den Anfang mit Thymian, Minze, Petersilie und Basilikum. Diese Kräuter brauchen nichts weiter als Sonnenlicht und regelmäßig Wasser. Und da wir gerade beim Thema sind: Alle in den Rezepten verwendeten Kräuter sollten, sofern nicht anders angegeben, selbstverständlich frisch sein.

Frisch Zwiebeln (weiß oder rot) • Knoblauch • Ingwer • Zitronen • Aubergine • Zucchini • Spinat • Kräuter (Petersilie, Koriander, Basilikum, Minze, Thymian) • ein guter Laib Brot

Gekühlt ungesalzene Butter • griechischer Joghurt • Parmesan • *tahina* • eingelegte Zitronen

Tiefgefroren Erbsen • Brotkrumen oder Semmelbrösel • gehackte Petersilie

Im Schrank getrocknete Pasta und asiatische Nudeln • Basmatireis • hochwertiges natives Olivenöl • Sesamöl • Balsamico-Essig (hier gibt es große Unterschiede. Achten Sie auf wirklich gute Qualität) • Weißweinessig • Sojasoße • Fischsoße • Dosentomaten • pürierte Tomaten • Kichererbsen in der Dose • Kokosmilch in der Dose • getrockneter Chili • getrocknete Gewürze (Zimt, Kreuzkümmel, Fenchelsamen, Paprika) • schwarzer Pfeffer • grobes Meersalz • getrocknete rote Linsen • eingelegte Sardellen • Kapern im Glas • Oliven in der Dose • Honig

EUROPA

Die Rebsorten

Reben sind, wie ich, begeisterte Weltenbummler. Ihre Suche nach optimalen Bedingungen hat sie um die ganze Welt gebracht. Wer gerne Wein trinkt, weiß, dass viele Rebsorten zwar überall auf der Erde zu Hause sind, die Weine, die aus ihnen gewonnen werden, aber sehr unterschiedlich sein können. Ein Syrah aus dem Rhône-Tal beispielsweise ist etwas ganz anderes als ein Shiraz aus Südafrika. Mit dieser Karte möchte ich die französischen Einflüsse auf die internationale Gastronomie einmal aus einem etwas anderen Blickwinkel verdeutlichen. Sie zeigt, wo in der Neuen Welt französische Rebsorten, deren typische Merkmale auf den folgenden Seiten erklärt werden, Wurzeln gefasst haben.

Westen der USA
Chardonnay
Merlot
Cabernet Sauvignon
Pinot Noir

Chile
Merlot
Cabernet Sauvignon
Sauvignon Blanc
Carménère

Argentinien
Malbec
Cabernet Sauvignon

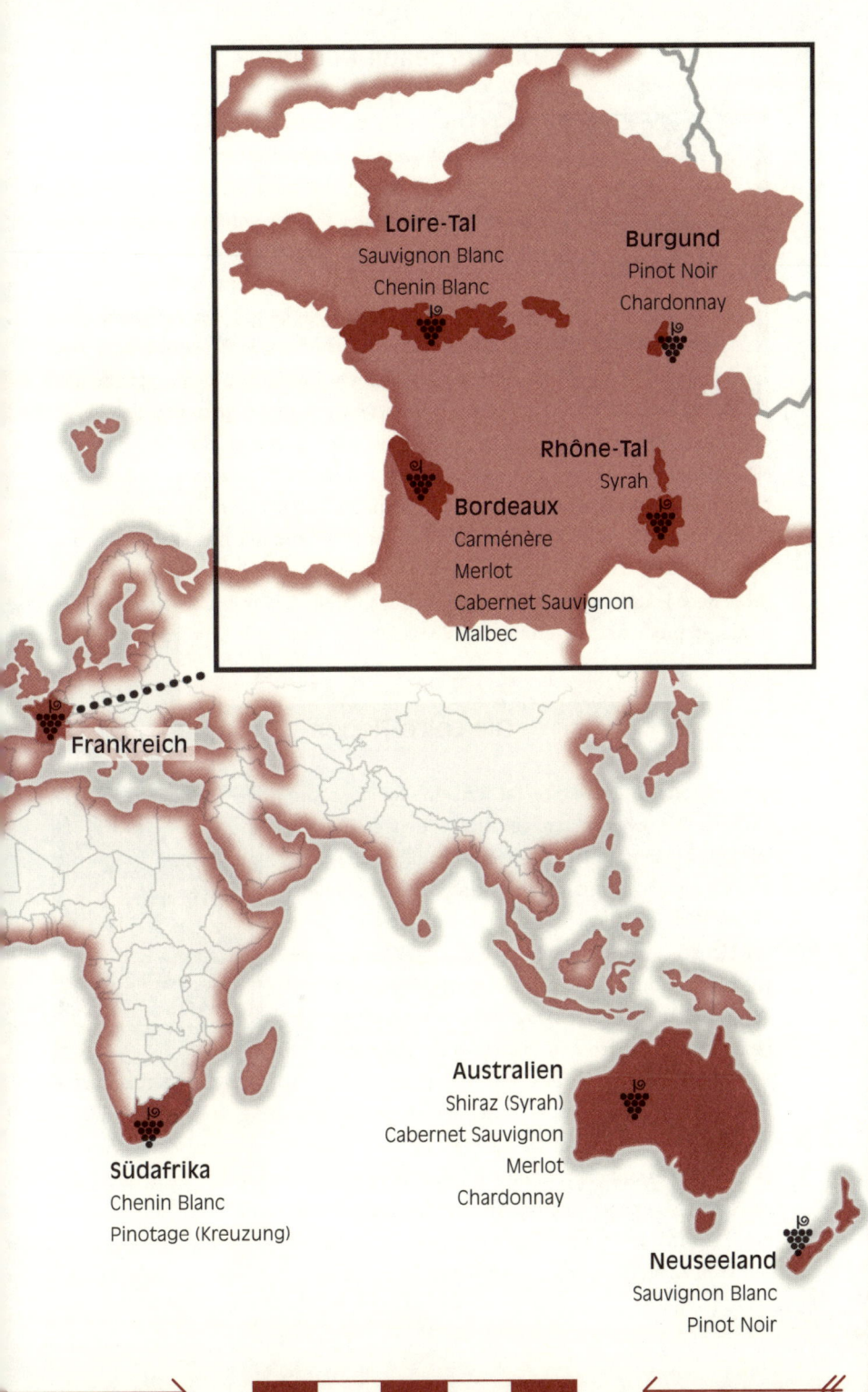

Loire-Tal
Sauvignon Blanc
Chenin Blanc

Burgund
Pinot Noir
Chardonnay

Rhône-Tal
Syrah

Bordeaux
Carménère
Merlot
Cabernet Sauvignon
Malbec

Frankreich

Südafrika
Chenin Blanc
Pinotage (Kreuzung)

Australien
Shiraz (Syrah)
Cabernet Sauvignon
Merlot
Chardonnay

Neuseeland
Sauvignon Blanc
Pinot Noir

Die Bordeaux-Reben

Am bekanntesten ist Bordeaux für Rebsorten wie Cabernet Sauvignon (tanninbetont, hoher Säuregehalt) und Merlot (fruchtig, vollmundig). Sie werden hauptsächlich rechts und links der Gironde angebaut und häufig zu berühmten Weinen wie Médoc oder St-Émilion verschnitten oder in den dortigen Weingütern zu gefeierten Produkten (wie beispielsweise einem Château Margaux) verarbeitet. Diese Rebsorten sind weit gereist und gedeihen inzwischen unter gleißender Sonne und bei extremen Temperaturen in vielen Teilen der Neuen Welt, wie Argentinien, Chile, Australien oder den USA. Dort ergeben sie »opulentere« Weine, sind vollmundiger und tanninhaltiger (was sich am trockenen Geschmack auf dem Gaumen erkennen lässt) als ihre zurückhaltenden französischen Verwandten. Auch der Malbec ist ursprünglich eine Rebsorte aus dem Bordelais, die bei Cahors noch immer angebaut wird. Besser entwickelt sich diese Rebe jedoch in argentinischen Anbaugebieten, die für ihre in extremen Höhenlagen produzierten »großen« Malbecs international gefeiert werden.

Die Loire-Reben

International ist das Loire-Tal für seine feinen, säurehaltigen Weißweinsorten bekannt – denken Sie nur an den Sauvignon Blanc (Sancerre, Pouilly-Fumé) und den Chenin Blanc aus Vouvray. Unter den Weinen der Neuen Welt erfreut sich besonders der Sauvignon Blanc aus Neuseeland großer Beliebtheit, wo in Weingebieten wie Marlborough markante, fast grasige Weißweine mit Kiwinote (kein Witz, reiner Zufall!) produziert werden. Noch rundere Sauvignon Blancs als im Ursprungsland Frankreich oder in Neuseeland findet man jedoch in

Chile, Argentinien oder den USA. In manchen Fällen wird eine Rebsorte auch so stark mit Weinen aus der Neuen Welt assoziiert, dass ihre französischen Wurzeln fast in Vergessenheit geraten sind. Ein Beispiel dafür wäre der leicht moussierende Weißwein aus Vouvray, der sich durch einen hohen Alkoholgehalt auszeichnet. Er wird aus Chenin Blanc hergestellt, einer Rebsorte, die sich in erster Linie mit Weinen aus Südafrika einen Namen gemacht hat.

Die Burgunder-Reben

Weine aus der Bourgogne – die Weißweine Puligny-Montrachet und Chablis oder die Rotweine Gevrey-Chambertin und Nuits-St-Georges – werden oft als die besten Weine der Welt bezeichnet. Weiße Burgunder stellt man aus Chardonnay her, einer Rebsorte, die bei manchen noch immer gemischte Gefühle hervorruft, weil sie dabei an Billigweine aus der Neuen Welt denken, beispielsweise die kalifornischen Weine aus dem Central Valley oder australische Schlauchweine. Tatsächlich aber ist der Chardonnay eine vielseitige Sorte,

Burgund

aus der in der Neuen Welt Weine sehr unterschiedlicher Qualität gemacht werden: Die Palette reicht von »Einsteigerweinen« bis hin zu extrem hochwertigen Weinen von der amerikanischen Westküste oder aus Südamerika, Südafrika und Australien. Aus Pinot Noir werden eher leichte Rotweine hergestellt, die zu Fisch und vegetarischen Gerichten genauso passen wie zu Fleisch. Sie haben eine beerige, fast erdige Note und werden mit viel Erfolg auch in den USA angebaut, insbesondere an der Westküste (in Gebieten wie Napa Valley oder Oregon), in Neuseeland und Südafrika, wo sich auch eine Kreuzung aus Pinot Noir und Cinsault etabliert hat, der Pinotage.

Die Rhône-Reben

Rhône-Tal

Das Rhône-Tal ist ein riesiges Gebiet und vor allem für seinen Anbau von Syrah und Grenache bekannt. Obwohl man im Allgemeinen nur vom »Rhône-Tal« spricht, unterteilt sich die Region in zwei Gebiete: den Norden und den Süden. Der Norden ist bekannt für seine reinen Syrah-Weine (Crozes-Hermitage, Saint-Joseph), der Süden für seine Grenache Cuvées wie Côtes du Rhône und, an der Spitze, der Châteauneuf-du-Pape. Syrah-Weine haben eine rauchig pfeffrige Note und tendieren zu dunklen Beeren. In den Tälern Australiens – Barossa oder auch McLaren Vale –, wo der Syrah Shiraz heißt, wird diese Rebe ebenso erfolgreich angebaut und zu großartigen Rotweinen verarbeitet. Die Grenache gedeiht besonders gut in heißem Klima und ist unter dem Namen Garnacha auch in Spanien weit verbreitet.

Die Folgen der Reblauskatastrophe

Im 19. Jahrhundert zerstörte die Reblaus, ein mit der Blattlaus verwandter Schädling, die europäischen Weinberge. Man schätzt, dass zwischen zwei Drittel und neun Zehntel aller Weinberge vernichtet wurden, wobei in Frankreich viele Gebiete besonders schwer betroffen waren. Das Insekt gelangte wahrscheinlich mit einer Gruppe von Botanikern nach Großbritannien, die einige Exemplare aus Amerika, der ursprünglichen Heimat der Reblaus, mitgebracht hatten. (Amerikanische Rebsorten sind resistenter gegen den Schädling als europäische.) Von dort breitete sie sich dann langsam über den Kontinent aus. Einige Rebsorten wurden in ihren Heimatländern fast ausgerottet. Bordeaux-Reben wie Malbec und Carménère waren schon in die Neue Welt verschifft worden, wodurch sie dauerhaft geschützt waren. Heute gedeihen diese Rebsorten vor allem in Argentinien und Chile, wo sie schon fast zu Markenzeichen geworden sind. In Frankreich sind sie nur noch selten zu finden. In Bordeaux ist die Malbec-Produktion gering, beim Carménère spricht man sogar von der »verlorenen Rebe« der Region. Der argentinische Malbec ist bekannt für sein Vanille-Veilchen-Aroma und seine rauchige Note, während der ebenfalls rauchige Carménère leicht nach Johannisbeeren schmeckt.

FRANKREICH

Die Franzosen ... begegnen der Kochkunst mit ebenso
viel Anerkennung, Respekt, Verständigkeit und lebhaftem
Interesse wie jeder anderen Kunstform – der Malerei,
der Literatur oder dem Theater.

Alice B. Toklas, *Das Alice B. Toklas Kochbuch*

Für die Franzosen war das Kochen schon immer eine hohe Kunst. Und sie waren vermutlich auch die ersten, die in einem Gericht ein eigenständiges Meisterwerk sahen – vergleichbar einem Gemälde oder einem Roman.[*] Während sich diese Sichtweise im Rest Europas erst nach und nach durchsetzte, sind unsere gallischen Nachbarn nach wie vor unumstrittene Meister und überzeugte Verfechter der *Haute Cuisine*.

Das Schöne an der französischen Küche ist aber, dass bei aller Pracht und Herrlichkeit der Kult um die Michelin-Sterne[**] nicht alles ist, worauf es ankommt. Die Franzosen sind sehr stolz auf ihr Essen, und das in jedem Herstellungs- und Verbrauchsstadium. Und das zu Recht. Viele der Grundzutaten sind einzigartig: Angefangen bei einer einfachen Paté über den Wein bis hin zu knusprig weichem Weißbrot, das sie gerne in einen kräftigen *pot-au-feu* tunken (einen Eintopf aus geschmorten Fleischstücken und Gemüse) oder in ein *bœuf bourguignon* (ein Rindfleischgericht mit Gemüse in einer Soße aus Lorbeerblättern,

---

[*] Immerhin wird Marcel Proust, einer der bedeutendsten Schriftsteller Frankreichs, von vielen unweigerlich mit einem Gebäck assoziiert (Seite 11).
[**] Der erste Michelin-Restaurantführer wurde im Jahr 1900 von den Gebrüdern Michelin, den Gründern der bekannten Reifenfirma, veröffentlicht. Sie wollten damit bei Automobilisten Begeisterung für eine Fahrt zu besonders guten Restaurants wecken. 1936 riefen sie dann das Sternesystem ins Leben, das heute eines der besten und international anerkannten Bewertungskriterien für die Qualität eines Restaurants darstellt.

Wacholder und Pinot Noir). Französische Esskultur feiert hochkarätige Zutaten ebenso wie deren Weiterverarbeitung zu erstklassigen Gerichten.

Ein kurzer Blick auf eine detaillierte Landkarte Frankreichs reicht, und schnell wird klar, dass die berühmtesten Zutaten der Welt aus diesem Land kommen. Jede Menge Städte und Dörfer, deren Namen wir von Lebensmitteln her kennen, säumen die Straßen, die sich wie Lebensadern durch den Körper Frankreichs ziehen: Dijon, Camembert, Pithiviers, Cognac ...

Die Franzosen haben Esskultur im Blut, sie ist *angeboren*. Und zugegebenermaßen hat ihr durchschnittliches gastronomisches Wissen ein Niveau, das andernorts fehlt – trotz der viel gerühmten kulinarischen Revolution. So hat der Beruf des Kellners in Frankreich ein hohes Prestige. Vom Personal wird erwartet, dass es sich mit den Gerichten und den Weinen bestens auskennt und auch knifflige Fragen der Gäste beantworten kann: Wie macht der Chef seine *sauce béarnaise*? Warum ist dieser Côte-Rôtie-Jahrgang besser als der letzte? Und so weiter.

Der französische Koch und Schriftsteller Auguste Escoffier* sagte einmal: »Wenn ein Italiener die Regeln für die *Haute Cuisine* aufgestellt hätte, dann gälte sie heute als italienisch.« Kulinarische Trends kommen und gehen, aber die französische Küche wird ein Maßstab bleiben. Die klassische Kochausbildung basiert bis heute auf der französischen Küche: Zubereitungsarten, Ausstattung, Geschmacksrichtungen, die Kombination der Zutaten, der Umgang mit Weinen. Diesem Grundwissen kann dann jeder Koch seine eigenen Ideen hinzufügen oder es mit anderen Kochtraditionen kombinieren. Doch grundsätzlich gilt: Wer französisch kochen kann, dem liegt die Welt zu Füßen.

Ohne die französische Küche wäre eine »Modernist Cuisine« wie in Spanien (Paradebeispiel: das Kultrestaurant El Bulli) und Skandinavien (Noma) nicht denkbar gewesen. Es waren Franzosen, die mit ihrer meisterlichen (einfachen, aber raffinierten) Zubereitung etwa von Soßen und Roux und der perfekten Präsentation ihrer kulinarischen Kreationen den Maßstab setzten, an dem sich nachfolgende Entwicklungen der Kochkunst orientieren konnten. Die französische Küche, so wie wir sie heute kennen, mit ihren schweren Soßen und ihren perfek-

---

* Der französische Meisterkoch Auguste Escoffier (1846–1935) gilt als einer der wichtigsten Wegbereiter der heutigen französischen Küche. Sein berühmtestes Werk ist das 1903 veröffentlichte Kochbuch und Nachschlagewerk *Le guide culinaire*, das bis heute für Köche auf der ganzen Welt die erste Referenz ist.

ten Arrangements, wurde erst nach der Französischen Revolution im eigentlichen Sinne des Wortes »populär«. Mit dem Niedergang der Aristokratie wurde das Kochen »kodifiziert« (um es in Escoffiers Worten zu sagen), nachdem viele ehemals bei Adligen beschäftigte Chefs ihr eigenes Restaurant eröffnet hatten. Die Restaurantkultur wurde zu einem wesentlichen Faktor für die weiteren Entwicklungen – und ist es noch immer. Durch sie erhielten auch Nichtprivilegierte Zugang zu kulinarischen Errungenschaften, die bis dahin exklusiven Kreisen vorbehalten waren.

Lange wurde die französische Küche von Köchen und Genießern auf der ganzen Welt abgöttisch verehrt. Die Neuerungen der letzten 20 Jahre in anderen Ländern – etwa Ferran Adriàs eigenwillige Kreationen in seinem inzwischen geschlossenen El Bulli in Spanien – ließen vermuten, dass französisches Essen später als langweilig eingestuft wurde. Was jedoch meiner Meinung nach am Kern der Sache vorbeigeht. Denn das Wesen der französischen Esskultur liegt nicht in der Innovation, sondern in der Technik (exakt abgemessene Ingredienzien, perfektes Timing), den erlesenen Zutaten und der ansprechenden Präsentation. Die Fähigkeit der Franzosen, diese Formeln, diese Rezepte, immer wieder aufs Neue perfekt zu reproduzieren, ist in der Tat eine Kunst.

Dieses Buch behandelt nur vier der zahlreichen Regionen Frankreichs: Die Normandie mit ihren blühenden Obstgärten und Weiden voll cremefarbener Rinder; das Loire-Tal, eine der kühleren Weinregionen Frankreichs, bekannt für wunderbares Obst, Gemüse und seine Flussfische; die Rhône-Alpes-Region, mit der Lebensmittelkapitale Lyon, Herz des französischen Wurstwarenhandwerks; und die Provence, deren mediterrane Aromen die Sonne verfeinert.

DIE NORMANDIE

Eine Offenbarung für Seele und Geist.

Julia Child

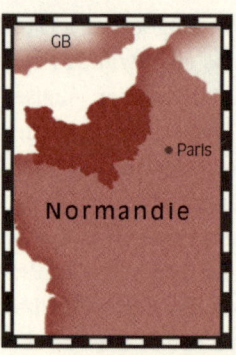

In einem Interview mit der *New York Times* erinnerte sich Julia Child* an ihre erste Mahlzeit auf französischem Boden – in Rouen. Sie aß Austern und Seezunge *meunière*, trank dazu einen guten Wein und erfuhr, wie ausgezeichnet frisch gefangener Fisch und Meeresfrüchte schmecken – sie war überwältigt davon, großartiges Essen frisch und direkt im Herkunftsland zu genießen. England und die Normandie trennt zwar lediglich ein Kanal, aber was das Essen angeht, liegen Welten zwischen ihnen. Wir sind in Frankreich. Man isst, um zu leben, und lebt, um zu essen. *Bienvenue.*

Um ein echt normannisches Essen zuzubereiten, muss man kein besonderer Kochkünstler sein, ja, man muss nicht einmal viel kochen. Darum ist die Normandie auch optimal als erste Station für jeden, der sich relativ unkompliziert an französischem Essen versuchen möchte. Die Produkte der Normandie garantieren die weltbesten Picknicks: Von hier stammen einige der berühmtesten Käsesorten, die beste Butter, vorzüglicher Cidre und, wie überall in Frankreich, unvergleichlich leckeres Brot. An der normannischen Küche fällt die grundsätzliche Einfachheit guten Essens und die unkomplizierte Zusammensetzung einer guten Mahlzeit auf. Hier hat die »Kochkunst« keinen so hohen Stellenwert wie in anderen Regionen, ganz einfach deshalb, weil man die hervorragenden Lebensmittel gerne für sich selbst sprechen lässt.

*   Die Amerikanerin Julia Child – Köchin und Autorin mit eigener Kochsendung – brachte 1961 mit ihrem bahnbrechenden Buch *Mastering the Art of French Cooking* die französische Esskultur in die Vereinigten Staaten. 2009 spielte Meryl Streep die schwierige und exzentrische Child in dem Film *Julie & Julia*. Handlung: Eine Bloggerin versucht, innerhalb eines Jahres alle Rezepte aus *Mastering the Art of French Cooking* nachzukochen.

Die Zutaten kommen aus den grünen Hügeln des Pays d'Auge, wo die *vaches des lunettes* grasen (»Kühe mit Brillen«, die ihren Namen den runden Flecken um ihre Augen verdanken) und wo Scheidenmuscheln und Wellhornschnecken an die grauen Strände gespült werden, die bereits die Impressionisten liebten.

Wenn es um Milchprodukte geht, ist die Normandie im wahrsten Sinne des Wortes *la crème de la crème*. Käsesorten heißen in der Regel nach ihren Herkunftsorten: Pont l'Évêque, Livarot und natürlich Camembert (ein überraschend kleines Dorf mit Kirche, Museum und nie verstummenden Muhs im Hintergrund). Die kräftige Rinde und die Würze, die vorzüglich zum einheimischen Cidre passt, machen den Genuss dieser Käse unvergesslich. Der Camembert wurde während der Französischen Revolution von Marie Harel, einer normannischen Sennerin, erfunden. Sie beherbergte einen Priester, der, wie der Zufall es wollte, aus der Brie stammte. Angeblich war er es, der Marie in die Geheimisse der Brieherstellung einweihte, der Rest ist Geschichte. Sehr schnell avancierte der Camembert in Frankreich zum Käse mit Kultstatus: eine Ikone in runder Holzschachtel. Diese Schachtel, zusammen mit einer Schicht Edelschimmel, machte den Camembert auch transportfähig.* Im Ersten Weltkrieg sollen angeblich jede Woche eine halbe Million Stück in die Schützengräben geliefert worden sein.

Gute Butter ist der Königsweg zu großartigem Gebäck. In der Normandie steckt sie im Blätterteig der beliebten *tarte tatin* und in den *douillons* (karamellisierte Äpfel oder Birnen, umhüllt von einer Teigtasche), im süßen Mürbeteig, der Basis vieler Obstkuchen (siehe das normannisch inspirierte Apfelkuchenrezept meiner Mutter weiter unten), oder auch in den in ganz Frankreich geliebten Brioches, die in der Normandie unübertroffen gut sind.

Die Landschaft der Normandie ist ein grüner Flickenteppich aus Obstplantagen, deren knorrige alte Bäume üppige Apfelernten hervorbringen. Die Äpfel können grob in zwei Sorten unterteilt werden: Äpfel zum Essen und Äpfel für die Herstellung von Cidre oder Calvados. Wer

---

* Wenn Sie das Museum in Camembert besuchen, werden Sie feststellen, dass es bei diesem Käse enorme Unterschiede gibt. Im Eintrittspreis inbegriffen ist die Verkostung von drei Camemberts mit unterschiedlichem Reifegrad. Allen gemeinsam ist jedoch die runde (auch bei Sammlern begehrte) Holzschachtel mit der charakteristischen Brandmarke auf dem Deckel. Der Livarot schmeckt etwas eigenwilliger als der Publikumsliebling Camembert oder der Pont l'Évêque, in der für ihn typischen eckigen Schachtel, mit goldener, beinah knuspriger Rinde.

möchte, bekommt trockenen Cidre serviert. Ich selbst bin ein großer Fan des rauchigen, in Eichenfässern gelagerten, sehr trockenen Cidres, der im Departement Calvados produziert wird. Ausgesprochen gern trinke ich auch den Calvados, den Apfelschnaps, für den die Region berühmt ist und der in der normannischen Küche sehr häufig zum Einsatz kommt – etwa beim Flambieren einer *tarte aux pommes*. Wenn Sie einen süßen, eher niedrigprozentigen Aperitif bevorzugen, dann probieren Sie doch einen Pommeau: Diesen Apfellikör bekommen Sie bei den kleinen Cidre- oder Calvadosproduzenten in fast jedem Dorf.

Nummer drei im normannischen Triptychon herausragender Nahrungsmittel sind Fisch und Meeresfrüchte. Die allgegenwärtigen *moules* (Miesmuscheln) werden täglich geerntet und *à la marinière* mit knusprigen, leuchtend gelben *frites* serviert. Der Steinbutt ist zwar der bekannteste Fisch der Region, aber auch Wolfsbarsch, Seezunge, Seeteufel und Rochen werden viel gegessen. Der Fisch wird ganz einfach serviert – oft mit Kartoffelpüree und Fenchel, in *sauce meunière** (wie die Seezunge von Julia Child).

Austern hingegen genießt man so, wie sie aus dem Meer kommen: roh. Die Austern der Normandie sind die längsten und cremigsten, die ich je gegessen habe. Kein Wunder, dass die Normannen sie ganz puristisch servieren: ein kleiner Spritzer Zitronensaft, um den salzigen Geschmack hervorzuheben, ohne ihn zu überdecken. Das Ganze dann mit einem Glas Muscadet von der Loire hinunterspülen, und Sie erleben eine Offenbarung für Seele und Geist – wie Julia Child.

Basisvorrat

Äpfel • frisch gestampfte Butter • Sahne • Käse
(Camembert, Pont l'Évêque, Livarot) • Meeresfrüchte
(Austern, Miesmuscheln, Venusmuscheln, Strandschnecken,
Wellhornschnecken) • Fisch (Steinbutt, Seezunge, Seeteufel,
Rochen) • trockener Cidre • frisches Gebäck

---

* Für *sauce meunière* (»Müllerinnenart«) wird der Fisch in Mehl gewendet – daher der Name –, bevor man ihn in brauner Butter brät oder frittiert und dann mit Zitrone und Petersilie garniert.

Gebackener Camembert

Dieses »Rezept« wollte ich eigentlich gar nicht aufnehmen, weil ich Angst hatte, Sie damit zu unterfordern. Aber da gebackener Camembert a) typisch normannisch ist, b) zu meinen Standards gehört und c) verdammt lecker ist, habe ich mich dann doch dazu durchgerungen. Sie können den Käse ganz nach Geschmack mit allen möglichen Zutaten verfeinern oder ihn auch einfach so essen. Am spektakulärsten finde ich jedoch die hier beschriebene, mit Calvados getränkte Variante. Im Gegensatz zu anderen Variationen – etwa mit Honig und getrocknetem Thymian – benötigt man hierfür eine etwas längere Vorlaufzeit. Dieses Rezept funktioniert auch mit anderen Käsesorten, wie etwa dem streng riechenden Livarot, den ich persönlich relativ puristisch nur mit einer Tomate und frischem Brot genießen würde.

Für 1–2 gute Esser oder 4–6 Genießer

1 Camembert (250 g) in der Holzschachtel
2 EL Calvados
1 Rosmarinzweig (nur die Nadeln)
Meersalz und frisch gemahlener Pfeffer
frisches Brot und Rohkost zum Servieren

- Den Käse aus dem Papier nehmen und dann zurück in die Schachtel legen. Das Papier wegwerfen. Den Camembert oben mit einer Gabel einstechen. Den Calvados vorsichtig mit dem Löffel darübergeben. Dann die Rosmarinnadeln darüberstreuen. Salzen und pfeffern.
- Den Käse bei Raumtemperatur bis zu acht Stunden ziehen lassen. (Ideal ist es, wenn Sie ihn am Morgen vor dem Servieren marinieren können.)
- Den Ofen auf 180°C vorheizen (Umluft 160°C, Gas Stufe 4) und den Camembert für 10–20 Minuten backen. Ich mag es am liebsten, wenn er in der Mitte super cremig ist.

Normannische Apfeltarte

Meine Mutter ist eine sehr viel bessere Bäckerin als ich und eine Meisterin, wenn es darum geht, aus Obst, Teig und Mandelcreme Phantastisches zu zaubern. Diese Tarte hält sich im Kühlschrank mehrere Tage und eignet sich hervorragend, die lange Zeit zwischen Frühstück und Mittagessen zu überbrücken. Servieren Sie sie mit Puderzucker bestreut und etwas Crème fraîche (und vielleicht einem Schuss Calvados?).

Für 8 Personen

3 mittelgroße Äpfel, geschält, entkernt und in dünne Schnitze geschnitten
2 EL Aprikosenmarmelade für die Glasur (nach Belieben)

Für den Mürbeteig
150 g Mehl, und noch ein bisschen zum Bestäuben
2 EL brauner Zucker
100 g kalte ungesalzene Butter, gewürfelt
1 Eigelb
1 EL kaltes Wasser
1 TL Vanilleextrakt
1 Prise Salz

Für die Mandelcreme
110 g weiche, ungesalzene Butter
110 g brauner Zucker
1 Ei, verquirlt
1 Eigelb
1 EL Calvados
110 g gemahlene Mandeln
2 EL Mehl

- Das Mehl für den Teig in eine Schüssel sieben und mit dem Zucker mischen. Die Butterwürfel mit den Fingerspitzen im Mehl zerbröseln, bis das Ganze die Konsistenz von Brotkrümeln hat.
- Eine Mulde in die Mischung drücken und Eigelb, Wasser, Vanille und Salz hineingeben. Alles zu einem geschmeidigen Teig verarbeiten und zu einer Kugel formen. Den Teig in Frischhaltefolie gewickelt mindestens 30 Minuten im Kühlschrank ruhen lassen.

- Für die Mandelcreme die Butter mit dem Zucker schaumig rühren. Nacheinander das Ei, das Eigelb und den Calvados dazugeben. In einer separaten Schüssel das Mehl mit den gemahlenen Mandeln mischen und dann in die Creme geben.
- Den Mürbeteig auf einer bemehlten Fläche 3 mm dick zu einem Kreis mit 25 cm Durchmesser ausrollen. Dann eine Tarteform (23–25 cm Durchmesser) mit herausnehmbarem Boden damit auslegen. Für 10–20 Minuten in den Kühlschrank stellen.
- Den Ofen mit einem Backblech auf 200°C (Umluft 180°C, Gas Stufe 6) vorheizen.
- Die Mandelcreme auf den gekühlten Mürbeteigboden geben und gleichmäßig verteilen. Vom Rand her die Apfelschnitze spiralförmig und überlappend auf die Creme legen.
- Die Tarte auf das heiße Backblech im Ofen stellen und 15 Minuten backen. Die Temperatur auf 180°C (160°C Umluft, Gas Stufe 4) reduzieren und weitere 15–20 Minuten backen.
- Für die Glasur die Aprikosenmarmelade mit dem Wasser verrühren und langsam erhitzen, bis sie dünnflüssig wird. Die Tarte aus dem Ofen nehmen und mit der Glasur einstreichen. 5–10 Minuten abkühlen lassen, erst dann aus der Form nehmen.

DAS LOIRE-TAL

Es waren wundervolle Tage für uns, Tage, von denen ich mir
wünschte, sie würden nie vorübergehen. Wir schwammen in der
Loire oder fingen im seichten Wasser Flusskrebse, durchstreiften
die Wälder, aßen Kirschen, Pflaumen und grüne Stachelbeeren,
bis uns schlecht wurde, bekriegten uns mit Kartoffelpistolen und
dekorierten die Steinstelen mit der Beute unserer Abenteuer.

Joanne Harris, *Fünf Viertel einer Orange*

Im Sommer 2012 radelte ich mit Freunden
fünf Tage lang durch das Loire-Tal. Unsere
Route führte von Tours nach Angers von einem
berühmten Weinbaugebiet ins nächste: Touraine, Chinon, Saumur Champigny, Anjou. Bis
Sancerre und Muscadet haben wir es nicht geschafft, aber uns wurde auch so klar: Dieses etwa
800 Quadratkilometer große Gebiet entlang
der Loire ist zu Recht weltberühmt für seine
großartigen Weine, seine Sauvignon Blancs, die
einzigartigen Chenin Blancs aus Vouvray und für den meisterlichen
Ausbau der bekanntermaßen schwierigen Cabernet-Franc-Rebe. Obwohl ich davon ausging, dass es zu so guten Weinen sicher auch hervorragendes Essen geben würde, wusste ich über die Esskultur des Loire-
Tals nur sehr wenig. Ich wurde nicht enttäuscht: Die kulinarischen Leis-
tungen dieses Landstrichs standen seinem Weinbau in nichts nach.

Respekt gegenüber dem lokalen Wein ist der Schlüssel zur Küche des
Loire-Tals. Essen und Wein sind wie Yin und Yang, sie sind füreinander
bestimmt, und viele Soßen zu Fleisch oder Fisch werden mit Wein aus
der Gegend zubereitet. Die schon fast symbolische *beurre blanc*, für die
Sie am Ende dieses Kapitels auch ein Rezept finden, ist ein bezeichnen-
des Beispiel.[*] Oder um es in den Worten Fernande Garvins aus *The Art*

---

[*] Natürlich ist es in ganz Frankreich üblich, mit Wein zu kochen. Erwähnt seien nur *bœuf
bourguignon* für das Burgund und *bœuf en daube* für die Provence.

of French Cooking auszudrücken: »Wein macht aus einem guten Essen eine Symphonie.«[*]

Entlang der Loire ist die Landschaft gesprenkelt mit Abteien, Weingütern, Klöstern und pastellfarbenen Bauernhöfen. Die feine Balance zwischen Natur und Mensch verleiht dem ländlichen Frankreich etwas Leichtes, Unbeschwertes – eine fast kitschige Idylle.

Überall stehen Obstbäume, an denen märchenhaft rote Äpfel und reife Pflaumen baumeln, und überall leuchten goldene Felder, in denen lächelnde Sonnenblumen strammstehen. Die Sonne scheint hier häufiger als in der nördlichen Normandie, weshalb Äpfel und Birnen an der Loire sehr süß sind und eher zum Verzehr angebaut werden als zur Herstellung von Getränken. Wir radelten an unzähligen kleinen Gärten vorbei, die intensiv nach Zwiebeln, grünen und weißen Bohnen, Karotten und Lauch, Pilzen und Spargel, Kürbis und *primeurs* (Junggemüse) rochen.

Die Loire ist ein sehr langer Fluss. Sie entspringt in der Region Rhône-Alpes (Seite 45), schlängelt sich an Burgund vorbei und fließt dann nach einer scharfen Linkskurve gen Atlantik. Die Gegend ist geprägt von reichen, mineralhaltigen Böden und verschiedenen Mikroklimata, weshalb Essen und Wein immer einen ultralokalen Charakter besitzen: Jede Stadt hat ihre eigene Spezialität, und die regionalen Weine unterscheiden sich von Dorf zu Dorf ganz erheblich. Meine Fahrradreise war ideal, um diesen Landstrich kennenzulernen, weil wir immer wieder spontan halten konnten, um lokale Weine, Charcuterie und Feingebäck zu probieren.

Die drei »Rilles« sind die charakteristischen Fleischgerichte der Region und schmecken phantastisch zu den trockenen Weißweinen: *rillettes*, ein auf Schweinefleisch basierender Brotaufstrich aus der Gegend um Tours und Saumur, *rillons*, in Fett konservierte Schweinebauchwürfel aus der Touraine und *rillauds*, lang gebratene Schweinebauchstücke aus dem Anjou. Wie wir später auch bei der Rhône-Alpes-Region sehen werden, ist die Verwertung von Innereien und Fleischresten – auf höchstem Niveau natürlich – in Frankreich sehr populär. Im Gegensatz zu »Alles ist essbar, vom Kopf bis zum Schwanz«, dem Credo des Londoner Kochs Fergus Henderson, braucht man in

---

[*] Das 1965 veröffentlichte Taschenbuch *The Art of French Cooking* ist voll klassischer französischer Rezepte wie *coq au vin* und *croque monsieur*: einfache und elegante Gerichte, die beeindrucken, ohne kompliziert zu sein.

Frankreich hierbei kein Konzept. Typisch für die Loire und den Westen Frankreichs überhaupt ist Suppe aus Schweinekopf. Das Rezept erschien 1929 in dem Kochbuch *Les belles Recettes des Provinces françaises* (Die schönsten Rezepte aus den Regionen Frankreichs). Die Verfasserin, Madame Meunier aus L'Oie, einem Städtchen in der Vendée südlich der Loire, instruiert ihre Leser, einen gesalzenen Schweinekopf etwas weniger als drei Stunden zusammen mit Grünkohl, altem Brot, Pfefferkörnern und Knoblauch zu kochen. Die Brühe wird mit frischem Brot serviert, der Schweinekopf wird extra verzehrt – mit in Sahne gekochtem Weißkohl. Solche Gerichte werden in den Dörfern an der Loire noch immer gegessen. Was in Großbritannien oder in Deutschland erst langsam wiederentdeckt wird, ist in Frankreich nie verloren gegangen.

Das Loire-Tal war für mich eine Bilderbuch- oder Märchenlandschaft: Ritter auf bunt geschmückten Rössern, Burgfräulein mit geflochtenem Haar, Minnesang in akkuraten Heckenlabyrinthen prächtiger *châteaux*. Vor meinem inneren Auge sah ich mittelalterliche Jäger mit großer Beute, Rehen und Wildschweinen, aus den Wäldern in die Schlossküche zurückkehren, wo Köche dann Gerichte mit Wildpilzen und einer Sauce *à la crème* zauberten. Die guten Tafelweine und herzhaften Gerichte gehen also auf eine lange Tradition zurück.

Die Loire wimmelt nur so von Süßwasserfischen wie Hecht, Forelle, Lachs oder Aal. In kräftigen Suppen und Eintöpfen wie *matelote d'anguille* (Aaleintopf mit viel Rotwein, Cognac und Schalotten) oder ganz einfach mit *beurre blanc* schmecken sie großartig. Die *beurre blanc* ist eine klassische Soße des Loire-Tals, für die man Butter mit Schalotten, Essig und Muscadet reduziert, einem einfachen trockenen Weißwein aus der Gegend um Nantes, der aus der Melon-de-Bourgogne-Traube gewonnen wird.

Der Ziegenkäse von der Loire ist nur ein weiteres Beispiel für ein regionales Produkt, das perfekt zum Loire-Wein passt. Der pyramidenförmige, mit Asche bestäubte Ziegenrohmilchkäse Valençay ist wahrscheinlich der berühmteste, aber Chabichou du Poitou, Crottin de Chavignol und Pouligny-Saint-Pierre (alle aus dem Berry zwischen den Flüssen Cher und Indre) sind ebenfalls sehr bekannt. Regionale Weine passen zu diesen Käsesorten besonders gut. Was mir aber ein geradezu ekstatisches Geschmackserlebnis bereitete, war die Kombination von gekühltem St-Nicolas-de-Bourgueil mit etwas Valençay.

Das aromatische Obst des Loire-Tals inspirierte nicht nur Joanne Harris in *Fünf Viertel einer Orange**, es findet sich in Desserts, in der Patisserie und in Süßigkeiten wieder. Typisch französische Leckereien wie *chausson aux pommes* (eine Apfeltasche, die in mir Kindheitserinnerungen wachruft, weil mir meine Mutter jeden Sonntag von ihrer Suche nach frischem Baguette eine mitbrachte) und mit *crème patissière* gefüllte Erdbeertartes liegen friedlich neben Regionalfavoriten wie *tarte tatin* in den Schaufenstern der Bäckereien. Diese Tarte aus karamellisierten Äpfeln, die umgedreht gebacken wird, soll im Hotel Tatin im Städtchen Lamotte-Beuvron (zwischen Loire und Cher) entstanden sein. Angers ist bekannt für seine *pâté aux prunes*, einer Verwandten der *tarte aux quetsches***, und in Tours wird weißer Nougat aus Mandeln, Kirschen, Aprikosen und kandierten Orangen hergestellt. Zu jeder dieser Leckereien ist ein lokaler, durch Edelfäule*** versüßter *moelleux* oder *doux* aus Vouvray eine sensationelle Ergänzung – vorausgesetzt, Sie lieben Desserts.

Füllen Sie für Ihren ersten Ausflug ins Loire-Tal den Kühlschrank mit Süßwasserfisch, reifem Gemüse, Muscadet und allem, was sie für eine *beurre blanc* brauchen. Stellen Sie sich vor, wie Sie am Flussufer stehen, Ihr Rad neben sich, eine kühle Brise im Gesicht, umgeben von Wildblumen, Wein im Atem … und dem Gestank von Zwiebeln. So viel Kitsch muss sein!

* Der dritte Band ihrer Trilogie (die ersten beiden Bände sind *Schokolade* und *Wie wilder Wein*), in der die Hauptfiguren nach Obstsorten oder Obsterzeugnissen benannt sind: Framboise, Cassis und so weiter.
** *Tarte aux quetsches* ist ein Pflaumenkuchen, eine Spezialität aus dem Elsass.
*** Edelfäule, auch als Botrytis bekannt, ist ein Grauschimmel, der auf reifen Trauben entsteht und von Weinbauern bewusst eingesetzt wird, um süße Weine wie beispielsweise Sauternes herzustellen.

Basisvorrat

Süßwasserfisch (Hecht, Forelle, Lachs, Aal) • regionale
Charcuterie *(rillons, rillettes, rillauds)* • regionaler Käse (Valençay,
Chabichou du Poitou, Crottin de Chavignol, Pouligny-
Saint-Pierre) • Obst (Äpfel, Birnen, Pflaumen, Erdbeeren) •
Gemüse (Schalotten, Karotten) • gute Butter, frisches Gebäck

Lachs an Beurre blanc

Beurre blanc ist ganz einfach – theoretisch. Praktisch ist es dann doch
etwas schwieriger, eine *beurre blanc* zu machen, aber die Mühe lohnt
sich garantiert. Diese Soße ist typisch für das Loire-Tal und passt hervorragend zu Süßwasserfisch wie Lachs. Lassen Sie um Gottes willen die
Region zu ihrem Recht kommen, und verwenden Sie einen guten Loire-
Wein. Einen Muscadet bekommt man in der Regel zu einem vernünftigen Preis. Er ist, je nachdem wie man zu Muscadet steht, fein und / oder
zurückhaltend (ich persönlich liebe Muscadet!), und zum Kochen ist er
nicht zu schade.

Für 4 Personen

2 Schalotten, fein gehackt
15 g glatte Petersilie, gehackt
4 Lachsfilets (je 150 g)
Saft einer halben Zitrone
Meersalz und frisch gemahlener schwarzer Pfeffer

Für die Beurre Blanc

1 Schalotte, gehackt
125 ml Weißwein, wenn möglich aus dem Loire-Tal, z. B. ein Muscadet
½ EL Weißweinessig
5 g glatte Petersilie, gehackt
110 g ungesalzene Butter, gewürfelt
Meersalz und frisch gemahlener schwarzer Pfeffer

- Den Ofen auf 200°C (Umluft 180°C, Gas Stufe 6) vorheizen.
- Eine Kasserolle mit Alufolie auskleiden, ein Bett aus Schalotten und Petersilie hineinlegen, darauf die Lachsfilets platzieren. Den Zitronensaft darüberträufeln. Salzen und pfeffern. Dann die Filets gut mit Alufolie abdecken.
- Den Fisch 20–25 Minuten im Ofen backen, bis er beginnt auszuflocken.
- Währenddessen wird die *beurre blanc* zubereitet. Schalotten, Weißwein, Essig und Petersilie in eine Pfanne geben und zum Kochen bringen. Auf mittlerer Flamme köcheln lassen, bis die Soße auf ungefähr zwei Esslöffel Flüssigkeit reduziert und eingedickt ist. Die Hitze stark reduzieren, und die Butter nach und nach einrühren. Salzen und pfeffern.
- Die Soße durch ein feines Sieb in eine hitzebeständige Schüssel streichen. Die Rückstände von Schalotten, Petersilie und Gewürzen wegwerfen. Dann die Schüssel mit der Soße in eine zweite Schüssel mit kochendem Wasser stellen, um sie bis zum Servieren warm zu halten.
- Den Lachs mit den Schalotten und der Petersilie auf Tellern anrichten und die *beurre blanc* über den Fisch geben. Mit gekochten neuen Kartoffeln oder Reis servieren.

Gestürzter Pflaumenkuchen

Unbedingt wollte ich den Gartenfrüchten und insbesondere den Pflaumen des Loire-Tals meinen Respekt zollen. Ich liebe diese Früchte leidenschaftlich – egal ob frisch vom Baum, als Marmelade, Kompott, in Nachtischen und – das Beste überhaupt – als »Plum Shuttle«, dem Meisterstück meiner Mutter. Sie legt Pflaumen und Mandelcreme zwischen zwei Blätterteigschichten, die sie dann mit Eigelb bepinselt, und bäckt das Ganze dann. Angers (die Endstation meiner Radtour durch das Loire-Tal) ist bekannt für seine *paté aux prunes*, ein ähnliches Arrangement aus Pflaumen und Blätterteig. Eigentlich dachte ich, ich sollte es bei der normannischen Apfeltarte als Beispiel für französische Patisserie belassen, aber Angers hat mich inspiriert, und so habe ich dieses phantastische Pflaumenkuchenrezept aus Eric Lanlards Buch *Home Bake* mit aufgenommen. *Merci beaucoup*, Eric!

Für 8 Personen

200 g ungesalzene Butter, und noch ein bisschen zum Einfetten
200 g brauner Zucker
5 mittelgroße Eier
200 g Mehl
2 TL Backpulver
300–400 g frische Pflaumen, entsteint und halbiert
1–2 EL brauner Zucker
1 Prise *Mixed Spice**
50 g Zuckersirup

- Den Ofen auf 180°C (Umluft 160°C, Gas Stufe 4) vorheizen, eine flache 22-cm-Springform mit Butter einfetten und dann mit Backpapier auslegen.
- Butter und Zucker in einer großen Schüssel schaumig rühren. Die Eier einzeln hinzufügen. Das Mehl darüber sieben und langsam unterheben.
- Die Pflaumen in eine Bratform geben. Mit hellem braunem Zucker und *Mixed Spice* bestreuen. Ca. 15 Minuten im Ofen backen, bis das Obst weich und süß ist. Den überschüssigen Saft abgießen.
- Die gebackenen Pflaumen und den Zuckersirup in die vorbereitete Springform geben. Dann den Teig gleichmäßig darüber verteilen. Ca. eine Stunde backen, bis der Teig durch ist. Den Kuchen in der Form abkühlen lassen, dann aus der Form lösen und auf eine Platte stürzen, sodass Obst und Sirup sichtbar sind.

---

* *Mixed Spice* besteht aus gemahlenem Piment, Zimt, Koriander, Nelken, Ingwer, Muskatnuss und Pfeffer und wird häufig in britischem Gebäck oder Kuchen verwendet. Sie können diese Mischung aber auch selbst zubereiten: 1 TL Piment, ¾ TL gemahlener Zimt, 1 TL gemahlener Koriander, 1 TL gemahlene Nelken, 1 ¼ gemahlener Ingwer, ¾ TL geriebene oder gemahlene Muskatnuss, 1 Prise gemahlener schwarzer Pfeffer.

DIE REGION RHÔNE-ALPES

In den Restaurants von Lyon können Sie in Schweinefett
gebratenes Schweinefett essen, Schweinehirn in Schweinefett-
Vinaigrette-Dressing, Salat mit Schweinespeckwürfeln,
gekochtes Huhn in versiegelter Schweinsblase, gestocktes
Schweineblut in Schweinsdarm, Schweinebauchstücke gemischt mit
kalten Essiglinsen, aufgeblasenen und mit Ferkelinnereien
gestopften Ferkeldarm oder in Briocheteig gebratene Schweinswurst
(die gehobene Version von »Würstchen im Schlafrock«).
Aus diesen und anderen Gründen gilt Lyon seit 76 Jahren
als die gastronomische Hauptstadt Frankreichs und der Welt.
Die Welt ist groß.

Bill Buford, *Observer Food Monthly*

V iele französische Gerichte in diesem Buch
basieren auf der meisterlichen Verarbeitung der Zutaten oder auf den Zutaten selbst.
Umgeben von fünf anderen französischen
Regionen – darunter die Provence (Seite 53)
und das Burgund –, der Schweiz und Italien,
ist die Küche in diesem südöstlichen Winkel
Frankreichs, wie auch Bill Buford* bemerkt, besonders fleischlastig. Willkommen in der Region Rhône-Alpes mit ihrer Hauptstadt Lyon,
der zweitgrößten Stadt Frankreichs und Zentrum der Charcuterie.

Rhône-Alpes ist, im wahrsten Sinne des Wortes, eine Region, in der
vieles zusammenfließt: Die Flüsse Rhône und Saône treffen hier aufeinander, aber auch verschiedene kulinarische Reiche und Anbaugebiete. Die Region kann aus einer großen Bandbreite an Zutaten schöpfen: Rindfleisch aus dem Charolais, Lamm aus der Auvergne, Forellen

---

* Bill Buford hat es in Lyon so gut gefallen, dass er mit seiner Familie dorthin zog und
eine Ausbildung in einer *boulangerie* machte: eine Erfahrung, die er in seinem Buch *Hitze* ver-
arbeitete.

aus den Alpen und Milchprodukte aus dem Bugey und der Dauphiné – all das (und mehr) zählen die Gebrüder Roux* in *French Country Cooking* zu den Reichtümern der Region. Dieser Liste würde ich gern noch Trüffel aus dem Tricastin und der Drôme (wo der Großteil der französischen Trüffel herkommt) hinzufügen, die Erzeugnisse der südlicher gelegenen Provence (Fisch, Meeresfrüchte und die schier unendliche Vielzahl an Kräutern) und die aus dem Burgund im Norden (Dijonsenf, Epoisses-Käse und guter Wein).

Lyon verkörpert Frankreich in all seiner rustikalen Pracht, kultivierten Derbheit und schlichten Eleganz, in der Käse, Wurst und Schinken, Wein und Brot auf den Vichykaros zerknitterter Baumwolltischdecken genossen werden. Genau das ist meine Vorstellung von Michelin-Stern-gekrönten Gerichten. Sie sind normalerweise sehr lecker, oft ein bisschen gruslig, aber immer authentisch. Viele der regionalen Gerichte, wie beispielsweise die von Bill Buford beschriebene Charcuterie, werden in *bouchons* gegessen, den für Lyon so typischen Kneipen. Fleischprodukte wie *rosette* (Schweinesalami), *andouille* (Räucherwurst aus Innereien, Wein, Knoblauch und Zwiebeln), *andouillette* (ähnlich wie *andouille*, jedoch weniger stark gewürzt), gekochte Würste mit Kartoffeln oder *Jésus de Lyon* (eine harte, knollenförmige Wurst, die der *rosette* oder *andouille* ähnelt, aber aus gröberen Fleischstücken besteht) gehören zu einem *bouchon*-Besuch einfach dazu. Ebenfalls sehr beliebt: die *quenelles*, kleine ovale Knödel aus gehacktem Fisch oder Fleisch, die mit Eigelb und Paniermehl gebunden und dann pochiert werden. In Lyon macht man sie typischerweise mit Rhône-Hecht. Sie werden mit einer weißen Soße (ähnlich der Béchamel-Sauce) serviert und zählen zu den beliebten traditionellen Leckereien, die ganz frisch genossen werden.

Die Bewohner Lyons und der Rhône-Alpes-Region sind sehr stolz auf ihre Lebensmittel, von denen viele AOC-Status haben. Wie etwa das Bressehuhn *(poulet de Bresse)*, das mit seinem weißen Gefieder, dem roten Kamm und den blauen Füßen eine Tier gewordene Trikolore ist. Viele Köche behaupten, es habe das zarteste Hühnerfleisch der Welt, weshalb es häufig als der Dom Perignon oder Beluga unter den Hühnern bezeichnet wird.

---

* Michel und Albert Roux gründeten 1967 das legendäre französische Restaurant Le Gavroche in Mayfair. Sie sind Onkel und Vater des aktuellen Besitzers (und Stars der britischen Kochsendung *MasterChef*) Michel Roux Jr.

Weine und Käse mit AOC-Siegel* bilden im Rhône-Tal eine feste Einheit. Syrah-Weine wie der Crozes-Hermitage und Cuvées wie der Côtes du Rhône (der aus Syrah und Rebsorten wie Carignan, Mourvèdre und Grenache verschnitten wird) sind weltberühmt, und auch die aromatische Viognier-Rebe wird hier ausgebaut. Auf den saftigen Weiden grasen Rinderrassen, die sowohl für ihr Fleisch als auch für ihre Milch geschätzt werden: Abondance, Montbéliard und Tarentaise. Esskastanien (aus der Ardèche) und Hasel- und Walnüsse (aus Grenoble) sind in der Rhône-Alpes-Küche sehr gefragt. Die Gräser der Region geben dem Kuhmilchkäse, egal welcher Art, einen leicht nussigen Geschmack. Beste Beispiele sind die beliebten Käsesorten Vacherin, Reblochon oder Raclette.

Raclette – von *racler*, französisch für »schaben« – ist ein fester dunkelgelber Käse, der geschmolzen oft zu Pellkartoffeln, Charcuterie und Pickles gegessen wird (das perfekte Essen nach einem kalten Tag in den Bergen).

Der Reblochon hat seinen Namen vom Verb *reblocher* (was so viel bedeutet wie »das Euter einer Kuh noch einmal drücken«), einem Begriff, der aus dem Mittelalter stammt, als die Bauern entsprechend ihren Milcherträgen Steuern zahlen mussten. Solange der Landbesitzer den Ertrag noch nicht gemessen hatte, wurden die Kühe nicht bis auf den letzten Tropfen gemolken. Aus der Milch, die danach noch gewonnen wurde, käste man den Reblochon. Auch bekannt als *fromage de dévotion*, spendeten die Bauern diesen Käse oft den Kartäusermönchen für die Segnung ihrer Felder. Vacherin, diese wunderbar stinkende, in Holzschachteln erhältliche Käsesauerei, kommt ursprünglich ebenfalls aus der Region Rhône-Alpes (es gibt aber auch eine Schweizer Variante).

Käse findet man in einer Vielzahl von Gerichten, beispielsweise einem *gratin savoyard* aus Savoyen (im Osten der Region Rhône-Alpes), das in Fleischbrühe mit einer Kruste aus Hartkäse überbacken wird, etwa einem Gruyère aus der benachbarten Schweiz (siehe Rezept Seite 52). Auch im Käsefondue kommen die germanischen Tendenzen der Rhône-Alpes-Küche zum Ausdruck. Ursprünglich aus der Schweiz, aber auch in Österreich sehr beliebt, gehört Käsefondue in Savoyen und in und um Lyon zu den Spezialitäten. Die regionalen Varianten be-

* AOC steht für *Appellation d'Origine Contrôlée* und ist ein nationales Schutzsiegel für Produkte bestimmter Regionen. So darf etwa Schaumwein, der außerhalb der Champagne produziert wird, nicht als Champagner bezeichnet werden und ein Huhn, das nicht aus Bresse stammt, nicht als Bressehuhn.

stehen aus unterschiedlichen Mischungen von geschmolzenem Comté, Emmentaler, Vacherin oder Beaufort. Jeder spießt sein Brotstück auf eine lange Gabel und tunkt es in eine große Schüssel mit heißem geschmolzenem Käse in der Mitte des Tisches.

Wenn Sie mit jemandem sprechen, der einige Zeit in Lyon gelebt hat, wird er wahrscheinlich gestehen, dass er zugenommen hat. Kein Wunder! Addiert man zu all der Sahne, dem Käse, Fleisch und Wein auch noch die Süßspeisen, dann kommt schon einiges an Kalorien zusammen. Nehmen Sie nur die *Viennoiseries,* Back- und Konditoreiprodukte, die, wie der Name vermuten lässt, ursprünglich aus Wien kommen und dann in Frankreich perfektioniert wurden: Ich sage nur *brioche aux pralines* oder *pain au chocolat.* Esskastanien aus der Ardèche werden zu *crème des marrons* für Kuchen, Tartes und Cremes verarbeitet, mit Zuckersirup glasiert *(marrons glacés)* oder in Nachtischen wie *mont blanc* (Maronen mit Schlagsahne) verwendet. Der beste weiße Nougat[*] Frankreichs kommt aus Montélimar, und dann ist da noch die *brioche.* Brioches werden aus Hefeteig gebacken, der sowohl für süße als auch salzige Kreationen die Basis sein kann. Er eignet sich für Gebäck mit Früchten, Cremefüllungen oder für Leckereien wie *cocon de Lyon* (kleine Teigpäckchen mit einer Mandelcremefüllung), wird aber auch mit Käse und Fleisch kombiniert. Es bestätigt sich also auch hier, dass man in der Region Rhône-Alpes um Fleisch nur schwer herumkommt. Eine phantastische Gegend für schweinische Gaumenfreuden – nicht jedoch für Schweine.

---

[*] Nougat soll angeblich mit den Griechen nach Frankreich gekommen sein. Man findet ihn in verschiedenen Varianten im gesamten Mittelmeerraum und im Nahen Osten: *torrón* in Spanien und *gaz* im Iran. Der Nougat aus Montélimar ist sehr fein und wird nur aus Honig, Eiern, Zucker und Mandeln hergestellt.

Basisvorrat

Charcuterie *(andouille, andouillette)* • gutes Hühnerfleisch
(falls Sie kein AOC-Bressehuhn bekommen können, nehmen Sie
einfach das beste Biohuhn, das Sie finden, vorzugsweise aus
einer kleinen Metzgerei) • *quenelles* • Käse (Vacherin,
Reblochon, Raclette) • Butter • Olivenöl • Brioche • weißer
Nougat • glasierte Maronen • Maronencreme • Wein
(Syrah, Viognier)

Grüner Salat mit Vinaigrette

Alors! Dieses Gericht ist natürlich nicht besonders typisch für Rhône-Alpes, bedenkt man jedoch die überwältigende Fülle der Schweine-fleischgerichte, dann ist dieser einfache Salat sicher eine willkommene Abwechslung. Zusammen mit gutem französischem Brot ist er die per-fekte Beilage zu *quenelles* oder *andouille*. Ganz abgesehen davon, ist ein wirklich gut angemachter grüner Salat mit Knoblauchdressing fast nicht zu überbieten. Es wäre ja schon fast Betrug, wenn ich Ihnen das Rezept für eine echt französische Vinaigrette – deren Geschmack Sie noch für den Rest des Tages bei jedem Atemzug schmecken – vorenthalte. Dieses Rezept hier ist dem meiner Großmutter sehr ähnlich, nur dass ich das Senfpulver meiner Oma durch Dijonsenf ersetzt habe (er ist einfach um so vieles feiner als jeder andere Senf). Außerdem passt Vinaigrette mit Dijonsenf besser in den Südosten Frankreichs, schließlich kommt er, wenn auch nicht direkt aus Rhône-Alpes, so doch immerhin aus Dijon im Burgund. Der Salat selbst kann einfach oder raffiniert sein, ganz nach Ih-rem Geschmack. Ich bevorzuge Gartensalate und verzichte auf italieni-sche Salate wie Radicchio oder Friséesalat. Kopfsalat oder Feldsalat sind mild und aromatisch, und etwas gehobelter Rettich, geriebene Karotten oder Schnittlauchröllchen sind eine hervorragende Ergänzung.

Für 3–4 Personen

4 EL extra natives Olivenöl
1 EL Weißweinessig
1 gehäufter TL Dijonsenf
Saft einer halben Zitrone
2 Knoblauchzehen, sehr fein gehackt
1 ordentliche Prise Salz und frisch gemahlener schwarzer Pfeffer
grüner Salat nach Wahl

- Einfach alle Zutaten in einen Shaker geben und kräftig schütteln. Je länger die Vinaigrette zieht, umso besser wird sie. Machen Sie das Dressing also ruhig etwas früher.
- Die Vinaigrette erst kurz vor dem Servieren über den Salat geben, sonst wird der Salat matschig.

Eine Art Cassoulet

Ein einfaches Rezept, das die *andouille*, die Räucherwurst der Region gut zur Geltung bringt, allerdings ohne die in einem *cassoulet* normalerweise übliche Ente. (Teuer + fett + putzig = Ente gehört aus diesen drei Gründen einfach nicht zu meinen Lieblingsfleischarten.) Alle anderen klassischen Zutaten – weiße Bohnen, Speckwürfel, viel Knoblauch und Lorbeerblätter – finden sich in diesem Eintopf wieder, der förmlich danach ruft, mit lokalem Syrah oder Syrah / Grenache Cuvée hinuntergespült zu werden.

Für 6 Personen

400 g getrocknete weiße Bohnen (oder Cannellini), über Nacht eingeweicht
200 g Schwein von der Schulter, gewürfelt
200 g Speck oder Pancetta, gewürfelt
2 Lorbeerblätter
2–3 EL Olivenöl
1 Stange Sellerie, grob gehackt
1 Zwiebel, grob gehackt
1 Karotte, grob gehackt

6 Knoblauchzehen, fein gehackt

1 *bouquet garni* (je zwei Zweige Thymian und Rosmarin, zusammenge-
bunden)

300 g *andouille*, in 1 cm dicken Scheiben (falls Sie keine *andouille*
bekommen, geht auch eine andere Räucherwurst wie *chorizo*)

Saft einer halben Zitrone

2 ganze Nelken

Meersalz und frisch gemahlener schwarzer Pfeffer

Zum Servieren

45 g frische Semmelbrösel, geröstet

30 g glatte Petersilie, grob gehackt

ein Schuss extra natives Olivenöl

- Den Ofen auf 140°C (Umluft 120°C, Gas Stufe 1) vorheizen.
- Die Bohnen abgießen und mit Wasser bedeckt in einen großen Topf ge-
ben. Schweinefleisch, Speckwürfel und Lorbeerblätter dazugeben. Zum
Kochen bringen und 15–20 Minuten bei mittlerer Hitze köcheln lassen.
Das Ganze abschütten und dabei ungefähr 200 ml Flüssigkeit zurückbe-
halten. Eventuell Schaum entfernen.
- Das Olivenöl in einer großen Bratpfanne erhitzen und bei mittlerer Hitze
Sellerie, Zwiebel, Karotte und Knoblauch ca. 5 Minuten andünsten, bis die
Zwiebeln glasig sind. Der Knoblauch darf nicht anbrennen.
- *Bouquet garni*, *andouille* und die Bohnen-Fleisch-Mischung dazugeben.
Die zurückbehaltene Flüssigkeit dazuschütten. Dann mit Wasser auffül-
len, bis das Fleisch bedeckt ist. Zitronensaft und Nelken dazugeben und
aufkochen.
- Alles in eine Kasserolle geben und mit einem Deckel oder Alufolie gut
abdecken. Im Ofen 2 ½ Stunden garen. Lorbeerblätter, Nelken und Bouquet garni herausfischen und abschmecken. In Schüsseln geben, mit gerösteten Semmelbröseln, Petersilie und einem Schuss Olivenöl garnieren.

Gratin savoyard

Dieses Kartoffelgericht ist die perfekte Beilage zu vielen bekannten Schweinefleischprodukten der Rhône-Alpes-Region, passt aber auch zu jedem Braten. Selbst nur mit einem Salat serviert, ist es ein Genuss. Es stammt aus Savoyen (daher der Name), und wenn es ganz authentisch sein soll, benutzt man dafür Beaufort-Käse. Da dieser aber nicht überall zu bekommen ist, wird meist Gruyère verwendet. Ich selbst bevorzuge Hühnerbrühe und verzichte nie auf die Muskatnuss, die eine warme Gewürznote bringt.

Für 4 Personen

1 kg Kartoffeln (am besten festkochend, aber jede andere Sorte tut es auch), geschält und in 3–4 mm dicke Scheiben geschnitten
1 Knoblauchzehe
45 g Butter
150 g Gruyère, gerieben
½ TL gemahlene Muskatnuss (nach Belieben)
Meersalz und frisch gemahlener schwarzer Pfeffer
150 ml Rinder- oder Hühnerbrühe

- Den Ofen auf 220°C (Umluft 180°C, Gas Stufe 6) vorheizen.
- Die Knoblauchzehe mit einem Löffel zerdrücken (um das Aroma freizusetzen) und eine große flache ofenfeste Form damit einreiben. Die Form mit einem Drittel der Butter einfetten. Die Hälfte der Kartoffelscheiben auf dem Boden verteilen.
- Käse, Muskatnuss, Salz und Pfeffer in einer Schüssel vermischen. Die Hälfte davon über den Kartoffeln verteilen. Ein weiteres Drittel der Butter in kleinen Flocken über die Kartoffelschicht geben, dann die restlichen Kartoffeln darüberschichten, den übrigen Käse und das letzte Drittel Butter darüber verteilen. Dann die Brühe in die Form gießen.
- Dieser letzte Schritt muss nicht sein, aber wenn Sie auch ein Knoblauchfan sind, empfehle ich, den Rest der zerdrückten Knoblauchzehe fein zu hacken und auf dem Auflauf zu verteilen. Das Gratin 30–40 Minuten backen und vor dem Servieren noch 5 Minuten ziehen lassen.

DIE PROVENCE

Es war ein Mahl, das wir nie vergessen werden; denn es überstieg
qualitativ wie quantitativ alle bekannten gastronomischen
Grenzen. ... Wir aßen den grünen Salat mit Stückchen von Brot,
das in Knoblauch und Olivenöl gebraten war. Wir aßen die fetten,
runden *crottins* von Ziegenkäse. Wir aßen den
Mandelcremekuchen, den die Tochter des Hauses gebacken
hatte. Wir aßen an diesem Abend für die Ehre Englands.

Peter Mayle, *Mein Jahr in der Provence*

Schon viele Schriftsteller haben die provenzalische Küche heiliggesprochen. Vielleicht
geht es ja nur mir so, aber das Wort *provençal*
scheint zu glitzern, es beschwört saphirblaues
Meer herauf, roten und grünen Salat, der von
Olivenöl glänzt, und Traumbilder der Côte
d'Azur, wie in einer Erzählung von F. Scott Fitzgerald. Die großartige Kochbuchautorin Elizabeth David zählt in der Einleitung ihres Buchs
A Book of Mediterranean Food nur einige wenige
Zutaten der mediterranen kulinarischen Tradition auf, an der auch die
Provence einen beträchtlichen Anteil hat: »... Safran, Knoblauch und
die würzigen regionalen Weine; der aromatische Duft von Rosmarin,
wildem Majoran und Basilikum, die zum Trocknen in den Küchen hängen.« Die Palette an Zutaten ist groß, und auf den Tischen der Provence
entstehen aus ihnen kulinarische Meisterwerke.*

---

* Die Provence hat schon immer Maler, Schriftsteller und andere Künstler magisch angezogen. Davon erzählt auch das La Colombe d'Or, ein Hotel und Restaurant im Dorf Saint-Paul
de Vence (im Hinterland der Côte d'Azur). An den Wänden hängen – beinahe unbeachtet –
Werke von Picasso, Miró und Calder, die das Essen hier mit ihren Bildern bezahlt haben. In
den letzten Jahrzehnten hat sich im La Colombe d'Or nur wenig verändert, vor allem nicht
die Speisekarte mit ihren klassisch provenzalischen Gerichten: Bouillabaisse, *bœuf en daube*
(siehe unten), *fricassée de volaille* (Hähnchenbrust mit einer cremigen Morchelsoße und wun-

Der französische Autor und Filmemacher Alain Robbe-Grillet erinnert sich, wie sein Freund, der Literaturtheoretiker Roland Barthes, einmal sinnierte: »In einem Restaurant genießen die Menschen das Menü auf der Speisekarte – nicht die Gerichte, sondern deren Beschreibung.«[*] Das Vokabular, die sinnlichen Namen der Gerichte sind ein wichtiger Teil des kulinarischen Erlebnisses – in der Provence wahrscheinlich mehr als in jeder anderen Küche. Elizabeth David, die ihr Buch kurz nach Ende des Zweiten Weltkriegs schrieb, als Lebensmittel noch rationiert waren, verwandelte diese Vorstellung in Prosa. Sie spornte die Phantasie britischer Köche an, einen Kanon von Gerichten zu erschaffen, deren Zutaten nicht Eipulver oder Dosenfleisch waren, sondern das satte Glucksen von Olivenöl, jede Menge Butter, Knoblauch, duftende Kräuter und kräftige, salzige Aromen aus Erde und Meer.

Einfacher ausgedrückt: Die provenzalische Küche lehrt uns, was erstklassige Lebensmittel bedeuten. Ihre typischen Zutaten sind eine Mischung aus Produkten, die auch bei uns gedeihen (Tomaten, Kräuter, frischer Fisch), nur eben besser, und solchen, die ein mediterranes Klima brauchen (Kapern, Sardellen, Oliven). Diese *cuisine* zelebriert schlichte, beliebte Aromakombinationen, aber auch die Zubereitung *au point* von Fleisch, Meeresfrüchten, Gemüse und Soßen. Wir alle wissen: Übung macht den Meister. Und daher hoffe ich, dass meine kleine Anleitung Sie dazu animiert, wenigstens mit dem Üben zu beginnen.

Es fängt damit an, dass Sie immer ein paar provenzalische Grundnahrungsmittel im Haus haben sollten: Sardellen und Oliven in der Dose, Kapern im Glas, gutes Olivenöl und einen Topf glatte Petersilie – das sprengt weder die Haushaltskasse, noch erfordert es einen grünen Daumen, und wenn Sie alles kleinhacken und mischen, haben Sie im Handumdrehen eine leckere *tapenade*.[**] Mit Brot, Gemüse und einem Aperitif ist sie ein wunderbarer Appetithappen, außerdem schmeckt sie ausgezeichnet zu Käse oder Huhn. Ein weiterer, supereinfacher Klassiker, den Sie ausprobieren sollten, ist eine Soße aus Butter, Oli-

---

derbarem Reis) – ganz zu schweigen von den unschlagbaren provenzalischen hellorangenen Melonen, *crevettes* (Garnelen) und riesigen Rettichen, Artischocken und Tomaten, die als Rohkost mit *anchoïade* (siehe unten) serviert werden.

[*] Aus *Warum ich Barthes liebe* von Alain Robbe-Grillet.

[**] Aus denselben Grundaromen kreieren die Italiener übrigens ihre *puttanesca*, eine köstlichwürzige Pastasoße.

venöl, Zitronensaft, Kapern und Petersilie, ein »Allrounder« zu Fisch wie Makrele oder Brasse.

Kräuter kommen in der provenzalischen Küche nicht in denselben Quantitäten zum Einsatz wie im östlichen Mittelmeerraum oder im Nahen Osten, sind aber dennoch unverzichtbar: Petersilie, Thymian, Majoran, Oregano, Estragon, Basilikum, Dill und Lorbeer – alle gedeihen auch hervorragend in unseren Breitengraden. In der Provence gleicht das Zusammenwirken der Zutaten dem Zusammenspiel eines Orchesters. Der Knoblauch dirigiert, Wein und Öl spielen Cello und Kontrabass, die Proteine (Fisch und Fleisch) sind die Geigen, und die Kräuter geben an den Schlaginstrumenten den Takt vor.

À la provençale lässt sich wie folgt zusammenfassen: etwas in Olivenöl Gebratenes (normalerweise Fisch oder Fleisch) mit Knoblauch und Petersilie – das sind die drei wesentlichen Zutaten der Provence. Viele von Elizabeth Davids Lieblingsgerichten folgen diesem Grundrezept: Rebhuhn, Krebse, Jakobsmuscheln, Froschschenkel, Pilze, Lauch, Tomaten … Es funktioniert mit fast allem, und viele typisch provenzalische Gerichte wie *bouillabaisse** oder *bourride* – ebenfalls eine regionale Fischsuppe – sind schlicht und einfach Varianten dieser essenziellen Dreieinigkeit.

Fenchel spielt in der Provence ebenfalls eine sehr wichtige Rolle, einerseits als Tuttist, andererseits aber auch als Solist. Seinen Samen kann man als Gewürz verwenden und mit seinen dünnen Wedeln einen Salat garnieren oder dem Fleisch ein grasiges Lakritzaroma verleihen. Ein klassisches Gericht ist die *grillade au fenouil* – fleischig-weißer Fisch wie Wolfsbarsch oder Rotbarbe, gebuttert und mit Fenchel gegrillt. Das Ganze wird mit Armagnac flambiert, sodass der Fenchel anfängt zu brennen. Wie viele andere regionale Gemüsesorten auch – Rettich, süße rote Zwiebeln, Gurke, Artischocken, Sellerie und Tomaten – kann Fenchel auch roh gegessen werden, oder man tunkt ihn in eine *anchoïade*, eine kalte Sauce aus pürierten Sardellen, Knoblauch und Olivenöl, ein guter Appetizer. *Anchoïade* ist ganz einfach selbst zu machen, und im Nu haben Sie einen leckeren provenzalischen Dip – versuchen Sie es mit meinem Rezept!

Ein typisches Rindfleischgericht der Provence ist *bœuf en daube à la niçoise*: Rinderkoteletts schmoren zwölf Stunden in einer kräftigen

---

* Eine Bouillabaisse wird aus verschiedenen Arten von Fisch und Krustentieren mit Zwiebeln, Tomaten, Thymian, Fenchel, Lorbeer und Orangenschale zubereitet.

Brühe mit Oliven, ganzen Orangen, Knoblauch, Lorbeerblättern und Wacholderbeeren. Auch *gigot à la provençale* (Lammkeule mit Knoblauch, Petersilie und Thymian) ist sehr typisch, genau wie ein *cassoulet* aus Hammel-, Schweine- oder Hühnerfleisch mit weißen Bohnen. Wie bei den spanischen oder portugiesischen *cocidos* handelt es sich auch hier um ein Gericht, das heute ganz trendy als »Bauernessen« bezeichnet wird (völlig unabhängig davon, ob Bauern so etwas tatsächlich je gegessen haben). Man kann es einfach oder auch raffiniert zubereiten. *Gigot* oder *bœuf en daube* sind ein wunderbarer Hauptgang für ein sommerliches Sonntagsessen. Fangen Sie schon früh morgens oder sogar am Abend zuvor mit dem Kochen an. Sobald alle Zutaten im Topf sind, können Sie das Gericht bei niedriger Hitze vor sich hin schmoren lassen (natürlich sollten Sie gelegentlich umrühren), bis Sie es dann mit Reis servieren.

Ein Ausflug in die provenzalische Küche ist unkompliziert, da Sie es mit bekannten Zutaten und einfachen Zubereitungsmethoden zu tun haben. Jetzt ein Quäntchen Inspiration – zum Beispiel aus Elizabeth Davids Buch –, und schon werden Sie kulinarische Sinfonien komponieren.

Basisvorrat

Fenchel • Tomaten • Rotwein (für den echt südfranzösischen Geschmack sollten Sie Weine aus den Pays d'Oc wie Grenache, Carignan und Syrah kaufen) • aromatische Kräuter (Petersilie, Oregano, Thymian, Majoran, Estragon, Basilikum, Dill, Lorbeer) • Gewürze (Zimt, Nelke, Wacholder)

Tapenade

Eigentlich war *tapenade* für mich immer der Inbegriff eines Olivenge-
richts, aber ihr Name kommt ironischerweise vom provenzalischen Wort
für Kapern *(tapenas)*. Das folgende Rezept hier stammt von meinem Onkel, einem Weinliebhaber mit ausgeprägtem Sinn für Leckereien. Hier, in
den Worten meines Onkels, eine kleine Anregung, was man zur *tapenade*
trinken kann: »Persönlich sind mir bei französischem Wein die richtig guten Flaschen ja am liebsten, aber das passt hier nicht. Ich würde einen
Côtes de Gascogne nehmen – der ist rustikal und temperamentvoll
genug, um gegen die *tapenade* zu bestehen. Eine Flasche Pouilly, Mont-
rachet oder etwas Ähnliches wäre Verschwendung. Aber vielleicht ein
Louis Latour Pinot Noir? Der passt großartig.« Wenn es um Oliven geht,
bin ich wählerisch bis pingelig. Nehmen Sie, wenn möglich, keine aus der
Dose und auf gar keinen Fall Kalamata (zu griechisch!). Ich bevorzuge die
leckeren, intensiv schmeckenden, schrumpeligen schwarzen Oliven, die
es entkernt im Feinkostladen gibt.

Appetithappen für 10 Personen

100 g gute schwarze Oliven, entsteint
1 Dose (50 g) gute Sardellen in Olivenöl, abgetropft und grob gehackt
2 Chilischoten, entkernt und gehackt
2 Knoblauchzehen, grob gehackt
1 gehäufter EL Kapern
15 g glatte Petersilie, gehackt
15 g Schnittlauch, gehackt
2 EL extra natives Olivenöl
1–2 EL Crème fraîche (je nach Schärfe der Chilischoten)

• Alle Zutaten gemeinsam pürieren. Dann in eine Schüssel geben und zugedeckt kalt stellen. Die Kälte verleiht mehr »Biss«, daher sollten Sie die
tapenade (am besten über Nacht) bis zum Servieren im Kühlschrank lassen. Mit ein paar Scheiben besten französischen *baguettes* und Rohkost
reichen.

Anchoïade

Anchoïade schmeckt extrem lecker, sieht aber ziemlich unschön aus. Lassen Sie sich davon nicht abschrecken. Das Wichtigste ist, dass Sie die Soße richtig glatt bekommen (entweder in der Küchenmaschine oder in einem Mörser), sonst haben Sie am Ende eine Art *tapenade* oder *bagna cauda*.

Appetithappen für 6 Personen

1 Dose (50 g) gute Sardellen in Olivenöl, abgetropft und grob gehackt
2 Knoblauchzehen, grob gehackt
1 TL Rotweinessig
frisch gemahlener schwarzer Pfeffer
150 ml extra natives Olivenöl
Toastbrot, grob gehackte glatte Petersilie und rohes Gemüse zum Servieren

- Sardellen, Knoblauch, Essig und Pfeffer mit dem Mixer zu einer glatten Paste verarbeiten. Alternativ können Sie die Zutaten auch in einem Mörser zerstampfen (ist aber viel anstrengender!).
- Sobald die Paste die richtige Konsistenz hat, ganz, ganz sachte nach und nach das Öl zugeben. Lassen Sie es in einem dünnen gleichmäßigen Strahl hineinlaufen, während der Mixer weiterarbeitet. Am Ende sollte die Soße dickflüssig sein. Falls Sie von Hand rühren, das Öl in kleinen Portionen dazugeben und nach jedem Schuss kräftig rühren.
- Auf Toast (mit etwas Petersilie für die Optik) oder mit Rohkost servieren. Dazu empfiehlt sich erfrischend kühler Rosé aus der Provence.

Bœuf en daube

In Virginia Woolfs Roman *Zum Leuchtturm* ist der provenzalische Eintopf aus geschmortem Rindfleisch und Rotwein das »Meisterstück« der Küchenmagd, an dem sie drei Tage lang hart schuftet – »eine wilde Mischung aus schmackhaftem hellem und dunklem Fleisch« nach einem alten Familienrezept. Als ich mich zum ersten Mal daran versuchte, habe ich für die Brühe die Knochen selbst ausgekocht. Das hat acht Stunden gedauert, und obwohl die Brühe hervorragend war, können Sie, wenn

Sie unter Zeitdruck stehen, ruhig eine gute Instanthühnerbrühe verwenden. Das Fleisch sollte aber in jedem Fall von sehr guter Qualität sein und nicht zu früh von der Herdplatte genommen werden. Der Kochwein muss nichts Besonderes sein, ein anständiger Côtes du Rhône oder Pays d'Oc reichen völlig. Nicht jeder mariniert das Rindfleisch vor dem Kochen über Nacht in Kräutern, Knoblauch und Wein, aber ich gebe dem Fleisch gerne so viel Aroma wie möglich mit. Als Beilage passt Reis am besten, finde ich, aber Kartoffelpüree oder Butternudeln gehen auch.

Für 4–6 Personen

2 TL Wacholderbeeren
2 TL schwarze Pfefferkörner
6 Knoblauchzehen
1 gute Prise Salz
1 kg Rindfleisch von der Schulter (oder Rindersteak), in 5 cm große Stücke geschnitten
2 EL Olivenöl
10 g Thymianzweige
10 g glatte Petersilie
10 g Rosmarinzweige
1 Flasche Rotwein
2–3 EL Mehl
60 g Butter
2 braune oder weiße Zwiebeln, oder 6 Schalotten, grob gehackt
2 Karotten, grob gehackt
3 Stangen Sellerie, grob gehackt
2 Eiertomaten, grob gehackt
200 g Speckwürfel (oder Pancettawürfel)
2 Lorbeerblätter
½ Liter Rinder- oder Hühnerbrühe
2 Handvoll junge Champignons, halbiert, wenn sie groß sind
frisch geriebene Muskatnuss
Meersalz und frisch gemahlener schwarzer Pfeffer
glatte Petersilie zum Servieren, gehackt

- Wacholderbeeren, schwarzen Pfeffer, 3 Knoblauchzehen in einem Mörser zerstoßen. Mit Olivenöl mischen und damit die Fleischstücke einreiben.
- Aus Thymian, Petersilie und Rosmarin ein Sträußchen *(bouquet garni)* binden und mit dem gewürzten Fleisch in eine tiefe Schüssel geben. Mit Rotwein bedecken und über Nacht im Kühlschrank marinieren lassen.
- Das Fleisch mit einem Schaumlöffel herausnehmen und die Stücke einzeln in Mehl wenden. 50 g Butter in einem schweren, hitzebeständigen und feuerfesten Bräter (ein Le-Creuset-Bräter oder etwas Ähnliches wäre ideal) erhitzen und das Fleisch darin 4–5 Minuten anbräunen, falls nötig portionsweise. Das Fleisch herausnehmen und auf die Seite stellen.
- Zwiebeln, Karotten, Sellerie, Tomaten und Speck in der übrigen Butter bei niedriger Hitze 15 Minuten weichdünsten. Dann die restlichen 3 Knoblauchzehen zerdrücken und mit den Lorbeerblättern für weitere 2 Minuten dazugeben.
- Das marinierte Fleisch mit dem Saft zurück in den Bräter geben. Dann die Marinade mit dem *bouquet garni* und dem restlichen Wein darübergießen. Auf niedrigster Temperatur etwa eine Stunde köcheln lassen.
- Den Ofen auf 180°C (Umluft 160°C, Gas Stufe 4) vorheizen.
- Die Champignons in den restlichen 10 g Butter 5 Minuten anbraten. Zur Seite stellen, bis der Bräter vom Feuer kommt. Dann die Champignons dazugeben. Mit Alufolie abdecken und für 2 Stunden in den Ofen stellen. Das Fleisch testen, ob es gar ist. (Wenn Sie es zwischen Daumen und Zeigefinger zusammendrücken, sollte es auseinanderfallen.) Falls der Eintopf zu flüssig ist, den Bräter weitere 20–30 Minuten offen in den Ofen stellen, bis er eingedickt ist.
- Vor dem Servieren *bouquet garni* und Lorbeerblätter entfernen und etwas Muskatnuss darüberreiben. Mit Salz und Pfeffer abschmecken und mit frischer Petersilie garnieren.

SPANIEN

Als ein Mensch, der die tragischen Aspekte des Essens zu
schätzen wusste, hatte er das Gefühl, alles außer Obst zum
Dessert sei eine Frivolität. Insbesondere Kuchen zerstörte den
ruhigen traurigen Geschmack, der nach einer großartigen
kulinarischen Darbietung zurückblieb.

Manuel Vázquez Montalbán, *Die Einsamkeit des Managers*

Im Londoner Südosten mit einem Namen wie Ximena* aufzuwachsen, war nicht immer einfach. Meine Klassenkameraden versuchten sich an diesem altmodischen kastilischen Namen mit den unterschiedlichsten Aussprachen, wobei »eczema« sicher die unangenehmste war. Da meine Eltern nicht wollten, dass ihre Tochter mit einer Hautirritation in Verbindung gebracht wurde, nannten sie mich schließlich nur noch Mina, und erst als ich älter wurde und langsam die Welt erkundete, lernte ich, meinen eigentlichen Namen wirklich zu schätzen. Meine Liebe zu Spanien, der spanischen Sprache und der spanischen Diaspora wurde mit den Jahren immer größer, und so wuchs mir auch mein Name Ximena ans Herz.

Spanien fasziniert mich. Ich kann einfach nicht genug bekommen von seiner Kultur, die auch von arabischen Einflüssen stark geprägt ist. Am spanischen Essen liebe ich das Salz und das Fett, an der Sprache das leicht nasal-schleppende Poetische. Ich bin ein großer Fan des breiten Spektrums spanischer Musik von den folkloristischen Flamencogitar-

---

* Nur um das klarzustellen: Ich bin keine Spanierin, auch wenn ich das gerne wäre. Bis sich meine Eltern auf einen Namen für mich einigen konnten, dauerte es drei Wochen, und es wurden unzählige Namensbücher gewälzt. Man sollte eigentlich meinen, dass Eltern, denen es derart schwerfällt, einen Namen für ihr Neugeborenes auszusuchen, etwas Einfaches, Unverfängliches auswählen – Jane oder Lucy vielleicht. Aber nein, ich heiße Ximena, wie die Großtante meiner Mutter. Die übrigens auch Engländerin war.

ren bis hin zum schmalzigen Latino-Pop. Und ich mag die grenzenlose Energie der Menschen, die ihr Leben *sin prisas* (ohne Eile) leben. Aber auch die Devise *mi casa es tu casa*, die in fast allen spanischen Familien Gesetz ist, schätze ich sehr. Spanische Türen sind immer offen.

Spanien ist geprägt von unterschiedlichsten Landschaften und Kulturen, die sich auch im Essen widerspiegeln. In diesem Buch möchte ich Ihnen Appetit machen auf vier spanische Regionen. Jede bietet dem hungrigen Reisenden ganz besondere Spezialitäten: das rebellische und kreative Katalonien; Andalusien mit seinen kalten Suppen und seiner maurischen Architektur; das freiheitsliebende und kulinarisch einzigartige Nordspanien und die Hochebene Zentralspaniens, in der mein geliebtes Madrid liegt.

Um spanisch zu kochen, benötigen Sie häufig nur einen guten, großen Topf.

Gerichte wie eine *tortilla de patatas* erscheinen oft simpel, wenn nicht gar wahllos zusammengemixt, aber Sie werden merken, auch da gibt es einen Haken. (Versuchen Sie sich an Javis Tortilla-Rezept auf Seite 84!)

Maria José Sevilla, zuständig für Lebensmittel und Weine bei der spanischen Handelskommission in London, sagt, die spanische Küche sei durch zwei Einflüsse wesentlich bereichert worden: die Mauren und die Römer. Diesen würde ich noch einen dritten Faktor hinzufügen: die Neue Welt. Die islamische und die christliche Tradition bilden, wie Maria José Sevilla richtig bemerkt, die Grundsäulen der spanischen Küche. Aber seit Beginn des 16. Jahrhunderts wurden auch Zutaten wie Kartoffeln, Paprika, Tomaten und Mais aus Amerika in den Speiseplan aufgenommen, ohne die es viele typisch spanische Gerichte, die wir heute lieben, nicht gäbe.

Nach der Vertreibung der *moriscos* – Nachkommen der muslimischen Mauren, die zum Christentum gezwungen wurden – zwischen 1609 und 1614 wurden die großen Anbaugebiete der mittleren und südlichen *meseta** in Latifundien umgewandelt, die der Krone gehörten oder dem Adel zu Lehen gegeben wurden. Bewirtschaftet wurden diese *latifundios* größtenteils von der landlosen Bevölkerung, was zu einer gravierenden Kluft zwischen Arm und Reich führte. Im Norden des Landes waren die Besitzverhältnisse völlig andere: Dort gab es *minifundios*, eine Vielzahl kleiner Gehöfte, die vor allem im Besitz armer

---

* *Meseta* ist die Bezeichnung für das zentralspanische Hochland.

Bauern waren. Es hing also stark von der sozialen Schicht und vom jeweiligen landwirtschaftlichen System ab, welche Nahrungsmittel die Menschen produzierten und aßen.

Extreme soziale Unterschiede sind in Spanien auch heute noch ein Thema. Rachel McCormack, Schottin und Expertin für spanische Küche, meint:»In Andalusien beispielsweise hast du entweder einen gewissen Status und zählst zu den *señoritos*, oder du bist ein armer Bauer. Die Idee einer gesellschaftlichen Hierarchie hat sich dort über Jahrhunderte gehalten.« Mitte des 20. Jahrhunderts, als sich in anderen europäischen Ländern allmählich die in Jahrhunderten gewachsene Demokratie festigte, nahm in Spanien der Faschismus den Platz des alten Feudalsystems ein. Das Franco-Regime regierte von 1939 bis 1975 und verhinderte Spaniens kulturelle Weiterentwicklung auf der Weltbühne. Geht es um Spanien und spanisches Essen, darf man nicht vergessen, dass sich das Land erst vor 40 Jahren aus der Zwangsjacke einer faschistischen Regierung befreit hat. Heute sind die Unterschiede zwischen *latifundios* und *minifundios* in der spanischen Küche kaum noch merklich, sehr wohl aber die Gegensätze zwischen dem, was die avantgardistischen Superstars der Kochszene in Barcelona, im Baskenland und in Madrid zubereiten, und dem, was die Mehrzahl der Menschen im ganzen Land tatsächlich isst (*cocidos* und Tapas beispielsweise).

Ich freue mich riesig, Ihnen hier die ganze Bandbreite der spanischen Küche zu präsentieren, die sehr viel mehr zu bieten hat als nur frittierte Kartoffeln mit Schinken oder in Öl schwimmende Omeletts. Wie Nieves Barragán Mohacho, Küchenchefin der spanischen Restaurants Fino und Barrafina in London, möchte auch ich ein für alle Mal das Vorurteil widerlegen, die spanische Küche sei fettig und fade. Nieves sagte mir:»Ich versuche, so zu kochen wie meine Großmutter. Das macht heute niemand mehr. Den Löffel in der einen Hand und ein Stück Brot in der anderen, so muss eine gute Mahlzeit gegessen werden. Das ist Spanien.« Sollten Sie der spanischen Küche bislang nicht über den Weg trauen, dann hoffe ich, dass Sie sie auf den folgenden Seiten schätzen lernen. So wie ich gelernt habe, meinen spanischen Namen zu schätzen.

PIMENTÓN

Pimentón ist geräuchertes Paprikapulver und gilt als typisch für die spanische Küche. Für die meisten ist es keine Zutat, sondern eine Geschmacksrichtung. Der Londoner Koch, Autor und Gastronom José Pizarro erzählte mir, ihm sei einmal vorgeworfen worden, Vegetariern Chorizo untergejubelt zu haben, dabei hatte er einem völlig fleischlosen Essen nur einen Hauch *pimentón* hinzugegeben. *Pimentón* ist ein feines dunkelrotes Pulver, das kurz vor dem Servieren über Gerichte wie *pulpo a la gallega* gestäubt wird und dort auf Kartoffeln und gekochtem Oktopus rote Flecken bildet. Auch in vielen Nationalgerichten wie *cocidos* (Eintöpfen) oder Chorizo ist *pimentón* ein wesentliches Gewürz, verantwortlich für die rote Farbe und eine kräftige, rauchige Note. Produziert wird *pimentón* sowohl in Murcia als auch in der Extremadura (im Südwesten Spaniens). Paprikaschoten werden in Trockenkammern getrocknet und geräuchert und anschließend zu feinem Pulver mit dem typischen Räucheraroma zermahlen. Den Paprika brachte im 16. Jahrhundert Kolumbus von seinen Abenteuern in der Neuen Welt mit nach Spanien, zusammen mit ein paar weiteren Zutaten (unter anderem Tomaten und Kartoffeln), die das spanische Essen grundlegend verändern sollten. Paprika gibt es in unzähligen Varianten von edelsüß bis scharf, wobei die rauchige Note jedoch nie fehlt. Besonders intensiv ist sie in *pimentón de la Vera*, einem DOC-Produkt *(Denominación de Origen Calificada)* aus Extremadura.

Wenn Sie spanisch kochen wollen, ist der *pimentón* ein absolutes Muss auf dem Einkaufszettel. Mit Ausnahme Kataloniens (Seite 65) wird er in ganz Spanien verwendet. In meinem Küchenschrank steht immer eine Dose bereit, um ihn über ein spanisches Gericht zu streuen oder um einer einfachen Suppe, einem Schinken oder einem Käse das gewisse »rauchige« Etwas zu verleihen.

KATALONIEN

Ihre Einstellung zu Lebensmitteln war, wie auch bei den übrigen
Verkäufern in der Markthalle, von großer Ernsthaftigkeit
geprägt. So etwas konnte man nicht lernen, niemand hatte
es ihnen beigebracht, es lag ihnen einfach im Blut, man sah es in
ihren Augen, wenn sie sich einem zuwandten ...

Colm Tóibín, *Huldigung an Barcelona*

Die Katalanen haben ein ausgeprägtes Unabhängigkeitsbedürfnis und ein ebensolches Selbstbewusstsein. Das macht sich in so ziemlich jedem Bereich des katalanischen Lebens bemerkbar, angefangen bei der Sprache (einer verblüffenden Mischung aus kastilischem Spanisch, Französisch und Italienisch) über Kunst und Architektur*, die vor Originalität strotzen, bis hin – natürlich – zum Essen. Das obige Zitat von Colm Tóibín spielt an auf die profunden Kenntnisse der Standbesitzer in der Markthalle der Boqueria in Barcelona, wenn es um lokale Lebensmittel (in diesem Fall Ente) geht – ein Beispiel für den enormen Stolz der Katalanen auf die Produkte ihrer Heimat. Wenn es um ihr Wissen um Entenfleisch aus der Region geht, wird hier nicht lange »geschnattert«.

Politisch gesehen geht der Separatismus der Katalanen auf das 17. Jahrhundert zurück.** Ein Unabhängigkeitsstreben, das sich auch

---

* Zu Kataloniens berühmtesten architektonischen Reichtümern zählen die Gebäude Gaudís, wie die Sagrada Familia in Barcelona. In der bildenden Kunst findet die katalanische Kreativität in den Werken von Malern wie Salvador Dalí und Joan Miró ihren Ausdruck.

** In immer wieder neu geschlossenen Verträgen zwischen Frankreich und Spanien wurde Katalonien lange Zeit zwischen den beiden Ländern hin- und hergeschoben und war so gezwungen, seine Identität immer wieder neu anzupassen. Daraus entwickelte sich ein katalanischer Regionalismus, der sich unter dem Franco-Regime (1939–1975) noch verstärkte. Damals wurde die katalanische Sprache offiziell verboten, weshalb die Katalanen ihre kulturelle Eigenständigkeit auch heute noch vehement verteidigen.

auf die Esskultur übertragen hat. Obwohl es gewisse Ähnlichkeiten mit anderen regionalen spanischen Küchen gibt, insbesondere zu der im Landesinneren und der andalusischen, existieren zum Beispiel signifikante Unterschiede zur kastilischen Küche Zentralspaniens (Seite 79). *Pimentón* beispielsweise, das über nahezu jedes Essen gestäubte spanische Standardgewürz, fehlt in der katalanischen Küche. Die Gerichte sind daher auch oft geschmacklich nuancierter. Ohne dieses dominante Gewürz, das genauso kräftig schmeckt, wie es rot ist, kann der Gaumen auch andere Aromen wahrnehmen. In der *butifarra* beispielsweise, einer typisch katalanischen Bratwurst, kommen Gewürze wie Zimt und Muskatnuss ebenso zur Geltung wie das Schweinefleisch selbst.

Butifarra wird in ganz Katalonien gegessen, typischerweise mit weißen Bohnen* und Zwiebeln, manchmal aber auch einfach ohne Beilage oder in einer *escudella i carn d'olla*, kurz *escudella*. Es handelt sich dabei um eine Fleischsuppe, die in zwei Gängen serviert wird.

Escudella essen die Katalanen besonders gern an Weihnachten oder als wärmende Mahlzeit in den kalten Wintermonaten. Würzige Fleischklößchen *(pilotas)*, *butifarra*, Knochen und – so vorhanden – Fleischreste werden in einer Brühe mit saisonalem Gemüse wie Karotten oder Kraut gekocht. Die Brühe gießt man ab und kocht darin Nudeln als Suppe für den ersten Gang. Den zweiten Gang bilden Fleisch und Gemüse. Das ist eine einfache und sparsame Methode, in nur einem Topf ein Zwei-Gänge-Menü zu kochen.

Die katalanische Küche erinnert ein bisschen an die der Provence, weil auch sie in einigen Gerichten eine Mischung getrockneter Kräuter wie Thymian, Rosmarin und Lorbeer nutzt. Und *samfaina,* langsam eingekochte Zwiebeln, Knoblauch, Auberginen, Zucchini und Paprika, entspricht fast 1:1 dem provenzalischen Ratatouille.

Die Basis für nahezu jedes katalanische Gericht bildet ein *soffregit*, die regionale Variante des bekannteren kastilischen *sofrito*, einer sämigen, süßlich schmeckenden Soße, die mit anderen Zutaten kombiniert wird (Seite 94). Für das unverzichtbare *soffregit* werden weiße Zwiebeln in Olivenöl angedünstet und mit der doppelten Menge Tomaten bei niedriger Hitze eingekocht. Katalanische Köche haben diese Soße immer zur Hand. Sie wird oft schon im voraus zubereitet, sodass

---

* In Katalonien werden dicke weißen Bohnen den Kichererbsen vorgezogen. Beides wird in Salaten oder in Gerichten ähnlich den zentralspanischen *cocidos* gegessen.

sie jederzeit verfügbar ist, wenn ein Rezept danach verlangt. Tatsächlich benötigt man sie in so vielen katalanischen Gerichten, dass Sie sofort den Herd einschalten und Ihr eigenes *soffregit* machen sollten. Kochen Sie gleich einen Vorrat davon zum Einfrieren. So ist die Soße jederzeit verfügbar, wenn Sie Lust auf einen kurzen Ausflug nach Katalonien haben.

Soßen sind ein fester Bestandteil des katalanischen Essens und perfekte Begleiter zu regionalem Fisch oder Meeresfrüchten. *Romesco*, ursprünglich aus dem Hafenviertel von Tarragona, ist eine vielseitige Soße aus gebratenem Paprika, die Fisch (für den sie eigentlich erfunden wurde), aber auch Fleisch eine mediterrane Note verleiht. Bei *romesco* kommen zum *soffregit* noch gemahlene Mandeln, Haselnüsse, Semmelbrösel und gebratene Paprika hinzu: eine intensive und leckere Soße, bei der mediterrane Aromen im Vordergrund stehen.

Dasselbe gilt auch für die *picada*, eine Paste aus gemahlenen Nüssen, Semmelbröseln, Schokolade, Petersilie und Safran, die man zum Eindicken und Abrunden von Eintöpfen verwendet. Colman Andrews, amerikanischer Gastrojournalist und Experte für die katalanische Küche, sieht in der *picada* (zusammen mit dem *soffregit*) die »Pfeiler« dieser regionalen Küche. In ihr finden sich nussig-süße Anklänge, die man auch von mexikanischen Gerichten wie *mole** (Seite 362) kennt.

Während *romesco* eine sichtbare Präsenz auf dem Teller hat, wird *picada* eher zum Abschmecken vor dem Servieren verwendet.

Eine weitere typische und sehr vielseitige Soße ist der *allioli*, eine Emulsion aus Knoblauch und Olivenöl, die zu Wild, hellem Fleisch und Fisch gegessen wird. Die Frage, ob *allioli* mit Eiern (nicht traditionell!) zubereitet werden darf oder nicht, sorgt in Katalonien immer wieder für hitzige Diskussionen. Öl und Knoblauch zu einer dicken Soße zu rühren, ist eine wahre Kunst, und die Zugabe von Eigelb macht das Ganze um einiges leichter. Ei verändert den *allioli* jedoch geschmacklich eher in Richtung Mayonnaise – als ob es nicht schon schwer genug wäre, eine Mayonnaise zu rühren!

---

* Schokolade in einem würzigen Essen erscheint auf den ersten Blick seltsam, aber sie bereichert Soßen um einen erdig-bitteren Geschmack und macht sie dickflüssiger. Es entstehen wunderbar komplexe Gerichte. Versuchen Sie es doch einfach mal beim Kochen zu Hause in einer Tomatensoße zu Pasta, oder Sie peppen ein Fleisch- oder Wildgericht damit auf.

Da Katalonien nur einen Steinwurf von Navarra (Seite 73), Spaniens »Obst- und Gemüsegarten«, entfernt liegt, kommen die mittelalterlichen und maurischen Einflüsse viel mehr zum Ausdruck als im trockeneren Andalusien. (Denken wir nur an Gerichte wie Ente mit Birnen, mit Hackfleisch gefüllte Pfirsiche oder Birnen mit einer Füllung aus Rind- und Schweinefleisch, Zwiebeln, Zimt und Schokolade.) Die fruchtbare Gegend bringt wunderbares Gemüse hervor: Wie gesagt, Zwiebeln und Tomaten sind in dieser Küche extrem wichtig. Ein sehr typisches katalanisches Gericht ist ein *pa amb tomàquet* (wörtlich »Brot mit Tomate«) – eine knusprig geröstete Brotscheibe, mit Knoblauch eingerieben, Olivenöl beträufelt, die dann mit einer ganzen, gehäuteten und zerquetschten Tomate belegt wird. Wie wichtig dieses Gericht für die katalanische Identität ist, hat Colman Andrews in seinem bedeutenden Buch über die katalanische Küche formuliert: »*Pa amb tomàquet* beschwört sinnliche Erinnerungen, große Proust'sche Gefühle. Es ist eine Art katalanisches Grundnahrungsmittel, sozusagen Brot und Butter der kulturellen Identität.«[*]

Auberginen, Paprika und Zucchini sind ebenfalls Schlüssel zur katalanischen Küche (auch hier wieder die Verwandtschaft mit der Provence). *Escalivada*, eine Mischung gedämpfter Paprikastreifen und Auberginen, ist eine typische Beilage zu Fleisch. (Ich habe auch schon *butifarra* gegessen, deren Fleischbrät eine feine *escalivada* beigemischt war, um den Würsten eine gewisse Süße zu geben.) Auberginen werden in Katalonien, ebenso wie in Marokko (Seite 324), auch mit Zutaten wie Honig, Rosinen und Pinienkernen kombiniert – ein Indiz für das kulinarische Erbe der Mauren.

Garum, eine in der italienischen Region Latium (Seite 108) viel verwendete Gewürzpaste aus fermentiertem Fisch, wurde von den Römern nach Katalonien gebracht und ist auch heute noch in vielen katalanischen Gerichten zu finden. Allerdings wandelte sie sich im Laufe der Zeit zu einem Dip aus Sardellen und Oliven. Sardellen sind allgegenwärtig und werden auf unterschiedlichste Art zubereitet: frittiert *para picar* (»zum Naschen«) oder mit Gemüse wie Auberginen. Auch der

---

[*] Früher schrieb ich Blogs über Gerichte, die von meiner momentanen Romanlektüre inspiriert waren. Nach der Lektüre von Carmen Laforets existenzialistischem Roman *Nada*, der in Barcelona spielt, machte ich mir ein *pa amb tomàquet*. Seither ist dieses Gericht noch immer das erste, das mir in den Sinn kommt, wenn ich an Katalonien denke. Die rötliche, leicht durchweichte, salzige Brotscheibe ist untrennbar mit meinen Erinnerungen an Barcelona verknüpft.

weitverbreitete Stockfisch (*bacallà* – Seite 104), ein Überbleibsel antiker Essgewohnheiten, wird in vielen Varianten gegessen: mit *samfaina*, in Kroketten oder als Püree zu Gemüse. Obwohl es Katalonien an frischem Fisch und Meeresfrüchten nie fehlte, aß man schon immer auch haltbar gemachte Produkte wie *bacallà* – wenn der Fang mager ausfiel oder in der Fastenzeit, wenn der Verzehr von Fleisch (nicht aber von Fisch) verboten war.

In Katalonien gibt es eine Vielzahl von Fischeintöpfen, in denen sich viele typische Zutaten der Region wiederfinden. *Suquet*, wahrscheinlich das bekannteste Beispiel, ist ein in ganz Katalonien verbreiteter, klassischer Fischer-Eintopf aus Seeteufel, Heilbutt und Brasse, gekocht in einer Brühe aus *soffregit* und *picada*. Rachel McCormack, unsere Expertin für katalanische Küche, hat ein phantastisches Rezept beigesteuert, das Sie, wenn Sie an frischen Weißfisch kommen, unbedingt ausprobieren sollten.

Ein ganz spezielles Fischgericht gibt es auch in Tossa de Mar, ungefähr 160 Kilometer nördlich von Barcelona: die *cimitomba*, ein einfacher Eintopf aus Kartoffeln und Fisch, der oft mit *allioli* gereicht wird. Eine *sarsuela* ist da schon anspruchsvoller. Sie verlangt nach Hummer, Garnelen, Tintenfisch, Venusmuscheln und den dekadentesten Fischsorten (Seezunge vielleicht?), die sie auftreiben können. Das alles wird dann in *soffregit* und Rum mit einer Gewürzmischung (Piment, Zimt, Lorbeer) gekocht. *Sarsuela* ist zwar die Lady Gaga unter den Fischeintöpfen, aber gerade darum sollten Sie sich drauf einlassen. Denn schließlich geht's in Katalonien auch immer darum, das Anderssein zu zelebrieren.

Basisvorrat

frischer Fisch (Seeteufel, Heilbutt, Sardellen) • Stockfisch •
butifarra • Eier • aromatische Kräuter (Petersilie, Oregano,
Thymian, Majoran, Estragon, Basilikum, Dill, Lorbeer) • weiße
Bohnen • Honig • Rosinen • Pinienkerne • die Zutaten
für *soffregit*: Tomaten, Zwiebeln und Olivenöl

Katalanischer Fischeintopf

Ein stolzes Beispiel katalanischer Kochkunst! Diesen phantastischen Fischeintopf, dessen Zubereitung Sie mit einem *soffregit* beginnen und mit einer *picada* abschließen, genießen Sie am besten mit einem (vorzugsweise regionalen) Weißwein. Rachel McCormack betont, dass die Mengenangaben nur geschätzt sind. Es kommt mehr darauf an, wie gekocht wird, als auf präzises Arbeiten und genaue Mengen. Falls Sie keine Peperoni bekommen sollten, können Sie auch kleine grüne Chilischoten nehmen.

Für 4 Personen

5 EL Olivenöl
1 große Zwiebel, klein gewürfelt
3 Knoblauchzehen, fein gehackt
2 Peperoni, entkernt und gehackt
5 Tomaten, enthäutet und gehackt
750 g enthäuteter und filetierter weißer Fisch (vorzugsweise Seeteufel, Schellfisch, Kabeljau, Brasse oder Seelachs)
50 g Mehl zum Panieren
250 g festkochende Kartoffeln, geschält und in dünne Scheiben geschnitten
500 ml Fischfond
175 ml trockener Weißwein
200 g rohe Riesengarnelen in der Schale
300 g frische, geputzte Miesmuscheln
75 g gemahlene Mandeln
2 EL glatte Petersilie, gehackt

- Die Zwiebeln in einer Pfanne mit 2 Esslöffeln Olivenöl 10 Minuten andünsten. Den gehackten Knoblauch für 3–4 Minuten dazugeben, bis er glasig ist. Gehackte Peperoni und Tomaten dazugeben. Bei geringer Hitze im offenen Topf 30 Minuten köcheln lassen.
- Das Mehl in eine flache Schüssel geben und leicht würzen. In einer großen Pfanne (mit Deckel) 2 Esslöffel Olivenöl auf großer Flamme stark erhitzen. Den Fisch im Mehl wenden und portionsweise kurz anbraten (2–3 Minuten). Die Fischfilets dabei ständig wenden. Aus der Pfanne nehmen und zur Seite stellen.

- Jetzt die Kartoffelscheiben in die Pfanne geben und in einem Esslöffel Olivenöl für 7 Minuten sautieren. Die fertige Tomatensoße, 125 ml Fischfond und den Weißwein dazugießen und die Kartoffeln 15–20 Minuten darin kochen. Den gebratenen Fisch, die Garnelen, die Miesmuscheln und den restlichen Fischfond dazugeben. Im geschlossenen Topf weitere 5 Minuten garen, bis der Fisch durch ist und alle Muscheln sich geöffnet haben. Die gemahlenen Mandeln und die Petersilie unterrühren. Unmittelbar vor dem Servieren abschmecken.

Haselnusssuppe mit Haselnusskrokant und Eis

Dieses leckere Rezept für eine »Suppe« aus Haselnüssen stammt ebenfalls von Rachel McCormack, meiner Expertin für katalanisches Essen. Sie hat sich dafür von einem Gericht im Morros inspirieren lassen, einem Restaurant in Torredembarra in der katalanischen Provinz Tarragona, die für ihre Haselnussproduktion bekannt ist.

Für 6 Personen

500 ml Vanilleeis
500 g blanchierte Haselnüsse
250 g Zucker
80 g gesalzene Butter
80 g Crème double (ersatzweise geht auch Crème fraîche)
800 ml Wasser

- Die Haselnüsse in einer Pfanne bei mittlerer Hitze 5 Minuten anrösten. Die Pfanne dabei regelmäßig rütteln, sodass die Nüsse gleichmäßig braun werden. Vom Herd nehmen und vollständig abkühlen lassen.
- Den Ofen auf 180°C (Umluft 160°C, Gas Stufe 4) vorheizen.
- Für den Krokant die gerösteten Haselnüsse im Mixer feinhacken. Die gehackten Nüsse, 100 g Zucker, Butter und Crème double in einem Topf unter ständigem Rühren erhitzen, bis die Butter geschmolzen ist und sich alle Zutaten vermischt haben.
- Ein Backblech mit Backpapier oder einer Silikonbackmatte auslegen. Die Haselnussmischung dünn darauf verteilen. Im Ofen 10–12 Minuten backen, bis die Mischung eine leicht goldene Farbe annimmt. Darauf achten, dass sie nicht anbrennt. Der Krokant wird noch flüssiger werden und

sich auf dem Blech verteilen. Herausnehmen und abkühlen lassen, bis er hart ist.

- Für die Suppe die übrigen Haselnüsse und den restlichen Zucker zusammen mit dem Wasser im Mixer oder mit dem Pürierstab zerkleinern, bis die Nüsse sehr fein gemahlen sind. Durch ein feines Sieb streichen und dabei so viel Flüssigkeit wie möglich herausdrücken. Die zurückgebliebenen Nüsse wegwerfen. Die Suppe in einen Krug gießen und zugedeckt mindestens 4 Stunden, oder noch besser über Nacht, kalt stellen.
- Zum Servieren je eine große Kugel Vanilleeis in Schalen geben und mit der Haselnusssuppe übergießen. Den Krokant in Stücke brechen und auf den Schüsseln verteilen.

NORDSPANIEN

Es ist Herbst in Galicien, und der Regen fällt langsam und leise
auf das sanfte grüne Land. Ab und an tauchen pinienbestandene
Hügel aus den im Trüben schlummernden Wolken auf.

Federico García Lorca, *Impressionen und Landschaften*

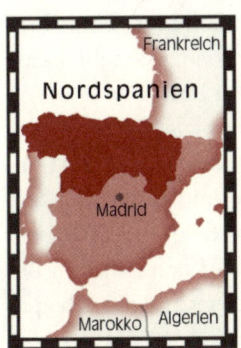

Der Norden Spaniens, von Aragonien im Osten bis in den Westen nach Galicien nördlich von Portugal, ist sowohl landwirtschaftlich als auch kulinarisch ein wahres Schlaraffenland. Winzige Gehöfte, ehemalige *minifundios*, bedecken die unglaublich abwechslungsreiche Landschaft: üppig grünes Weideland und wildreiche Wälder, ginsterbewachsene Berge mit schneebedeckten Gipfeln und eine der schönsten Küsten Europas. Jede Region Nordspaniens hat ihre individuellen Zutaten und Gerichte und ihre eigene Gastronomie: La Rioja, weltberühmt für Tempranillo-Rotweine; Navarra, Spaniens »Obst- und Gemüsegarten«; oder das Baskenland (*País Vasco* oder baskisch *Euskadi*) mit seinen *pintxos* (den Tapas des Nordens).

Trotz der unglaublichen Vielfalt seiner Landschaften, seiner Lebensmittel und seiner kulinarischen Tradition scheint mir der Norden Spaniens eher für andere Dinge bekannt zu sein: etwa für Santiago de Compostela in Galicien, das jährlich Tausende katholischer Pilger zum Grab des Apostels Jakobus lockt, oder Pamplona in Navarra, wo im Juli San Fermín gefeiert wird, eine Stierhatz durch die gepflasterten Straßen der Altstadt, oder die regionalen Sprachen (Baskisch und Galicisch) und die politischen Spannungen.[*]

---

[*] Im Norden Spaniens gibt es starke Unabhängigkeitsbestrebungen, insbesondere im Baskenland, wo eine eigene Sprache gesprochen wird und eine separatistische Grundeinstellung herrscht. Die bekannteste Separatistengruppe ist die ETA (*Euskadi Ta Askatasuna*, zu Deutsch »Baskenland und Freiheit«).

In den letzten Jahrzehnten machte sich das Baskenland (und mit ihm ganz Nordspanien) mit der *nueva cocina* einen Namen, Spaniens Antwort auf die Nouvelle Cuisine. Aufgrund der Nähe zum benachbarten Frankreich hatte die Haute Cuisine zwangsläufig auch Auswirkungen auf die baskische Spitzenküche. Mitte der siebziger Jahre wurden jedoch die ersten Samen für etwas typisch Spanisches gesät. Man kombinierte regionale Zutaten mit klassisch französischen und modernen Arbeitstechniken. Heute bekommen die Tempel baskischer Kochkunst – Restaurants wie das Arzak, das Mugaritz oder das Elkano – berechtigterweise sehr viel positive Presse, sie blenden aber oft die baskische Hausmannskost aus, die für sich alleine schon hervorragend ist.

Die *nueva cocina* ist zwar ein nordspanisches Phänomen, hat jedoch mit der Alltagskost eines gewöhnlichen Nordspaniers nur sehr wenig zu tun. Das milde Klima im Norden der Iberischen Halbinsel lässt Äpfel, Birnen, Pfirsiche und Kirschen besser gedeihen als Zitrusfrüchte, die wiederum im Süden des Landes hervorragend wachsen. Weiße Bohnen werden häufiger gegessen als Kichererbsen, und es werden hier eher Artischocken und Spargel angebaut als Mandeln und Pistazien. Auch die Olivensorten sind im Norden andere. Auf den kalkigen Böden in den Hainen um den Fluss Ebro gedeiht vorwiegend die Arbequina-Olive, die mit den starken Temperaturschwankungen gut zurechtkommt.*

In *Spanien – Das Kochbuch* fasst Claudia Roden die nordspanische Küche unter »Fisch und Milchpudding« zusammen, wohingegen andere Kochbücher vom »Käse- und Apfelland« sprechen. Riesige Weideflächen bieten Rinderherden reichlich Nahrung, und es wird hochwertige Milch produziert. Der Reichtum an Milchprodukten – Butter und Sahne – und der französische Einfluss (insbesondere auf die baskische Küche) haben zur Folge, dass es hier sehr viel häufiger Sahnesoßen gibt als anderswo in Spanien. Gerichte, die wir normalerweise mit Frankreich assoziieren, Quiche oder Béchamelsoße, sind hier nichts Außergewöhnliches. Zu den »Milchpuddings«, von denen Claudia Roden spricht, zählen *natillas* (phänomenale Vanillepuddings), *arroz con leche* (Milchreis), *leche frita* (frittierter Pudding) und gekochte Eierflans, die große Ähnlichkeit mit der *crema catalana* haben. Die unsterbliche Tradition des Stierkampfs erinnert daran, wie wichtig in Nordspanien die

* Im trockenen Andalusien gedeihen dafür Sorten wie die Picual-Olive.

Rinderzucht ist. Rinder werden dort sowohl wegen ihres Fleisches als auch wegen ihrer Milch gehalten. Laut Küchenchef José Pizarro kommt das beste spanische Rindfleisch aus dem Norden. Besonders begehrt sind Stücke wie *chuletón* (*txuletón* im Baskenland oder Rib-Eye-Steak in Deutschland), die hervorragend zum heimischen *sidra* (Apfelwein) passen.

Ein weiteres großes Thema im Norden Spaniens ist Käse in all seinen Variationen, vor allem in Asturien, der Küstenregion zwischen Galicien und Kantabrien. In Spanien spricht man auch vom *país de los quesos* (Käseland). Die herzhaften einheimischen Käsesorten reifen in von Fledermäusen bewohnten Kalksteinhöhlen in den Picos de Europa*. Am bekanntesten ist sicher der *Cabrales*, ein mehrere Monate gereifter Blauschimmelkäse aus Rohmilch. Er ist kräftig, würzig und leicht bröselig, und auch er passt hervorragend zum *sidra***. Weitere Sorten sind der *Treviso* aus Kantabrien (ebenfalls ein Blauschimmelkäse, aber milder) und der *Tetilla* aus Galicien, der seinen Namen (»kleine Brust«) seiner eindeutigen Form verdankt: ein kleiner Hügel mit einer Spitze wie eine Brustwarze.

Richtung Baskenland und weiter östlich in Navarra finden Sie Hartkäse aus Schafsmilch und rauchige Rohmilchkäse, wie etwa den *Idiazábal*, der nach dem Klee und den duftenden Kräutern der Weiden schmeckt.

Galicien steht für Fisch und Meeresfrüchte. Folgerichtig wurde die an der galicischen Küste sehr häufig angespülte Jakobsmuschel auch zum Symbol der Pilger auf dem Weg nach Santiago de Compostela. Die spanische Nordküste ist gesegnet mit einer Fülle köstlichen Meeresgetiers: Seehecht *(merluza)*, Oktopus *(pulpo)*, Venusmuscheln *(tentillas)*, aber auch die weniger bekannten *quisquillas* (kleine Garnelen) oder die geheimnisumwitterten *percerbes**** (Entenmuscheln). Das aufregendste

---

*   Das nordspanische Gebirge Picos de Europa erstreckt sich über Asturien, Kantabrien und den Norden Kastilien-Leóns.

**   Wein aus dem Nordwesten Spaniens ist derzeit sehr gefragt. In Galicien mit seinen mineralreichen Böden und dem wechselhaften Klima gedeiht die wunderbar trockene Albarino-Traube. Bislang war es eher der Nordosten, der sich mit seinen Weinen hervortat, La Rioja ist da das bekannteste Beispiel, während man aus dem Nordwesten mehr den Cidre und die Biere kannte.

***   *Percerbes* findet man nahezu ausschließlich an der galicischen *Costa da Morte* (Todesküste), die ihren Namen den zahlreichen Schiffsunglücken vor dieser Küste verdankt. Jeden Winter werden die *percerbes* dort unter gefährlichen Bedingungen für das Weihnachtsessen geerntet. Sie haben einen Stiel, der aussieht wie ein kleiner Ast, und münden in einer schnabelähnlichen Spitze. Wie Austern schlürft man sie aus ihren Schalen, und laut Nieves Barragán Mohacho schmecken sie wie ein Schluck Meer.

Essen Spaniens und eines meiner absoluten Lieblingsgerichte ist *pulpo a la gallega* (wörtlich übersetzt »galicischer Oktopus«). Der Oktopus wird mehrfach gekocht, mit *pimentón* bestäubt und dann ganz schlicht mit Salzkartoffeln serviert.

Schon García Lorca schrieb von »Galiciens ewigem Niesel«, was aber ebenso auf Asturien und Kantabrien zutrifft. Entsprechend dem unberechenbaren Wetter und den kühlen Temperaturen ist alles, was in dieser Region geerntet wird, robust und zäh. Wie etwa die Äpfel, die für Cidre angebaut werden und in vielen Süßspeisen wie Apfelpasteten *(empanadas de manzana)* verwendet werden. Kartoffeln, weiße Bohnen, Mais, Esskastanien und Walnüsse, die heute viel zu Fisch und Fleisch gegessen werden, waren über Jahrhunderte die Grundnahrungsmittel der Bauern.

In der Vergangenheit war Galicien bitter arm. In *Ein Hospiz in Galicien* beschreibt García Lorca die Patienten als »rachitische, abgemagerte Kinder«, die nach ungewürztem Essen und extremer Armut rochen. Claudia Roden widmet sich diesem Thema etwas ausführlicher und schreibt über das Galicien des 19. Jahrhunderts:»Der einzige Weg aus der Armut war die Emigration.« Aus diesem Grund findet man viele galicische Gerichte, gekochten Oktopus, *pimientos de Padrón**, *empanadas* mit Fleischfüllung (Seite 393) und sogar Eintöpfe aus Kartoffeln und weißen Bohnen, überall dort, wo die Galicier Zuflucht suchten – in ganz Spanien und in Lateinamerika.

Weiter Richtung Osten landen immer häufiger saftig grünes Gemüse, Pilze und sogar Trüffel auf dem Teller. Die Gerichte sind zunehmend beeinflusst von der französischen Küche, den Weinen aus La Rioja und der höfischen Vergangenheit Aragóns und Navarras – ein Mix, der köstliche Soßen garantiert, die am besten zu dunklem Fleisch wie *chuletillas* (Lammkoteletts mit milchig zarter Fleischtextur) oder zu Wild (etwa Hase) schmecken.

So köstlich die Soßen auch sein mögen: Cervantes hatte in seinem *Don Quixote* völlig recht:»La mejor salsa del mundo es la hambre.« Zu Deutsch etwa:»Hunger ist der beste Koch.« Treten Sie die nächste Reise also besser hungrig an, denn es gibt jede Menge Köstlichkeiten zu entdecken.

---

* *Pimientos de Padrón* sind kleine grüne Paprika aus der galicischen Stadt Padrón, die für gewöhnlich in Olivenöl und Salz gebraten werden. Diese Paprika machen süchtig (vor allem mit einem Glas Albarino, einem galicischen Weißwein).

Basisvorrat

Meeresfrüchte (*percebes*, Oktopus, Langusten,
Scheidenmuscheln, Tintenfisch) • Käse (*Cabrales*, *Treviso*,
Tetilla) • weiße Bohnen • Maronen • Walnüsse • Weine
wie Albarino (Galicien), Tempranillo und Tempranillo
Cuvées (La Rioja)

Pimientos de Padrón

Hier kommen wir zum einfachsten Rezept in diesem Buch: unkompliziert, lecker, echt galicisch. Diese kleinen grünen Paprikaschoten sehen zwar aus wie Chilis, sind aber meist harmlos. Ihr süßlicher Geschmack wird durch grobes Meersalz und gutes Olivenöl hervorragend ergänzt. Ungefähr eine unter zehn ist jedoch feurig scharf. Für Gierige werden *pimientos de Padrón* also zum russischen Roulette.

Für beliebig viele Personen

1–2 EL extra natives Olivenöl
so viele *pimientos de Padrón*, wie Sie mögen
1 gute Prise Meersalz

- Das Öl in einer schweren Pfanne bei mittlerer Temperatur erhitzen. Nicht zu dicht am Herd stehen!
- Die *pimientos* in die Pfanne legen (halten Sie dabei eine Armlänge Abstand!) und anbraten, bis sie leicht schwärzlich sind und Blasen werfen. Die Pfanne immer wieder hin und her rütteln, sodass die *pimientos* in Bewegung bleiben.
- Sobald sie von allen Seiten angeschwärzt und mit Blasen übersät sind, vom Herd nehmen und auf einem Teller anrichten (nicht wundern: Sie fallen beim Abkühlen etwas in sich zusammen!). Mit einer guten Prise Salz würzen und heiß servieren.

Knoblauchgarnelen mit Spargel

Dieses Gericht gibt es zwar in ganz Spanien, aber in diesem Kapitel schien es mir am besten aufgehoben. Warum? Weil es das phantastische Gemüse Navarras – Spaniens »Gemüsegarten« – mit den ausgezeichneten Meeresfrüchten der Nordküste kombiniert. Das Rezept stammt von José Pizarro, der behauptet, der Trick daran sei, rohe Garnelen zu nehmen. So verhindere man, dass die Garnelen zäh werden. Mindestens genauso wichtig sind jedoch hochwertiges Olivenöl und eine Vorliebe für große Mengen kurz gebratenen Knoblauchs! Vielleicht geben Sie dem Ganzen vor dem Servieren auch noch einen säuerlichen Kick mit einem Spritzer Zitronensaft. *Buen provecho!*

Vorspeise für 4 Personen

6 Spargelstangen

6 EL extra natives Olivenöl

10 Knoblauchzehen, fein gehackt

20 große rohe Garnelen, geschält

1 getrocknete Chili, zerbröselt

15 g glatte Petersilie, gehackt

1 gute Prise Meersalzflocken

Zitronen zum Servieren

- Den Spargel waschen und trocknen, die holzigen Enden entfernen. Diagonal so schneiden, dass die Spargelstücke in etwa die Länge der Garnelen haben. In kochendem Salzwasser 1 Minute blanchieren. Aus dem Kochwasser nehmen und mit Küchenpapier trockentupfen.
- Das Olivenöl in einer Pfanne erhitzen und den gehackten Knoblauch dazugeben. Umrühren und Garnelen und Spargel hinzufügen, bevor der Knoblauch braun wird. Ungefähr 1 Minute anbraten, bis die Garnelen beginnen rosa zu werden. Die Garnelen wenden, den Chili hinzufügen und eine weitere Minute braten, bis die Garnelen rundum rosa sind.
- Die Petersilie unterrühren, Salzflocken darüberstreuen und mit Zitronensaft beträufeln. Sofort mit viel Brot – mit dem der köstliche Saft aufgetunkt wird – servieren.

ZENTRALSPANIEN

Mittags eine Olla von mehr Rind- als Hammelfleisch, des Abends
gewöhnlich ein Salpicon, Freitags Linsen, Sonnabends
Eierkuchen, und Sonntags etwa eine Taube zur Zugabe; diese
Dinge nahmen drei Vierteile seiner Einnahmen hinweg.

Miguel de Cervantes, *Don Quixote*

Wer Madrid mit dem Zug verlässt, kann beobachten, wie die grauen Vorstädte langsam einer bis zum Horizont reichenden Ackerlandschaft weichen, in der nicht viel geschieht, außer dass der Wind über das Getreide streicht. Fast überall in der spanischen *meseta*, der Hochebene, ist das Leben einfach – ein krasser Gegensatz zu Madrid, wo politischer Puls und hedonistischer Herzschlag heftiger sind als irgendwo sonst in Spanien.

Zahllose Schriftsteller haben die unendliche Weite des Himmel dieser kargen Landschaft heraufbeschworen: die quälende Hitze im Sommer, die beißende Kälte im Winter – ganz zu schweigen von Filmen wie *Jamón Jamón (Lust auf Fleisch)* von Bigas Luna, in dem Penélope Cruz nur noch ein winziger Punkt am endlosen flirrenden Horizont ist. Ab und an krönt ein Holzstier – gigantisch und schwarz gestrichen – einen Hügel in der vorüberrasenden gelben Landschaft und erinnert daran, dass man in Spanien ist.

Die Küche Zentralspaniens ist deutlich weniger abwechslungsreich als die anderer Regionen. In diesem riesigen Gebiet, das die Christen während der *reconquista* von den Mauren zurückeroberten, herrschte bis vor kurzem eine kleine Elite, weshalb dem Großteil der Bevölkerung viele Lebensmittel kaum zugänglich waren. *Cochinillo* (Spanferkel), Wild (Taube, Wachtel, Rebhuhn, Hase, Wildschwein – Wild wird oft auch als Eintopf zubereitet und mit Fladenbrot aus Kichererbsenmehl gegessen) – Fleisch im Allgemeinen war hier schon immer ein Luxusgut.

Trotz der begrenzten Auswahl an Nahrungsmitteln (oder vielleicht deswegen?) kommen viele Gewürze, über die sich die spanische Küche definiert, wie beispielsweise *pimentón* (Seite 64) oder Safran ursprünglich aus Zentralspanien, und auch die jüdischen und maurischen Einflüsse sind hier noch immer deutlich zu spüren.

Obwohl Madrid die größte Stadt Spaniens ist, ist es im Vergleich zu anderen Metropolen eher klein und kompakt. Die Einwohnerzahl des gesamten Stadtgebiets (ca. 6,5 Millionen) ist in etwa doppelt so hoch wie im Stadtzentrum, das man zu Fuß in einer halben Stunde durchquert hat. Im Jahr 2009 wohnte ich etwas nördlich von Fuencarral, direkt an der U-Bahnstation Bilbao, die ich allerdings kaum nutzte. Wenn ich ins Zentrum wollte, schlenderte ich lieber durch das Künstlerviertel Malasaña. Mein Weg führte mich über die geschäftige Gran Vía, vorbei an den traurigen Gesichtern der Mädchen, die auf der Calle Montera auf Freier warten, und über die pulsierende Plaza del Sol, auf der sich Touristen zwischen Demonstranten tummeln. Dahinter die Plaza Santa Ana mit ihren Straßenkünstlern; die Bars von Huertas; der immer sonnige Retiro-Park und La Latina, wo an Sonntagen die Tapaskultur der Stadt zur Höchstform aufläuft.

Madrid ist zwar nicht groß, bietet aber endlose Möglichkeiten – frustriert war ich eigentlich nur zweimal: einmal weil ich keinen guten Hummus, ein andermal, weil ich keinen BH in meiner Größe fand. Madrid ist eine besondere Stadt. Selbst in all dem Krach – lärmende Spanier und Touristen, alkoholintensive Nächte und Verkehr – kann man Ruhe finden. Und obwohl ich mein Hummus zuletzt selbst gemacht habe (nicht wirklich schwierig), kann Madrid stolz sein auf das beste Essen Spaniens. Der Appetit auf regionale Gerichte ist riesig, das zeigt am besten ein Sonntagsspaziergang auf der Calle de Cava Baja in La Latina. Diese kleine Straße verwandelt sich an Sonntagnachmittagen (inoffiziell) zur Fußgängerzone. Touristen wie Einheimische ziehen von einer kleinen Bar in die nächste – eine jede von ihnen ist auf eine andere kulinarische Tradition spezialisiert: kantabrisch, galicisch, andalusisch oder katalanisch.

Man sollte meinen, die Qualität von Fisch und Meeresfrüchten würde aufgrund der Lage Madrids mitten im Landesinneren leiden, aber die Hauptstadt besitzt mit dem Mercado de San Miguel den wohl besten Fischmarkt Spaniens. Alte Bekannte wie *gambas* (Garnelen) und *trucha* (Forelle) liegen hier friedlich neben regionalen Spezialitäten wie *percebes* (Entenmuscheln) und *pulpo* (Oktopus) aus Galicien.

Trotz der kulinarischen Besonderheiten, die in Madrid zu finden sind, gibt es nicht sehr viele typisch Madrider Spezialitäten. Die einzige Ausnahme ist *cocido madrileño*, ein geschmorter Eintopf mit Kichererbsen, Kartoffeln und verschiedenen Fleisch- und Wurstsorten, unter anderem Chorizo, *morcilla* (Blutwurst), Schweinshaxe, Rinderbrust, *jamón serrano* und manchmal auch Huhn. Es heißt, das Gericht stamme von den spanischen sephardischen Juden und habe große Ähnlichkeit mit *adafina*, einem Sabbat-Eintopf.[*] Jüdische Einflüsse sind in der Küche Zentral- und Südspaniens allgegenwärtig – angefangen bei Kichererbsen und Auberginen über reichlich Knoblauch bis hin zu Mandeln und Honig in den Nachspeisen. Original Madrider Gerichte sind dem Essen der *meseta* sehr ähnlich: Eintöpfe aus Hülsenfrüchten und Fleischresten, Brot, Manchego (Schafsmilchkäse) und *jamón*. Eintopffans kommen im Herzen Spaniens garantiert auf ihre Kosten. Hier würzen (genau wie in Portugal, Seite 96) rustikale Aromen einfache, wärmende *cocidos* oder Suppen. Wer die entscheidenden Grundzutaten, *pimentón*, Knoblauch und Salz, kennt, kann diese Gerichte leicht zu Hause nachkochen oder sich an »spanische« Eigenkreationen wagen.

Claudia Roden untertitelt ihr Kapitel über Zentralspanien treffend mit »Brot und Kichererbsen«, zwei Grundnahrungsmittel, die alle sozialen Schichten Zentralspaniens zu sich nehmen – vom König bis zum Bauern. Auf den leichten, trockenen Böden der *meseta* und dank den langen, heißen Sommern gedeihen Weizen, Gerste und Hülsenfrüchte wie Linsen *(lentejas)* und Kichererbsen *(garbanzos)* besonders gut. Letztere sind in Suppen und *cocidos* eine gute Basis für Chorizo, Fleisch oder *pimentón*. Sie sind billig und nahrhaft und können das ganze Jahr über eine komplette Mahlzeit ersetzen.[**]

Migas, in Olivenöl gebratene Brotkrumen, sind eine einfache, aber vollwertige Beilage zu allen Gerichten und werden gern mit Chorizo, Speck, Knoblauch oder *pimentón* verfeinert – oder mit Gemüse, etwa mit Paprika. *Migas* sind ein klassisches »Arme-Leute-Essen«, erfunden von Wanderhirten, die mit ihren Herden durch die Hochebene zogen.

---

[*] Nach der Spanischen Inquisition konvertierten rund 40 000 Juden zum Christentum. Um sich möglichst schnell zu integrieren, aßen sie auch Schweinefleisch. Aus diesem Grund wird der *cocido madrileño* auch mit Schwein zubereitet, obwohl das Rezept von einer traditionellen *adafina* abgeleitet ist.

[**] Linsen und verschiedene Bohnensorten gibt es ebenfalls im Überfluss. Auch sie sind hervorragend geeignet für Eintöpfe und Suppen und lassen kleine Mengen Fleisch voll zur Geltung kommen.

Serviert werden sie in ganz Spanien, wobei sie in den letzten Jahren ziemlich veredelt wurden und inzwischen häufig auf Speisekarten von Restaurants zu finden sind. *Torrijas*, oder »Arme Ritter« (gebackene Brotscheiben mit Zimt, Kardamom und Zitronenschale), sind ein typisches Fastenessen. Gerichte wie *migas*, *torrijas* und *cocidos* geben der Küche Zentralspaniens ihr typisches Gesicht. Sie sind einfach und sättigend, »Essen für die Seele«, wie José Pizarro sagt.

José Pizarro, der Inhaber der Londoner Restaurants José und Pizarro, stammt aus Extremadura im Südwesten Zentralspaniens. Er sagt, dass das Essen zwar die traditionellen asketischen Qualitäten und die große Armut dieses Landstrichs widerspiegle, sich jedoch die regionalen Aromen gerade wegen der Schlichtheit der Gerichte besonders gut entfalten könnten. »In spanischem Essen und ganz besonders in Gerichten aus Extremadura und Kastilien und León sprechen die Zutaten für sich selbst.« Das trifft vor allem auf Extremadura zu, wo der beste Schinken und Käse Spaniens produziert wird – ein Ergebnis der nahrhaften Eicheln und Wildkräuter, die Schweine und Schafe in den *dehesas** fressen.

Die Mitte Spaniens ist auf der ganzen Welt berühmt für ihren Schinken. Er reift zwischen eineinhalb und vier Jahren, und es gibt ihn in verschiedenen Varianten: von *jamón serrano* (einem leichten, jungen, rosafarbenen Schinken, der in Höhenlagen in ganz Spanien luftgetrocknet wird) bis hin zu *jamón ibérico* (aus dem Fleisch der eichelfressenden Schwarzklauenschweine). *Jamón ibérico* ist dunkler und vollmundiger als sein Verwandter, der Serranoschinken, und – meiner Meinung nach – am besten pur zu genießen. Je länger der Schinken gereift ist, umso delikater ist er. Die Schweine werden zwischen Dezember und März geschlachtet, verwertet wird das ganze Tier, und zwar jedes Fitzelchen, selbst Blut, Innereien und Knochen, die zu Brühen und Würsten wie *morcilla* (einer Art Blutwurst) verarbeitet werden. Die Kombination von gegrilltem Huhn und Ibérico-Schinken hat mich schwach werden lassen: Heute bin ich wieder Allesfresser. Vegetarier, seht euch vor!

---

* *Dehesa* ist die Bezeichnung für bewirtschaftete Eichenhaine auf der Iberischen Halbinsel, in denen Wildkräuter, Pilze, Wild, Schafe und Schweine gedeihen. In Extremadura gibt es besonders viele und ausgedehnte *dehesas*. Hier fressen sich die berühmten Schwarzklauenschweine (*pata negra* = schwarze Pfote) satt. Ihr Schinken, der ein ganzes Jahr lang haltbar ist, erhält durch die Eicheln seinen intensiv nussigen Geschmack.

Basisvorrat

pimentón • Koriander, Lorbeer, Thymian und Petersilie •
jamón ibérico • Manchego-Käse • Tomaten • Kichererbsen • Bohnen • Linsen • Mandeln • Chorizo • *morcilla*

Zucchinicremesuppe

Dieses schon fast beschämend einfache Rezept für eine Zucchinicremesuppe stammt von meinem Freund Javi. Damit ist superschnell eine
Vorspeise zu einem guten Abendessen gezaubert oder ein gutes, herzhaftes Mittagessen. Wenn Sie es authentisch mögen, verwenden Sie
Manchego-Käse, es funktioniert aber genauso gut mit Cheddar.

Für 4 Personen als Vorspeise oder für 2 als Hauptgang mit Brot

2 große Zucchini (ungefähr 500 g), in dickere Scheiben geschnitten
1 Lauch, in Stücke geschnitten
1 große Kartoffel, geschält und in Stücke geschnitten
50 g Hartkäse, gewürfelt oder gerieben
20 g Butter
150 ml Milch
extra natives Olivenöl
Salz zum Abschmecken

• Zucchini, Lauch und Kartoffeln in einen großen Topf geben. Wasser zugießen, bis das Gemüse knapp bedeckt ist. Nicht zu viel Wasser nehmen,
500 ml sollten genügen. Bei mittlerer Hitze zum Kochen bringen und
20–25 Minuten kochen, bis die Kartoffeln weich sind.
• Vom Herd nehmen. Käse, Butter, Milch und einen Schuss extra natives
Olivenöl in die noch heiße Suppe geben und pürieren. Mit Salz und Pfeffer abschmecken und sofort servieren.

Tortilla

Meiner Ansicht nach schmeckt eine Tortilla am besten, wenn die Kartoffeln und Zwiebeln dunkel, ja fast karamellisiert sind und die Eier in der Mitte noch nicht ganz fest. Genau so macht man sie im Juana La Loca im Madrider Stadtviertel La Latina, einem Restaurant, das nach der spanischen Königin »Johanna der Wahnsinnigen« benannt ist. Die perfekte Tortilla hat mir mein Freund Javi beigebracht. Seine Technik ist sehr eigenwillig, improvisiert und wird von lautem Fluchen begleitet, aber weil ich mit Javi schon mehr Tortillas gebacken habe, als ich zählen kann, ist dieses Rezept eine ziemlich gute Anleitung.

Für 4 Personen

1 kg festkochende Kartoffeln (rote Sorten wie Desiree
sind gut geeignet), geschält, halbiert, dann in dicke Scheiben
geschnitten
1 weiße Zwiebel, in dünne Scheiben geschnitten
500 ml Sonnenblumenöl
6 mittelgroße Eier
½ TL Salz
Olivenöl zum Braten

- Das Sonnenblumenöl in einer tiefen Pfanne bei mittlerer Temperatur 5–10 Minuten erhitzen. Kartoffeln und Zwiebeln ins Öl geben und braten, bis sie beginnen braun zu werden. Achtung: nicht anbrennen lassen! Sondern die Kartoffeln im sacht blubbernden Öl kochen. Immer wieder umrühren, damit nichts aneinander kleben bleibt. Das dauert ungefähr 30–40 Minuten. Das Öl abgießen und aufbewahren bis zur nächsten Tortilla (es kann zwei oder drei Mal verwendet werden).
- Die Eier mit dem Salz in einer großen Schüssel verquirlen. Die abgetropften Kartoffeln und Zwiebeln hineingeben und darauf achten, dass alles mit Ei bedeckt ist. Alle Zutaten leicht zerdrücken, die einzelnen Zutaten sollten aber noch erkennbar sein.
- Einen Schuss Olivenöl in der Pfanne erhitzen, bis es raucht. Den Herd auf maximale Hitze stellen und die Kartoffelmischung in die Pfanne geben. Nach ungefähr 30 Sekunden die Hitze reduzieren. Backen, bis die Tortilla beginnt, sich vom Pfannenrand zu lösen, und von unten golden braun wird (nach 3–5 Minuten). Dann wenden.

- Zum Wenden die Tortilla auf einen großen Teller gleiten lassen, ohne sie dabei umzudrehen (die gebackene Seite soll auf dem Teller liegen). Dann einen zweiten Teller oben auf die Tortilla legen. Tortilla mit den Tellern umdrehen. Dann die Tortilla mit der fertigen Seite zurück in die Pfanne gleiten lassen. Ungefähr eine Minute backen, dann zurück auf den Teller legen und servieren.

ANDALUSIEN

Wir sprachen über Männerthemen, über Pferde und Messer
und Seile, über Ernte und Bewässerung und Jagd und Wein. Maria
stellte Paprika und Fleisch auf den Tisch. Pedro belud mir den Teller
mit den besten Stücken, dann bediente er sich selbst. Maria setzte
sich neben ihn und nahm sich kleine Stücke von seinem Teller.

Chris Stewart, *Unter den Zitronenbäumen*

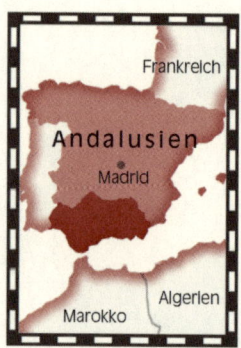

Andalusien ist ein Paradies, reich an natürlicher Schönheit und allerbesten Zutaten:
Olivenhaine und Terrassen voller Knoblauch,
Mandeln und Granatäpfel, Orangen und – natürlich – Zitronen, um nur ein paar zu nennen.
Es ist diese Szenerie, die einem aus den Seiten
von Chris Stewarts Memoiren (Autor, Land
wirt, Gründungsmitglied der Popband Genesis)
entgegenleuchtet: ein Schlaraffenland mit Nüssen, Früchten, Gemüse und glücklichen Tieren,
die unter der goldenen Sonne heranreifen. Und dabei habe ich die kulturellen Schätze dieses Landstrichs noch gar nicht erwähnt: die Alham-
bra in Granada, die Mezquita-Kathedrale von Córdoba und die von
Orangenbäumen gesäumten Straßen Sevillas.

Diese üppige Landschaft trifft in Andalusien auf eine äußerst redu-
zierte Küche. Die Einstellung der Andalusier zum Essen ist bodenständig – aber wer braucht es schon raffiniert, wenn die Zutaten so gut
sind? Der Begriff »Bauernessen« ist heute, wo die ehrliche Hausmannskost dermaßen hoch im Kurs steht, sicher überstrapaziert –
aber andalusisches Essen ist genau das: eine Küche entstanden aus den
natürlichen Erträgen des Landes und der Notwendigkeit, die hart ar-
beitende Landbevölkerung satt zu kriegen.[*] Nahrhaft und unkompli-

---

[*] Durch die *latifundios* war eine Gesellschaft entstanden, in der eine privilegierte Minderheit über riesige Ländereien herrschte, die sie von unzähligen Kleinbauern bewirtschaften
ließ (Seite 62).

ziert, perfekt abgestimmt auf glühend heiße Sommer, schöpfte diese Küche aus den Zutaten, die das Land hergab: Einfach und erschwinglich, wurde sie im Lauf der Zeit in den Kanon andalusischer Kochkunst aufgenommen.

Ein Beispiel hierfür ist das berühmte Trio erfrischender andalusischer Suppen: *gazpacho* (kalte Tomatensuppe aus Sevilla), *salmorejo* (das Pendant aus Córdoba, jedoch meist etwas aufwendiger und mit Eiern garniert) und *ajo blanco* (Knoblauchsuppe). Ein weiteres Beispiel sind *papas a lo pobre* (wörtlich »Kartoffeln für den armen Mann«). In seinem Buch beschreibt Stewart, wie ein Bauer dieses Gericht im Handumdrehen zubereitet: ein paar Zwiebeln, eine ganze, ungeschälte Knoblauchknolle, grob gewürfelte Kartoffeln, eine grüne und eine rote Paprika (ganz), eine Handvoll Oliven und ein Dutzend eingelegte Peperoni in zwei Tassen Olivenöl braten lassen und das Ganze mit Thymian und Lavendel würzen.

Das am Fluss Guadalquivir gelegene Sevilla im Südwesten Spaniens war früher der erste Hafen für Waren aus der Neuen Welt (siehe »Zucker, Zimt und andere Zauberzutaten«, Seite 178). Lebensmittel wie Kartoffeln, Tomaten, Paprika, Schokolade und Vanille, die heute fester Bestandteil der spanischen und europäischen Küche sind, landeten also zu allererst in Sevilla. Unverzichtbare Köstlichkeiten wie *pimentón* oder der spanische Klassiker *patatas bravas**, aber auch *sofrito*** (die Basis unzähliger Gerichte) verdanken wir jenen Zutaten, die über Andalusien nach Europa gelangten.

Vieles, wie etwa die Verwendung von Schinken, *pimentón* und Kichererbsen verbindet die Küche Andalusiens mit der Zentralspaniens und auch mit der Kataloniens: frittierte Fische und Meeresfrüchte zum Beispiel – ofmals serviert mit katalanischen Soßen wie *romesco* oder *allioli*. Claudia Roden geht sogar so weit zu behaupten, die Andalusier seien Weltmeister im Frittieren von Fisch und Krustentieren. Womit sie wahrscheinlich recht hat. Ich kann mich noch gut daran erinnern, wie ich einmal im Schatten einer kleinen Seitenstraße der Plaza de la Constitución in Málaga saß, vor mir ein Teller mit *buñuelos de bacalao* (frittierter Stockfisch im knusprigen Teigmantel) und gebratenen

---

* *Patatas bravas* sind gekochte und frittierte Kartoffelstücke, die mit einer würzigen Tomatensoße serviert werden, deren Konsistenz zuweilen an Mayonnaise erinnert.
** In Olivenöl langsam gedünstete Zwiebeln und Tomaten – die Grundlage unzähliger andalusischer und mediterraner Gerichte. Mehr dazu im Kapitel »Gewürzsoßen« auf Seite 94.

Garnelen, dazu ein Salat aus reifen Tomaten und eine *caña* (ein kleines Glas Bier), und dachte, besser kann das Leben eigentlich nicht mehr werden.

Während Zentralspanien und Katalonien in unterschiedlichem Maße maurisch beeinflusst sind, ist Andalusien per Definition maurisch. Schon der Name, al-Andalus, stammt von den Mauren, die mehr als 700 Jahre einen Großteil Portugals und Spaniens beherrschten.[*] Die muslimischen Besatzer (und später die Berber) fanden hier Böden vor, die für Lebensmittel aus ihrer Heimat, Oliven, Nüsse oder Zitrusfrüchte, bestens geeignet waren. Und sie importierten auch ihre Vorliebe für mit Obst, Auberginen und Honig gekochtes Fleisch und für Gebäck mit Mandeln und Gewürzen. Tarifa, der südlichste Punkt Spaniens, ist nur 37 Kilometer von der marokkanischen Stadt Algier entfernt, und so ist Andalusien bis heute die Pforte nach Nordafrika. Selbst mit der endgültigen Vertreibung war es mit dem kulinarischen Einfluss der Mauren nicht vorbei – im Gegenteil: Die maurische Tradition inspiriert die Küche Andalusiens noch heute.

Denken Sie nur an mit Honig beträufelten frittierten Käse, Fisch in Salzkruste mit Zimt und Paprikasoße, Mandelkuchen oder die heiß geliebte Paella, deren Zutaten, Reis und Safran, zu den Grundelementen der arabischen Küche gehören. Claudia Roden schreibt: »Keine andere Region verströmt den Zauber der maurischen Vergangenheit so sehr wie Andalusien.« Eine Aussage, die auf die kulinarische Tradition Andalusiens ebenso zutrifft wie auf die architektonische. Auch in die Neue Welt wurde dieser Zauber weitergetragen: Kacheln, Innenhöfe und Kirchen in den kolonialen Ansiedlungen Lateinamerikas zeugen bis heute davon.

Andalusien ist die Heimat des Sherry, ein schwerer, mit Branntwein versetzter Weißwein, der in der Provinz Cádiz rund um Jerez hergestellt wird. In Großbritannien hat sich sein Image beinahe über Nacht komplett gewandelt: von »Omis Weihnachtslikörchen« zur anspruchsvollen Weinalternative. Die Weinkarten der zahlreichen (und sehr beliebten) spanischen Restaurants in London listen inzwischen eine Riesenauswahl an Sherry, ja es gibt sogar Bars, die ausschließlich Sherry anbieten. Der Trend zu Mischgetränken aus starken Alkoholika

---

[*] Der Name bezieht sich auf Teile der Iberischen Halbinsel, die zwischen 711 und 1492 unter muslimischer Herrschaft standen. Die Größe von al-Andalus veränderte sich in dieser Zeit immer wieder, aufgrund von wechselseitigen Eroberungen in den Kriegen zwischen Christen und Mauren.

und Wein hat den Sherry auf den Cocktailkarten von Bars und Restaurants fest etabliert. Sherry gibt es in verschiedenen Varianten: hell und trocken, wie Fino oder Amontillado; dunkel und trocken, wie Oloroso; dunkel und süß, wie Palo Cortado und Pedro Ximénez (Tipp: Gießen Sie sich von Letzterem mal ein wenig über Ihr Vanilleeis. Köstlich!). Weniger bekannt, vielleicht weil viele ihn als klebrig empfinden, ist der Moscatel aus Málaga. Moscatel ist ebenfalls dunkel, unglaublich süß und mit 17 bis 18 Prozent Alkohol ziemlich stark. In der Mittagssonne an einem Moscatel zu nippen und dazu gesalzene Mandeln zu knabbern, ist daher nicht die beste Idee. Glauben Sie mir, ich habe es ausprobiert.

Wenn Andalusien Ihr nächstes Küchenreiseziel ist, dürfen Sie gerne ein bisschen kreativ sein. Sie können entweder die Rezepte von Nieves oder José ausprobieren oder aber auch versuchen, maurische und spanische Traditionen zu kombinieren. Eine Paella beispielsweise lässt sich ganz leicht improvisieren. Spielen Sie mit den Gewürzen – Zimt, Kreuzkümmel, Safran, *pimentón* –, variieren Sie die Mengen, und verwenden Sie typisch mediterrane Zutaten wie Orangen, Honig, getrocknete Früchte und Nüsse. Meine Empfehlung: Trinken Sie beim Kochen ein (oder mehrere) Gläschen gekühlten Manzanilla-Sherry, dazu können Sie geräucherte Mandeln knabbern, und wenn Sie's ganz authentisch mögen, lassen Sie im Hintergrund die Gipsy Kings laufen.

Basisvorrat

Granatäpfel • Zitrusfrüchte • Tomaten • Gewürze (Safran, Zimt, Kreuzkümmel) • Eier • Kräuter (Petersilie, Lavendel) • Meeresfrüchte und Fisch • Stockfisch • Sherry (Manzanilla, Fino, Oloroso, Amontillado, Pedro Ximénez)

Gazpacho

Ich schreibe das hier in der größten Sommerhitze, und eine *gazpacho* wäre jetzt die perfekte Erfrischung. Genau aus diesem Grund essen (oder trinken?) die Südspanier in den heißen Sommermonaten die kalte Emulsion aus Tomaten, Gemüse und Olivenöl wohl auch literweise. José Pizarro, der dieses Rezept aus seinem Buch *Seasonal Spanish Food* beigesteuert hat, behauptet, bei ihm zu Hause stehe immer ein Krug Gazpacho im Kühlschrank: die leichte und kühle Suppe sei einfach die ideale Mahlzeit bei sommerlichen Temperaturen um die 40 Grad im Schatten. Und zum Glück ist die Herstellung kinderleicht. Achten Sie lediglich darauf, das Öl langsam hinzuzufügen, sodass es sich gleichmäßig unter die anderen Zutaten mischt. Schinken und Melone müssen nicht sein, sind aber wahnsinnig lecker. Ein absolutes Muss sind hingegen wirklich gute Zutaten, denn wie José sagt: »Hier kann einfach nichts kaschiert werden.« Kaufen Sie das beste Gemüse, das Sie kriegen, und Sie werden das ganze Jahr über nichts anderes mehr essen wollen – egal, ob Sie Hunger haben oder nicht. Mir geht es jedenfalls so.

Für 4 Personen

1 kg sehr reife Tomaten
2 Frühlingszwiebeln, geschnitten
¼ kleine Gurke
½ Knoblauchzehe
1 EL Sherryessig, ganz nach Geschmack (wenn Sie ihn bekommen: Pedro-Ximénez-Essig)
3–5 EL extra natives Olivenöl
Meersalz und frisch gemahlener schwarzer Pfeffer
40 g geräucherter Schinken, optimalerweise *jamón ibérico*, gewürfelt (nach Belieben)
40 g süße (sehr reife) Cantaloupe-Melone, gewürfelt (nach Belieben)

- Das Gemüse mit dem Essig in die Küchenmaschine geben und pürieren. Dann bei laufender Maschine das Öl langsam dazugeben. Falls die Suppe zu dickflüssig ist, mit etwas Wasser verdünnen. Für 4 Stunden kalt stellen. Kurz vor dem Servieren mit Salz und Pfeffer, wenn nötig auch noch mit etwas Essig abschmecken. Mit gewürfeltem Schinken und Melone garnieren.

Stockfischkroketten
mit Sauce tartare

Angeblich von den Morisken (spanische Nachkommen der Mauren, die im 15. Jahrhundert zum Christentum gezwungen wurden) erfunden, kommen die *buñuelos*, frittierte Fischteigkroketten, der Schwäche der Andalusier für frittierten Fisch entgegen und erinnern an das alte al-Andalus. Lassen Sie sich von der langen Liste an Zutaten nicht abschrecken, die meisten sind für die (nicht unbedingt nötige, aber wundervolle) *sauce tartare*. Wenn Sie eine Fritteuse haben, umso besser. Wenn Sie keine haben, lassen Sie das Pflanzenöl einfach in einer tiefen Pfanne sehr heiß werden. Dieses spektakuläre Rezept stammt von Nieves Barragán Mohacho. Sie lernen nur von den Allerbesten!

Tapas für 4–6 Personen

Für die Kroketten
500 g Stockfisch
300 ml Milch
250 ml Wasser
100 g Butter, gewürfelt
150 g Mehl
4 mittelgroße Eier
2 Knoblauchzehen, sehr fein gehackt
25 g glatte Petersilie, gehackt
Saft einer Zitrone
Salz und Pfeffer
1 Liter Pflanzenöl zum Frittieren

Für die Sauce tartare

2 Eigelbe

2 TL Dijonsenf

125 ml leichtes Olivenöl

125 ml Pflanzenöl

1 Schalotte, fein gehackt

20 g Kapern, abgetropft und gehackt

20 g Essiggurken, abgetropft und gehackt

Saft einer ½ Zitrone

1 hartgekochtes Ei, fein gehackt

15 g glatte Petersilie, fein gehackt

- Den Stockfisch in einer Schüssel mit kaltem Wasser einweichen und 24 Stunden kalt stellen. In dieser Zeit das Wasser mindestens dreimal erneuern. Abtropfen lassen und mit einem Küchentuch trockentupfen. In 3 cm lange Würfel schneiden.
- Die Fischstücke in einen großen Topf geben und mit der Milch und 300 ml Wasser bedecken. Langsam zum Kochen bringen. Dann den Fisch mit einem Schaumlöffel herausnehmen. Etwas abkühlen lassen, Haut und Gräten vorsichtig entfernen.
- In einem zweiten, mittelgroßen Topf die Butter in 250 ml Wasser erhitzen, bis sie geschmolzen ist. Kurz aufkochen und vom Herd nehmen. Das Mehl direkt dazugeben und glattrühren. Den Topf bei sehr niedriger Hitze für 10 Minuten zurück auf den Herd stellen, in dieser Zeit ständig rühren. Vom Herd nehmen und 10 Minuten abkühlen lassen. Jetzt die Eier einzeln unterrühren. Stockfisch, Knoblauch, Petersilie und Zitronensaft dazugeben, gut mischen, würzen und abschmecken. Die Mischung in eine Schüssel geben und zugedeckt für mindestens zwei Stunden in den Kühlschrank stellen.
- Für die *sauce tartare* das Eigelb mit dem Dijonsenf in einer Schüssel verquirlen. Pflanzen- und Olivenöl in einer separaten Schüssel mischen und unter ständigem Rühren langsam zum Eigelb geben. Es sollte eine Emulsion mit mayonnaiseähnlicher Konsistenz entstehen. Sobald das Öl vollständig eingerührt ist, Schalotten, Kapern und Essiggurken dazugeben. Den Zitronensaft hinzufügen und kräftig verrühren. Zuletzt die hart gekochten Eier unterheben. Salzen und Pfeffern. Bis zum Servieren kalt stellen.
- Den Teig für die Kroketten aus dem Kühlschrank nehmen und 3–4 cm große Kugeln formen. Das Pflanzenöl in einer Fritteuse oder tiefen

Pfanne auf 180°C erhitzen. Die *buñuelos* in kleinen Portionen 3–4 Minuten frittieren, bis sie braun und knusprig sind. Ab und zu mit einem Schaumlöffel wenden. Aus dem Öl nehmen, auf Küchenpapier abtropfen lassen und sofort mit der *sauce tartare* servieren.

GEWÜRZSOSSEN

Ein *sofrito* ist eine leicht geschmorte Soße, die als Basis für verschiedene Gerichte, meist Eintöpfe oder Suppen, verwendet wird. Diese Art von Gewürzsoßen findet man in vielen Küchen, wobei Zutaten (und Bezeichnungen) stark variieren. Der spanische Begriff leitet sich vom Verb *sofreir* (leicht anbraten) ab, während man in Frankreich von einem *mirepoix* spricht (benannt nach einem Adeligen aus dem Languedoc im 18. Jahrhundert, dessen Koch diese Mischung kreierte). Und in der kreolischen und der Cajun-Küche im Süden der Vereinigten Staaten kennt man das *sofrito* als *Holy Trinity** (der Zutaten).

Die Zutaten dieser Soßen ändern sich je nach *terroir* und Esskultur der jeweiligen Küche und liefern so ganz typische Grundaromen, wie etwa die Süße von Zwiebeln oder die Schärfe von Chili. Oft werden die Soßen schon vor dem eigentlichen Gericht zubereitet. In Katalonien beispielsweise wird das *soffregit* aus weißen Zwiebeln, Tomaten und Olivenöl langsam geschmort und dann kühl gelagert, sodass es bei Bedarf gleich zur Hand ist (Seite 66). Die wichtigsten regionalen Varianten habe ich in der folgenden Tabelle für Sie zusammengefasst. Aber wie bei allem, was aus der Küche kommt, gilt auch hier: Es gibt keine festen Regeln, und die meisten Köche machen ihr *sofrito* nach Gefühl. Verstehen Sie die Übersicht also lediglich als grobe Idee davon, wie sich diese Gewürzsoßen in verschiedenen Ländern zusammensetzen.

---

*   Heilige Dreifaltigkeit

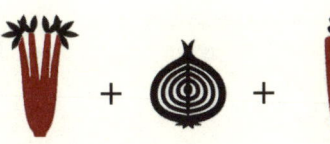

KÜCHE	ZUTATEN

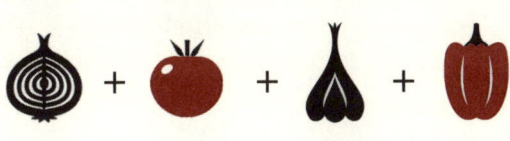

Frankreich

Spanien

Italien

Portugal

Kreolisch & Cajun

Karibik

Westafrika

PORTUGAL

Die Reise geht nie zu Ende … Man muss ansehen, was man
noch nicht gesehen hat, noch einmal sehen, was man schon
gesehen hat, im Frühling sehen, was man im Sommer gesehen
hat, tagsüber sehen, was man im Dunkeln gesehen hat,
bei Sonne, wenn es beim ersten Mal geregnet hat, die grünen
Kornfelder, die reife Frucht, den Stein, der sich verlagert hat,
den Schatten, der vorher nicht hier war.

José Saramago, *Die portugiesische Reise*

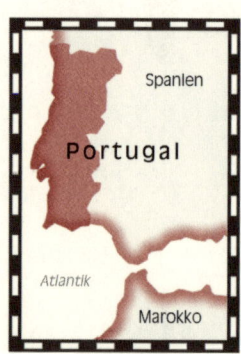

Man kann nicht zweimal dieselbe Reise machen, so der portugiesische Schriftsteller
und Nobelpreisträger José Saramago, es gibt zu
viele Variablen: die Jahreszeiten, die Menschen, denen wir begegnen, unsere eigenen In-
teressen, Vorlieben und Wahrnehmungen. Ich
war schon oft an meinen Lieblingsorten, von
den Wäldern am Streatham Common bis zur
Nordküste von Norfolk, vom Herzen des Retiro-
Parks in Madrid bis zur Spitze des Campanile in
Berkeley. Jede Reise war anders, geprägt von meinen Reisepartnern,
von dem, was wir aßen, von der Jahreszeit, meiner Stimmung.

Kochen ist da genau wie das Reisen: Essen kann nicht geklont werden. Ein Gericht genau zu kopieren ist praktisch unmöglich. Wir können allerdings, wenn wir ein Lieblingsessen kochen, unsere Erinnerungen an andere Orte und Zeiten wiedererwecken und mit den Aromen in
die Vergangenheit reisen.

Nuno Mendes kennt diese Art Proust'scher Reisen sehr gut. Als »Kü-
chenabenteurer«, wie er sich selbst beschreibt, verließ der heutige Chef
und Besitzer des Londoner Restaurants Viajante einst seine Heimat
Portugal und ging zur Ausbildung als Koch in die USA, weil »die Restaurants in Portugal nur ›mamapap‹-Essen (also Hausmannskost) servier-
ten. Ich musste weggehen, um meinen Stil zu entwickeln.« Nachdem er

seine ganz eigene *nouvelle cuisine* im Viajante etabliert hatte – pikantes Beispiel: gestockte »Krebsmilch« mit selbst gesammelten Strandkräutern –, erinnert sich Nuno heute wieder mit viel Liebe an das Essen seiner Kindheit. In seinem Restaurant lässt er sich davon inspirieren, aber die richtig portugiesischen Gerichte wie *acorda Alentejana* (siehe Rezept unten) kocht er dann doch meist zu Hause. Während wir über diese rustikale Suppe reden – eine einfache Mischung aus *bacalhau**-Brühe, Koriander, Knoblauch, Olivenöl, eingeweichtem Brot und einem pochierten Ei obendrauf –, erinnert sich Nuno an Maria Luisa, eine Freundin seiner Großmutter, der er oft beim Kochen zugeschaut hat. Ihre Tomatensuppe sei zum Niederknien gewesen, ganz ähnlich wie die *acorda*, auch mit einem Ei, das sie allerdings in eine bäuerliche Hühnerbrühe mit Tomaten, Zwiebeln, Knoblauch, Lorbeer und Minze gleiten ließ. Wenn er von diesem Essen spricht, durchlebt er nicht nur die gemeinsamen Mahlzeiten aufs Neue, auch die Landschaft des Alentejo sieht er wieder vor sich.

Die Aromen, die Zutaten, die Atmosphäre – im Alentejo findet sich alles, was die portugiesische Küche braucht. Fest verankert in der Region ist eine Kultur des Teilens, und so isst man oft in großen Runden (etwas, das Portugal seinen Kolonien vererbt hat – vergleiche die brasilianischen *paneladas* auf Seite 383). Aber der Alentejo ist auch eine Landschaft des einsamen Nachdenkens, »ein Raum, wo man sitzt, liest und die Jahreszeiten versteht«, wie Nuno es ausdrückt. Die Landschaft erinnert in ihrer wüstenhaften Kargheit, mit ihren sanften Hügeln stark an Andalusien – eine Art Niemandsland. Da der Alentejo direkt an die spanische Schweinezüchterregion Extremadura grenzt, gibt es auch hier – wenig überraschend – Eicheln fressende schwarzklauige Schweine und Olivenhaine. Schinken und Oliven liefern die Basis für die Küche der Region, zusammen mit lokalem Brot aus dem Holzofen. Dieses gibt es meist in zwei Größen, stark gesalzen, mit dicker, rauchiger Kruste und lockerer Krume. Brot wird zu den meisten Mahlzeiten in Portugal gegessen, und im Alentejo ist es eine Grundzutat von Suppen.

* *Bacalhau*, portugiesisch für Kabeljau, ist vor allem in getrockneter und eingesalzener Form als Stockfisch oder Klippfisch ein Grundbestandteil der portugiesischen (und spanischen) Küche. Ursprünglich stammt er aus Skandinavien und wurde traditionell früher von dort eingeführt, heute wird er auch in Portugal hergestellt. Er kann würzende Zutat, aber auch Grundlage eines Gerichtes sein.

Getreu dem Ethos des Teilens sind Eintöpfe in Portugal allgegenwärtig – die sogenannten *cozidos,* die vom großen Angebot an Schweinefleisch profitieren. Ein klassisches Gericht ist *cozido à Portuguesa,* das Rindfleisch, Hühnchen, die Knoblauchwurst *chouriço,* Kartoffeln und Wurzelgemüse wie Steckrüben und Karotten kombiniert. Andere Beispiele sehr fleischhaltiger Gaumenfreuden sind *feijoada,* ein Eintopf aus Schweinefleisch und Bohnen, der sich auch in den ehemaligen portugiesischen Kolonien durchgesetzt hat (so in Brasilien, Seite 381), und *leitão,* ein über Holzkohle gebratenes Spanferkel.

Vor allem in der nordportugiesischen Küche spielt Fleisch eine große Rolle, und Gerichte aus Hühner-, Rind-, Lamm- und Schweinefleisch sind herzhafte Begleiter der berühmten regionalen Weine. Daneben ist im Norden des Landes Reis ein wichtiger Bestandteil der Ernährung. Fleisch und Reis spielen in zwei ziemlich deftigen Gerichten zusammen: in *arroz de cabidela* (Hühnerblut) und *arroz de sarrabulho* (Schweineblut), bei denen der Reis im Blut des Tieres gekocht wird.

Das Braten ganzer Fleischpartien wie etwa von Schweinerippenstücken ist in Portugal weit verbreitet – manchmal werden sie zuvor in der sogenannten *massa de pimentão,* einer Paprikapaste, mariniert. Das faszinierendste portugiesische Schweinefleischgericht aber ist zweifellos *carne de vinha d'Alhos,* ein traditionelles, langsam gegartes Gericht mit Fenchel, Kreuzkümmel, Zimt und Rotwein, das mit geröstetem Brot, Orangen und Petersilie serviert wird. Es inspirierte das in Goa entstandene Vindaloo, jenes sehr pikante südindische Curry, bei dem Fleisch über Nacht in Essig, Zucker, Gewürzen und scharfe Chilischoten einlegt wird. Das Gericht veränderte sich in Indien natürlich erheblich, bis daraus jenes extrem scharfe Curry wurde, das wir heute kennen und lieben.

Portugal ist vom Meer dominiert: Bei einer Küstenlänge von knapp 1800 Kilometern und Lissabon als einziger europäischer Hauptstadt, in der man die Sonne im Meer untergehen sehen kann (zwei gute Fakten für »Wer wird Millionär«!), sollte man dort unbedingt gegrillte Sardinen oder frittierte Teigtaschen mit Krabbenfüllung bestellen. Fisch und Meeresfrüchte sind integraler Bestandteil der nationalen Küche – gebraten oder einfach gegrillt, etwa als *amêijoas à bulhão pato* (Muscheln mit Knoblauch und Koriander) oder als maritimer *cozido.* Zwei Beispiele für den *cozido* wären etwa die *caldeirada* (verschiedene Fett- und Weißfische werden mit Kartoffeln, Tomaten und Zwiebeln gemischt) oder die *cataplana**, jenes Gericht, das nach dem Behältnis aus Stahl oder Kupfer benannt ist, in dem es im Ofen gegart wird. In eine typische *cataplana* kommen etwa *chouriço*, Shrimps, Jakobs- und Venusmuscheln. Sie ist ein gutes Beispiel für den ganz eigenen Umgang der Portugiesen mit Meeresfrüchten und Schweinefleisch. Die luftdichte Metallhülle intensiviert die Aromen beim Kochen im Ofen und macht den Inhalt unvergleichlich zart.

Die Küchen des Alentejo, aber auch der Algarve sind bekannt dafür, Meeresfrüchte und Fleisch miteinander zu kombinieren. Die *cataplana* ist ein Beispiel, *carne de porco Alentejana* mit Schweinefilet, Muscheln, Kartoffeln, *pimentão*, Weißwein, Koriander und Orangen ein anderes. Etwas weiter im Westen, auf den Azoren, wo man ganz ähnliche Gerichte isst wie auf dem portugiesischen Festland, lässt man Eintöpfe über zwölf bis fünfzehn Stunden im Boden langsam garen. Hierbei macht man sich die vulkanische Wärme der Inseln zunutze, um die Aromen von Fleisch, Blut, Knoblauch, Wurst und Kohl zum würzigen *cozido das furnas* zu verbinden.

Die Algarve im Süden ist reich an Mandeln, Feigen und Orangen. Vor allem Mandeln sind ein wichtiges Produkt dieser Gegend, der Heimat des Mandellikörs Armaguinha. Das aus Mandeln und Zucker hergestellte Marzipan, das die Araber auf die Iberische Halbinsel brachten, wird oft in Nachspeisen verwendet. Bei vielen portugiesischen Desserts mit ihren süßen Kombinationen aus getrockneten Früchten, Nüssen und Zitrusfrüchten denkt man übrigens, sie könnten so oder so ähnlich auch in Nordafrika oder im Nahen Osten serviert werden.

Grundlage der meisten portugiesischen Nachspeisen bilden Eigelb und Zucker – vom *toucinho do céu*, für den Sie hier ein Rezept finden, bis hin zu den *sonhos* (Krapfen, wörtlich: Träume); von den *papos de anjo* (Klosterkuchen, wörtlich: Engelsschwätzchen – eine einfache portugiesische Crème Caramel) über *trouxas de ovos* (Eierbündel – ebenfalls traditionell aus den Klöstern der Gegend um Caldas da Rainha: Die Eiercreme kühlt in Blättern aus, die dann zu mundgerechten Stücken aufgerollt, »gebündelt« werden) bis hin zu den klassischen *pastéis de*

---

*   Um Gerichte, oft Fisch, *en papillote* zu kochen, muss man sie in etwas einschlagen – traditionell in Pergamentpapier – und backen. Fisch wird bei dieser Zubereitungsart sanft gedämpft, das Fleisch bleibt zart und wird von den Aromen der anderen Zutaten durchdrungen. Eine *cataplana* besteht aus zwei muschelförmigen Metallhälften, die von Scharnieren und Klammern zusammengehalten werden und die Wärme leiten, in der der Fisch gedämpft wird.

nata (oder *pastéis de Belém,* den leckeren Törtchen mit Eiercreme aus Belém, dem Hafenviertel von Lissabon). Die kleinen, aber üppigen Törtchen haben eine lange Geschichte: Infolge der Liberalen Revolution von 1820 wurden die Mönche und Nonnen aus dem altehrwürdigen Hieronymiten-Kloster in Belém vertrieben. Um zu überleben, begann man im Kloster (das neben einer Zuckerraffinerie lag) angeblich, diese kleinen Eiercremetorten zu verkaufen, die sich schnell einen Namen machten. Das Rezept soll sich seit fast zweihundert Jahren kaum geändert haben. Für mich gehört ein Nachmittags- (oder Spätabends-… oder meinetwegen auch ein Frühmorgens-)*pastel de Belém*, hinuntergespült mit einem Gläschen *ginjinha*, dem typischen Sauerkirschlikör, zu den Highlights eines Lissabon-Besuchs.

Während andere Küchen Westeuropas, wie etwa die französische und die spanische, für ihre Haute Cuisine ebenso berühmt sind wie für ihre Hausmannskost, prägt in Portugal das »Bauernessen« noch immer die kulinarische Verortung des Landes: Eintöpfe, Suppen und Gerichte auf Brotbasis zelebrieren die heimischen Produkte. Das Gute daran ist, dass portugiesische Gerichte leicht nachzukochen sind. Auch wenn Sie vielleicht ein bisschen üben müssen – sicher gelingen Ihnen schon bald im Handumdrehen Suppen wie die von Maria Luisa, von denen Nuno Mendes noch heute schwärmt.

Basisvorrat

Bacalhau • Chili • *chouriço* • Schweine- und
Hühnchenfleisch • Sardinen • Krabben • Kartoffeln •
Koriander und Minze • Zimt • Kreuzkümmel • Safran •
Kurkuma • Mandeln • Kichererbsen • Desserts aus
Eiern und Zucker

Stockfischbrühe

Wenn Sie dieses Gericht aus eingeweichtem Brot, Stockfisch, Eiern und Koriander in einer Terracotta-Schale servieren, sieht es fast aus wie die portugiesische Flagge. Mit den grünen Einsprengseln und dem pochierten Ei in der Mitte ist es der Inbegriff der portugiesischen Bauernküche und lässt selbst den avantgardistischsten Koch überhaupt, Nuno Mendes (den Schöpfer dieses Rezepts), vor Begeisterung die Augen verdrehen. Verwenden Sie bitte nur beste Eier, möglichst direkt vom Bauernhof, mit kräftigem Eigelb und vollem Geschmack, und wirklich gutes Brot!

Für 4 Personen

3 Knoblauchzehen, ohne den bitteren grünen Keim in der Mitte
15 g Koriander, getrennt in Stängel und Blätter und gehackt
eine große Prise Meersalz
6 EL natives Olivenöl extra
100 g Stockfisch, 24 Stunden in kaltem Wasser gewässert
(im Kühlschrank, das Wasser dreimal wechseln)
4 Eier
1 EL Weißweinessig
8 dicke Scheiben gutes, knuspriges Weißbrot (kein Sauerteigbrot!)

- Zwei Knoblauchzehen mit den Korianderstängeln im Mörser zerdrücken und mit Meersalz abschmecken. Zu einer feinen Paste zerreiben. Dann vier EL Olivenöl zufügen und verrühren. Es sollte sehr gut duften.
- Den Stockfisch in einem Liter Wasser zum Kochen bringen und 15 Minuten köcheln lassen.
- Die Paste hinzufügen. Noch einmal 5 Minuten bei mittlerer Hitze kochen.
- Die Eier getrennt in einem Topf mit siedendem Wasser und dem Weißweinessig in drei Minuten pochieren.
- Das Brot leicht grillen oder toasten und die letzte Knoblauchzehe zusammen mit dem restlichen Olivenöl und einigen gehackten Korianderblättern auf den Scheiben verreiben.
- Die Böden von vier tiefen Suppenschalen mit dem Brot auslegen. Die Brühe in einen Krug abseihen, dabei Stockfisch, Knoblauch und Korianderstängel entfernen, und dann über das Brot gießen.
- Ein pochiertes Ei jeweils oben auf die Brühe geben, den restlichen Koriander darüberstreuen, mit Salz und Pfeffer würzen und sofort servieren.

Mandelkuchen

Dieser Kuchen mit seinen vielen Mandeln, Eiern (vor allem Eigelb) und Orangenzesten ist der Inbegriff portugiesischer Süßigkeiten. Sein Name *(toucinho do céu)* bedeutet wörtlich »Himmelsspeck«, weil er ursprünglich mit Schweineschmalz gemacht wurde. Dieses Rezept liefert einen wunderbar saftigen Kuchen, von dem man leider nicht allzu viel essen kann! Gemahlene Mandeln ersetzen das Mehl. Die schiere Menge an Zucker, Eigelb und Amaretto sorgt dafür, dass dieser Kuchen nicht nur als Nachspeise, sondern auch als veritable Zwischenmahlzeit taugt. Sehr gut schmeckt dazu Joghurt oder Crème fraîche.

Für 8 Personen

175 ml Wasser
400 g extrafeiner Zucker
eine Prise Salz
200 g gemahlene Mandeln
60 g ungesalzene Butter, bei Zimmertemperatur
2 Eier
5 Elgelb
1 TL Amaretto
geriebene Schale einer halben Orange
Puderzucker zum Bestäuben

- Den Ofen auf 150°C vorheizen (Umluft 130°C, Gas Stufe 2). Eine Springform mit 25 cm Durchmesser oder eine quadratische Backform mit 20 cm Seitenlänge mit Butter einfetten und mit Mehl bestäuben. Den Boden mit Backpapier auslegen.
- Das Wasser mit Zucker und Salz in einem Stieltopf bei mittlerer Hitze zum Kochen bringen. Sobald das Wasser kocht, die gemahlenen Mandeln hinzugeben. Die Temperatur etwas herunterschalten und die Mischung 5–6 Minuten rühren, bis ein weicher, dicker Mandelbrei entsteht.
- Butterstückchen in die Mischung schneiden und unterziehen, während sie schmelzen.
- Eier und Eigelbe in einer Schüssel leicht miteinander verquirlen. In die Mandelmischung rühren, dann den Mandelextrakt (oder den Amaretto) und die geriebene Orangenschale hinzufügen, gut umrühren. Die Masse

in die vorbereitete Kuchenform gießen und im Ofen etwa 40–50 Minuten backen. Der Kuchen sollte fest und oben goldbraun sein.

- In der Form abkühlen lassen, stürzen, das Backpapier vom Boden des Kuchens entfernen, mit etwas Puderzucker bestäuben und servieren.

STOCKFISCH

Stockfisch – oder *bacalhau* – wird aus Kabeljau (und in jüngerer Zeit auch aus anderen Weißfischarten wie Seelachs und Merlan) gemacht. Der Fisch wird ausgenommen und flach ausgelegt, dann eingesalzen und getrocknet. So entsteht eine trockene Hülle, die das Produkt mehrere Jahre haltbar und Stockfisch zu einer praktischen und günstigen Proteinquelle macht. Vor der Zubereitung muss der Fisch, um wieder Wasser aufzunehmen, eingeweicht und gekocht werden.

Stockfisch wird seit jeher mit der portugiesischen Küche verbunden, tatsächlich aber stammt er aus den Ländern am Nordatlantik wie Norwegen, Island und Teilen Kanadas. In Portugal kommt *bacalhau* allerdings in so unendlich vielen Gerichten zum Einsatz, wie etwa in frittierten Bällchen *(bolinhos)*, *bacalhau à Minhota* (gebratener Stockfisch mit Kartoffeln, Zwiebeln und Paprika, aus der nördlichen Region Minho) und *bacalhau à Gomes de Sá* (ein Auflauf aus Kartoffeln, Eiern, Oliven und Stockfisch), dass es eine Sünde wäre, ihn hier nicht zu erwähnen. Auch in anderen Mittelmeerküchen spielt er eine wichtige Rolle, etwa in der spanischen (siehe Nieves' Rezept für *buñuelos de bacalao* auf Seite 91) und venezianischen, wo er *baccalà* heißt.[*]

Stockfisch war eine wichtige Handelsware zwischen der Alten und der Neuen Welt. Während viele Zutaten, die aus den europäischen Küchen nicht mehr wegzudenken sind, ursprünglich aus der Neuen Welt stammen – von Gewürzen, Chilis bis zu Kartoffeln und Tomaten –, spielt europäischer Stockfisch heute eine wesentliche Rolle in den Küchen Westafrikas sowie Nord- und Südamerikas (zum Beispiel beim jamaikanischen Nationalgericht *Ackee & Saltfish*), vor allem aber in den Küchen früherer portugiesischer Kolonien wie Brasilien, den Philippinen, Macao und Goa.

[*] Angeblich gab Russell Norman, der Inhaber des gefeierten Restaurants Polpetto in Soho, Florence Knight nur deshalb den Job als Küchenchefin, weil sie das komplizierte venezianische Gericht *baccalà mantecato* zubereiten konnte – pochierter Stockfisch mit Milch, Zwiebeln und Lorbeer, der dann zu einer Mousse geschlagen wird.

ITALIEN

Sich Zeit zum Essen zu nehmen, wie es die Italiener heute noch
tun, bedeutet, das Leben zur Kunst zu machen.

Marcella Hazan, *Die klassische italienische Küche*

La mamma ist die uneingeschränkte Herrsche-
rin in der italienischen Küche. Jahrhundertelang ist die Kochkunst von Matriarchinnen,
Müttern und Großmüttern entwickelt, gepflegt
und weitergegeben worden. Essen ist in Italien praktisch ein Synonym für Familie. Riesen-
schüsseln Pasta werden mit Liebe beträufelt
und mit Fürsorge bestreut. Kann man es dem
klassischen italienischen Muttersöhnchen da
verübeln, dass es noch mit weit über dreißig
Jahren zu Hause lebt? Nein, denn nur dort gibt es traditionell das absolut beste italienische Essen.

Jacob Kenedy, Besitzer des Londoner Restaurant Bocca di Lupo,
spricht von Italiens »*Nonna*-Problem«, und meint damit den hegemo-
nialen Status von Müttern und Großmüttern *(la nonna!)* in der Küche.
Echtes italienisches Essen wirkt häufig zu bäuerlich-deftig, schmeckt zu
oft nach einer plötzlichen Eingebung am Herd oder wie der Inhalt der
Vorratskammer, der auf Guide-Michelin-Niveau gebracht werden soll.
Dass italienisches Essen in London inzwischen gehobenen Genuss bereiten kann, ist Giorgio Locatelli, Jacob Kenedy und Francesco Mazzei
zu verdanken – und zwar einfach deshalb, weil sie die Grundpfeiler einfacher, echter italienischer Küche in Ehren halten: die Regionen, die
Jahreszeiten, die Mütter, und das alles in eleganten Restaurants mit kla-
rem gastronomischem Konzept. Für Kenedy im Bocca di Lupo zum Beispiel sind dies kleine Gerichte, die die Gäste untereinander teilen, um so
Spezialitäten aus verschiedenen Regionen Italiens kennenzulernen.
Francesco Mazzei (vergleiche auch Seite 125) beschrieb das Konzept seines Restaurants L'Anima sogar als »Mammas Küche mit Kochmütze«.

Die italienische Küche führt Nicht-Italiener oft hinters Licht. Nur ein Beispiel: Wir wissen alle, dass viele italienische Gerichte ganz einfach sind. Und doch war ich *Jahre* auf der Suche nach der perfekten Tomatensoße zur Pasta. Bis heute sind Spaghetti mit *pomodoro*-Soße mein Lieblingsessen; ich esse sie zu Hause und ich esse sie im Restaurant, auch wenn manche meiner Begleiter den Kopf schütteln. *Bestell doch was Interessanteres! Das kannst du doch auch zu Hause machen!* Aber genau das konnte ich eben nicht. Nie war sie so reich, so süß, so sündig, so himmlisch gut. Ich versuchte alles – mit und ohne Knoblauch; mit geschnittenen Zwiebeln, gehackten Zwiebeln und ganz ohne Zwiebeln; mit Fenchelsamen, besserem Olivenöl, Milch (von Nigella Lawson empfohlen), Sahne (von Martha Stewart empfohlen), Oregano, Zucker – das volle Programm.

Dann entdeckte ich die italo-amerikanische Köchin und Autorin Marcella Hazan, der wir es verdanken, dass die Geheimnisse der italienischen Kochkunst mit Büchern wie *Die klassische italienische Küche* zu uns gelangt sind. Hazan schlägt vor, eine Dose Tomaten zusammen mit zwei nach unten gedrehten Zwiebelhälften und einem ordentlichen Stück Butter in einen Topf zu leeren. Das Ganze zugedeckt bei kleinster Flamme fünfundvierzig Minuten köcheln lassen – schon nach zwanzig Minuten konnte ich riechen, was da passierte. Ich hatte es geschafft: die perfekte *pomodoro*-Soße mit nur *vier* Zutaten (am Schluss kommt noch Salz dazu). Nach all meinen vergeblichen Versuchen waren es einfach die Butter, die Süße der Zwiebel und langes, langsames Köcheln, die den Tomaten ihren glanzvollen Auftritt bescherten.

Italienisches Essen ist sehr abwechslungsreich, was ich in den folgenden Kapiteln zeigen möchte. Auch wenn nicht alle kulinarisch wichtigen Regionen Italiens abgedeckt sind – Neapel, die Toskana und das Piemont fehlen leider –, habe ich doch versucht, Ihnen einen interessanten Querschnitt italienischer Kochstile zu bieten: von den arabischen Fusionsküchen Kalabriens und Siziliens zu den slawischen Einflüssen Venetiens und Regionen mit uritalienischen Gerichten wie die Emilia-Romagna und Latium.

Ich weiß nicht, wie es Ihnen geht, aber italienische Zutaten spielen in meiner täglichen Ernährung eine wesentliche Rolle: Hat man Sie schon einmal gefragt, welche Küche Sie wählen würden, wenn Sie sich für eine entscheiden müssten? Meiner Erfahrung nach beantwortet fast jeder diese Frage mit: die italienische! Ich kann kaum glauben, dass Pasta und Parmesan in der Kindheit meiner Eltern exotisch waren, dass man lieber mit Butter als mit Olivenöl kochte und meine Mutter ihre erste Pizza erst mit Mitte zwanzig aß. Italienisches Essen ist so leicht zu Hause zuzubereiten, was die Kosten, aber auch die Umsetzbarkeit angeht. Nudeln und eine Flasche extra natives Olivenöl habe ich immer im Küchenschrank – meine klassische Notfall-Reserve. Und darüber hinaus gibt es auch eine innovative italienische Spitzenküche, die ganz sicher nie langweilig wird. Es ist die Bandbreite, die italienisches Essen so großartig macht. Viele Wege führen nach Italien!

Brillant gekochte Hausmannskost, geheimnisumwitterte Familienrezepte – es gibt wirklich Schlimmeres als das *Nonna*-Problem! Die Rezepte dieser italienischen Küchenreise sind technisch nicht besonders aufwendig, aber damit sie gut gelingen, brauchen Sie frische Zutaten von hervorragender Qualität und – weniger greifbar – Respekt davor, dass eine gemeinsame Mahlzeit das Herzstück des Familienlebens sein kann. Wenn Sie beides haben, sind Sie schon auf gutem Wege, irgendwann wie eine italienische *mamma* oder gar wie eine *nonna* zu kochen. Also: *andiamo!*

LATIUM

Rom – Stadt sichtbarer Geschichte, wo die Vergangenheit
einer ganzen Hemisphäre in einer Trauerprozession mit
seltsamen Ahnenbildern und Trophäen aus fernen Ländern
vorüberzuziehen scheint.

George Eliot, *Middlemarch*

Von einer Region, die die italienische Hauptstadt beheimatet, darf man erwarten, dass man dort gut isst – ja sogar herausragend. Und so ist es auch. Man darf erwarten, dass die Gerichte »sichtbare Geschichte« präsentieren, wie George Eliot es beschreibt. Und das tun sie auch: Sie präsentieren essbare Geschichte. Was für mich jedoch das Essen in Latium am meisten auszeichnet, ist dessen unprätentiöse Qualität. Das Umfeld ist geprägt von Weltgewandtheit und Hochkultur, die römische Küche jedoch ist, so scheint es mir, immer noch eine versteckte Kostbarkeit.

Gutes Alltagsessen findet man in Latium überall im Überfluss. Jacob Kenedy, der Küchenchef und Besitzer des Bocca di Lupo in London, meint, dass die Römer sich dessen durchaus bewusst sind. »Kaum jemand hat versucht, die Küche Latiums schick zu machen, wie das anderswo in Italien so oft geschieht. Das Essen hat sich nicht irgendwelchen Moden angepasst, es hat seine Wurzeln behalten, und darauf sind die Römer überaus stolz.« Die Aromen sind kräftig – prägnant, rein, verwegen –, und die Küche so bodenständig, dass man manchmal vergisst, wo man sich befindet: in der Hauptstadt Italiens.

Und dennoch: Das Essen in Latium ist recht vielseitig – was wohl der geographischen Lage zu verdanken ist. Im Angebot sind die üblichen italienischen Verdächtigen: Pizza und Pasta – beides mit regionalem Charakter, wie zu erwarten; tolles Brot, das dem aus dem Süden Konkurrenz macht (das beste Sandwich meines Lebens habe ich in der heute schon legendären Bäckerei Forno Campo de' Fiori gegessen: lokales Fladenbrot, gefüllt mit Pecorino und Rucola); kräftiges Gartengemüse wie Spinat, Endivien und Radicchio; wunderbare Käsesorten und mächtige Fleischstücke, wie weiter nördlich im Piemont. Speisen aller Regionen finden ihren Weg in die Hauptstadt, was unvermeidlich ist, denn sie reisen mit den Menschen, die Rom besuchen oder dorthin umziehen. »Latium sitzt unbequem zwischen allen Stühlen – abgewiesen von Nord und Süd gleichermaßen, in einem Land, wo sich zwischen Nord und Süd eine tiefe Kluft auftut«, sagt Kenedy. Dennoch hat das römische Essen einen starken Charakter und eine stolze Geschichte und ist weit davon entfernt, bei anderen abzukupfern oder sich im Nebel seiner »Mittellage« zu verirren. Man könnte die römische Küche als »alten Adel« unter den italienischen Regionalküchen bezeichnen – das kulinarische Pendant zu einem Aristokraten in zerschlissenen Hosen, der im zerbeulten Volvo vorfährt.

Die altrömischen Einflüsse sind noch immer stark; sie finden sich in der Fülle der Aromen ebenso wie in Zutaten wie *garum*, der fermentierten Fischsoße aus Meeräsche, Rotbarbe oder Makrele. *Garum* war *das* Gewürz des kaiserzeitlichen Rom, das Speisen salzig-herzhaft machte – vergleichbar mit der asiatischen Fischsoße – und das noch heute als Würzsoße verwendet wird und in Latium ähnlich verbreitet ist wie Ketchup bei uns.

Die meisten römischen Gerichte haben nur wenige Aromen, die aber in maximaler Konzentration; und man muss wissen, wie man sie ausbalanciert. Das sieht man am Umgang mit Gemüse: Der leckere Romanesco – ein Mittelding zwischen Broccoli und Blumenkohl – wird zum Beispiel gekocht, bis er ganz weich ist, und mit den reinen, kräftigen Aromen von Zitrone, Knoblauch und Chili gewürzt. Auch *pasta cacio e pepe*, ein klassisches Nudelgericht der Region, lebt vom fragilen Gleichgewicht der Aromen. Es ist ganz einfach eine Kombination aus *rigatoni* (die klassische römische Pasta-Form – dicke, geriffelte Röhren, die auf dem Weg vom Teller in den Mund viel Soße mitnehmen können), Pecorino Romano und Pfeffer. Die einzelnen Zutaten mögen preiswert sein, kräftig und bäuerlich, zusammen schaffen sie jedoch etwas Einfaches und zugleich Raffiniertes.

Zitrone, Knoblauch und Salz sind die wichtigsten Würzmittel in Latium, der Einsatz von Kräutern ist gewöhnlich auf Lorbeer und Rosmarin beschränkt. Der Schlüssel zum Genuss ist, wie überall in Italien, die Qualität der frischen Erzeugnisse. Auf den Lebensmittelmärkten wie im Bezirk Trionfale mustern Käufer die Stände mit ihren hohen Pyramiden aus regionalen hellen Zucchini, Artischocken und *puntarella*, der Medusa der Chicoree-Familie mit fedrigen, hellgrünen Sprossen, die aus einer einzelnen weißen Wurzel wachsen. *Puntarelle* gedeihen wirklich gut nur auf italienischem Boden. Sie passen wunderbar zu *bagna cauda*, einer Soße aus Sardellen und Knoblauch (für die ich ein Rezept mit angebratenem Radicchio ins Venetien-Kapitel auf Seite 144 aufgenommen habe).

Ein besonders fruchtbarer Teil Latiums liegt gleich südlich von Rom: die Pontinische Ebene, die bis Anfang des 20. Jahrhunderts ein malariaverseuchtes Sumpfgebiet war. Mussolini ließ sie mit Kanälen trocken legen,[*] und heute gedeihen auf dem fruchtbaren Schlick Obst und Gemüse. In der Nähe liegt der Lago di Nemi, ein Vulkansee, an dessen Ufern wilde Erbsen, Pflaumen, Äpfel, Himbeeren und Erdbeeren wachsen. Mit Zitrone und Chili angerichtet, wird aus diesen köstlichen Erdbeeren ein einfacher, gesunder Nachtisch.

Pecorino romano ist der berühmte lokale Schafmilchkäse. Er ist ziemlich salzig und wird ähnlich wie Parmesan verwendet: gerieben in oder über Pasta, rustikaler Pizza, Soßen wie Pesto und ganz traditionell mit Saubohnen. Auch den ersten guten Mozzarella gibt es in Latium, und er wird immer besser, je näher man Kampanien kommt.[**] Pecorino und Mozzarella gehören auf die römische Pizza, die am Rand dünner ist als ihr neapolitanisches Gegenstück (und dafür zur Mitte hin dicker wird). Passend zum Grundton der meisten römischen Speisen ist die Pizza ganz einfach belegt – mit reiner Tomatensoße etwa oder als *pizza bianca* (ohne Tomatensoße) schlicht mit Zucchiniblüten und Wurst.

Pasta spielt eine wichtige Rolle in der römischen Küche. *Bucatini* (dickere Spaghetti mit einem Loch in der Mitte), *spaghettini* (dünne Spaghetti) und kurze Nudelformen wie *tortelloni*, *ditali* und *ditalini* sind die wichtigsten Sorten, nicht zu vergessen die guten alten, etwas klobigen *rigatoni*. Pasta taucht in Suppen wie *pasta e fagioli* oder *pasta e ceci* auf, den berühmten dicken Suppen mit *ditalini* (kurzen Makkaroni)

---

[*] »Die Schlacht der Sümpfe« begann 1922 mit dem Trockenlegen der Pontinischen Sümpfe, um auf dem nun fruchtbaren Land Ackerbau zu betreiben. Der Hauptentwässerungskanal wurde damals nach Mussolini benannt, heute heißt er schlicht »Canale delle Acque Alte«, also Hochwasserkanal.

[**] Aus der südlich an Latium grenzenden Region an Italiens Westküste kommt der weltbeste Büffelmozzarella.

und Bohnen oder Kichererbsen. Beide Suppen enthalten feingehackte Zwiebeln und Knoblauch sowie Sellerie und Karotten. Das ist echtes Bauernessen – preiswert, nahrhaft und mit Zutaten, die überall wachsen und problemlos zu lagern sind. Falls Sie je eine Schnellversion zusammenrühren möchten, nehmen Sie einfach Bohnen oder Kichererbsen aus der Dose – und schon sind sie auf der *direttissima* von Ihrer Küche nach Rom. Rachel Roddy, Autorin des phantastischen Blogs *Rachel Eats* über römisches Essen und eines demnächst erscheinenden Kochbuchs, hat ihr leckeres Rezept für *pasta e ceci* beigesteuert, das Sie weiter hinten auf Seite 114 finden.

Zu den römischen Pastasoßen gehört auch die klassische *carbonara*, eine sorgfältig komponierte Mischung aus *guanciale** (ungeräuchertem italienischen Speck) oder *pancetta*, Eiern, Butter, Käse und schwarzem Pfeffer, serviert mit *rigatoni* oder *spaghetti*. Bei der *carbonara* geht es vor allem um Frische, und ich rate Ihnen dringend, sie zu Hause selbst zu machen – Sie werden feststellen, dass sie sich gewaltig unterscheidet von den typischen Restaurantversionen oder, noch schlimmer, dem furchtbaren Zeug aus dem Supermarkt, das so schnell gerinnt. *Rigatoni* isst man in Latium auch gern mit Tomatensoße und *con la pajata*. Letzteres verbindet die römische Vorliebe für Pasta und Fleisch jeglicher Art aufs Schönste, ist aber nichts für schwache Nerven: Die *pajata* ähnelt einer Käsewurst und ist der Darm eines noch nicht entwöhnten Kalbs, gefüllt mit Milchbrei (der unverdauten Muttermilch). Tatsache!

Die Römer kennen keine Hemmungen, wenn es ums Fleisch geht, und genießen solche Gerichte oft nur minimal gewürzt. *Abbacchio alla Romana* ist so ein typisches Beispiel: Milchlamm mit Knoblauch, Sardellen und Salz. Das andere Ende des Spektrums bilden Gerichte mit Innereien wie *trippa alla Romana*, für das Kutteln mit Tomaten, Weißwein, Pecorino, Lorbeerblättern und *mentuccia* (wilder Minze) gekocht werden. Dieses Gericht und weitere dieser Art findet man in Testaccio, einem Viertel im Süden Roms, wo bis 1975 die größten Schlachthöfe Latiums standen. Testaccio ist auch heute noch ein Zentrum des Fleischerhandwerks mit stark lokal geprägter Küche, die vor allem günstige Fleischreste, das sogenannte »fünfte Viertel«

---

* *Guancia*, oder Schweinebacke, ist hier typisch und der richtige Speck für eine römische Carbonara, der sie von allen anderen Carbonara-Gerichten unterscheidet – in allen anderen Regionen Italiens verwendet man *pancetta*.

verarbeitet.* Dazu gehören *testarelle* (Kopf, gewöhnlich gebraten), *milza* (Milz, oft geschmort oder gegrillt), *coda* (Ochsenschwanz, in Eintöpfen und Nudelsoßen) und *coratella* (Herz, Lungen und Speiseröhre, gewöhnlich mit roten Artischocken gegessen).

Roms alteingesessene, traditionell arme jüdische Gemeinde, die bis 1888 in einem ummauerten Ghetto im *rione* Sant'Angelo lebte (noch immer »das Ghetto« genannt), zählte zur Käuferschaft dieser preiswerten Fleischteile des »fünften Viertels«. Gerichte wie *coda di bue* (Ochsenschwanzsuppe) oder *pagliata con pomodoro* (Stücke vom Kalbsdarm in Tomatensoße gedünstet) zeugen davon. Das jüdisch-römische Innereiengericht par excellence ist allerdings wohl gebratenes Hirn oder Lamminnereien mit *carciofi* (Artischocken). Letztere sind ein weiteres Merkmal der Ghetto-Küche und werden in verschiedenen Formen serviert, entweder als Beilage zum Fleisch oder frittiert als Hauptgericht, als *carciofi alla giudia* (Artischocken nach jüdischer Art). Eine frittierte, nur mit Salz und etwas Pfeffer gewürzte Artischocke zu essen wirkt vielleicht ein bisschen unanständig, so, als ziehe man sein Essen langsam aus. Doch es lohnt sich: Fangen Sie mit den knusprigen, karamellfarbenen äußeren Blättern an – sie haben fast die Textur einer Distel – und arbeiten Sie sich ins Innere vor, bis zum zarten weißen Artischockenherz. Jacob Kenedys geliebtes Rezept für Artischocken auf jüdische Art ist hier aufgenommen, also stellen Sie schon einmal die Fritteuse an.

Frittiert werden im Ghetto nicht nur Artischocken: Auch *fritto misto*, Zucchiniblüten und *baccalà* werden so zubereitet. Zu guter Letzt – und während ich dies schreibe, esse ich ein Stück *challah* (süßes Zopfbrot, das traditionell am Sabbat gegessen wird) – muss ich die Bäckereien im Ghetto erwähnen. Vor allem Boccione Limentani an der Via di Portico Ottavia ist eine Institution mit jeder Menge Leckereien im Angebot wie etwa Mürbeteigpasteten mit Ricotta, *treccia* (eine Freitagssüßigkeit aus zu Zöpfen geflochtenem Teig mit Kirschen und Zucker) und *pizzarelle* (ungesäuerte Krapfen aus Matzemehl, Rosinen und Honig) für das Passahfest.

---

* Die Fleischverteilung erfolgte in Rom bis in die Moderne hinein nach einem einfachen Prinzip: Das erste Viertel oder *primo quarto* wurde an den Adel verkauft, das zweite an den Klerus, das dritte an das Bürgertum, das vierte an das Heer. Das »fünfte Viertel« oder *quinto quarto* bestand aus Schlachtabfällen und Innereien und ging an die Menschen ganz unten auf der sozialen Leiter, die aus der Not heraus eine nährstoffreiche Küche auf Grundlage der verschmähten Fleischstücke entwickelten.

Die römisch-jüdische Küche steht für sich selbst, fügt sich aber auch wunderbar in die allgemeinen kulinarischen Traditionen der Stadt ein. Man sagt, dass das Essen im Ghetto sich nicht so sehr an jüdische Speisetraditionen hält, sondern sich vielmehr von ihnen inspirieren lässt[*] – wie übrigens auch von der altrömischen Küche, schließlich waren die Juden schon vor der Ankunft des Christentums in der Stadt.

George Eliot nannte Rom »die Stadt sichtbarer Geschichte«, und sie hatte recht – die Teller, Servierplatten und Töpfe römischer Küchen deuten auf eine reiche und vielfältige Geschichte hin. Gleiches gilt für Latium als Ganzes; die Region ist Italiens Schnittstelle zwischen Nord und Süd und ist kosmopolitisch und ländlich zugleich – auch in ihren kulinarischen Ausprägungen. Latiums Kochkunst ist immer wieder spannend – egal, ob es um eine einfache und nahrhafte *pasta e ceci*-Suppe geht oder um frittierte Artischocken. Beide Rezepte finden Sie unten.

Eigentlich habe ich immer viel Spaß mit der römischen Küche, ob ich nun selbst in Rom bin oder die Stadt von meiner Küche aus besuche. Bei der *pajata* werde ich allerdings auch in Zukunft passen …

Basisvorrat

Sardellen • *pecorino romano* • Artischocken •
Ricotta • Innereien • *pancetta* (Bauchspeck vom Schwein) •
Lorbeerblätter • Ackerminze • Kichererbsen • Bohnen •
Pasta *(rigatoni, bucatini)* • Basilikum • Mozzarella •
Erbsen • Broccoli • Chicoree

---

[*] So kochen zum Beispiel nicht alle Restaurants streng koscher, und es gibt immer wieder Überschneidungen mit der normalen römischen Kost, etwa bei *pasta e ceci* oder *pasta e fagioli*.

Kichererbsensuppe mit Pasta

In ihrem Blog *Rachel Eats* nennt Rachel Roddy *pasta e ceci* »den Steve Buscemi der Suppen, fast schon legendär und dermaßen angenehm unaufdringlich, dass man ihn viel mehr liebt als all die rampenlichtsüchtigen Schickimicki-Stars«. *Pasta e ceci* ist unaufdringlich: Nudeln und Kichererbsen, unterlegt mit einem süßen *soffritto* aus Zwiebel, Sellerie und Karotte, gutem Olivenöl, Parmesan, ein bisschen Rosmarin – es ist ein Essen für »Leib und Seele« –, kein Luxus, aber eine wahre Wohltat. Vergleichbar etwa, wenn Sie so wollen, mit einer samstäglichen Kneipensauftour durch die Stadt und dem folgenden Sonntagsbraten im Schoß der Familie. Diese Suppe ist echte römische Hausmannskost. Roddy beschreibt den Duft köchelnder Kichererbsen, der freitags über Testaccio hängt, wenn *pasta e ceci* als Vorspeise vor dem *baccalà* gegessen werden, um das Wochenende einzuläuten. Solche Gerichte aus Hülsenfrüchten – neben *pasta e ceci* wären *pasta e fagioli* (mit Borlotti- oder Cannellini-Bohnen) zu nennen – haben mir durch einen besonders schreibintensiven Winter geholfen. Zubereitet aus dem, was die Vorratskammer hergibt, sind sie billige, schnelle und ehrliche Speisen zur Pflege (auch) einsamer Mägen.

Für 8 Personen als Vorspeise oder für 6 als Hauptgericht

6 EL extra natives Olivenöl
1 mittelgroße Karotte, fein gewürfelt
1 Stange Bleichsellerie, fein gewürfelt
1 weiße Zwiebel, fein gewürfelt
2 EL Tomatenmark
1 Zweig Rosmarin
300 g getrocknete Kichererbsen, über Nacht eingeweicht, dann zwei Stunden gekocht, bis sie weich sind, oder 2 × 400 g gekochte Kichererbsen aus der Dose
Parmesanrinde
Salz und frisch gemahlener schwarzer Pfeffer
225 g kurze hohle Nudeln (*maccheroni* oder *rigatoni* sind gut geeignet)

- Das Olivenöl in einem Topf bei mittlerer Temperatur erhitzen, dann das gesamte gewürfelte Gemüse und eine Prise Salz hinzufügen. Unter regelmäßigem Rühren und Wenden sautieren, bis es ganz weich und golden ist, was ungefähr 15 Minuten dauert.

- Das Tomatenmark und den Rosmarin hinzufügen, umrühren und zwei Drittel der gekochten Kichererbsen zugeben. Noch einmal umrühren und dann alles mit 1,5 Liter Wasser bedecken (verwenden Sie wenn möglich das Kochwasser der Kichererbsen). Die Parmesanrinde zugeben. Alles zum Kochen bringen, die Hitze reduzieren und etwa 20 Minuten leicht köcheln lassen.
- Die Parmesanrinde und den Rosmarin entfernen und alles mit dem Pürierstab zu einer sämigen Suppe verarbeiten.
- Den Rest der gekochten Kichererbsen einrühren und abschmecken. Die Suppe noch einmal zum Kochen bringen und die Pasta zufügen. Regelmäßig umrühren, solange die Pasta kocht – etwa 10 bis 15 Minuten –, damit sie nicht anbrennt.
- Den Topf vom Herd nehmen, sobald die Pasta gar, aber noch fest ist. Fünf Minuten ruhen lassen, dann umrühren und mit einem Schuss Ihres besten Olivenöls servieren.

Frittierte ganze Artischocken

Als Teenager fühlte sich meine Freundin Sophie von Artischocken verfolgt. Unser Kunstlehrer zwang sie hartnäckig, Damien Hirst nachzueifern. Sophie ließ eine Artischocke in ein Aquarium fallen, zeichnete sie sehr hübsch und unter Druck in Pastellfarben – und gab dem Ganzen schließlich den Titel »Art-I-Choke« (etwa: »Kunst – Ich kotz'«). Sophie lebte später in Italien und verbrachte ziemlich viel Zeit damit, frittierte Artischocken in Rom zu essen. Das Gemüse mit den zarten Blütenblättern war von der verhassten Muse zum geliebten Nahrungsmittel mutiert. Mit nur drei Zutaten erfordern diese *carciofi alla giudia* eine meisterliche Technik. Arbeiten Sie sorgfältig. Wählen Sie die größten Artischocken, die Sie finden können (6–8 cm Durchmesser, mit fest geschlossenen Blättern) und bereiten Sie sie für das Kochen gründlich vor. Beginnen Sie mit dem Kürzen der harten, dunklen Teile der Blätter (die laut Jacob Kenedy, dessen Rezept ich hier weitergebe, abfallen sollten »wie Bleistiftspäne«), des Stängels und der Spitze der Artischocke. Sie sollte aussehen wie eine »blasse Rosenknospe«. Waschen Sie sie sehr gründlich, und legen Sie die sauberen Artischocken dann in mit Zitronensaft gesäuertes Wasser, um Verfärbungen zu vermeiden.

Für 4 Personen als Vorspeise

8 Artischocken

Saft von 1–2 Zitronen

Salz

etwa 2 Liter Sonnenblumenöl

* Die Artischocken säubern, vorbereiten (siehe oben) und bis zur Zubereitung im mit Zitronensaft gesäuerten Wasser liegen lassen.
* Die Artischocken gut abtropfen lassen – mit einem Tuch trocken tupfen –, großzügig salzen und langsam 15 Minuten lang in mindestens 5 cm Sonnenblumenöl bei 130–140°C frittieren (dafür braucht man etwa zwei Liter Öl in einem Topf mit 20 cm Durchmesser), bis sie durch und weich sind, aber noch nicht auseinanderfallen, wenn man ihnen mit einen Zahnstocher ins Herz sticht. Aus dem Öl nehmen und abkühlen lassen.
* Kurz vor dem Essen das Artischockenöl nochmals aufheizen, bis es fast raucht (190°C). Das ist die höchste noch sichere Temperatur – großartig geeignet zum Blitz-Frittieren. Die Artischocken mit einem Daumendruck in die Mitte zu Blumen öffnen und die Blätter vorsichtig auseinanderziehen, sodass sie wie Chrysanthemen aussehen. Umgedreht ein paar Minuten im Öl frittieren (vorsichtig hineingeben, damit sie sich nicht umdrehen), bis die Blätter herbstlich braun aussehen. Die Artischocken gut abtropfen lassen. Da das Öl womöglich zwischen den Blättern hängt, die Artischocken vorsichtig schütteln, wenn man sie mit einer Zange aus dem Topf hebt. Dann kopfüber auf Küchenpapier legen, um das überschüssige Öl aufzusaugen. Mit Salz bestreuen und sofort servieren.

Die ultimative Tomatensoße

Es gibt wenige Dinge, die ich lieber esse als diese wunderbar rote Pampe, großzügig über Pasta verteilt. Hier meine Version von Marcella Hazans Drei-Zutaten-Tomatensoße – eine Offenbarung! Man kann die Zwiebeln herausnehmen, sobald sie ihre Süße an die Tomaten übertragen haben, aber ich esse sie mit – die weichen weißen Hüllen sind eine schöne Begleitung zur Pasta.

Für 4 Personen

2 × 400 g Dosentomaten
2 gelbe oder weiße Zwiebeln, halbiert
5 EL ungesalzene Butter
Salz nach Geschmack
400 g Nudeln (ich verwende bevorzugt Spaghetti oder Linguine,
aber eigentlich gehen alle Pastasorten)
frisch gemahlener schwarzer Pfeffer und geriebener Parmesan zum
Bestreuen

- Und so einfach geht's: Die Zwiebeln mit den Schnittseiten nach unten in einen großen Topf legen. Die Tomaten darübergießen, die Butter dazugeben, zudecken und bei geringer Hitze 45 Minuten köcheln lassen. Ab und zu umrühren, dabei die geschmolzene Butter unterheben und die Tomaten vorsichtig zerdrücken.
- Die Nudeln nach Packungsanweisung kochen und darauf achten, dass sie nicht zu weich werden. Abgießen und in den Topf zurückschütten.
- Die Soße nach Geschmack salzen, über die Pasta geben und gut vermischen. In vier tiefe Teller geben, die Zwiebeln gleichmäßig verteilen, vor dem Servieren mit schwarzem Pfeffer und Parmesan bestreuen.

EMILIA-ROMAGNA

In der Romagna schlachten wohlhabende Familien und
Bauern Schweine zu Hause – ein Anlass, fröhlich zu feiern und
die Kinder herumtollen zu lassen.

Pellegrino Artusi, *Aufregendes Essen für südländische Typen*

Die Emilia-Romagna ist so etwas wie die Normandie Italiens – voller wunderbarer Produkte, die in die ganze Welt exportiert werden, aber ohne die kulinarische Vielfalt, die wir aus anderen italienischen Regionen kennen. Viele der bekanntesten italienischen Zutaten stammen von dort, und doch wissen wir verblüffend wenig über diesen so ergiebigen Landstrich Italiens zwischen Venetien, der Lombardei und der Toskana. Etwas absonderlich mutet Artusis Beschreibung des Feierns und Tobens beim Schweineschlachten an. Aber es geht hier nicht um Blutdurst, sondern um eine heilige Tradition, deren Ergebnis der Parmaschinken ist.

Die Emilia-Romagna, die sich quer über die ganze Breite Italiens erstreckt, liegt wie ein Puffer zwischen dem alpinen Norden und dem mediterranen Süden. Nur ein paar Kilometer mehr nach Westen, und die Emilia-Romagna würde eine Landbrücke zwischen der Adria im Osten und dem Ligurischen Meer im Westen bilden. Von den mehr als 22 000 Quadratkilometern liegt rund die Hälfte der Region in der Po-Ebene, der Rest sind Hügel, Berge und die Adriaküste.

Landwirtschaft und Nahrungsmittelproduktion spielen hier eine große Rolle – sie sind hoch entwickelt, industrialisiert und tragen viel zur Wirtschaftskraft der Region bei. In Anbetracht ihrer Größe, der Zahl der schönen Städte (wie Bologna und Ravenna) und des guten Essens überrascht es, dass die Emilia-Romagna nicht so bekannt ist wie die Toskana oder Sizilien. Vielleicht liegt es daran, dass der Name etwas sperrig ist. Was auch immer der Grund sein mag, wir finden hier vertraute Zutaten und leckere Gerichte im Überfluss: Parmaschinken, Mortadella, Parmesan und Balsamico stammen aus der Emilia-Romagna und zählen zu den weltweit berühmtesten Ingredienzien aus Italien. Ebenfalls sehr berühmt sind die Nudeln der Region: Einige der meist exportierten Pastaformen sind hier zu Hause, etwa Tagliatelle, Tortellini und Lasagne.

Dennoch gibt es nur wenige bekannte Pastagerichte aus der Emilia-Romagna. Die (industrielle) Produktion wirklich guter Zutaten spielt eine größere Rolle als »handwerkliches« Kochen, und historisch gesehen sorgten wahrscheinlich gerade die großen landwirtschaftlichen Flächen dafür, dass die Emilia-Romagna weniger zum Touristenziel wurde als ihre glamouröse Nachbarin, die Toskana. Die Nahrungsmittel der Emilia-Romagna sind ausgezeichnet. Sicher haben Sie alle schon von Modena, Bologna und Parma gehört, aus denen diese Zutaten kommen.

*Prosciutto** ist ein Oberbegriff für italienischen luftgetrockneten Schinken – das Pendant zum spanischen Serrano. Besonders berühmt ist der Parmaschinken – so die Herkunftsbezeichnung in der Emilia-Romagna. Er erhält sein einzigartiges Aroma durch die Ernährung der Schweine in der Region: Sie fressen vor allem Kastanien und Molke. Norditalienische Schweine, die in den Ausläufern des Apennin gehalten werden, fressen normalerweise Kastanien.** Durch die Zugabe der Molke aus der Parmesanproduktion bekommt der Parmaschinken seinen besonders eiweißreichen und unnachahmlich salzigen Geschmack.

Die Mortadella ist ein weiteres Produkt der lokalen Wurstwarenproduktion: rund, hellrosa und durchsetzt von weißen Fettstückchen und grünen Pfefferkörnern. Als Kind kämpfte ich mehrere Jahre mit dem Entschluss, vielleicht doch Vegetarierin zu werden, und jedes Mal, wenn ich gerade den großen Schritt wagen wollte, lockte in der Wursttheke unwiderstehlich eine Mortadella.

Bekannt ist die Region auch für ihren Käse, vor allem für den Parmesan – oder *parmigiano-reggiano*, um den italienischen Namen zu verwenden. Ich erinnere mich noch allzu gut an dieses üble, bereits geriebene Fertigzeugs, das wir als Kinder über die Pasta streuten. Erst als Teenager entdeckte ich auf meiner ersten Italienreise, dass man Parme-

---

* Hier wiederum unterscheidet man zwischen *prosciutto crudo* (luftgetrocknet) und *prosciutto cotto* (gekocht).

** Während sie in Spanien und Portugal die Eicheln und Wildkräuter der *dehesas* fressen (Seite 82).

san im Stück vom Laib schneiden und einfach so essen konnte, nicht nur als Zutat zur Pasta. Es gibt für mich wenig Schöneres als einen Brocken Parmesan mit einem Glas Rotwein, aber natürlich kann man ihn nicht nur pur genießen. Pasta bietet die Bühne, auf der Parmesan zur Hochform aufläuft.

Die günstigere Alternative zum *parmigiano* kommt ebenfalls aus der Emilia-Romagna: Grana Padano aus Piacenza. Ich verwende Grana Padano regelmäßig als Parmesan-Ersatz – er hat eine ähnlich salzige Note und kristalline Textur, aber im Allgemeinen sieht man den Unterschied sofort: Grana Padano ist weicher, milder und jünger, ihm fehlt die Reife und Raffinesse von Parmesan (der in Laibform wunderbar verhutzelt aussieht wie ein abgearbeiteter alter Mann auf einem Schwarz-Weiß-Foto).

Aceto balsamico, der süße, dunkle Essig der Emilia-Romagna, ist zu einem Must für Salatdressings und Brottunken geworden. Auch meine Tomatensoßen verfeinere ich gern mit einem winzigen Tropfen, um ihnen eine süßsaure Note zu geben. Dass er nicht nur enorm gut schmeckt, sondern ihm auch noch heilende Eigenschaften innewohnen, darauf verweist der Name *balsamico* – Balsam. Der aus einer konzentrierten Reduktion weißer Trebbiano-Trauben hergestellte und bis zu zwölf Jahre (manchmal auch 25 Jahre) gelagerte Balsamico ist kein stinknormaler Essig. Wie Parmaschinken und Parmesan, mit denen er oft auf Antipasti-Tellern Bekanntschaft schließt, wird er mit dem Alter immer feiner.

Wenn es um die richtige Pastaform zu einer bestimmten Soße geht,[*] können Italiener sehr eigen sein. Der wohl größte Affront für Menschen aus der Emilia-Romagna ist der Begriff »Spaghetti Bolognese«. Wo soll ich anfangen? Bolognas klassisches *ragù* wird traditionell mit Tagliatelle (Bandnudeln, so lang wie Spaghetti, aber flach und etwa einen halben Zentimeter breit) gegessen und ist anders als die meist tiefroten Varianten im Rest Europas eher orange. Wichtig ist, dass es ein *ragù* und keine Soße ist. Das *ragù* bedeckt die Pasta, ist aber relativ trocken, auf keinen Fall flüssig und besteht aus Bröckchen vom Rind-, Schweine- oder Kalbfleisch – und jeder Menge Öl. Das Öl überzieht die Pasta mit intensiven Aromen: Lorbeer, Wein, ein Hauch Pancetta und die Essenz des *soffritto* (die Basis jedes *ragù* aus sehr fein gewürfelten

---

[*] Genaueres dazu finden Sie in dem tollen Buch *The Geometry of Pasta* von Caz Hildebrand und Jacob Kenedy.

Zwiebeln, Bleichsellerie und Karotten). Das ist herzhafte Hausmanns-kost, aber etwas ganz anderes als die »Spaghetti Bolognese«, die man im Rest Europas kennt und liebt. Ich habe Jacob Kenedys phantasti-sches Rezept hier aufgenommen und bitte Sie inständig, einen Versuch zu wagen – es kann schon sein, dass Sie das Ergebnis nicht als *bolognese* erkennen, aber ich garantiere Ihnen, Sie werden es lieben …

Die typischen Pastaformen der Emilia-Romagna werden nach der traditionellen Rezeptur der Region aus einem einfachen Teig aus Eiern und Mehl gemacht, der von Hand papierdünn und federleicht ausge-rollt wird. Aus ihm entstehen Teigtaschen wie Tortellini, beispielsweise mit einer Füllung aus Schweinefleisch, Parmaschinken oder Parmesan, aber auch einfachere Formen wie Tagliatelle und sogar Lasagneplatten.

Der berühmteste Wein der Emilia-Romagna schadet dem kulinari-schen Ruf der Region eher – zumindest von außen betrachtet: der Lam-brusco. Dieser moussierende Rotwein, den das Ausland meist nur in einer klebrig-süßen Kopfschmerzvariante kennt, ist in Italien etwas komplett anderes und wird in Geschmacksrichtungen von süß bis tro-cken ausgebaut. Es gibt Weine, die ich einem Lambrusco vorziehen würde – beispielsweise Barolo und den sardischen Cannonau –, aber er passt, wie jeder italienische Wein, perfekt zu Gerichten aus der Emilia-Romagna.

Wenig Aufwand mit beeindruckenden Resultaten: Das ist das rich-tige Essen für die besten Cocktailpartys und richtig gute Picknicks: wunderbares Brot, toller Schinken, umwerfender Käse und einzigarti-ger Balsamico – perfekt für ein entspannt-faules, aber köstliches Häpp-chenessen.

Basisvorrat

Parmaschinken • Mortadella • Parmesan • Balsamico •
Hackfleisch • Pasta (Tagliatelle, Tortellini) • Lorbeerblätter •
Lambrusco

Salat mit Parmaschinken

Dieser Salat vereint einige der besten Zutaten aus der Emilia-Romagna. Er hat das Zeug zu einem großartigen Sommergericht. Gutes Brot zum Auftunken und ein gutes Glas Wein – mehr braucht es dazu nicht.

Für 4 Personen

100 ml *aceto balsamico di Modena*
25 g brauner Zucker
8 Scheiben Parmaschinken
4 frische Feigen, geviertelt
eine Handvoll ganze Mandeln
frisch gemahlener schwarzer Pfeffer

- Zuerst eine Balsamico-Glace herstellen: In einem kleinen Topf Essig und Zucker vermischen, bei mittlerer Temperatur erhitzen. Zum Kochen bringen, ständig rühren und dann bei niedriger Temperatur 15 Minuten köcheln lassen. Der Zucker muss sich auflösen. Zur Seite stellen.
- Den Parmaschinken, die Feigen und die Mandeln (Tipp: kurz anrösten) auf einem Teller anrichten und dann in Jackson-Pollock-Manier die Balsamico-Glace in Zickzackbewegungen über das Ganze träufeln. Etwas Pfeffer darübermahlen und servieren.

Tagliatelle Bolognese

Vergessen Sie erst einmal alle Erinnerungen an die Spaghetti Bolognese Ihrer Kindheit. Jacob Kenedy, der dieses Rezept aus seinem wunderbaren Buch *The Geometry of Pasta* beigesteuert hat, sagt dazu: Das *ragù* »ist orange, nicht rot; die Basis ist Öl statt Wasser, es ist köstlich, aromatisch, cremig und raffiniert«. Weil es aus der Zutaten-Hauptstadt Italiens kommt, achten Sie bitte darauf, dass Sie in gute Zutaten investieren und der Emilia-Romagna Ehre machen. Und bitte: keine Spaghetti! Tagliatelle sind die einzig wahre Pasta für *ragù bolognese*.

Für 8 Personen

100 g Butter

60 ml extra natives Olivenöl

1 Karotte, gewürfelt

2 Stangen Bleichsellerie, gewürfelt

1 mittelgroße Zwiebel, gehackt

4 Knoblauchzehen, in Scheiben geschnitten

100 g *pancetta* (nicht geräuchert), in Streifen geschnitten

500 g Schweinehack

500 g Kalbs- oder Rinderhack

100 g Hühnerlebern, fein gehackt (wenn gewünscht)

375 ml Weißwein

600 ml Milch

1x 400 g gehackte Tomaten aus der Dose

250 ml Rinder- oder Hühnerbrühe (wahlweise, oder 250 ml Milch)

800 g getrocknete oder 1 kg frische Tagliatelle

Butter zum Servieren

50 g geriebener Parmesan zum Servieren

- Die Butter bei mittlerer Hitze im Öl schmelzen lassen. Karotte, Sellerie, Zwiebel, Knoblauch und Pancetta mit einer guten Prise Salz hinzufügen und 10 bis 15 Minuten sautieren, bis alles weich ist.
- Die Temperatur hochdrehen und das Fleisch in vier oder fünf Portionen hinzufügen, dabei eventuell auftretendes Wasser immer erst verdampfen lassen, umrühren und größere Brocken mit dem Löffel zerkleinern. Warten, bis der Pfanneninhalt leicht zu brutzeln beginnt, dann die Temperatur verringern und unter gelegentlichem Rühren anbraten, bis das Fleisch gebräunt ist – etwa 15–20 Minuten.
- Das Fleisch mit dem Wein ablöschen, dann das Ganze zusammen mit Milch, Tomaten und Brühe sowie Pfeffer und Meersalz nach Geschmack in einen Topf geben. Ganz vorsichtig offen etwa vier Stunden lang köcheln, bis die Soße dick ist (noch ein bisschen Brühe oder Wasser hinzufügen, wenn sie zu trocken ist, sie sollte aber eher ölig als wässrig sein). Zuletzt sollte die Flüssigkeit fast schnittfest und beim Durchrühren breiig sein. Noch einmal nachwürzen.
- Die Pasta nach Packungsanweisung kochen. Abgießen, wenn sie noch *al dente* ist, dann zum Fertigkochen für 20 Sekunden mit etwas Butter zur Soße geben. Mit geriebenem Parmesan bestreut servieren.

KALABRIEN

Ein Reisender in Kalabrien muss einer Menge gewundener
Pfade nachgehen, als folge er dem unberechenbaren Weg in
einem Labyrinth. Zerfurcht von jenen Sturzbächen mit ihrem
enormen Gefälle ändert sich Kalabrien nicht nur von Zone
zu Zone, sondern ist durchzogen von plötzlichen Verwandlungen
in der Landschaft, dem Klima, der ethnischen
Zusammensetzung seiner Bewohner.

Guido Piovene, *Reisen in Italien*

Kalabrien ist Italiens kulinarisches Mauerblümchen, es erinnert an ein Mädchen aus den Teenager-Dramen der Neunziger: wunderschön unter furchtbarer Frisur und hinter hässlicher Brille, und mit einem Potenzial, das sich noch zeigen wird. An der Spitze des italienischen Stiefels gelegen, ragt Kalabrien als Halbinsel ins Mittelmeer. Die Landschaft ist eindrucksvoll – windzerzaust am Meer, zerklüftet in den Bergen, sinnlich und üppig grün –, und die Rauheit des zerklüfteten Buschlandes steigert ihre Schönheit nur noch. Diese gewaltige Vielfalt bringt Zutaten – vom Wild über Meeresfrüchte bis hin zu Pilzen und Zitrusfrüchten – hervor, die sich zu einem in Italien einzigartigen Spektrum an Aromen vereinen. Heiße Tage und kühle Nächte, ganz zu schweigen von der Kombination mineralienreicher und steiniger Meeresböden, sorgen für einzigartige Ausbeute.

Kalabriens Küche ähnelt der Siziliens mehr als jeder anderen (Seite 130). Hier mischen sich westeuropäische mit arabischen Einflüssen, was sich etwa an den Namen von Nahrungsmitteln wie 'nduja und 'ncantarata (Seite 125), aber auch der Bezeichnung der 'Ndrangheta, der kalabrischen Mafia, zeigt. International zwar weniger präsent als ihr sizilianisches Gegenstück, ist die 'Ndrangheta doch eine der wenigen Berühmtheiten Kalabriens.

Zwischen Meer und Bergen eingezwängt, weit entfernt von den hellen Lichtern der nächsten Großstädte Neapel und Palermo, ist die kalabrische Kultur sehr lebendig, aber auch isoliert und wird im Ausland kaum wahrgenommen. Die Küche ist in sich geschlossen mit einem noch stärkeren Fokus auf die Familie, Freunde und regionale Autarkie als in anderen Gegenden Italiens, wo die Chancen der Kommerzialisierung längst erkannt wurden. Sie haben sicher schon von neapolitanischer Pizza, venezianischem Risotto oder *ragù bolognese* gehört, oder von berühmten italienischen Zutaten wie Parmesan und Balsamico, aber vielleicht noch nicht von 'nduja-Würsten, Tropea-Zwiebeln oder einigen der kalabrischen Rezepte, die wir hier ausprobieren. Sie sind herzlich eingeladen.

Küchenchef Francesco Mazzei, selbst aus Kalabrien, leitet heute L'Anima, ein süditalienisches Restaurant in London, und arbeitet daneben hart daran, Kalabrien im Ausland bekannter zu machen. L'Anima heißt übersetzt »die Seele«, und für Francesco ist der Name ein Synonym für das familäre, urig-erdige Leben seiner Heimat. Und so basiert auch seine Kochkunst auf selbst angebauten Zutaten und ererbten Kochtraditionen – im L'Anima isst man »Mammas Küche mit Kochmütze«, die ich schon erwähnt habe. Francesco arbeitet mit uralten kalabrischen Rezepten und mit Ritualen wie dem sonntäglichen Kochen im Familienkreis.

Kalabrien ist die einzige Region Italiens, in der kräftig gewürztes Essen weit verbreitet ist. Francesco erzählt, dass sein Vater die an Antioxidantien reichen Chilischoten direkt von der Pflanze pflückte und sie roh aß. Chilisamen werden oft verwendet, um ein Gericht schärfer zu machen, vor allem für 'nduja, die würzige kalabrische Wurst, und die 'ncantarata-Soße mit Paprika und Honig. 'Nduja aus dem kleinen Ort Spilinga im Süden ist Kalabriens Antwort auf die Salami, aber sie ist pikanter, weicher und eignet sich auch als Brotaufstrich oder als Beigabe zu Pastasoßen. Und sie gehört zu jenen Zutaten, die gerade auf die kosmopolitischen Speisekarten drängen, als schärfere Alternative zur *chorizo*. Wie Sie feststellen werden, passt 'nduja wunderbar zu Meeresfrüchten wie Jakobsmuscheln. Zu den schärferen Gerichten Kalabriens gehört auch *morzeddu*, ein feuriger Eintopf mit Lamminnereien, der in einem großen Topf auf den Tisch kommt, und kalabrisches *ragù* – nicht mit Hackfleisch zubereitet (wie in Bologna), sondern mit großen Lamm- oder Schweinefleischstücken und viel Chili. Wie jede italienische Region hat auch Kalabrien seine eigene Pastaform – lange gedrehte Nudeln, die sogenannten *filei*, mit denen das deftige *ragù* serviert wird.

Nur wenige kennen die ganze Skala von Fleisch und Fisch in Kalabrien. Sie reicht von Ziege über Wild bis hin zu Schwertfisch, Jakobsmuscheln, Hummer und Thunfisch. Tatsächlich macht die Geographie der Region sie zu einem authentischen Lieferanten dessen, was die Amerikaner *surf and turf* getauft haben. Fleisch und Fisch kommen regelmäßig zusammen auf den Tisch, besonders bekannt ist die Vorspeise *marimonte*, ein Haufen Meeresfrüchte, Salami und eingelegtes Gemüse, die bei Hochzeiten und anderen feierlichen Anlässen serviert wird. Jakobsmuscheln mit *'nduja* und *salsa verde* sind ein weiteres bekanntes Beispiel.

Der vielleicht spannendste Aspekt der kalabrischen Küche ist das Spektrum wilder und seltener Aromen. Kalabrien ist einer der wenigen Landstriche weltweit, in denen die Bergamotte-Orange wild wächst, eine zart aromatische Zitrusfrucht, die im Earl-Grey-Tee und in Parfüms Verwendung findet. In der kalabrischen Küche wird die Bergamotte in lokales Olivenöl gegeben und verleiht so Gerichten wie Tintenfischsalat, gegrilltem Schweinefleisch oder süßen Pasteten eine frische, komplexe Zitrusnote.

In Kalabrien gibt es das einzige Lakritzmuseum weltweit – und zwar in Rossano, wo sich das Familienunternehmen Amarelli seit Mitte des 18. Jahrhunderts der Verarbeitung der Süßholzwurzel widmet. Kalabrische Lakritze findet sich nicht nur in Süßigkeiten, sondern auch in Likören oder als Zutat zu Wildmarinaden. Besonders gut passt sie zu Hirschfleisch.

Eine weitere Ingredienz ist wilder Oregano, der überall wächst und in vielen Gerichten als Aroma oder duftende Garnierung verwendet wird, etwa in Salaten und Fleischgerichten wie der *tiella*, einem geschichteten Fleischkuchen aus in Scheiben geschnittenen *Lisetta*-Kartoffeln (eine besonders gelbe und stärkehaltige Sorte), Schweineschmalz, Pecorino, Oregano, Thymian und Sommersteinpilzen aus dem Sila-Gebirge. Ebenfalls nahezu überall in den Wäldern und Bergen Kalabriens wachsen Steinpilze, die man bis Dezember sammeln kann. (Weiter im Norden Italiens, wo es nicht ganz so warm ist, wachsen sie etwa von April bis Oktober, aber Kalabrien bietet mit viel Wärme und reichlich Regen ein Klima, das sie lieben.) Aus kalabrischen weißen Steinpilzen *(porcini bianchi)* macht Francesco einen einfachen Salat – ganz puristisch, ohne schmückendes Beiwerk. Er schneidet sie in Scheiben und richtet sie nur mit bestem Olivenöl und etwas Zitronensaft an. Einfach, und doch raffiniert.

Die Kalabrier lieben Soßen, Würzsoßen und Marinaden. Basis ist normalerweise heimisches Olivenöl. Francesco erzählte mir stolz, dass 36 Prozent des italienischen Olivenöls aus Kalabrien kommen und dass er im L'Anima ausschließlich das Öl verwendet, das seine Großmutter produziert. Es ist ein sattes, dunkles, kalt gepresstes Olivenöl aus erster Pressung, wie man es in keinem Supermarkt findet. Soßen und Marinaden werden oft mit *garum* verfeinert, in Francescos Worten »das Ketchup der Römer«, eine Würzsoße aus den zerkleinerten und fermentierten Innereien, Lebern und Köpfen von Fischen wie Sardellen, Sardinen und Makrelen, die dem Gericht eine salzig-würzige Note ähnlich *umami* gibt (Seite 298). Sie kann auch als Dip-Soße mit Kick verwendet werden.

Francesco schickte mich schließlich stolz mit Produkten seines Restaurants nach Hause: süßen Marmeladen aus Chili und roten Zwiebeln und einer ungemein leckeren Pecorino*-Creme – perfekte Repräsentanten Kalabriens – mit Zutaten wie Chilisamen und Zwiebeln aus der Ortschaft Tropea. Diese tief purpurroten und überaus süßen Tropea-Zwiebeln sind in ganz Italien berühmt und werden sogar zu *gelato* verarbeitet. Ähnlich hervorragend schmeckt übrigens auch Balsamico-Eis, denn die kräftige natürliche Süße des Essigs sorgt für ein ebenso überraschendes wie faszinierendes Geschmackserlebnis. Auch hier bestätigt sich mein Eindruck, dass Kalabrien tatsächlich ein ganz eigenes, eigenwilliges Potenzial hat, das erst jetzt allmählich von einem breiteren Publikum wahrgenommen wird. Genau wie das Mädchen aus dem Teenie-Drama der Neunzigerjahre.

---

*   Wie in weiten Teilen Süditaliens ist Pecorino – der nussige, harte Schafskäse – oft gewürzt mit Pfeffer oder Chilisamen oder wird zu einer Creme verarbeitet, die auf Brot phantastisch schmeckt.

Basisvorrat

Bergamotte • Lakritze • Tropea-Zwiebeln • *garum* •
'nduja • *capsaicina*-Samen • Meeresfrüchte (Hummer,
Thunfisch, Schwertfisch, Tintenfisch) • *baccalà* •
Lisetta-Kartoffeln • Sommersteinpilze • Trüffel • Spargel •
Artischocken • Pecorino

Jakobsmuscheln mit *'nduja*

Dieses Gericht von Francesco Mazzei repräsentiert Kalabrien in seiner ganzen Schönheit: Fleisch und Meeresfrüchte mit lokalem Einschlag, für den die pikante *'nduja*-Wurst sorgt. Mit dieser einzigartigen Spezialität liegt die Region nicht nur an der Stiefelspitze – sondern kulinarisch ganz vorn an der Spitze!

Für 4 Personen

12 rohe Jakobsmuscheln mit Rogen
1 EL extra natives Olivenöl

Für den Belag
70 g *'nduja*, ohne Wursthaut
50 g Pecorino
1 Knoblauchzehe, grob gehackt
25 g Basilikum, gehackt
25 g glatte Petersilie, gehackt
Saft von ¼ Zitrone
Meersalz und frisch gemahlener schwarzer Pfeffer

- Ofen auf 190°C vorheizen (Umluft 170°C, Gas Stufe 5).
- In einem Mörser alle Zutaten für den Belag zerkleinern, bis sie schön cremig sind.
- Das Olivenöl in einer Pfanne erhitzen und die Jakobsmuscheln bei starker Hitze 1–2 Minuten pro Seite anbraten. Dann etwas abkühlen lassen.
- Die *'nduja*-Paste auf den einzelnen Jakobsmuscheln verteilen und im Ofen 4–5 Minuten überbacken. Sehr heiß servieren.

128 • Italien

Scharfes Hühnchen Calabrese

Dies ist ein klassisches Beispiel kalabrischer »Kochkunst à la mamma«, eine Kombination aus Hühnchenschenkeln, 'nduja, Bergkräutern und Chili. Dieses Hühnchen gehört zu Francesco Mazzeis Hausmannskost-Rezepten und kann in einer halben Stunde zubereitet werden.

Für 4 Personen

8 Hühnchenschenkel mit Haut
Mehl, gewürzt, zum Bestäuben
1 EL extra natives Olivenöl
1 Schalotte, fein gehackt
100 g 'nduja
6 Paprika (2 rot, 2 grün, 2 gelb), entkernt und in Würfel geschnitten
100 ml passierte Tomaten
300 ml Hühnerbrühe
1 gehäufter TL Majoran, gehackt (wenn Sie keinen Majoran bekommen, nehmen Sie einfach Oregano)
1 gehäufter TL Schnittlauch, gehackt
1 gehäufter TL glatte Petersilie, gehackt
1 große rote Chili, entkernt und fein gehackt
Meersalz und frisch gemahlener schwarzer Pfeffer

- Den Ofen auf 190°C vorheizen (Umluft 170°C, Gas Stufe 5).
- Die Hühnchenschenkel leicht mit dem gewürzten Mehl bestäuben. Das Olivenöl in einer großen Pfanne bei mittlerer Temperatur erhitzen und die Hühnchen (portionsweise, wenn nötig) von allen Seiten gut goldbraun anbraten. Auf jeder Seite etwa 5–6 Minuten.
- In einer ofenfesten Pfanne die Schalotten und die 'nduja ein paar Minuten anbraten, die 'nduja dabei umrühren, damit sie weicher wird, bis sie zu schmelzen beginnt und sich mit den Schalotten verbindet. Dann Paprikawürfel, passierte Tomaten und Hühnerbrühe hinzugeben und zum Kochen bringen. Schließlich die Hühnchenschenkel, Kräuter und Chili hinzufügen. Abschmecken, dann im Ofen 20–30 Minuten backen.
- Heiß servieren, dazu Kartoffelpüree mit Olivenöl.

SIZILIEN

»Seit mindestens fünfundzwanzig Jahrhunderten tragen wir die
Last großartiger heterogener Kulturen auf unseren Schultern, alle
bereits vollendet und vervollkommnet, keine einzige, in der wir
den ›Ton‹ angegeben haben … Die Heftigkeit der Landschaft, diese
Grausamkeit des Klimas, diese andauernde Spannung, wohin man
blickt, auch diese Monumente aus der Vergangenheit, herrlich,
jedoch umständlich, weil nicht von uns gebaut, und die uns
umgeben wie prachtvolle stumme Gespenster … all dies hat
unseren Charakter geformt, der von äußeren Fügungen geprägt
bleibt und überdies von einer erschreckenden Inselmentalität.«

Giuseppe Tomasi di Lampedusa, *Der Gattopardo*

Sizilien ist eine Insel ohne klare Orientie-
rung, ganz benommen von all den Einflüssen, all den Herrschern aus vielen Ländern, die
sich hier über Tausende Jahre hinweg die
Klinke in die Hand gaben. Sizilien war der Stab,
der in einem dreitausendjährigen Staffellauf
zur europäischen Vorherrschaft weitergegeben
wurde – ein Stab, den zuerst Griechen, dann
Römer, Araber, Normannen, Spanier und
schließlich Franzosen in der Hand hatten.
Heute gehört Sizilien natürlich zu Italien, genauer: seit dem Zweiten
Unabhängigkeitskrieg von 1860, als Garibaldi die Insel eroberte.

Giuseppe Tomasi di Lampedusas Verhältnis zu Sizilien, das zeigen
die Zeilen aus *Der Gattopardo*, ist kompliziert – er ist hin- und hergeris-
sen zwischen Gefühlen der Zugehörigkeit und der Entfremdung. Ganz
anders äußerte sich Goethe über die Insel: »Italien ohne Sizilien macht
gar kein Bild in der Seele: Hier ist erst der Schlüssel zu allem.« Die Insel,
näher an Tunesien und Griechenland als am Norden des Stiefels, repräsentiert nicht das klassische Italien karierter Tischdecken und Grissini.
Aber sie ist, vielleicht mehr als jede andere italienische Region, authentisch mediterran.

Die Küche Siziliens basiert auf Zutaten aus Land und Meer und ist dank der wechselnden kulturellen Einflüsse ungeheuer vielfältig. Der fruchtbare Boden und das warme Meer liefern eine breite Palette an Aromen und Produkten. Sizilianisches Essen ist von den Jahreszeiten bestimmt, von Zucchiniblüten im Frühling bis zu eingelegten Oliven im Herbst, und durch das ständige Angebot an wunderbaren Zitrusfrüchten.

»Die Griechen stellten fest, dass jeder Same, den sie fallen ließen, wuchs«, sagt Giorgio Locatelli, ein Norditaliener, der sich schon vor langer Zeit in die Insel der überbackenen Pasta und des leckeren Fischs verliebt hat. In den letzten siebzehn Jahren hat Locatelli jedes Jahr einen Monat in Sizilien verbracht und sich allmählich mit der Geschichte, den landwirtschaftlichen Erzeugnissen, Gerichten und Eigenheiten der Insel vertraut gemacht. Für ihn ist Sizilien nicht nur der »Garten Europas«; seine Landschaft und Küche sind mit anderen Regionen Italiens nicht vergleichbar – mit keiner Gegend auf der ganzen Welt, wenn man so will. Locatelli sagt, dass es überall auf der Insel – von der Hauptstadt Palermo bis in die abgeschiedensten ländlichen Winkel – Nahrungsmittel gibt, die sonst nur in großen Metropolen zu haben sind. Feigen, Oliven und Weintrauben (und damit auch Wein) brachten die alten Griechen; den Hartweizen, aus dem noch immer das sizilianische Brot gebacken wird, säten die alten Römer, und sie führten auch Gerichte mit Lamm-, Ziegen- und Schweinefleisch ein; die gefüllten Auberginen erinnern an die Araber; das Couscous an die nordafrikanische Küche; und dazu kommt noch die Pasta, jene wunderbare Pasta, die laut und deutlich auf Italien verweist. All dies »prägt eine Ernährung, die ganz besonders ist, sehr sizilienspezifisch«, sagt Locatelli.

Die verschiedenen Einflüsse prallen oft in Pastagerichten aufeinander. Ich habe ein genial einfaches sizilianisches Pasta-Rezept aufgenommen, in dem *gemelli* (»Zwillinge« – zwei ineinander gedrehte Pastastränge, ähnlich groß wie *fusilli*) mit einer leckeren Mischung aus Öl, Rosinen, Pinienkernen, gerösteten Brotkrumen und Kapern überzogen werden.

Sizilien ist eine große Insel, fast doppelt so groß wie die Festlandprovinz Kalabrien auf der anderen Seite der nur drei Kilometer breiten Seestraße von Messina, und bringt jede Menge regionale Produkte hervor. Verschiedene *salumi* (Schinken und Würste) im Zentrum; die Bronte-Pistazien im Nordosten; den *riso* von den uralten Reisfeldern am Fluss Verdura;* *arancini*, ursprünglich aus Palermo, heute aber in ganz Sizilien geliebte, mit Käse gefüllte und frittierte Reisbällchen; das schwarze Brot aus Castelvetrano im Westen; Couscous aus der südwestlichen Hafenstadt Mazara del Varo; Vanille-Orangen aus Ribera im Süden (mit geschützter Herkunftsbezeichnung) und die ganze wilde Flora rund um den Ätna, Europas größten aktiven Vulkan, darunter sechs verschiedene Salbeiarten. Jede Stadt, jedes Dorf scheint eine eigene Pastaform zu haben, und eine ganz eigene Art, Brot zu backen. Sizilien ist ein Land mit einer Patchworkküche.

Manche Zutaten gibt es überall. Brot und Pasta unterscheiden sich zwar von Ort zu Ort, sind aber allgegenwärtig. Sie sind eher aus Hartweizengrieß als aus Weichweizenmehl wie im Norden Italiens, wo Eiernudeln die Regel sind. Kichererbsen, die man auf dem Festland nur in Küstengegenden findet, tauchen hier überall auf und sind eine Grundzutat von Suppen und Salaten. *Ceci*, wie sie auf Italienisch heißen, spielen auch in Gerichten mit arabischen Wurzeln eine große Rolle, etwa in Couscous und *panelle*, einem köstlichen Imbiss aus Kichererbsen und frittierter Polenta.

Kühe gibt es in Sizilien zwar keine, allerdings bieten Supermärkte importiertes Rindfleisch (aus Frankreich oder Holland) an. Ohne Kühe keine Kuhmilch. Also greifen die Insulaner auf Milchprodukte aus Schafs- und Ziegenmilch zurück. Locatelli nennt Ricotta »die Mutter der sizilianischen Küche«. Die aus Schafsmilch hergestellte *ricotta di pecora* ist eine Spezialität, die in den verschiedensten Formen genossen wird: pur und weich auf Brot; mit Zitronensaft und geriebenem Parmesan verrührt; unter Pasta gehoben und mit schwarzem Pfeffer gewürzt;** auf Gnocchi oder Lasagne; oder, ganz typisch, in Desserts mit

---

*   Die Araber brachten den Reis etwa im 9. Jahrhundert nach Sizilien, wo er gut gedieh und bald ein wichtiger Bestandteil der Küche wurde, wie die *arancini* zeigen. Nach der italienischen Vereinigung im 19. Jahrhundert wurde allerdings kein Reis mehr in Sizilien angebaut, offenbar weil der Premierminister Camillo Benso keine Konkurrenz für die Reisbauern in seiner Heimatregion, dem Piemont, wünschte. Also musste Sizilien Reis einführen, um die lokale Nachfrage zu befriedigen. Verschlechtert wurde die Lage noch durch Mussolinis Verfügung, die Reisfelder für neue Baugebiete trockenzulegen. Erst jetzt beginnt man wieder mit dem Reisanbau auf der Insel und verwendet dazu ein halb trockenes System (immer feucht, nie geflutet), um das entwässerte Land urbar zu machen. Es dauert also nicht mehr lange, und die *arancini* sind wieder hundertprozentig sizilianisch.

** Ein bekanntes Pastagericht Siziliens ist *timballo*, überbackene Pasta mit Aubergine. Auberginen trocknen leicht aus, das verhindert man, indem man frischen Ricotta beifügt: Er überzieht die Pasta mit einer leckeren Creme, und die Reste lassen sich ganz wunderbar auftunken.

Schokolade und kandierten Früchten. Das bekannteste Ricottagericht sind wohl die *cannoli* oder »kleinen Röhren«: süße Teigkreise, zu Zylindern gefaltet und in Fett ausgebacken, die mit Ricotta, Eiscreme, Obst, Marmelade, Nüssen oder Schokolade gefüllt werden. Cannoli sind ein urtypisches Symbol Siziliens und eine echte Konkurrenz für die Waffen der Mafia. Schon Peter Clemenza sagte 1972 in *Der Pate* zu Rocco Lampone: »Lass die Waffe liegen, nimm die *cannoli*.«

Große Warmwasserfische wie Thun- und Schwertfisch vor Siziliens Küsten liefern dicke Steaks. Besonders große Schwertfische tummeln sich in den nordöstlichen Gewässern vor Messina. Vom Fühling bis in den Herbst hinein werden sie mit Harpunen gejagt und frisch gegrillt oder gebacken gegessen – mit schlichten Soßen wie *salmoriglio*, dessen Zutaten – Olivenöl, Zitrone, Petersilie, Oregano und ein bisschen Knoblauch – die sizilianischen Terroirs widerspiegeln. Die etwas komplexere, aber ebenso durch und durch mediterrane *salsa ghiotta* kombiniert Kapern (die überall im sizilianischen Buschland wachsen) mit Oliven, Tomaten, Zwiebeln und Pinienkernen.[*] Sizilianischer Thunfisch liefert intensiv burgunderrote Steaks, die fast bläulich schimmern. Der italienische Kochbuch-Klassiker *Der Silberlöffel*[**] enthält ein Rezept für Thunfisch mit Honig, Kartoffeln und Pinienkernen, das an den maurischen Einfluss erinnert. Besonders deutlich zu spüren ist dieser Einfluss im Südwesten der Insel rund um Mazara del Varo und Sciacca, wo Locatelli seinen Fisch kauft. Dort legen tunesische Fischer an, und es gibt wunderbare tunesische Restaurants. Schwertfisch und Thunfisch sind nur zwei Beispiele aus der reichen Auswahl an Fisch und Meeresfrüchten auf der Insel; Tintenfisch, Hummer, Krabben und Sardinen sind von allerbester Qualität, und Sardellen gibt es in rauen Mengen.

Ebenfalls von Top-Qualität sind die verschiedenen grünen Gemüse und Kräuter, die überall in Sizilien wachsen: Artischocken, Chicoree, Kapernäpfel und Fenchel, ganz zu schweigen von den allgegenwärtigen Tomaten, Broccoli, Auberginen und Zucchini – und noch dazu phänomenal günstig. Die Küche schwelgt in Kräutern: allen voran die Peter-

---

[*] Man muss anmerken, dass Chili auch in Sizilien verwendet wird, und zwar oft als Zutat bei den hier erwähnten Soßen. Man nutzt es nicht so viel wie in Kalabrien, aber weitaus häufiger als in allen anderen Regionen.

[**] *Der Silberlöffel*, 1950 erstmals erschienen, ist das beliebteste Kochbuch in Italien und ein wunderbares Kompendium mit Hunderten typisch italienischen Gerichten. Wenn Sie sich für italienisches Essen interessieren, würde ich Ihnen dringend empfehlen, in dieses Buch zu investieren, das kleine Küchenreisen quer durch den ganzen Stiefel bietet.

silie, dann folgen Bergoregano (der, wie Locatelli mir erklärte, sehr stark duftet und leicht nach Thymian riecht), Minze, wilder Fenchel und, nicht ganz so wichtig, Basilikum. All dieses Grün vereint mit wildem Gemüse ergibt die *caponata*, eine beliebte Vorspeise, abgerundet mit Olivenöl, Weinessig und Gewürzen.

Zusätzlich ist Sizilien ein Garten Eden der Zitrusfrüchte, und steht dem spanischen Sevilla in nichts nach, wenn es um den Orangenanbau geht. Angeblich sollen die Blutorangen von dieser Insel stammen: Man sagt, die vulkanischen Temperaturschwankungen des Ätna hätten die Farbe des Fruchtfleisches. Auch Mandarinen wachsen in Hülle und Fülle, genauso wie Zitronen, Granatäpfel und, nicht zu vergessen, Weintrauben.

Nicht nur das Sonnenlicht, sondern seit ein paar Jahren auch das Rampenlicht genießt der sizilianische Wein: Rebsorten wie *Nero d'Avola* haben ihm unter Weinkennern zu unglaublichem Ruhm verholfen. Traubenanbau ist zwar nichts Neues auf der Insel, aber erst vor kurzem wurde damit begonnen, lokale Weine vor Ort abzufüllen. Zuvor wurde der sizilianische Wein tankladungsweise in andere Regionen Italiens verschifft, um schwächere Jahrgänge in anderen, bekannteren Weinbauregionen zu veredeln. Um noch einmal Locatelli zu zitieren: »Die Weinbauern nehmen ihr Schicksal jetzt selbst in die Hand«, indem sie ihren Kunden klarmachen, dass diese tiefen, runden, weichen Weine mit ihrem Reichtum an Sonne, Süße und Tannin ebenso typisch für Sizilien sind wie *arancini* oder die *cannoli*. Sie alle sind Erzeugnisse jenes »großartigen, aber unbegreiflichen« Landes, wie es in *Der Gattopardo* beschrieben wird.

Basisvorrat

Mandeln • Schwertfisch • Thunfisch • Pecorino • Ricotta • Rosinen • Kapern • Pasta *(gemelli)* • Minze • wilder Fenchel • Chicoree • Petersilie • Oliven • Pinienkerne • Kichererbsen

Gemelli mit Sardinen, Rosinen und Pinienkernen

Dieses klassische sizilianische Nudelgericht gibt es überall auf der Insel. Es eignet sich wunderbar, wenn Sie auf die Schnelle etwas zaubern müssen und keine Zeit für einen Großeinkauf haben – ein Gericht mit Zutaten aus dem Vorratsschrank und einem Schuss exotischer Aromen. Sie können natürlich das eine oder andere weglassen, je nachdem, was Sie im Haus haben, und je nach dem Geschmack Ihrer Gäste. So ergibt sich eine ganze Palette von Möglichkeiten. Viele Leute (oder jedenfalls viele von denen, für die ich koche) mögen zum Beispiel keine Sardellen oder keine Kapern (Dummköpfe!).

Für 4 Personen

400 g *gemelli* oder *fusilli* (2–4 EL Nudelwasser aufheben)
80 g frische Brotkrumen
50 g Pinienkerne
4 EL extra natives Olivenöl
2 Knoblauchzehen, in feine Scheiben geschnitten
1 TL Fenchelsamen
3 Sardellen, grob gehackt
2 × 95 g Sardinen ohne Gräten aus der Dose, abgetropft und grob gehackt
100 g Rosinen
3 EL Kapern
175 ml Weißwein, zum Beispiel ein Vermentino
Schale einer halben Zitrone und ein Spritzer Zitronensaft
15 g Minze, gehackt
15 g glatte Petersilie, gehackt
Meersalz und frisch gemahlener schwarzer Pfeffer

- Pasta nach Packungsanweisung im Salzwasser *al dente* kochen.
- Inzwischen die Brotkrumen und Pinienkerne bei mittlerer Hitze 5–6 Minuten unter ständigem Rühren rösten. Zur Seite stellen.
- Das Olivenöl in einer tiefen Pfanne langsam erhitzen, den Knoblauch und die Fenchelsamen hinzufügen. Alles etwa eine Minute erhitzen und dabei ständig bewegen, um die Aromen freizusetzen und die Samen ein bisschen weicher werden zu lassen, der Knoblauch soll nicht allzu viel Farbe

bekommen. Die Sardellen, Sardinen, Rosinen, Kapern, den Weißwein und die Zitronenschale hinzufügen und 2–3 Minuten köcheln lassen.

• Die fertig gekochte Pasta abgießen, 2–4 Esslöffel Kochwasser aufbewahren und zur Soße geben (die Menge hängt davon ab, wie flüssig Sie Ihre Pastasoßen mögen). Die Pasta zur Soße geben, die gerösteten Brotkrumen, Pinienkerne sowie Kräuter und Gewürze einrühren, mit Salz und Pfeffer abschmecken.

Schwertfisch aus Messina

Wunderbarer, fast fleischiger Schwertfisch, gekocht mit Oliven, Weißwein und Sardellen – alles aus der unmittelbaren Umgebung von Messina, Siziliens drittgrößter Stadt, die dem italienischen Festland am nächsten liegt. Dieses ursizilianische Gericht ist eine Hymne auf das zentrale Mittelmeer, ein Essen für sonnige Tage nach gutem Fang. Besorgen Sie unbedingt exzellentes Weißbrot, um die Soße aufzutunken. Mein großer Dank geht an Giorgio Locatelli für das Rezept.

Für 4 Personen

10 ganze schwarze Oliven in Salzlake
1–2 EL extra natives Olivenöl
4 × 140 g Schwertfischsteaks
Meersalz und frisch gemahlener schwarzer Pfeffer
2 Frühlingszwiebeln, gehackt
2 Knoblauchzehen, fein gehackt
20 g Kapern, abgespült und gut abgetropft
eine Prise getrocknete Chiliflocken
4 Sardellenfilets in Öl
70 ml Weißwein
1 × 400 g gehackte Tomaten aus der Dose
100 ml passierte Tomaten
15 g glatte Petersilie, gehackt, zum Bestreuen
1 Knoblauchzehe, fein gehackt, zum Bestreuen

• Jede Olive drei- oder viermal von einem Ende bis zum anderen einschneiden, dann die einzelnen Teile so sorgfältig wie möglich vom Kern trennen.

- Das Olivenöl in einer Pfanne erhitzen, dann den Schwertfisch hineinlegen, würzen und auf beiden Seiten kurz anbraten – knapp zwei Minuten auf jeder Seite. Herausnehmen und beiseitelegen. Frühlingszwiebeln, Knoblauch, Kapern, Oliven, Chili und Sardellenfilets in die Pfanne geben und bei geringer Hitze schmoren, bis die Sardellen im Öl »aufgehen« und die Zwiebel glasig ist.
- Den Weißwein hinzufügen und köcheln, damit der Alkohol verdampft, dann die gehackten und die passierten Tomaten hinzufügen. Gut durchrühren, zudecken und 30 Minuten bei sehr kleiner Hitze köcheln lassen. Den Schwertfisch für die letzten 10–12 Minuten – oder bis er gar ist – zugeben. Mit Petersilie und Knoblauch auf dem Teller garnieren und servieren.

Pfirsiche in Weißwein

Diese »beschwipsten« Pfirsiche sind ein tolles Sommerdessert – und schnell gemacht. Die Süße der Früchte geht in den Wein über, während das Pfirsichfleisch den Alkohol aufnimmt. Gewürzt mit einem Hauch Zimt, Zucker und frischer Minze ist dies ein ganz besonderer Fruchtsalat (dem Sie nach Gusto weitere Obstsorten wie Kirschen, Melone und Erdbeeren hinzufügen können).

Für 4 Personen

4 Pfirsiche, entsteint und halbiert
1 Flasche Weißwein (ich verwende herzhafte italienische Weine mit gutem Preis-Leistungs-Verhältnis wie Vermentino oder Soave)
1 TL gemahlener Zimt
2 TL Zucker
Minzblätter, gehackt, zum Bestreuen
Vanilleeis als Beilage (wenn gewünscht)

- Die Pfirsichhälften jeweils in zwei oder drei Scheiben schneiden und die Scheiben von zwei Hälften jeweils in ein hübsches Glas füllen (ein Glas pro Person).
- Genug Wein, um die Pfirsiche in den Gläsern zu bedecken, in einen Krug füllen. Zimt und Zucker gründlich im Wein verrühren.

- Die Pfirsiche mit der Weinmischung übergießen, abdecken und mindestens drei Stunden im Kühlschrank ziehen lassen (je länger desto besser!).
- Vor dem Servieren mit der frischen Minze bestreuen und mit Vanilleeis servieren, wenn Sie mögen.

VENETIEN

Eine widerliche Schwüle lag in den Gassen, die Luft war so dick,
dass die Gerüche, die aus Wohnungen, Läden, Garküchen
quollen, Öldunst, Wolken von Parfüm und viele andere in
Schwaden standen, ohne sich zu zerstreuen ...

Thomas Mann, *Tod in Venedig*

Die Intensität Venedigs hat im Lauf der Jahrhunderte viele Menschen betört – vor allem Schriftsteller. Sie erzählen von aufkeimender Liebe, brennender Lust, Wahnsinn und Verderbtheit vor der Kulisse bröckelnder klassischer Architektur und dem wabernden Gestank der Kanäle – von Shakespeares *Kaufmann von Venedig* über die Gedichte Byrons bis hin zu den Werken von John Ruskin, Henry James und Thomas Mann.

Der mähliche Verfall dieser Stadt geht unter die Haut. Wie viele andere verfiel auch Thomas Mann der Patina, der ätherischen Aura der Serenissima, »aus balladesken Zeiten ganz unverändert überkommen«. Venedig ist ein bewohntes Museum, das bei steigendem Meeresspiegel langsam, aber unaufhaltsam seinem Untergang entgegenrottet. Ich kenne keinen anderen Ort in Europa, wo stinkendes braunes Wasser mit einer solchen Verve geliebt wird.

Venetien liegt im Nordosten Italiens, seine nördlichste Spitze berührt Österreich, von seiner Küste blickt man nach Kroatien. Es liegt an der Schnittstelle zwischen Ost- und Westeuropa, und die kulinarische Bandbreite ist phantastisch (für wache Genießer), auch wenn man manchmal etwas länger suchen muss, bis man fündig wird – besonders in der Hauptstadt der Region. Auf den ersten Blick ist Venedig ein schlechter Ort für Feinschmecker. An jeder Kanalecke finden die Touristenherden labberige Cannelloni und traurige Pizza, Essen, das für echte Venezianer diesen Namen nicht verdient. In Venedig beschlich mich manchmal das traurige Gefühl, dass man in London bessere Pizza, feineres Risotto und leckerere Pasta bekommt.

Aber es gibt viel zu entdecken. Überall in der Region wie auch in Venedig selbst, unauffällig in den »engen Gassen« verstreut, die Thomas Mann beschrieben hat, finden sich *bàcari*-Bars. Sie sind eine Besonderheit Venetiens und servieren *ciccheti* (venezianische Tapas, etwa kleine Polentabissen mit Fleisch oder Meeresfrüchten) mit einem kleinen Glas Wein, das hier *ombra* (»Schatten«) heißt. Und oft sind diese Bars bis auf den letzten Platz besetzt – von echten Venezianern, die sich laut in ihrem Dialekt unterhalten.[*]

Ciccheti sind natürlich nicht die einzige Spezialität venezianischer Esskultur: Überall in Italien ist auch hier die Zeit wichtig, die man gemeinsam beim Essen und Trinken verbringt, und die *bàcaris* sind die Bühne dafür. Wie so häufig in Italien ist auch die Küche Venetiens trügerisch einfach und verlässt sich auf den Reichtum hervorragender lokaler Produkte. Das Geheimnis des kulinarischen Charakters Venetiens besteht häufig in der Art und Weise, wie die Zutaten kombiniert werden.

Pasta rückt in Venetien zugunsten anderer kohlenhydratreicher Zutaten etwas in den Hintergrund. Wichtig sind vor allem weiße Polenta und ein lokaler Risottoreis namens *vialone nano* aus der Po-Ebene mit einem leichteren und längeren Korn als der üblichere *arborio*. Aber es gibt auch heimische Pasta, vor allem aus Buchweizenmehl, die meist die Form der *bigoli*, langer, dicker, wurmartiger Nudeln annimmt. Wie wir später in diesem Kapitel sehen werden, rührt diese Besonderheit von der Nähe Venetiens zu Mittel- und Osteuropa her, mit denen ein reger Austausch von Aromen und Zutaten gepflegt wird.

Russell Norman, der in London die Restaurantgruppe Polpo führt, erklärt, dass der wesentliche Unterschied zwischen nord- und süditalienischer Küche in der Wahl der Fette liegt. Statt Olivenöl verwendeten die Venezianer, aber auch andere Norditaliener wie etwa die Mailänder, von jeher geklärte Butter, ein scheinbar kleiner Unterschied, der aber bedeutende Auswirkungen auf die Küche hatte. Der Einsatz geklärter Butter ist zum Beispiel für die cremigen Risottos Venetiens mit ihrer suppenähnlichen Konsistenz verantwortlich. *Risi e bisi* (»Reis und Erbsen« mit Minze) ist ein Lieblingsessen der Einheimischen, das

---

[*] Das Venezianische ähnelt stark dem Italienischen, ist aber auch dem Istriotischen des nahen Kroatien verwandt und gilt als eigenständige Sprache.

seit dem 15. Jahrhundert zu Ehren des Stadtheiligen am Markustag gekocht wird.[*]

Kohl und bittere Salate sind Grundnahrungsmittel in Venetien. Wirsing, Grün-, Weiß- und Rotkohl finden Verwendung in Suppen wie *cavolo verza* (mit Bohnen und Wirsing) und Gerichten wie gedünstetem Weißkohl à la Vicenza mit Pancetta, Knoblauch und Gemüsebrühe. Jede Stadt scheint ihren eigenen Radicchio zu ziehen. *Treviso tardivo* ist der vielleicht bekannteste, die regionale Spielart der bitteren dunkelroten Pflanze, die mit ihren gelockten Spitzen fast wie ein Gemüse-Tintenfisch aussieht. Es ist also kein Zufall, wenn Russell Norman (der seinem Restaurant den Namen Polpo, auf Italienisch »Tintenfisch«, gegeben hat) den Radicchio aus Treviso »fast für ein Symbol« Venedigs hält. Wir verbinden Radicchio gewöhnlich mit Salaten, wo er für bittere Schärfe sorgt, doch in Venedig wird er oft auch gekocht, in Bierteig gehüllt und frittiert oder einfach mit viel Olivenöl gegrillt oder gebacken (eine tolle Ergänzung zu intensiven Fleischsorten wie Wild oder guten Würsten).[**]

Als Letzte in diesem Dreiklang großartiger purpurroter Gemüse fehlt noch die Artischocke, ebenfalls in Venedig sehr beliebt. Eine lokale Sorte, die es auf dem Rialto-Markt gibt, heißt *castraure* (»kastriert«): besonders zarte Babyartischocken, die sehr früh geerntet, also vom Stiel der Pflanze abgeschnitten werden (daher vielleicht der Name). Artischocken werden geschmort und einfach mit Zitronensaft und etwas gutem Olivenöl beträufelt, sie werden aber auch gefüllt (mit Semmelbröseln, Pecorino, Petersilie) oder zu cremigen zitronigen Risottos verarbeitet.

Beliebt ist auch der Kürbis, zum Beispiel im *risotto di zucca*, einem leckeren süßen Gericht in Orange-Ocker *das* Essen im Herbst. Erbsen werden viel gegessen, ebenso Fenchel – als Gemüse oder die Samen als Würze. Der *finocchio*-Tipp von Russell Norman: den frischen Fenchel in Scheiben mit etwas Olivenöl, Zitronensaft und einigen gerösteten Haselnüssen anrichten. Gewürzt wird in der venezianischen Küche (eigentlich jederzeit) mit Gartenkräutern wie Basilikum, Petersilie und Minze.

[*] Markus ist der Schutzheilige Venedigs; der Markustag wird jedes Jahr am 25. April gefeiert.

[**] Gekochten Radicchio oder roten Chicoree (ein eng verwandtes lokales Erzeugnis) richte ich mit einer *bagna cauda* an, einer Piemonteser Sardellenbutter mit viel Knoblauch, die in die eng aneinander liegenden Blätter kriecht. Rezept auf Seite 144.

Venedig war im 15. Jahrhundert die Schnittstelle zwischen Ost und West.* Dort kamen all die Gewürze an, die über die Seidenstraße aus ganz Asien, dem Nahen Osten und Afrika nach Europa importiert wurden. Ironischerweise erinnern gerade die übel riechenden Kanäle Venedigs an den historischen Reichtum der Stadt: Es waren die Gondeln, mit denen die Waren aus dem Byzantinischen Reich und noch ferneren Ländern entladen wurden. Exotische Gewürze wie Kardamom, Nelken, Safran und Zimt in der modernen venezianischen Küche sind Indizien für diese Geschichte des Gewürzhandels.

Besuchen Sie einmal den *Mercato di Rialto* – und ich garantiere Ihnen, Sie werden auf Schritt und Tritt an die Geschichte Venedigs als Handelsmetropole erinnert. Heute lebt die Wirtschaft mehr vom Tourismus als vom Güterumschlag, aber Venedig bleibt ein Zentrum des Handels mit Nahrungsmitteln. Der Rialto-Markt untergliedert sich noch immer in verschiedene Bereiche – *Spezializi* etwa für Gewürze, die *Naranzeria* für Orangen und die überdachte *Pescheria* für Fisch, der beste Ort, heimischen, frischen Fisch zu kaufen. Das belegt auch eine Geschichte, die Russell mir erzählte. Als er Luca, den Betreiber des beliebten venezianischen Meeresfrüchterestaurants *Alle Testiere*, fragte, warum in aller Welt sein Restaurant am Sonntag geschlossen sei, bekam er prompt die Antwort: »Wie denn? Der Markt hat ja Sonntag und Montag zu!« Für diese Tage gibt es immer noch *baccalà* – integraler Bestandteil jeder venezianischen Vorratskammer. Gut gewässert und püriert als *baccalà mantecato* in Fischmousse mit Knoblauch, Olivenöl und Lorbeerblättern, wird er gern auf Brot oder mit Polentaschnitten serviert und gegessen.

Am Rialto gibt es so ziemlich alle Fischsorten der Gegend; jede Fischart wird anders zubereitet, mit unterschiedlichen Methoden und Aromen – aber immer typisch venezianisch. Sehr beliebt sind Lagunenkrebse, die nur ein paar Wochen im Frühjahr und im Herbst Saison haben und gern als *fritto misto* oder frittiert, mit Zitronensaft beträufelt auf Salat gegessen werden. Dann gibt es die *gó*, hässliche kleine, im Schlamm der Lagune gründelnde Fische, denen das *risotto Buranello* (benannt nach Venedigs farbenfroher Nachbarinsel, dem Fischerdorf Burano) seinen typischen Geschmack verdankt. Und es gibt Muscheln in Hülle und Fülle – Teppichmuscheln, Schwertmuscheln und viele andere –, die am besten schmecken, wenn sie einfach gegrillt oder in Ingwer gekocht werden. Sardellen sind die Hauptzutat für das beliebteste

---

* Zusammen mit Genua, der Hauptstadt Liguriens auf der Westseite Norditaliens.

regionale Nudelgericht, *bigoli in salsa*, aus Buch- oder Hartweizenspaghetti, Sardellen, Zwiebeln und Petersilie.

Die Nähe Venetiens zu Mitteleuropa und seine politische Vergangenheit erklären auch die vielen kulinarischen Überschneidungen zwischen Italien und anderen Ländern. Strudel, den ich eigentlich mit Österreich und Deutschland in Verbindung bringe, isst man auch in den Dolomiten, und die Venezianer haben eine Vorliebe für das Süßsaure, die sich in starken Aromen bemerkbar macht, wie man sie sonst in Mittel- und Osteuropa findet* (Seite 146). Überhaupt sind klassische venezianische Gerichte wie *fegato alla Veneziana* voller Anklänge an die slawische Küche: In dünne Scheiben geschnittene Kalbsleber wird durch Zwiebelscheiben gesüßt, die auf den ersten Blick an Sauerkraut erinnern. Oft wird Essig oder Salbei hinzugegeben, um zusätzliche Schwere und süßsaure Geschmacksnoten zu erzielen. Sehr beliebt ist Entenleber, die klassisch mit Pasta und Salbei als *bigoli con l'anatra* serviert wird.

Diese Aromen und Gerichte wie Sardinen in *saor*** oder die *agrodolce****-Soße zeigen die regionale Begeisterung für bittersüßes Essen. Wenn ich an die welke Schönheit Venedigs, an Verfall und Romantik denke, dann scheinen mir bittersüße Aromen hervorragend zum schwindenden Glanz der Stadt, vielleicht auch der ganzen Region, zu passen. Oder sehen Sie das anders, verehrter Thomas Mann?

Basisvorrat

Risottoreis (vor allem *arborio*) • Radicchio • Chicoree • *baccalà* • Sardellen • Sardinen • Kürbis • Artischocken • Fenchel • Erbsen • duftende Gartenkräuter (Petersilie, Minze, Basilikum) • ausgewählte Gewürze (Safran, Kardamom, Zimt) • Buchweizen-Pasta

* Andererseits sieht man, wie Nudelformen, etwa die Spätzle, nach Ungarn gekommen sind. Die Pasta-Hauptstadt der Welt liegt schließlich nicht allzu weit westlich von dort.
** Süß-saure Sardinen, wie sie für Venedig typisch sind. Der Fisch wird in Mehl gewendet und gebraten und mit einer Soße aus angebratenen Zwiebeln serviert, die in einer Mischung aus Essig, Safran, Nelken, Lorbeer, Sultaninen und Pinienkernen gekocht werden.
*** Diese süß-saure Soße gibt es in ganz Italien. Sie besteht vor allem aus Zucker und Essig, oft mit Obst und Gemüse versetzt. Sie passt gut zu Salami, Fisch und eigentlich fast allem, was essbar ist.

Radicchio mit bagna cauda

Bagna cauda (wörtlich: »warme Soße«) ist eine buttrige, knoblauchlastige Sardellensoße, die wohl ursprünglich aus dem Piemont stammt. Heute isst man sie in weiten Teilen Norditaliens. Und mit den im Veneto populären Zutaten Sardellen und Radicchio entfaltet die *bagna cauda* ganz wunderbar typisch venezianische Aromen. Perfekt als Vorspeise oder Teil eines sommerlichen Büffets. Versuchen Sie auch mal die Variante mit Chicoree anstelle des Radicchio.

Für vier Personen als Beilage

3–4 Köpfe Radicchio, geviertelt
100 ml extra natives Olivenöl und ein Schuss zum Braten
1 × 50 g Sardellen in Öl aus der Dose
4 Knoblauchzehen, fein gehackt
100 g ungesalzene Butter, in Würfel geschnitten

- In einer großen Bratpfanne einen Schuss Olivenöl auf mittlerer bis hoher Flamme erhitzen und die Radicchioviertel hineingeben. Ab und zu wenden, damit sie gleichmäßig gar werden. Sie sollten innerhalb von etwa 5–7 Minuten weich und leicht braun werden.
- Für die *bagna cauda* in einem zweiten Topf die 100 ml Olivenöl bei mittlerer Temperatur erhitzen, die Sardellen und den Knoblauch hinzugeben und 1–2 Minuten kochen, dabei ständig rühren, bis die Sardellen in Stücke zerfallen und sich in der Soße auflösen. Die Butter hinzufügen und zum Schmelzen bringen.
- Den Radicchio mit den Schnittflächen nach oben auf einer Platte anrichten und die *bagna cauda* mit einem Löffel darüber verteilen. Sofort servieren.

Erbsenrisotto

In dieses Buch habe ich zwei »Reis und Erbsen«-Rezepte ganz unterschiedlicher Art aufgenommen. In Venedig isst man dieses Erbsenrisotto traditionell am Markustag, dem Festtag des Stadtheiligen, der am 25. April gefeiert wird. Das Gericht, auf Italienisch als *risi e bisi* bekannt, ist suppiger als ein normales Risotto und erhält sein Aroma einfach durch viel Butter und kräftigen Parmesan; noch herzhafter wird es durch Schinkenwürfel und Hühnerbrühe. Beide Grundzutaten haben Symbolwert: Der Reis steht für den Überfluss, die Erbsen für den Frühling. Wenn Sie das Zusammenspiel von Erbsen und Minze mögen, können Sie das Risotto auch mit Minze garnieren.

Für 4–6 Personen

200 g aus der Schote gelöste Erbsen (Schoten aufheben)
1 Liter gute Gemüse- oder Hühnerbrühe
100 g Butter
2 weiße Zwiebeln oder 4 Schalotten, fein gehackt
100 g gewürfelter luftgetrockneter Schinken (wenn gewünscht)
200 g *arborio*-Reis
reichlich geriebener Parmesan
Meersalz und frisch gemahlener schwarzer Pfeffer
glatte Petersilie oder Minze, gehackt, zum Bestreuen

- Erbsenkörner aus der Schote lösen und zur Seite stellen. Die Brühe in einem großen Topf zum Kochen bringen, die Erbsenschoten hinzufügen und köcheln lassen, bis sie weich sind. Die Schoten herausnehmen und mit einem Pürierstab pürieren (den Brei, wenn er nicht glatt genug ist, noch durch ein Sieb streichen, um holzige Teile zu entfernen). Dann wieder zur Brühe geben. Die so entstandene Flüssigkeit sollte einer Erbsensuppe ähneln. Zur Seite stellen.
- Die Butter in einer großen Pfanne erhitzen und die Zwiebeln oder Schalotten bei mittlerer Hitze sautieren. Den Schinken, falls gewünscht, nach etwa einer Minute hinzugeben und noch einmal 8–10 Minuten anbraten, bis die Zwiebeln glasig sind und langsam goldbraun werden.
- Den Reis und die Erbsenkörner hinzufügen und mit der Butter-Zwiebel-Mischung überziehen. Dann allmählich die Erbsenschotenbrühe (aus Schritt 1) einrühren, bis der Reis sie völlig aufgenommen hat – das sollte etwa 10–15 Minuten dauern. Der Reis sollte *al dente* sein. Wenn die Körner zu hart sind, noch ein bisschen Wasser angießen.
- Den Parmesan unterheben, mit schwarzem Pfeffer und Meersalz würzen (falls notwendig) und zum Servieren mit Petersilie oder Minze bestreuen.

OSTEUROPA

> Für sie ist Essen nicht gleich Essen, sondern Schrecken, Würde,
> Dankbarkeit, Rache, Fröhlichkeit, Demütigung, Religion, Geschichte
> und natürlich Liebe. Als wären die Früchte, die sie uns immer anbot,
> von den zerstörten Ästen unseres Stammbaums gepflückt.
>
> Jonathan Safran Foer, *Tiere essen*[*]

Für die polnische Großmutter des amerikanischen Schriftstellers Jonathan Safran Foer waren die Mahlzeiten nicht nur mit Geschichte befrachtet, sondern gingen auch mit dem Glücksgefühl einher, dass überhaupt etwas auf dem Tisch stand. Foer beschreibt, wie seine Großmutter dem Holocaust entkam, Kartoffeln in ihrer Hose versteckte und Zuflucht bei einem russischen Bauern fand, der ihr ein Gericht mit Schweinefleisch anbot. Obwohl sie vollkommen ausgehungert war, lehnte sie ab, weil das Essen nicht koscher war.

Die aschkenasische Diaspora – also jene Juden, deren Vorfahren ursprünglich aus Mittel- und Osteuropa stammten und zu denen Foers Großmutter gehörte – legt enormen Wert auf Traditionen und religiöse Regeln rund um das Essen und folgt vielen auch heute noch. Foer schreibt: »Donnerstags haben wir Brot gebacken und Challa und Brötchen, und das reichte für die ganze Woche. Freitags gab es Pfannkuchen. Am Schabbat gab es immer Hühnchen und Nudelsuppe.«

Manchmal scheint das Essen der Aschkenasim untrennbar mit dem Mittel- und Osteuropas verbunden – wahrscheinlich, weil der Massenexodus europäischer Juden vor und nach dem Holocaust dafür sorgte,

---

[*] In *Tiere essen* legt Foer die Gründe für seine Entscheidung dar, kein Fleisch mehr zu essen. Sie haben mich, wie ich eingestehen muss, nachdenklich gemacht. Noch überzeugender fand ich allerdings die Erforschung seiner aschkenasisch-jüdischen Erziehung.

dass sich ihre Küche weithin verbreitete. Gulasch und Borschtsch,* um nur zwei bekannte slawische Gerichte zu nennen, sind aus der jüdischen Küche heraus zum osteuropäischen Allgemeingut geworden. Und auch, wenn Foer osteuropäisch-jüdische Erfahrungen beschreibt, denke ich, dass die große Bedeutung von Dankbarkeit, Geschichte und Liebe allen osteuropäischen Kulturen eigen ist und sie diese Einstellung auch auf ihr Essen übertragen.

Ich versuche, in diesem Kapitel die mittel- und osteuropäischen Länder zwischen dem Schwarzen Meer, der Ostsee und der Adria, zwischen Deutschland und Österreich im Westen und Russland im Osten grob zusammenzufassen – und zwar auf der Basis ihrer kulinarischen Verwandtschaft. Die gemeinsame kommunistische Geschichte dieser Länder hat ihre Küche im Guten wie im Schlechten geprägt. Sie beschränkte die Verfügbarkeit von Zutaten und schützte aber gleichzeitig die alten Kochtraditionen vor dem Ansturm der kulinarischen Moderne. Die bulgarische Köchin und Kochbuchautorin Silvena Rowe schreibt:»Die Isolation, die der Kommunismus mit sich brachte, hatte nur wenig Gutes für sich, aber ganz zweifellos bestand ein Vorteil darin, dass die Grundlagen der nationalen Küchen nie durch verschiedene kulinarische Moden, die in jenen Jahren über Europa hinwegfegten, verfälscht wurden. Und davon profitieren wir heute.«

Damit hat sie natürlich recht – und deshalb kann »Ostblock«-Essen manchmal auch etwas fremd schmecken. Kräftige, unbekannte Aromen und unerwartete Kombinationen reizen den Gaumen. Wie alles, was man zum ersten Mal probiert, wird die Erfahrung wirklich guten slawischen Essens durch den Reiz des Neuen noch gesteigert. Ich fand es falsch, mich nur auf eine einzige Regionalküche zu konzentrieren, und deshalb reisen wir jetzt durch Ungarn, Polen und die Tschechische Republik, um uns einige Gemeinsamkeiten anzusehen.

Nun sind diese Küchen zwar nicht »durch kulinarische Moden verfälscht«, aber es gab doch eine Vermengung zwischen den einzelnen nationalen Kochtraditionen. Kulinarische Verbindungen zwischen früheren Ostblockländern führten dazu, dass regionale Gerichte auch anderswo heimisch wurden, wie Gulasch, das ursprünglich aus Ungarn stammt, aber ebenso in der Tschechischen Republik gern und viel ge-

---

* Zwei traditionelle Eintöpfe aus Mittel- und Osteuropa. Gulasch ist ein mit Kümmel und Paprika gewürzter Eintopf aus Fleisch, Nudeln und Gemüse. Borschtsch ist eine Suppe mit Rote Bete (Rezept auf Seite 151).

gessen wird. Zu echtem »Ostblock«-Essen gehören auch Suppen, Eintöpfe und Knödel mit Wurzelgemüse (Rote Bete, Karotten, Kartoffeln), Fleisch (in großen Mengen und von fast allen Teilen des Tieres), eingemachtes Gemüse, Getreide, Obst, Nüsse und Gewürze wie Paprika, Kümmel und Dill. Intensive Geschmacksnoten, so weit der Gaumen reicht.

Mittel- und Osteuropa bilden ganz eindeutig eine Brücke zwischen den Kochtraditionen Skandinaviens (Seite 169) und Deutschlands auf der einen Seite und jenen des Nahen Ostens (Seite 177) auf der anderen Seite. Sauerrahm, Dill, eingelegter Fisch, Kümmel und Paprika treffen auf die klassischen Süß-Sauer-Kombinationen der persischen und arabischen Welt.* In *Kulinarisches Osteuropa*, ihrem Buch über das Gemeinschaftserlebnis Essen in Mittel- und Osteuropa, empfiehlt Silvena Rowe Rezepte für Eintopf aus Granatapfel, Kürbis und Lammfleisch oder Ente mit einer Soße aus Mandeln und Granatapfel, die mich an Gerichte erinnern, wie sie die Araber nach Südspanien brachten. Auch das polnische Nationalgericht *bigos*, ein Eintopf aus Rind- und Schweinefleisch, Wurst, Sauerkraut, Pilzen, Äpfeln und Backpflaumen, besitzt einige dieser Merkmale. Zugleich wirken Gerichte wie *papricas*, ein berühmter ungarischer Eintopf aus magerem Fleisch, Paprika, Tomaten und Sauerrahm eher germanisch oder zumindest weniger mediterran. Zwischen den beiden vielleicht bekannteren kulinarischen Traditionen Skandinaviens und des Nahen Ostens angesiedelt, sind osteuropäische Gerichte wie *papricas* und *bigos* der essbare Ausdruck ihrer geographischen Lage.

Jahrhundertelange Armut und jahrzehntelanger Kommunismus haben die Entwicklung dieser Küchen geprägt, die aus einfachen Zutaten bestehen – und einer ordentlichen Portion Geschmack. Grundlage sind Suppen und Eintöpfe – preiswerte Ernährung aus einem Topf, bei der man mit ein bisschen Fleisch oder Fett ziemlich weit kommen kann. Ein klassisches Beispiel dafür ist Borschtsch. Diese wirklich wunderbare Rote-Bete-Suppe kenne ich schon, seit ich neun bin und die polnische Großmutter meiner Freundin Emilia Brunicki sie für uns kochte. Ich weiß noch, wie mich der Duft von Roten Beten, Fleischbrühe und echter Herzensgüte schon im überladen möblierten Flur ihrer Südlondoner Wohnung umhüllte. Damals waren wir zu jung für Wodka, aber

---

* Zum Beispiel persische Rezepte wie *khorescht-e-mast*, das Hähnchen mit Joghurt, Orangen und Berberitzen kombiniert (Seite 220), oder syrische Gerichte wie Kirsch-Kebabs.

heute kann ich mir vorstellen, wie gut beides zusammenpasst: eine wunderbar wärmende Kombination an einem eisig kalten Winterabend. Wenn Oma Brunicki gerade keinen Borschtsch kochte, stellte sie uns die allerleckerste Hühnersuppe mit Fadennudeln auf den Tisch. Die schmeckte anders als alle Hühnchengerichte, die ich bis dahin gegessen hatte, und ich weiß noch, dass ich diesen Unterschied genoss – die Karotten, stundenlang gekocht, bis sie süß und weich waren, die winzigen Stückchen braunes Hühnerfleisch, das Gefühl warmer Zufriedenheit danach.

Inzwischen ist mir klar geworden, dass meine Wahrnehmung der stärkenden und nährenden Eigenschaften von Granny Brunickis Suppen in jungen Jahren kein Zufall war. Hühnersuppe wird auch liebevoll als »jüdisches Penicillin« bezeichnet und ist für viele Juden, vor allem, wenn sie aschkenasische Wurzeln haben, die typische Schabbat-Mahlzeit. Offenbar hütet jede Familie ihr eigenes Rezept, immer aber ist diese Suppe goldbraun, klar – und auf ihrer Oberfläche treiben die schönsten Fettaugen. Gemacht wird sie normalerweise mit Karotten und Sellerie und oft mit *kneidlach*, kleinen Knödeln aus Matzenmehl, Eiern und Fett. Und genau wegen dieser authentischen Hühnersuppe treibt es die Menschen in Scharen ins 2nd Avenue Deli in New York, ein Restaurant, das polnische Einwanderer in den fünfziger Jahren gegründet haben. In deren Kochbuch stehen nicht weniger als sechs Hühnersuppenrezepte!

In Mittel- und Osteuropa reicht die Suppenpalette vom allereinfachsten Bauernessen (und hier passt der Begriff »Bauernessen« wirklich und ist kein hipper Spitzname für eine »herzhafte« warme Mahlzeit) wie Suppe *mit nisht* (»mit nichts«, eine Brühe auf Kartoffel- und Kohlbasis) über ganz normale Tomaten- oder Pilzsuppe bis hin zu Sauermehl-, polnischer Gurken- und Kuttelsuppe oder kalten Obstsuppen mit Blaubeeren oder wilden Erdbeeren.

Auch Eintöpfe sind beliebt, sie sind dicker und fleischhaltiger als die Suppen. Gulasch gilt als das klassische ungarische Essen, aber auch in den Nachbarländern gibt es eigene Versionen. Meine tschechische Freundin Klara Cecmanova tut manchmal Kreuzkümmel und eine Art Frankfurter Würstchen in ihr Gulasch, aber normalerweise kommen Rindfleisch, Zwiebeln, Knoblauch, Kümmel, Tomaten und Gemüse wie Paprika und Kartoffeln hinein. Es ist eine reichhaltige Mahlzeit, die den ungarischen Bauern und Hirten half, die kalten Wintermonate zu ertragen. Neben ihren günstigen und nahrhaften Zutaten ist all diesen

Eintöpfen noch gemeinsam, dass man sie problemlos immer wieder auf den Herd setzen kann: Mit ein bisschen Wasser verlängert, halten sie sich angeblich bis zu einer Woche.* Als Beilage gibt es oft regionale Eiernudeln, nach dem deutschen Original *spatzle* genannt und viel schwerer als ihre italienischen Verwandten, Roggenbrot oder Kartoffelpüree.

Ebenfalls in ganz Osteuropa beliebt sind Knödel – mal als Beilage, mal als Hauptgericht. Sie können mit Eiern (wie die ungarischen *galuska*) oder mit Kartoffeln (wie die polnischen Piroggen) zubereitet werden. Man serviert sie zu Eintöpfen, entweder in schlichter Form oder aufwendig gefüllt mit Frischkäse, Pilzen, Sauerkraut oder Hühnerleber.

Räucherfisch spielt oft den Vermittler zwischen den Aromen süß und sauer. Eingelegte Heringe, Schellfisch, Graved Lachs und sogar Kaviar sind gängige Zutaten, aus denen mit Roggenbrot und Sauerrahm raffinierte Snacks entstehen. Paniert und frittiert werden aus diesen Fischen (und Fischeiern) dann großartige Hauptgerichte. Doch nicht nur geräucherter Fisch verbindet süß mit sauer, auch frischer Fisch eignet sich dazu und schmeckt prima mit Salzgurken und Essig, Zitrone und Dill.

Schnell wachsend, reich an Vitamin C und Beta-Karotin, spielt Kohl in Mittel- und Osteuropa eine fundamentale Rolle. Sauerkraut ist beinahe schon ein Grundnahrungsmittel des Nordens – von Deutschland bis in die Ukraine – und findet sich in zahllosen Eintöpfen, Suppen und Knödelfüllungen. Am berühmtesten sind vermutlich *goblaki*, polnische Kohlrouladen mit einer Füllung aus Hackfleisch, Brät, Reis und Kräutern – ein weiterer Beweis für die kulinarische Raffinesse der Region –, und noch dazu richtig preiswert!

Bier aus Osteuropa hat einen exzellenten Ruf. So produziert die Tschechische Republik besonders gute helle Lagerbiere, das *Pilsener*, darunter international bekannte Marken wie Budvar und Staropramen, während der Wodka aus der polnischen Kultur nicht wegzudenken ist: Günstig in der Herstellung (weil überall vorhanden), wird er aus Kartoffeln, Roggen oder Weizen (Letzteres ist übrigens ziemlich umstritten) gebrannt.

Ost- und mitteleuropäische Desserts bestehen fast immer aus Biskuit, weichen Teigen, Nüssen, Samen oder Wildfrüchten: mit Marme-

---

* Laut Silvena Rowe wurde Gulasch früher in Schafsmägen aufbewahrt, um es haltbar zu machen. Vielleicht nicht gerade die appetitlichste Methode, Essen frisch zu halten, aber allemal einfallsreich.

lade oder Mohn gefüllte Biskuitrouladen, Strudel, crêpe-ähnliche Pfannkuchen *(palacsinta)* mit Marmelade und – mein absoluter Favorit – *bàbovka*, der Gugelhupf aus der Tschechischen Republik. Petra Rychnovska, eine tschechische Freundin meiner Familie, wohnte in meiner Jugend bei uns und ist noch heute das für mich, was einer Schwester wohl am nächsten kommt. Als ihre Mutter einmal zu Besuch kam, war sie beladen mit in Alufolie gewickelten Strudeln und einer *bàbovka*, einer hübschen Krone aus festem, saftigem Marmorkuchen, den Oma Rychnovska daheim in Prag gebacken hatte. Die nächsten Tage verbrachten wir damit, diese Leckerbissen zu vertilgen, zu jeder, aber auch wirklich jeder Tageszeit, und obwohl Petras Mutter kein Englisch konnte, sagte unser aller genüssliches Lächeln mehr als tausend Worte. Statt unserer sprach die *bàbovka* und vereinte uns alle in der Liebe zum Essen und in der Liebe zu ihrer Tochter.

Basisvorrat

Scharfes Paprikapulver • Kümmel • Lorbeerblätter •
Dill • Wacholder • schwarzer Pfeffer • Majoran • Oregano •
Schnittlauch • Sauerrahm • Rote Bete • Kohl • Nudeln
(Fadennudeln für Suppen, Spätzle aus Beilage zum Eintopf) •
Matzenmehl für Knödel • geräucherter und eingelegter
Fisch • Mohnkuchen

Borschtsch

Die inzwischen verstorbene polnische Großmutter meiner Freundin Emilia, Halina Brunicki, kochte diese Suppe regelmäßig – und ich hatte das Glück, sie kosten zu dürfen. Als ich aber Emilia nach dem Rezept fragte, erklärte sie, dass ihre Oma die Suppe jede Woche aus dem Gedächtnis gekocht habe. Was Sie hier lesen, ist das Ergebnis langer Diskussionen innerhalb der Familie Brunicki. Wir werden den Borschtsch zwar nie genau so hinbekommen wie Oma Brunicki, aber ich habe die Ehre, Ihnen das Rezept präsentieren zu dürfen, das dem Original noch am nächsten kommt:

die Interpretation ihrer Enkelin. Man kann Borschtsch mit einem Klecks Crème fraîche oder Sahne und ein bisschen Dill aufhübschen oder ihn in seiner reinsten Form genießen. Wenn Sie beim Metzger kein Hüftfleisch am Knochen bekommen, nehmen Sie einfach Tafelspitz. Man kann die Suppe sogar vegetarisch kochen, indem man die Rinderhüfte weglässt und die Rinderbrühe durch dieselbe Menge Gemüsebrühe ersetzt.

Für 4 Personen

1,5 Liter gute Brühe (Oma Brunicki verwendete Rinderbrühe)
1 Rinderhüfte (etwa 750 g am Knochen)
1 weiße oder gelbe Zwiebel, geviertelt
6 große Rote Beten, die Hälfte gerieben, die andere Hälfte gehackt
3 Karotten, grob gehackt
1 Kartoffel, geschält und gewürfelt
5 Champignons in Scheiben
½ kleiner Kohlkopf, geraspelt
1 TL Piment
1 TL Zucker
1–2 Lorbeerblätter
Saft einer ¼ Zitrone (nach Geschmack auch mehr)
50 ml Wodka (falls gewünscht)
Meersalz nach Geschmack

Zum Garnieren
Crème fraîche
eine Handvoll Dill, gehackt
Piroggen oder Käsestangen

- In einem großen Stieltopf Rinderbrühe, Rinderhüfte und Zwiebel zum Kochen bringen, dann die Temperatur herunterschalten und 1,5 bis 2 Stunden köcheln lassen. Vom Herd nehmen, die Brühe abkühlen lassen und das Fleisch der Rinderhüfte von Knochen, Fett und Sehnen trennen. Das Fleisch, falls erforderlich, in mundgerechte Stücke schneiden und wieder in die Brühe geben. Knochen, Fett und Sehnen entsorgen.
- Das Fett, sobald es kalt genug ist, von der Brühe abschöpfen und die Rote Bete, Karotten, Kartoffel und Pilze hinzufügen. Zum Kochen bringen, die Hitze wieder reduzieren und 30 Minuten köcheln lassen.

- Kohl, Piment, Zucker, Lorbeerblätter und Zitronensaft zugeben und kochen, bis der Kohl weich ist. Den Wodka, wenn gewünscht, hinzufügen. Wenn möglich, den Borschtsch über Nacht ziehen lassen, sodass sich die Aromen verbinden und intensivieren. Einfach vor dem Servieren noch einmal aufkochen.
- Man kann die Suppe passieren, sodass sie eher einer Brühe ähnelt. Ich persönlich schmecke lieber die Textur der Fleisch-, Rote-Bete- und Pilzstückchen – Sie haben die Wahl. Heiß servieren mit Piroggen oder Käsestangen, einem Klecks Crème fraîche und einer Garnierung aus gehacktem Dill.

Hühnersuppe

Hühnersuppe ist die Antwort auf Erkältungen und grippale Infekte (Stichwort »jüdisches Penicillin«). Es lohnt sich wirklich, einen Topf voll zu kochen und portionsweise einzufrieren, damit man im Winter immer schnell etwas Warmes zur Hand hat. In den Gemeinden aschkenasischer Juden wird Hühnerbrühe traditionell mit *kneidlach* (Knödeln aus Matzenmehl und Hühnerfett) gegessen, vor allem während des Pessachfestes. Bei dieser einfachen Hühnersuppe fehlen die *kneidlach,* dafür werden alle möglichen Reste, vor allem die Karkasse eines Brathähnchens, zu einer tollen Mahlzeit verwertet. Bei uns zu Hause gibt es diese Suppe immer montags nach dem Braten am Sonntag. Sie ist kinderleicht zuzubereiten: Einfach einen Topf auf den Herd stellen und ihn dort lassen. Sie können das Ganze auch noch mit ein bisschen Salbei oder Thymian aromatisieren.

Für 4 Personen

50 g Butter
1 weiße oder gelbe Zwiebel, grob gehackt
2–3 Stangen Bleichsellerie, in dickere Scheiben geschnitten
1–2 große Stangen Lauch, in dickere Scheiben geschnitten
3–4 Karotten, grob gehackt
3 Knoblauchzehen, in dünne Scheiben geschnitten
3 Knoblauchzehen, ungeschält und ganz
1 ganze Hühnerkarkasse mit Bratensaft
1,5 Liter gute Hühnerbrühe

1 Lorbeerblatt
eine kleine Handvoll schwarze Pfefferkörner
Meersalz
50 g Fadennudeln (*vermicelli*, wenn möglich)
glatte Petersilie, grob gehackt, zum Bestreuen
frisch gemahlener schwarzer Pfeffer

* Die Butter in einem großen Topf erhitzen und Zwiebel, Lauch, Sellerie und Karotten bei niedriger Temperatur 3–4 Minuten anschwitzen. Den Knoblauch, Scheiben und ganze Zehen, hinzufügen und eine weitere Minute anschwitzen.
* Die Hähnchenkarkasse und sonstige Reste – Hautstücke, Knochen, Bratensaft oder Jus – zugeben, mit Hühnerbrühe bedecken, Lorbeerblatt und Pfefferkörner hinzufügen. Salzen.
* Bei niedriger Temperatur etwa eine Stunde köcheln lassen. Kurz vor dem Servieren die Suppe abseihen, die ungeschälten Knoblauchzehen aufheben (siehe unten) und die Suppe in den Topf zurückgeben.
* Die Fadennudeln in Stücke brechen und *al dente* kochen. Vor dem Servieren die ganzen Knoblauchzehen schälen, durch ein feines Sieb in die Suppe passieren und gut umrühren.
* Die Suppe mit frisch gehackter Petersilie und etwas frisch gemahlenem schwarzem Pfeffer bestreuen.

Bàbovka

Ich würde diesen tschechischen Gugelhupf morgens, mittags und abends essen, wenn mein Stoffwechsel das mitmachen würde. Der Dank für das Rezept gebührt der wunderbaren Klara Cecmanova – ihr Stoffwechsel verträgt ganz eindeutig regelmäßigen *bàbovka*-Konsum. Klara betont immer wieder, wie wichtig es ist, diesen Kuchen mit tschechischem Mehl zu backen, das in einigen Online-Shops erhältlich ist. Notfalls können Sie es aber auch durch normales Weißmehl ersetzen. Vanillezucker bekommen Sie im Supermarkt, es ist aber auch ganz einfach, ihn selbst herzustellen, und eigentlich immer gut, welchen im Haus zu haben. Stecken Sie einfach 2–3 schon einmal verwendete und von den Samen befreite Vanilleschoten in ein Glas mit 500 g bis 1 kg feinem Kristallzucker und lassen Sie das Ganze eine oder zwei Wochen durchziehen. Alternativ können Sie den Vanillezucker auch durch 20 g Kristallzucker und 2–3 Tropfen Vanillearoma ersetzen. Sie brauchen natürlich eine Gugelhupfform. Ich persönlich mag ja *bàbovka* am liebsten pur, aber wenn Sie den Kuchen noch ein bisschen verfeinern möchten, versuchen Sie es mit einem EL Rum, etwas Zitronensaft, Schokoladenflocken oder Trockenfrüchten.

Für 10–12 Personen

200 g ungesalzene, zimmerwarme Butter und etwas Butter zum Einfetten der Form
170 g Puderzucker
20 g Vanillezucker (siehe oben)
4 Eier, getrennt
225 g tschechisches Mehl *(polohrubé mouky)* oder anderes Mehl
½ TL Backpulver
2 EL Kakaopulver
Puderzucker zum Bestäuben

- Den Ofen auf 180°C (Umluft 160°C, Gas Stufe 4) vorheizen. Eine Gugelhupfform mit 24 oder 26 cm Durchmesser mit Butter einfetten, mit Mehl bestäuben und den Rest des Mehls ausschütten.
- In einer großen Schüssel die Butter mit fast zwei Dritteln des Puderzuckers und dem Vanillezucker schaumig schlagen. Die Eigelbe langsam gut unterrühren. Die Hälfte des Mehls und das Backpulver zugeben und gut verrühren, dann den Rest des Puderzuckers und das Mehl schnell einarbeiten. Von jetzt an nicht mehr zu viel rühren, sonst wird die Masse zu klebrig.
- In einer anderen Schüssel die Eiweiße schaumig schlagen, bis sie fest sind, dann vorsichtig unter die Masse heben. Nicht zu kräftig rühren. Die Masse sollte sich reißend vom Löffel lösen, nicht tropfen. Die Masse halbieren und in zwei Schüsseln füllen. Eine Hälfte mit Kakaopulver vermischen. Die andere Hälfte hell lassen.
- Die helle und die dunkle Masse übereinander in die Form füllen, dann mit einer Gabel spiralförmig durch den Teig ziehen, um die Marmorierung herzustellen. Die Form sollte zu zwei Dritteln gefüllt sein.
- Im Ofen 30–40 Minuten backen, oder so lange, bis an einem in den Kuchen gesteckten Holzstäbchen kein Teig mehr kleben bleibt. Etwa 10 Minuten stehen lassen, dann die Form stürzen und den Kuchen vor dem Servieren mit etwas Puderzucker bestäuben.

ENGLAND

Da lagen belegte Brote mit Zunge, hartgekochte Eier mit
Butterbrot, große Batzen von Frischkäse, Schmalzfleisch, reife
Tomaten aus dem Gewächshaus von Frau Lucius' Bruder,
frischgebackener Honigkuchen, Butterkekse, ein riesiger mit
Mandeln garnierter Früchtekuchen, viele Sorten von Plätzchen
und sechs Marmeladenbrote!

Enid Blyton, *Dolly die Klassensprecherin*

Im 20. Jahrhundert hatte die englische Küche wahrlich keinen guten Ruf. Und bis heute herrscht kein Mangel an abfälligen Bemerkungen (häufig seitens der Amerikaner) über das Essen in unserem Königreich – und zwar mit schoner Regelmäßigkeit. Der Komiker Jackie Mason erklärte einmal auf der Bühne: »Großbritannien ist das einzige Land der Welt, in dem Essen gefährlicher ist als Sex«, und der US-amerikanische Weinkenner Bill Marsano, der es wirklich besser wissen müsste, soll einmal geäußert haben: »Das Britische Empire entstand als Nebenprodukt von Generationen verzweifelter Engländer, die auf der Suche nach einer vernünftigen Mahlzeit die Welt durchstreiften.« Selbst Laurie Colwin, nach eigenem Bekunden Liebhaberin der englischen Küche, schreibt in *Home Cooking*, man brauche »ziemlich viel Mut, um zuzugeben, dass man englisches Essen mag«, und dass die Leute, wenn es um englisches Essen geht, eher »zu Hohn und Spott neigen«.

All das sind natürlich Sticheleien auf Kindergartenniveau, aber es lässt sich nicht leugnen, dass das schlechte Essen, von dem Mason und Marsano sprechen, noch in meiner Schulzeit gang und gäbe war – die Fortsetzung eines Niedergangs der britischen Küche, der mit dem Ersten Weltkrieg begann.

Wenn die Damen in der Schulküche Dosentomaten, matschige Ravioli und zerkochtes Gemüse* auf die Teller häuften, dann waren Zweifel an der kulinarischen Bedeutung unseres Landes durchaus angebracht.** Ich stamme glücklicherweise aus einer Familie, die Wert auf gutes Essen legt; meine Mutter und Großmutter haben selbst und mit frischen Zutaten gekocht, und deshalb bin ich auch vertraut mit allem, was die englische Küche an Köstlichem zu bieten hat.

Großbritannien hat eine lange Tradition, wenn es um gutes Essen geht – und zwar von der Weide bis auf den Teller. Dazu gehören dicke Scheiben gepökelten Schweineschinkens, Schweinefleischpasteten und Schottische Eier***, mit Knoblauch und Rosmarin gewürzte Sonntagsbraten von kräftigen Lämmern aus Lancashire, natürlich *hot pot* oder *shepherd's pie*, viele großartige Hartkäse (Cheddar! Wensleydale! Stilton!), neben unscheinbarem, aber unglaublich leckerem Wurzelgemüse und natürlich all die Leckerbissen aus dem Meer. Wir verfügen über Zutaten von ausgezeichneter Qualität und einen ganzen Schatz deftiger Gerichte – die man ja auch dringend braucht, wenn man in einem kühlen Land lebt. Zu solchen Gerichten verfasste die berühmte Mrs Beeton**** in ihrem *Book of Household Management* Rezepte und Anleitungen für die viktorianische Hausfrau: Hammelkeule, Speiserüben in weißer Soße, frittierter Speisekürbis, und so weiter.

Die britische Küche ist mehr als jede andere bekannt für ihre reichhaltigen Mahlzeiten: Das englische Frühstück, der Sonntagsbraten, der Afternoon Tea und das Picknick sind unsere kulinarischen Eckpfeiler, an denen wir mit großer Beharrlichkeit festhalten – einzig der Afternoon Tea droht zu verschwinden, weil er sich mit dem modernen Leben einfach schwer vereinbaren lässt. Nach wie vor versammelt sich meine

---

* Sollten Sie bei einem Besuch in London Lust auf typisch englische Schulkost verspüren, dann empfehle ich die Stockpot-Restaurants in Soho und Chelsea, wo die Bekümmernisse so mancher in England verbrachten Jugend für wenig Geld zu haben sind. Eine lukullische Erleuchtung werden Sie dabei kaum erfahren, aber hin und wieder lasse auch ich mich dort zu einem Biskuit mit Zuckersirup hinreißen.

** Der Fernsehkoch Jamie Oliver hat in Sendungen wie *Jamie's School Dinners* die Qualität und den Nährwert englischer Schulessen immer wieder aufs Korn genommen.

*** Die beliebten Schottischen Eier werden hart gekocht und gepellt, dann mit Wurstbrät umhüllt, in Brotkrumen gewälzt und schließlich gebacken oder frittiert. Es gibt diesen klassischen Imbiss auch in einer trendig verfeinerten Abwandlung mit weich gekochten Eiern, wofür ich zugegebenermaßen eine gewisse Schwäche habe.

****Die Hausfrau Isabella Beeton (1836–1865) hat mit ihrem *Book of Household Management* voller Anregungen zur Haushaltsführung für Hausfrauen der Mittelklasse als Erste in England über Essen geschrieben. Sie ist auf dem Friedhof von West Norwood im Londoner Südwesten ganz in der Nähe meines Elternhauses begraben.

Familie meist sonntags am elterlichen Esstisch (und wenn nicht dort, dann in einem Pub), und ohne unser üppiges Frühstück – Eier, Speck, Würstchen, Bohnen, Pilze und ein paar Freunde – wäre ein echter britischer Hangover um einiges schlimmer. Beim Zitat von Enid Blyton kommen mir auch die typisch englischen Picknicks in den Sinn – der Esskorb voll mit einfachem, heimischem und größtenteils kaltem Essen, das, auf einer Decke ausgebreitet (vielleicht daher der englische Ausdruck »spread« für einen reich gedeckten Tisch), herrliche Erinnerungen an meine Jugend weckt. Als meine Großmutter gestorben war, erinnerte sich ein Freund in seinem Kondolenzschreiben an meinen Vater, wie er als Bub an der windigen Küste Norfolks Großmutters Sandwiches mit Tomaten »und Sand« gegessen hatte. Schlechtwetterresistent und fest entschlossen, sich den Spaß nicht verderben zu lassen, machte sie die (fast) tollsten Sandwiches für das mieseste Wetter.

Sandwiches sind eine sehr englische Angelegenheit: Sie wurden von John Montagu, dem vierten Earl of Sandwich, im 18. Jahrhundert erfunden. Der berüchtigte Spieler suchte Abhilfe, weil seine Spielkarten nach dem Essen, das er mit den Händen zu sich nahm, immer fettverschmiert waren. Seine Lösung? Er packte das Fleisch einfach zwischen zwei Brotscheiben und teilte das Ganze in mundgerechte Happen. Englischen Bäckern verdanken wir übrigens wichtige Erkenntnisse über das Brotbacken. Neben traditionellen Sorten wie gemälztem *granary bread*, Vollkornbrot und weißem Krustenbrot aus heimischem Weizen, Roggen, Dinkel und Gerste gibt es auch regionale Spezialitäten wie das irische *wheaten* oder *soda bread* (mit Natron als Triebmittel). In den letzten Jahren ist auch die alte Methode wieder aufgelebt, Brot durch Sauerteigführung aufzulockern, also durch lange Gärung mit natürlicher Hefe. Die Wiederentdeckung handgemachten Brots ist umso bedeutsamer, als wir Briten ja auch für den (genialen? / furchtbaren?) vorgeschnittenen Brotlaib verantwortlich sind – von Nigella Lawson nur verächtlich als »Plastikbrot« bezeichnet. Bahnbrechend war hier die Entwicklung des Chorleywood-Verfahrens im Jahr 1961, das die Herstellung von Brot aus minderwertigem Weizen in kürzester Zeit erlaubt – billig und in großen Mengen. Chorleywood-Brot ist ein Paradebeispiel für den Niedergang der britischen Esskultur ab der Mitte des 20. Jahrhunderts und macht heute 80 Prozent der gesamten Brotproduktion des Landes aus.

Was ist also mit der englischen Küche passiert? Warum all die Häme über unsere Küche? Die Antwort heißt: Krieg! Denn leider bedeutet

Krieg für eine Inselnation immer auch kulinarischen Verfall – egal, wie gut die heimische Küche eigentlich ist. Schon vor dem Ausbruch des Zweiten Weltkriegs 1939 importierte England den Großteil seiner Nahrungsmittel – bei Fleisch die Hälfte, bei Käse und Obst noch mehr. Während der sechs Kriegsjahre wurden Lebensmittel dann immer stärker rationiert, sodass am Ende pro Person wöchentlich nur noch ein Ei und 57 g Butter ausgegeben wurden. Zutaten, die jeder für selbstverständlich genommen hatte, waren plötzlich knapp oder überhaupt nicht mehr zu bekommen. Da die Zuteilung teilweise bis Mitte der fünfziger Jahre anhielt, wuchsen viele Briten mit einer sehr eingeschränkten Nahrungsmittelauswahl auf und gewöhnten sich daran, mit dem Ergebnis, dass ihr Geschmackssinn allmählich verkümmerte.

Tom Kerridge ist Inhaber und Küchenchef vom The Hand and Flowers, einem mit zwei Michelin-Sternen dekorierten Pub in der englischen Grafschaft Buckinghamshire, und im Nebenberuf Autor von *Proper Pub Food* sowie Juror bei Kochsendungen im Fernsehen. Er widmet sich mit Leib und Seele der Aufgabe, die eigentlichen Qualitäten unseres Essens bekannt zu machen: Es ist ehrlich und herzhaft-deftig. Seiner Ansicht nach hat man nach den Entbehrungen der Kriegsjahre einfach das Wesentliche aus den Augen verloren und sich 50 Jahre auf Abwegen bewegt: Zuerst kamen die Rationierungen, dann geschmacklose Dosenkost, und – last but not least – in den sechziger und siebziger Jahren billige Pauschalreisen ans Mittelmeer, wo wir Briten nicht nur der Sonne, sondern auch der mediterranen Kochkunst ausgesetzt waren. Deren Nachahmung daheim wurde zum Problem. Genervt von unserer isolierten Lage, wollten wir uns unbedingt als Teil der Olivenölbrigade auf dem europäischen Festland fühlen. Als Beispiel nennt Kerridge Spaghetti House, die 1955 eröffnete und vollkommen unauthentische Pasta-Restaurantkette. Doch es gab auch Gegenbeispiele: Die bekannte britische Kochbuchautorin Elizabeth David unterstützte den britischen Hunger auf mediterrane Kost* und erklärte ihren Lesern,

---

* Im Vorwort zur zweiten englischen Ausgabe ihres Buchs *Mediterranean Food* (dt. Ausgabe: *Küche von Cannes bis Kairo. Köstlichkeiten rund ums Mittelmeer*, Hamburg 1983) erwähnt sie das Ausklingen der Rationierungen in den fünfziger Jahren in England und gibt Tipps, wo sich Zutaten auftreiben lassen, die für meine eigene Generation längst zur Grundausstattung einer Küche gehören: »Die Ernährungslage hat sich in nur zwei Jahren so grundlegend verändert, dass es inzwischen keine einzige noch so exotische Zutat mehr gibt, die in diesem Land nicht irgendwo zu beschaffen wäre, und sei es auch nur in einem oder zwei Geschäften.«

wo sie die nötigen Zutaten finden konnten, um Mittelmeergerichte authentisch nachzukochen. Kerridge verortet aber auch ein Hindernis auf dem Weg zu einer guten Küche: das britische Arbeitsethos. »Wir arbeiten sehr hart und stehen deshalb wirtschaftlich stabiler da als die Mittelmeerländer. Gutes Essen braucht aber Zeit, und man merkt unserer Küche an, dass es in der Regel schnell, schnell gehen muss.«

Erst seit etwa zehn Jahren besinnt sich England allmählich auf sein eigenes kulinarisches Potenzial. Die vielleicht besten Restaurants des Landes – Simon Rogans L'Enclume in Cumbria, das Restaurant Nathan Outlaw in Cornwall und natürlich Tom Kerridges The Hand and Flowers – stellen inzwischen britische Zutaten in den Vordergrund, Produkte, die in unserem kalten Klima gedeihen. Momentan befinden wir uns quasi in den Flitterwochen, denn anders kann man das, was sich derzeit zwischen den Briten und ihren heimischen Produkten und Gerichten abspielt, nicht nennen. Wir erleben eine Rückbesinnung auf das Essen, mit dem unsere Großeltern und Vorfahren aufgewachsen sind. Und in den führenden Küchen des Landes zeichnet sich ab, was Kerridge den Redzepi-Effekt* nennt: »Auf einmal erkennen wir, dass wir ein nordeuropäisches Land sind, mit einem kalten Klima. Dass das Noma in Kopenhagen, mit seiner Küche, die sich heimischer Zutaten bedient, zum vielleicht besten Restaurant der Welt aufgestiegen ist, das inspiriert uns. Wir haben ein Kulturerbe, eine Essenstradition, auf die wir stolz sein können. Kohl kann etwas Himmlisches sein, jawohl!«

Wo also liegen nach Tom Kerridges Ansicht unsere Stärken? Beim Wurzelgemüse, sagt er, also bei Speiserüben, Möhren und Kartoffeln, und beim Fleisch, das durch Pökeln, Räuchern, Schmoren und andere Methoden zu der Hausmannskost wurde, mit der mein Bruder und ich, unsere Freunde und Vorfahren groß geworden sind. Wir haben seit jeher immer das ganze Fleisch eines Tieres verwendet, das sehen wir noch heute an beliebten Gerichten wie *steak and kidney pie* (Rindfleisch-Nieren-Pastete); bei der Verwertung von Essensresten sind wir Engländer bis heute Weltmeister. Ich kenne keinen, der *bubble and squeak* widerstehen kann (Rezept auf Seite 166), ein Pfannengericht aus Kartoffelpüree, Kohl und manchmal sogar etwas Truthahn-Curry.

* René Redzepi ist Küchenchef und Mitbesitzer des Restaurants Noma in Kopenhagen, das 2010, 2011 und 2012 von der britischen Fachzeitschrift *Restaurant* als »bestes Restaurant der Welt« ausgezeichnet wurde.

Bei unseren Bemühungen um eine eigenständige englische Küche in der zweiten Hälfte des 20. Jahrhunderts standen wir uns selbst im Weg: erstens durch unseren Hang zur (blinden) Nachahmung, zweitens durch unser Selbstbild. Colwin sagte, sogar die Engländer selbst verachteten ihre Küche wegen der »Substanz des Grauens«, der Mensakost in den Schulen. Jane Grigson* dagegen schrieb 1974 in *English Food*: »Die Engländer sind sehr anpassungsfähig. Die englische Küche ist – sowohl historisch als auch auf der Zunge – um einiges vielfältiger und köstlicher, als wir uns das mit unserem masochistischen Naturell eingestehen.«

Von der Aufwertung englischen Essens mussten die Briten ebenso überzeugt werden wie der Rest der Welt. Die Einstellung ist hierbei entscheidend: So kann man in *treacle tarts* (Siruptörtchen), unserem Brot und unserem Brotpudding (Seite 167) herzhaftes, ehrliches Essen sehen, anstatt all das als »schwer verdaulich« abzutun. Mühsam lernten wir, dass gutes Essen nicht unbedingt in lächerlichen Portiönchen auf riesigen weißen Tellern oder zwangsläufig mit geriebenem Parmesan serviert werden muss. Das Zitat von Enid Blyton zu Beginn des Kapitels trifft das Wesentliche der einfachen Freuden der englischen Küche – und in ihrer reinsten Form.

Klein ist sie, unsere Insel, aber auch ungeheuer abwechslungsreich. Das fängt schon bei den Dialekten an: der Singsang Liverpools könnte vom Näseln am Unterlauf der Themse oder dem in Cornwall kaum weiter entfernt sein, vom Schottischen, Irischen und Walisischen gar nicht zu reden.** Und genauso breit ist das kulinarische Spektrum in Großbritannien. Die Fischgerichte aus dem Südwesten, die Köche wie Mitch Tonks und Nathan Outlaw*** propagieren, sind erstklassig: Austern, die den Vergleich mit nordfranzösischen nicht zu scheuen brauchen, und herzhafte Stücke vom Weißfisch in goldenem Bratteig zusammen mit Pommes frites – die berühmte britische Institution von *fish and*

---

* Die Autorin Jane Grigson interessierte sich nicht nur für englisches Essen (worüber sie ein Buch schrieb), sondern insbesondere auch für Obst, Gemüse und Kräuter aus den Gärten Englands. Unvergessen sind ihr beißender Witz und Tonfall.

** Das Vereinigte Königreich besteht aus Großbritannien (mit England, Schottland und Wales) und Nordirland. Bei der Bezeichnung »britisch« in diesem Kapitel bleibt Nordirland allerdings außen vor.

*** Beide demonstrieren in ihren Restaurants ihre Erfahrung mit dem, was die Südküste zu bieten hat. Tonks führt das Seahorse in Dartmouth, Outlaw ist Eigentümer und Küchenchef des Restaurants Nathan Outlaw in Rock, Cornwall.

*chips**. Und dann sind da natürlich Räucherlachs und *soused herring* (Matjes) aus Schottland – Spezialitäten dieser Breitengrade, die es ganz ähnlich auch in Skandinavien gibt – und natürlich *haggis*, der mit Innereien vom Schaf gefüllte Tiermagen, meist von *neeps and tatties* (Speiserüben und Kartoffeln) als Beilage begleitet. Aus dem Norden kommt ausgezeichnetes, mageres Lammfleisch, kein Wunder, müssen sich unsere Schafe doch in halsbrecherischem Gelände gegen ein raues Klima behaupten. Nicht zu vergessen der *yorkshire pudding* (aus einer Art Eierkuchenteig), der sonntags mit Roastbeef, Kartoffeln und Gemüse serviert wird, *cornish pasties* (gebackene Teigtaschen mit einer Füllung aus Rinderhack, Steckrüben, Kartoffeln, Zwiebeln und Gewürzen), *welsh cakes* (gewürztes Kleingebäck mit Rosinen, in der Pfanne gebacken) und aus Norfolk, der Heimat meiner Familie, der bekannte *cromer crab* (Taschenkrebs).

Wir haben auch fremde Küchen adoptiert – allen voran die indische mit ihren Currygerichten, auch wenn die indische Küche natürlich viel mehr zu bieten hat als nur Currys. Neben Roastbeef und *fish and chips* hat sich das Curry längst als Nationalgericht in Großbritannien etabliert. Und unser Appetit darauf ist unersättlich: 12 000 Restaurants mit wöchentlich 2,5 Millionen Gästen servieren 43 Millionen Portionen *chicken tikka* (Hähnchen in würziger Tomatensoße) im Jahr. Jeden Herbst wird eine National Curry Week veranstaltet, und weil die Presse wegen des Mangels an tauglichen Köchen eine »Currykrise« ausgerufen hat, soll nun gar eine britische Curry-Akademie gegründet werden. Im Lauf der Zeit haben sich verschiedene anglisierte Varianten nordindischer (vor allem punjabischer) Gerichte entwickelt.So stammen die cremigen, persisch inspirierten Speisen *chicken tikka* (manchmal mit *ma-*

---

* Dieses Arbeiteressen besteht eigentlich aus Schellfisch oder Kabeljau in Bratteig mit gesalzenen und mit Essig besprenkelten Pommes (und manchmal noch grünen Erbsen), alles zusammen in Zeitungspapier gewickelt. Wie viele andere traditionelle Gerichte ist auch dieses in den vergangenen Jahrzehnten vielfach aufgewertet worden. Beide Grundbestandteile werden schon bei Charles Dickens mehrfach erwähnt (ein »fried fish workhouse« in *Oliver Twist* und »husky chips of potato, fried« in *A Tale of Two Cities)*, aber es ist nicht bekannt, wann beide erstmals in Zeitungspapier vereint wurden. Als Kinder sind wir oft bei unserem örtlichen »chippie« vorbeigegangen, der Pommes- und Fischbraterei, wo immer Gläser mit eingelegten Eiern und Zwiebeln auf der Resopaltheke standen. In der christlichen Tradition wird wegen der Kreuzigung Christi freitags häufig Fisch statt Fleisch gegessen, obwohl ich glaube, dass die »Fish Fridays« in meiner Familie auch etwas damit zu tun hatten, dass sich meine Eltern am Ende einer anstrengenden Arbeitswoche das Kochen zu Hause gern ersparten.

sala-Soße) *korma* und das Zwiebelragout *dopiaza* aus den Palastküchen der in Nordindien um Delhi und Lakhnau herrschenden Moghuln; *jalfrezi*, ein beliebtes Pfannengericht, kommt aus Bengalen und verwertet in gebratener Form Fleisch- und Gemüsereste; und dann ist da natürlich *balti*, vielleicht das berühmteste Curry von allen. *Balti* (»Eimer«) ist eine urenglische Erfindung – und aus dem kulinarischen Kanon Großbritanniens nicht mehr wegzudenken –, mariniertes Fleisch oder Gemüse in einer feinen Soße, in einer wokähnlichen Schüssel serviert. Erfunden wurde es in Birmingham, zu dessen Sehenswürdigkeiten, man glaubt es kaum, das Balti-Curryrestaurant-Dreieck zählt. In ihrem Kochbuch *A Girl and her Pig* liefert April Bloomfield vom Spotted Pig in New York (auch sie stammt aus Birmingham) ihr ganz persönliches Rezept für ein echt gelungenes Curry: »Mein Leben in England war voller Curry ... [es] schmeckt phantastisch mit einem Bier, vorausgesetzt, man ist die ganze Nacht durch die Clubs gezogen.« Ein Anspruch auf Urheberschaft ist nur zu logisch: Das Curry (nicht etwa das indische Essen!) ist integraler Bestandteil ihrer Heimatstadt, gemeinsam mit anderen kulturellen Errungenschaften wie dem Bier und den Nachtlokalen.

Last but not least sind die englischen Puddings und Kuchen zu nennen. An Früchten, Sirup und Gebäck wird hierzulande traditionell nicht gespart, und nach Laurie Colwins Meinung sind die englischen Desserts »nicht zu übertreffen« – womit sie eindeutig recht hat. Die *crumbles* (eine Art Streuselkuchen) mit Brombeeren, Äpfeln oder Rhabarber sind ruckzuck fertiggestellte saisonale Leckerbissen. Dazu bestäubt man das gezuckerte Obst mit einer Mischung aus Mehl, Zucker und Butter und genießt es nach dem Backen mit dicker Vanillesoße. Spontan fallen mir sonst noch ein: *victoria sponges* (Biskuits mit Butter), dann die mürben *scones*, Brotpudding, *treacle tarts*, *sticky toffee pudding*, *spotted dick*, *christmas pudding* ... die Liste ließe sich beliebig verlängern. Eine interessante, vielleicht etwas ungewöhnliche Zutat vieler gedämpfter Puddings wie *spotted dick* und *cristmas pudding* ist *suet* – Rindernierenfett. Mit seinem hohen Schmelzpunkt gibt es während des langen Garens im Wasserbad seine Feuchtigkeit nur ganz allmählich ab, sodass der Pudding schön locker bleibt. Es mag sich nicht besonders appetitlich anhören, aber *suet* ist als heimisches Produkt dermaßen original britisch wie die Puddings, mit denen sich die Briten schon zu Jane Austens und Charles Dickens' Zeiten den englischen Winter vom Leib gehalten haben. Oft stelle ich mir vor, wie sich meine literarischen Helden in *Stolz und Vorurteil, Eine Weihnachtsgeschichte*, lange vor den mediterranen Versuchungen der Nachkriegszeit, aus einer traditionellen mit Rindernierenfett bestückten Speisekammer bedienten.

Genau! British Food – meine (heiße) Liebe unter kaltem Himmel.

Basisvorrat

Wurzelgemüse (Kartoffeln, Steckrüben, Speiserüben, Möhren, Lauch, Zwiebeln) • Fleisch und Innereien • Fisch (Kabeljau, Schellfisch, *whitebait* = kleine Speisefische, Bücklinge) • Meeresfrüchte (Miesmuscheln, Austern, Garnelen, Jakobsmuscheln, Krabben, Krebse) • Hart- und Blauschimmelkäse (v. a. Cheddar, Double Gloucester, Wensleydale, Stilton und Shropshire Blue) • Mürbgebäck • Backwaren, von Brot bis Kuchen • Kekse und *scones* • Würzmittel (Senf, Worcestershirsauce, *brown sauce* aus Tamarindenschoten, Ketchup, Chutneys)

Cottage Pie

Dieser Auflauf wird eigentlich aus Bratenresten gemacht und ist damit ein Beispiel für häusliche Resteverwertung – und prima schmeckt er auch noch. Heute werden die meisten von uns aus Bequemlichkeit Hackfleisch nehmen. Doch auch diesem billigen und ziemlich unglamourösen Fleisch kann – und muss –, meiner Meinung nach, mächtig auf die Sprünge geholfen werden: mit Wein, jeder Menge Gewürzen und mutigem Abschmecken mit Salz und Pfeffer. Spülen Sie an einem ungemütlichen, kalten Abend ein Stück *cottage pie* mit einem Glas Rotwein hinunter, und Sie werden sehen, wie Ihr Winterblues dahinschmilzt. Wenn Sie statt Rinderhack oder Rindfleisch Lamm verwenden, wird daraus ein *shepherd's pie*.

Für 4–6 Personen

Für die Füllung

2 EL Olivenöl
600 g mageres Hackfleisch vom Rind (oder Lamm)
2 weiße Zwiebeln, fein gehackt
1 große Möhre, geschält und fein gewürfelt
2 Stangen Sellerie, fein gehackt
4 Knoblauchzehen, fein gehackt
4 TL Tomatenmark
100 ml trockener Weißwein
250 ml Rinderbrühe
1 gehäufter TL Kristallzucker
1 TL Zimtpulver
½ TL Muskatnuss, gemahlen
1 Spross frischer Salbei
1 Prise Salz
schwarzer Pfeffer, frisch gemahlen

Für den Belag

1 kg große Kartoffeln, geschält und in Stücke geschnitten
30 g Butter
75 ml Vollmilch
½ TL Muskatnuss, gemahlen
1 große Prise Salz
schwarzer Pfeffer
75 g Cheddar, gerieben

- Den Ofen auf 190 °C vorheizen.
- Das Hackfleisch in einer tiefen Pfanne mit der Hälfte des Olivenöls anbraten (ggf. in mehreren Teilen) und beiseitestellen.
- Das restliche Öl in die Pfanne geben und Zwiebeln, Möhre und Sellerie 3–5 Minuten unter Rühren anschwitzen, dann den Knoblauch zugeben und eine weitere Minute lang anbraten. Hackfleisch, Tomatenmark, Wein, Brühe, Zucker, Gewürze, Salz und Pfeffer zugeben, umrühren und bei milder Hitze unter gelegentlichem Rühren 15 Minuten köcheln lassen. In eine große Auflaufform geben und abkühlen lassen.
- Die Kartoffeln in einem großen Topf mit Salzwasser weich kochen, ohne dass sie zerfallen (etwa 15 Minuten). Wasser abgießen, die Kartoffeln wie-

der in den Topf geben, Butter, Milch, Gewürze, Salz und Pfeffer zugeben und alles durchstampfen, bis die Masse cremig ist. Ein paar Klümpchen sind kein Problem.

- Wenn das Fleisch abgekühlt ist, den Kartoffelbrei darüberschichten und mit dem geriebenen Cheddar bestreuen. Im Ofen 15 Minuten backen, dann die Hitze auf 160°C reduzieren und noch einmal 20 Minuten backen, bis der Käse goldgelb ist und die Soße am Rand der Auflaufform blubbert. Heiß mit etwas Gemüse und mit einer Auswahl englischer Würzbeilagen wie Senf oder Chutney servieren.

Bubble and Squeak

Der nächste britische Klassiker, der bei der Verwertung von Resten glänzt – besonders wenn sie vom Sonntagsbraten stammen. Dieses Pfannengericht kam während der Kriege mit ihren Rationierungen in Mode, in Zeiten also, als alles bis zum letzten Fitzelchen verwendet werden musste. Der etwas ausgefallene Name ist lautmalerisch bedingt durch die schmatzenden Geräusche der Zutaten in der heißen Bratpfanne. Die Amerikaner nennen so etwas *hash*, in Irland heißt es *colcannon*, aber immer werden übrig gebliebene Kartoffeln und Gemüse verwendet, es blubbert und quietscht also immer – aber nie gleich. Eine Variante, die sich besonders für einen Brunch eignet: vor dem Wenden kleine Vertiefungen in die Masse drücken und Eier hineinschlagen. Wenn Sie so wollen, die englische Antwort auf das israelische *schakschuka* (Rezept auf Seite 212).

Für so viele Personen, wie Sie wünschen

Kartoffeln, grob zerdrückt (unbedingt notwendig)
Kohl, Möhren, Erbsen, Sprossen (was immer Sie haben), grob gehackt und auf Zimmertemperatur
30 g gesalzene Butter
Salz und Pfeffer
Senf, Ketchup oder *brown sauce* zum Servieren

- Kartoffeln und gehacktes Gemüse in einer Schüssel vermengen und beiseitestellen.
- Butter in eine Antihaftpfanne geben und erhitzen. Kartoffeln und Ge-

müse dazugeben, bei mittlerer Hitze 10–15 Minuten anbraten und währenddessen mit dem Pfannenwender flach drücken.

- Wenn Unterseite und Ränder goldgelb und knusprig sind, auf einen Teller stürzen und umgedreht wieder in die Pfanne gleiten lassen. Noch einmal 10 Minuten anbraten, bis sich eine schöne, gleichmäßige Kruste gebildet hat. Heiß mit vielen Würzbeilagen servieren.

Brotpudding

Ein Hoch auf meinen Lieblingspudding – den *bread and butter pudding*. Nichts für Kohlenhydratneurotiker! Hier kommt der dritte britische Klassiker, ein altbewährtes Rezept und wunderbar anpassungsfähig. Weißbrot ersetze ich manchmal durch *panettone*, ab und an gebe ich etwas Rosenwasser hinzu und/oder ersetze die geriebene Zitronenschale durch Orangenzeste, was dem Ganzen eine nahöstliche Note gibt. Sie können auch Schokoladen-Chips, Nüsse oder ausgefallene Dinge wie gemahlene Tonka-Bohnen zugeben – das Neueste, was ich der neuseeländischen Köchin Anna Hansen vom Modern Pantry in London abgeguckt habe.

Für 6 Personen

100 g Butter (weich)
1½ TL Zimtpulver, plus ein wenig zum Bestreuen
1½ TL Muskatnuss, frisch gemahlen, und noch ein bisschen zum Bestreuen
abgeriebene Schale einer Zitrone
8–9 Scheiben Weißbrot mit Rinde
100 g Mischung aus Rosinen, Sultaninen und Korinthen
425 ml Milch
250 ml Sahne
100 g Feinzucker, plus ein wenig zum Bestreuen
3 Eier
1 TL Vanilleextrakt

- Den Ofen auf 180°C vorheizen und eine mittelgroße feuerfeste Auflaufform einfetten.
- In einer Schüssel die Butter mit einem halben TL Zimt, einem halben TL Muskatnuss und der Hälfte der Zitronenschale vermengen und die Brotscheiben von beiden Seiten damit bestreichen. Die Auflaufform dicht mit den gebutterten Brotscheiben auslegen. Rosinenmischung darüberstreuen.
- In einer zweiten Schüssel Milch, Sahne, Zucker, Eier und Vanilleextrakt mit der restlichen Zitronenschale, Zimt und Muskatnuss verquirlen und über dem Brot in der Auflaufform verteilen.
- Etwas Feinzucker, Muskatnuss und Zimt darüberstreuen und 30–40 Minuten backen, bis der Auflauf goldgelb ist und die Brotrinden bräunlich werden.

SKANDINAVIEN

Beizeiten nehme den Imbiss zu sich
Der nicht zu gutem Freunde fährt.
Sonst sitzt er und schnappt und will verschmachten
Und hat zum Reden nicht Ruhe.

Aus der *Hávamál**

Dänemark, Schweden, Norwegen und Finnland – die skandinavischen Länder zwischen Nord- und Ostsee, Deutschland, Russland und dem Baltikum – waren der Welt bis vor kurzem ein ziemliches Rätsel, vage assoziiert mit minimalistischem Design und Plunderteiggebäck (Kopenhagener!). Das Essen dieser Region unterliegt jedoch einer ganzen Anzahl von Einflüssen und basiert auf einer reichen Auswahl an einheimischen Zutaten. Und diese Küche wird nun seit einiger Zeit als große kulinarische Neuentdeckung unter Gourmets gefeiert.

Ja, die Welt erlebt gerade eine Art nordischer Offenbarung, bei der Essen nur eine Rolle unter vielen spielt. Skandinavien-Krimis werden bei uns verschlungen. Autoren wie der Norweger Jo Nesbø oder der Schwede Stieg Larsson ziehen die Menschen ebenso in ihren Bann wie die Fernsehserien *The Killing* oder *Borgen* und werfen – ironischerweise für ein düsteres Genre – neues Licht auf Skandinavien.

Die skandinavische Küche – früher eher berüchtigt für fettige Backwaren, billigen Bacon und Köttbullar von Ikea – steht jetzt mit klaren, kräftigen Geschmacksnoten im Rampenlicht. Gepökelte, sauer eingelegte und geräucherte Delikatessen, malziges Körnerbrot und herz-

---

* Die *Hávamál* ist eine Sammlung von Sprüchen aus der *Edda* und entstand zwischen dem 9. und 13. Jahrhundert. Sie wird der Weisheitsliteratur zugerechnet und enthält überwiegend Sentenzen.

hafte Gerichte, Beerentörtchen, kräftige Käse und gewürztes Gebäck: Das alles wurde bis vor kurzem viel zu wenig beachtet und gewürdigt. Doch nun richtet sich der Blick der Gourmets verstärkt auf Skandinavien. Maßgeblich dazu beigetragen hat René Redzepi, der dänische Superstar unter den Köchen, dessen Restaurant Noma 2010, 2011 und 2012 bei den San Pellegrino Restaurant Awards zum besten Restaurant der Welt gekürt wurde.

Redzepi verwendet für seine moderne Molekularküche, eine Art nordische Version von Ferran Adriàs Schaffen im El Bulli, viele einheimische Zutaten, von denen der Rest der Welt teilweise noch nie gehört hat.

Sicher ebenfalls zur kulinarischen Entdeckung Skandinaviens beigetragen hat das wiedererwachte Interesse am Backen, denn es sind gerade die Backwaren, die in allen Ländern der Region hervorragend sind. Skandinavische Backwaren haben unseren Horizont in Sachen Kuchen und Brot deutlich erweitert, was wiederum generell eine höhere Wertschätzung der nordischen Küchen mit ihrem *smörgåsbord*, einem kalten Büffet mit gepökelten und geräucherten Fleischwaren, Räucherfisch, Pickles und Salaten (die gern mit Mayonnaise verfeinert werden) zur Folge hatte. Für die Backwaren werden Nüsse und exotische Gewürze verwendet, Milchprodukte und säuerliche Früchte. Ich liebe die Tradition der *fika,* dieses gesellige Kaffeetrinken, zu dem immer auch eine süße Leckerei gehört. Die *fika* ist zwar typisch schwedisch, doch die Vorliebe für Brot, Kuchen und Gebäck verbindet alle nordischen Kulturen. Das dunkle, intensiv schmeckende Brot passt wunderbar zu Fisch, Fleisch und Käse und liefert die Grundlage für die berühmten belegten Brote (*smørbrød, smørrebrød* oder *smörgås).* Kuchen, Kekse und die geliebten Zimtschnecken begegnen einem eigentlich überall, auch wenn in Finnland vielleicht Beerentörtchen beliebter sind und in Norwegen und Schweden nussige Rührkuchen wie die *tosca* mit karamellisierten Mandelblättchen. Etwas ganz Eigenes sind die Backwaren der norwegischen Westküste: Sie weisen deutliche jüdische Einflüsse auf, was auf den jahrhundertelangen Handel mit Deutschland zurückgeht.

Wenn man Skandinavien von Ost nach West durchreist, ändern sich fast unmerklich auch die Aromen. Die dänische Küche erinnert an die norddeutsche (viel Schweinefleisch, viele Kräuter), während weiter östlich, in Finnland, die Einflüsse der russischen Küche schmeckbar werden: deftige, erdige Würze von Kümmel, Dill, Roter Bete, Wild und natürlich Wodka – herzhaftes Essen und starke Getränke, die von innen gegen die Kälte schützen. Die Schweden und Norweger kochen sehr ähnlich; wenn es Unterschiede gibt, dann liegt das am *terroir*: In Schweden werden gern die reichlich in Wäldern wachsenden und selbst gesammelten Pilze verwendet, in Norwegen mehr Meeresfrüchte.

Generell backen die Skandinavier ein kräftiges, vollwertiges Brot aus heimischem Getreide wie Roggen, Hafer, Dinkel und Leinsamen. Weit verbreitet ist auch die Vorliebe für Eingelegtes und Eingemachtes, das zu fast allen Mahlzeiten gegessen und aus lokalen Produkten herge-stellt wird, zum Beispiel aus selbst gesammelten Moltebeeren (eine große Leidenschaft der Norweger, sie sehen aus wie orange Himbeeren und schmecken bitter-säuerlich) oder aus den weit verbreiteten Prei-selbeeren[*], von der norwegischen Köchin und Autorin Signe Johansen als »Cranberrys Skandinaviens« bezeichnet.

Forelle, Kabeljau, Sardinen und Lachs sind (unter anderem) die Stars der skandinavischen Küche. Sie brachten die Bevölkerung früher durch die langen Winter – sonst gab es nämlich kaum etwas zu essen. Aus der historischen Notwendigkeit, Fisch zur Konservierung zu räuchern, entwickelte sich das Herzstück der nordischen Küche: Eingelegter Hering und Graved Lachs (gebeizter Lachs mit Dill[**], siehe das fol-gende Rezept) kommen in ganz Skandinavien auf den Teller, während Norwegen die Heimat des weitverbreiteten *bacalhau* ist (Seite 97). Ge-pökelter und getrockneter Kabeljau[***] bildete jahrhundertelang die Grundlage der norwegischen Wirtschaft. Es gibt ihn in zwei Varianten: als *lettsaltet torsk* (leicht gesalzen) und *klippfisk* (wind- und luftgetrock-net und gesalzen).

In dem Zitat aus der *Hávamál* zu Beginn des Kapitels liegt so etwas wie Wikinger-Pragmatismus: ein nüchternes Sprichwort für hungrige Krieger. Vielleicht war es ja gerade diese praktische Einstellung – die wie das Essen auf dem *terroir* basiert und die Lebensart seiner Bewoh-ner zum Ausdruck bringt –, die zur wachsenden Beliebtheit der skandi-navischen Küche in den letzten Jahren geführt hat: Skandinavisches

---

[*] Preiselbeeren wachsen an immergrünen Zwergsträuchern in den skandinavischen Wäl-dern. Sie ähneln Cranberrys, sind aber kleiner und saftiger. Aus den Beeren wird Kompott oder Marmelade gemacht, ihr herbsäuerlicher Geschmack passt hervorragend zu Wildgerich-ten, Leber und Rindfleisch.

[**] Kräuter werden nicht allzu häufig verwendet, aber Dill ist ein ganz typisches Aroma nor-discher Gerichte. Signe Johansen bezeichnet ihn als »Knoblauch des Nordens«.

[***] *Bacalhau* kennt man vor allem als Zutat für portugiesische, spanische und italienische Ge-richte, er stammt jedoch ursprünglich aus Skandinavien, genauer: aus Norwegen. Heute wird er auch in Ländern wie China und direkt in Portugal produziert.

Essen entspricht hervorragend einer modernen, gesunden und ausgewogenen Ernährung, ohne Abstriche bei Geschmack oder Charakter. Nahrhafte Getreideprodukte und saisonales Fleisch, zusammen mit lokalen Zutaten und frisch gefangenem Fisch sorgen für eine protein- und ballaststoffreiche Ernährung. Darüber hinaus war die skandinavische Küche schon immer ihrem nachhaltig regionalen und saisonalen Anspruch treu, etwa indem Kabeljau und Hering, wenn der Fang besonders üppig ausfiel, für schlechte Zeiten haltbar gemacht wurden. Kein Wunder also, dass die skandinavische Küche gerade jetzt aus der nordischen Dunkelheit ins Rampenlicht der Beliebtheit rückt.

Basisvorrat

Gewürze (Piment, Muskat, Zimt, Kardamom) • Dill • Lachs • Hering • Stockfisch (eingesalzener Kabeljau) • Wild • Vollkornbrot (Pumpernickel und anderes Roggenbrot) • Rot- und Weißkohl • saure Gurken • Rote Bete • eingemachte Früchte (Kirschen, Pflaumen, Aprikosen, Preiselbeeren)

Graved Lachs

Lachs war in der Zeit, als ich kein Fleisch aß, mein Standardgericht, wenn ich Gäste hatte oder selbst in einem Restaurant war (das war noch bevor der Wolfsbarsch groß in Mode kam). Irgendwann konnte ich keinen Lachs mehr sehen – und zwar so was von nicht mehr sehen! Graved Lachs rettete mich aus meiner Fisch-Fadesse durch die köstliche Kombination aus leckeren Gewürzen, einem Hauch Süße und jeder Menge Dill. Sie können dieses typisch skandinavische Gericht als Vorspeise in Häppchen auf Sauerteigcanapés servieren, und schon wird aus einem braven Lachs ein aufregender Gaumenkitzel. (Sie müssen im Vorfeld nur daran denken, ihn vor dem Servieren einige Tage im Kühlschrank marinieren zu lassen.)

Für 10–15 Personen als Bestandteil eines Smörgåsbord

1 Lachsseite, entgrätet und in zwei Filets geschnitten
1 EL weiße Pfefferkörner
2 EL Korianderkörner
100 g brauner Rohrzucker
100 g Steinsalz
90 g Dill

Für die Dillsoße
45 g Dill
3 EL Pflanzenöl
3 EL Weißwein
3 TL braunen Rohrzucker
3 TL Dijonsenf
Meersalz

- Den Lachs auf Gräten kontrollieren und ihn dann mit der Hautseite auf einen Teller legen. Pfeffer- und Korianderkörner im Mörser zerstoßen, Zucker und Salz dazugeben. Die Hälfte des Dills hacken und die fleischige Seite des Fischs damit einreiben. Die Gewürzmischung darüber geben und ebenfalls gut einreiben.
- Die Filets zusammenklappen, sodass die Dill-Gewürzseiten aufeinander-liegen. Freiliegende Stellen mit der restlichen Dill-Gewürzmischung ein-reiben, dann den Fisch fest mit Klarsichtfolie umwickeln und in eine Auf-laufform oder auf ein Backblech legen. 48 Stunden lang im Kühlschrank marinieren.
- Für die Soße einfach alle Zutaten mischen – fertig!
- Nach zwei Tagen den Fisch aus der Klarsichtfolie wickeln, die Kräuter-Gewürzmischung abwischen und den Lachs abtupfen. Signe Johansen empfiehlt, den restlichen Dill auf die hautfreie Seite beider Filets zu ge-ben und leicht anzudrücken. Jedes Filet entlang der diagonalen Linien in dünne Streifen schneiden. Roggen- oder Sauerteigbrot damit belegen und mit etwas Soße beträufeln.

Süßsaurer Gurkensalat

Dieses Gericht gibt es überall in Skandinavien – was in jedem Land anders ist, sind die Zutaten. Immer dabei sind jedoch die drei Hauptbestandteile Gurke (wer hätte das gedacht?), Zucker und Weißweinessig – die beiden letzteren in einem köstlich ausgewogenen Mischungsverhältnis. Manche würzen noch mit Kümmel oder Selleriesamen, aber ich mag den Salat möglichst schlicht mit einer Kombi aus schwarzem und weißem Pfeffer. In Sachen Kräuter ist Dill natürlich der König, aber wenn Sie diesen Salat zu Graved Lachs servieren, ist das vielleicht ein bisschen zu viel des Guten. Nehmen Sie dann lieber Petersilie.

Für 6 Personen

2 Gurken
3 EL Weißweinessig
3 EL Kristallzucker
1 großzügige Prise Meersalz
½ TL gemahlener schwarzer Pfeffer
½ TL gemahlener weißer Pfeffer
15 g Dill oder Petersilie, fein gehackt, ohne Stiele
Zitronensaft (falls gewünscht)

- An den Gurken die Enden abschneiden und die Gurken nach Wunsch schälen. Sie können die Schale komplett entfernen oder schmale grüne Streifen stehen lassen, das ist wirklich nur eine Frage der Optik. Die Gurken in sehr feine Scheiben schneiden oder hobeln.
- Die übrigen Zutaten zu einem Dressing vermischen – einschließlich des Zitronensafts, wenn Sie etwas mehr Säure mögen. Einige Kräuter zum Garnieren zurückbehalten.
- Die Gurkenscheiben in eine Schüssel geben, Dressing darübergeben, und alles etwa eine halbe Stunde im Kühlschrank durchziehen lassen. So können die Gurken die Aromen schön aufnehmen, ohne allzu matschig zu werden.
- Zum Servieren die restlichen Kräuter darüberstreuen. Passt sehr gut zu Fischgerichten wie Graved Lachs oder gedünstetem Lachs.

Dänischer Drømmekage

Das Rezept meiner Mutter für den dänischen »Traumkuchen« – das sie in den neunziger Jahren von einer dänischen Freundin stibitzte – steht in einem alten Notizbuch, vollgekritzelt mit Rezepten. Als Kind und junge Frau habe ich ihn wirklich oft gegessen und erst kürzlich für mich wiederentdeckt. Wie sein Name schon sagt, besteht er aus traumhaft luftigem Rührteig mit einem Belag aus Kokos und braunem Zucker. Traumhaft einfach, traumhaft im Geschmack!

Für 12 Personen

350 ml Vollmilch (3,5 % Fett)
80 g weiche Butter (ungesalzen)
5 große Eier
350 g Feinzucker
450 g Mehl (gesiebt)
3 TL Backpulver
2 TL Vanilleextrakt

Für den Belag

125 g ungesalzene Butter
100 g Kokosraspel
200 g dunkler Rohrzucker
50 ml Vollmilch (3,5 % Fett)

- Den Ofen auf 180°C (Umluft 160°C, Gas Stufe 4) vorheizen. Eine Springform mit 24 cm Durchmesser einfetten und mit Backpapier auskleiden.
- Milch und Butter in einem kleinen Topf erhitzen und die Butter bei mittlerer Hitze schmelzen lassen. Gelegentlich umrühren. Zum Abkühlen beiseitestellen.
- In der Zwischenzeit in einer großen Rührschüssel die Eier mit dem Zucker schaumig schlagen (8–10 Minuten), dann das Mehl mit dem Backpulver und den Vanilleextrakt zugeben. So lange rühren, bis ein völlig glatter Teig entstanden ist.
- Die Milch-Butter-Mischung unterziehen und alles in die vorbereitete Springform geben. Auf einem Backblech (etwas Teig kann auslaufen) als Unterlage 35–40 Minuten backen.
- Für den Belag alle Zutaten in einen kleinen Topf geben und bei mittlerer

Hitze rühren, bis sich alles verbunden hat. Nach dem Ende der Backzeit den Rührteigboden aus dem Ofen nehmen und den Belag sofort gleichmäßig darauf verteilen.

- Den Ofen auf 200°C (Umluft 180°C, Gas Stufe 6) hochschalten und den Kuchen mit Belag weitere 5 Minuten backen. Aus dem Ofen holen und in der Form abkühlen lassen. Sobald der Belag fest ist, können Sie den Kuchen genießen!

NAHER OSTEN

Zucker, Zimt und andere Zauberzutaten

Ohne Zucker, Gewürze und die anderen aromatischen Zutaten auf dieser Karte, sähe unser Leben ganz anders aus – schon allein, weil uns die aromatischen Muntermacher fehlen würden! Die Zutaten auf dieser Seite sind für Köche auf der ganzen Welt unverzichtbar. Es sind gerade die Gewürze, die viele Küchen definieren, sie voneinander abgrenzen: je nachdem, wie viel und in welcher Form und Mischung man sie einsetzt. Dieser Karte und den folgenden Doppelseiten können Sie entnehmen, wo einige meiner Lieblingsaromen und süßen Zutaten ursprünglich herkommen. Heute werden sie überall auf der Welt verwendet und angebaut – oft fern ihrer Ursprungsländer.

USA & Kanada
Ahornsirup

Mexiko
Vanille

Mayareich in Mittelamerika
Schokolade

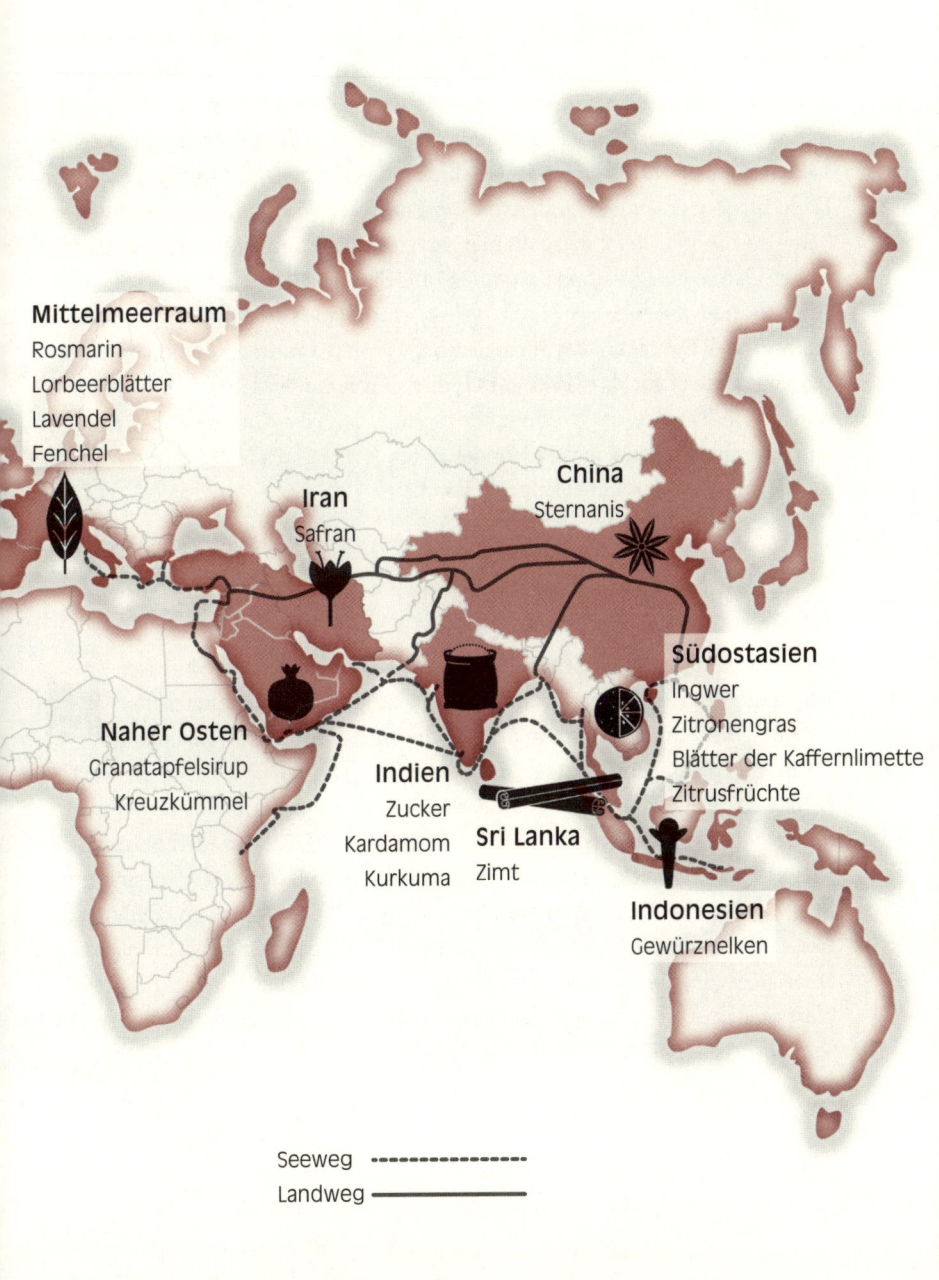

Mittelmeerraum
Rosmarin
Lorbeerblätter
Lavendel
Fenchel

Iran
Safran

China
Sternanis

Südostasien
Ingwer
Zitronengras
Blätter der Kaffernlimette
Zitrusfrüchte

Naher Osten
Granatapfelsirup
Kreuzkümmel

Indien
Zucker
Kardamom
Kurkuma

Sri Lanka
Zimt

Indonesien
Gewürznelken

Seeweg - - - - - - - - - - -
Landweg ——————

Die Gewürzstraße

Früher waren Gewürze eine sehr wertvolle Handelsware – sie hatten nicht nur einen finanziellen, sondern auch einen machtpolitischen Wert. Über weite Strecken wurde die kostbare Fracht auf der Gewürzstraße (siehe Karte auf der vorigen Seite) von Ost nach West transportiert; der Handel prägte über Jahrhunderte die Beziehungen zwischen den Ländern. So hing etwa der Aufstieg des Osmanischen Reiches eng damit zusammen, dass die Osmanen mit der Eroberung des Byzantinischen Reichs 1453 auch die Kontrolle über die Gewürzstraße erlangten. Auf der Karte sind die Herkunftsländer der wichtigsten und am häufigsten verwendeten Gewürze zu sehen – die meisten von ihnen stammen vom indischen Subkontinent und aus dem Nahen Osten. Als Christoph Kolumbus 1492 die Neue Welt entdeckte, hatte er eigentlich einen neuen Seeweg nach Cathay gesucht (wie man China seit Marco Polo nannte), weil Osmanen und Portugiesen die zwei bekannten Routen kontrollierten. Er dachte tatsächlich, dass er in Indien angekommen sei (daher die Bezeichnungen »Indianer« und »Westindische Inseln«), doch der Kontinent, den er zufällig entdeckte, bot ganz andere Handelswaren – von Chilis über Mais, Kartoffeln und Tomaten bis zu Schokolade und Vanille.

Zucker

Auch Zucker stammt ursprünglich aus dem Osten, vermutlich wurde er zum ersten Mal in Indien raffiniert. Es waren allerdings die Chinesen – damals das mächtigste Reich in Asien –, die im 7. Jahrhundert die ersten Zuckerrohrplantagen anlegten. Im Lauf der Zeit gelangte der Zucker in den Nahen Osten, wo er zum wichtigsten Bestandteil von Süßspeisen wurde – oft kombiniert mit Gewürzen wie Kardamom und Zimt. Im 12. Jahrhundert brachten die Kreuzfahrer den Zucker aus dem Heiligen Land nach Europa. Mit Kolumbus gelangte er dann im 15. Jahrhundert nach Amerika. In den tropischen Regionen der Neuen Welt, von den Südstaaten der heutigen USA über die Karibik bis nach Südamerika, legten die europäischen Siedler im 18. und 19. Jahrhundert Zuckerrohrplantagen an. Und so begann der Siegeszug des Zuckers, den wir nicht mehr missen möchten – mit all seinen Vor- und Nachteilen.

Schokolade

Schokolade stammt aus der Region, die wir heute als Mexiko, Guatemala, Belize und Honduras kennen und in der zwischen 250 und 900 nach Christus die Hochkultur der Maya ihre Blüte erlebte. Unser Wort Schokolade kommt von der Bezeichnung *xocolatl*, die »heißes Wasser« bedeutet;  man kann also davon ausgehen, dass Kakao zunächst (ab 1100 vor Christus) heiß getrunken wurde. Er wird ziemlich bitter gewesen sein, denn Zucker war damals in Amerika noch unbekannt. Als die Azteken im 15. Jahrhundert Mittelamerika eroberten, wurde das Kakaogetränk mit Vanille und Chili verfeinert und international bekannt; wirklich beliebt jedoch wurde der Kakao erst mit der Ankunft der Europäer. Schon bald wurde er in großen Mengen auf Plantagen angebaut. Durch die Weiterverarbeitung und die Beigabe von Zucker entstand schließlich die (feste) Schokolade, wie wir sie heute kennen.

Vanille

Im Gegensatz zur Schokolade kommt die Vanille aus einem ganz bestimmten Gebiet in Mexiko, dem heutigen Bundesstaat Veracruz. Es gibt Belege, dass Vanille im 15. Jahrhundert von den dort ansässigen Totonaken verwendet wurde. Mit der Ankunft der Konquistadoren, die die Schote *vainilla* (»kleine Hülse«) nannten, gelangte die Vanille nach Europa. Heute ist Vanille weltweit ein beliebtes Aroma in Schokolade, Süßspeisen und Getränken. Weltweit größter Vanilleproduzent ist Madagaskar, dicht gefolgt vom Ursprungsland Mexiko.

TÜRKEI

Farbe ist die Berührung des Auges, die Musik der Taubstummen,
ein Wort in der Dunkelheit.

Orhan Pamuk, *Rot ist mein Name*

D as Wort »Farbe« umschreibt alles, was mich an Istanbul fasziniert. Orhan Pamuk, der bekannteste türkische Schriftsteller der Gegenwart, fasst dieses Spektrum in einem schlichten, treffenden Satz zusammen. Istanbul ist ein einziges Spektakel optischer Opulenz: vom atemberaubend schönen Innenraum der Blauen Moschee und dem im Sonnenuntergang glitzernden Bosporus über die bunten Glaslampen, die vielfarbige Silhouetten an die Mauern des Großen Basars werfen, bis zu den Bergen getrockneter Früchte und Nüsse und kräftig leuchtenden Gewürzpulverkegeln – Istanbul ist ein Fest für die Augen.

Erfreulicherweise aber ist es auch ein Fest für Nase und Gaumen: Die farbenprächtigen Marktstände geben eine Ahnung von all den Aromen, die die Türkei zu bieten hat: Pyramiden aus Zimt und Rosenblüten, goldenen Sultaninen und knorrigen Walnüssen, getrockneten Feigen und glänzenden Oliven in vielen Farben, dazu honigtriefende Bienenwaben und Bottiche voll frischen Joghurts, Obststände mit dunkelroten Äpfeln, Auberginen in tiefstem Lila, Granatäpfel und hin und wieder eine Ananas. Istanbul ist ein lebendiges Museum für türkisches Essen: antik und modern zugleich.

Meine Erfahrungen in Istanbul lassen sich perfekt mit einem Schlagwort zusammenfassen: »kulinarischer Tourismus«. Wir aßen den ganzen Tag, schlenderten hierhin und dorthin, wir futterten uns so durch. Nach frischem Joghurt, Honig und Nüssen zum Frühstück bummelten wir weiter zum Mittagessen, gönnten uns *pide,* nicht ohne zuvor noch ein paar kleine Zwischengänge mit *lokum* und *baklava* einzuschieben, und am Abend Eintöpfe und Kebab, alles hinuntergespült mit Efes-Bier und Raki. Ich war eigentlich die ganze Zeit pappsatt, aber solchen Gelegenheiten, Neues zu probieren, kann ich nicht widerstehen.

In der Türkei leben 70 Millionen Menschen und 50 verschiedene Volksgruppen; ein Land zwischen Christentum und Islam, Europa und dem Nahen Osten. Istanbul liegt im Zentrum dieses Spannungsfeldes, eine Stadt auf drei Landspitzen, von denen zwei zu Europa gehören und eine zu Asien. Getrennt werden die beiden Kontinente durch die Meerenge des Bosporus. Europäern erscheint Istanbul vielleicht so exotisch wie andere islamische Metropolen (etwa Beirut oder Marrakesch), doch auch auf die islamischen Nachbarn wirkt die Türkei mit ihrer säkularen Regierung und einer ganz anderen Sprache fremd. Die Türkei gehört nicht mehr zu Europa, so richtig Asien ist sie aber auch noch nicht – kein Wunder, dass die Römer die anatolische Halbinsel »Asia Minor« (Kleinasien) nannten.

Ich habe mich entschieden, stellvertretend für die ganze Türkei nur die Küche Istanbuls zu erkunden, nicht nur, weil es in dieser Stadt einen guten Querschnitt durch so ziemlich alle türkischen Küchen gibt, sondern weil dort auch der Topkapi-Palast steht, in dem sich die osmanische Kochkunst im Lauf der Jahrhunderte entwickelt hat. Das Vermächtnis des Osmanischen Reichs formte die moderne türkische Küche, die Einflüsse der Provinzen dieses weitläufigen Reiches schmeckt man noch heute. Diesen Einflüssen möchte ich nachgehen, sie mit den Farben kolorieren, die Orhan Pamuk heraufbeschworen hat.

Über Jahrhunderte – 623 Jahre lang, um genau zu sein – mischte das Osmanische Reich in der europäischen Politik mit. Mit der Eroberung des Byzantinischen Reiches 1453[*] gewannen die Osmanen die Kontrolle über die Gewürzstraße (Seite 180), wodurch sich ihr Machtbereich noch weiter ausdehnte, aber auch neue Einflüsse nach Anatolien gelangten.[**] Gerichte, die wir auch aus anderen Ländern kennen – etwa *mezze*, verschiedene kleine Vorspeisen wie Dips aus Hummus oder Joghurt, gefülltes Gemüse und gefüllte salzige oder süße Backwaren –, stammen ursprünglich aus der Türkei und verbreiteten sich von dort

---

[*] Unter griechischsprachiger Führung mit der Hauptstadt Konstantinopel (dem heutigen Istanbul) als Mittelpunkt entstand nach der Teilung des Römischen Reichs im östlichen Mittelmeerraum das Byzantinische Reich (daher auch Oströmisches Reich genannt).

[**] Mit Anatolien meine ich den asiatischen Teil der Türkei. Istanbul liegt hauptsächlich auf der europäischen Seite des Bosporus, der Großteil der Türkei (97 Prozent) hingegen in Asien.

aus. Umgekehrt gelangten die verschiedenen Gewürze, die entlang der Gewürzstraße von Indien bis Marokko gehandelt wurden, in die Hauptstadt des Osmanischen Reiches; Zucker, Süßspeisen (beispielsweise *gaz*, aus dem vermutlich das heutige *lokum** entstand) und Reis wurden aus Persien eingeführt, Wein kam aus Griechenland, während Kebab und gegrilltes Fleisch, wofür die türkische Küche im Ausland wohl am bekanntesten ist, dem Nomadenleben der osmanischen Eroberer zu verdanken ist.

Heute findet man in jeder englischen oder deutschen Stadt zahlreiche türkische Grills und Kebab-Restaurants, die neben dem Döner Kebab auch *beyti, schawarma* und *şiş kebap* servieren. In der Türkei gibt es viele regionale Varianten, wie etwa *Adana kebap* und *Urfa kebap*, die man auch in Istanbul bekommt. In der Regel sind diese Gerichte nach ihren Herkunftsorten benannt (in unserem Fall also nach Adana im Süden beziehungsweise Urfa im Südosten der Türkei) und bestehen aus einer Mischung aus Lammhack, Schwanzfett** und Bulgur, die zu langen Streifen geformt, dann gegrillt und mit Salat und Joghurt gegessen wird.

Adana kebap wird mit *pul biber* geschärft, jenen scharfen roten Chiliflocken, die zahlreiche türkische Gerichte so dekorativ würzen. Meine Expertin für Istanbul, Rebecca Seal (die in England vor kurzem ein Kochbuch über die kulinarischen Genüsse der Stadt mit dem schlichten Titel *Istanbul* veröffentlicht hat), erklärte mir, dass Innereien überall leidenschaftlich gern gegessen und auf viele verschiedene Arten zubereitet werden: gebraten, frittiert, gegrillt, mit Zwiebeln oder im Teig – Gerichte, die an die nomadische Lebensweise von Hirten und osmanischen Kriegern erinnern, wie beispielsweise *kokoreç*, gewürzte, um einen Spieß gewickelte und dann gegrillte Lammdärme. Oder *mumbar*, Därme gefüllt mit Fleisch, Bulgur und Zwiebeln. Beides wird mit Brot und klein geschnittenem Salat gegessen.

*   *Lokum* gehört wie *baklava* zu den Süßigkeiten, die in Istanbul mit unglaublicher Kunstfertigkeit hergestellt werden: essbare Kunstwerke, die man im Westen kaum findet – stellen Sie sich Walnüsse, Datteln, Zitronenschalen oder Minze vor, umhüllt von weichen, köstlichen Röllchen mit Rosenaroma, überstäubt mit einem Hauch Puderzucker.

** Schwanzfett ist ein besonders aromatisches Fett spezieller Schafrassen, der sogenannten Fettschwanzschafe, die einen großen Teil ihres Körperfetts im Schwanz speichern. Sie sind vor allem im Nahen Osten sehr beliebt. Ein Widder der Rasse Awassi kann bis zu 12 Kilo Fett im Schwanz speichern.

Das Erbe der Osmanen ist in der heutigen türkischen Küche noch präsent, und das sollte es auch sein, wenn Sie türkisch kochen. Zum Glück gibt es die Zutaten für türkische Gerichte auch bei uns – die etwas ausgefalleneren finden Sie sicher in einem türkischen Lebensmittelgeschäft. Zur Grundausstattung gehören auf jeden Fall frische Kräuter, aromatische Gewürze, *pul biber*, Naturjoghurt und Lamm oder Hühnchen von einem guten Metzger. Ein guter Grill oder die offene Flamme am Gasherd verleiht Ihren Fleisch- und Gemüsegerichten das authentische Holzkohlearoma, das so typisch für die osmanische Küche ist.

Die Küche Anatoliens, der heutigen Türkei, entwickelte sich ebenso am heimischen Herd wie in den Feldlagern der Armeen und auf den Rastplätzen der Handelsrouten. Wie in Marokko (Seite 324) hat die moderne türkische Küche ihrem königlichen Erbe viel zu verdanken – viele ihrer Eckpfeiler, etwa Yufka-Teig, Pilaw, Weißbrot und Gerichte auf Joghurtbasis, wurden von den Köchen des Sultans im Topkapi-Palast entwickelt und verfeinert. Wenn man den Quellen glauben darf, dann lebten und arbeiteten bis zu 1400 Köche am Hof des Sultans, die sich, aufgrund der strengen Vorschriften, zu wahren Könnern im Umgang mit frischen Zutaten entwickelten. Bis heute sind reifes Gemüse und Obst, frisch durch den Wolf gedrehtes Hackfleisch, frische Meeresfrüchte und Milchprodukte, frisch zubereiteter Teig und frische Backwaren feste Bestandteile türkischer Gerichte – haltbar gemachte Ware ist eher selten. Wussten Sie übrigens, dass Joghurt eine türkische Erfindung ist? Als ich die Gerichte des Nahen Ostens und Indiens kennenlernte, war ich von der Verwendung von Joghurt besonders fasziniert. Wie viele kannte ich Joghurt aus meiner Kindheit nur als Nachtisch, heute ist er für mich eine wichtige Zutat in pikanten Gerichten und dank seiner Cremigkeit und köstlich sauren Note eine perfekte Ergänzung zu Fleisch und Getreide.

In Sachen Gebäck macht den Türken so schnell kein anderes Land etwas vor. Das beweist der Yufka-Teig, der so hauchdünn ausgerollt wird, dass daraus eine eigene Kunstform entsteht. In mehreren Schichten übereinander erreicht er eine unvergleichliche Knusprigkeit und dient als Hülle für Herzhaftes und Süßes gleichermaßen: *börek* mit einer würzigen Füllung aus Hackfleisch, mit Schafskäse oder mit Kartoffeln und Spinat ist ein klassischer Bestandteil der *mezze*. Die süße Variante, *baklava*, ist weltweit bekannt und beliebt: dünne Teigschichten mit Nüssen (Pistazien, Mandeln, Walnüssen) und Honigsirup. Spe-

zialgeschäfte verkaufen quadratische, rautenförmige, runde und drei-
eckige *baklavas*, immer dekoriert mit Nüssen in verschiedenen Farben –
echte Schönheiten. Osmanisches Gebäck genießt man heute auf der
ganzen Welt, sehr gern auch in muslimischen Ländern, etwa als *bastilla*
in Marokko oder als *knafeh*, eine ursprünglich palästinensische Süßspeise, die in den Ländern des östlichen Mittelmeers sehr beliebt ist –
Israel eingeschlossen (Seite 206).

Dolma (gefülltes Gemüse – »dolma« ist die allgemeine Bezeichnung
für alles Gefüllte) und Pilaw (ein Reis- oder Getreidegericht mit Gemüse,
Fleisch oder Fisch)* gibt es nicht nur in der Türkei, sondern überall
in der muslimischen Welt. Dieses Buch ist reich an Rezepten für gefülltes Gemüse – ob aus dem Libanon oder aus Sizilien und Südspanien –
sowie für Reisgerichte (*pilau* in Indien, *polo* im Iran), deren gemeinsame kulinarische Tradition im Nahen Osten wurzelt. All das wurde im
Topkapi-Palast perfektioniert: meisterhaft lockere Pilaws und gefüllte
Speisen, die trocken genug sind, um sie mit der Hand zu essen, aber
innen himmlisch saftig. Gefüllt werden beispielsweise Auberginen
(die Helden der türkischen Küche), Artischocken, Tintenfisch und sogar Melonen, und zwar mit einer Mischung aus Reis oder Bulgur, Hackfleisch und Gewürzen. Typisch für Istanbul sind *midye dolma*: Muscheln in der Schale, gefüllt mit aromatischem Reispilaw mit Rosinen,
Knoblauch, Pinienkernen und Kräutern.

Und dann *simit*! An fast jeder Straßenecke stehen *simit*-Verkäufer
mit ihren in Granatapfelsirup getauchten und mit Sesam bestreuten
Brotkringeln. Zusammen mit Joghurt und Marmelade ist *simit* eigentlich *das* Frühstücksgebäck, wird aber immer gern gegessen – ob morgens, mittags oder abends. Am nächsten kommt *simit* unseren Brezen,
während *pide* und *lahmacun* typische Fladenbrotgerichte sind. *Lahmacun*, die »türkische Pizza«, wird mit Hackfleischragout, gegrilltem
Gemüse und Kräutern belegt.

Wie bei einer Stadt am Meer nicht anders zu erwarten, gibt es in
Istanbul phantastische Meeresfrüchte. Frischer Fisch aus Bosporus
und Marmarameer glänzt nachts auf den Auslagen der Marktstände im
Viertel Kumkapi, blaue, rosa und graue Schuppen und tropfnasse Flossen leuchten im Schein der Glühbirnen: Thunfisch und Bonito, Bas-

---

* Pilaw kann mit Reis, Bulgur oder anderem Getreide zubereitet und mit Hülsenfrüchten
wie Kichererbsen ergänzt werden. Ein weiteres typisches Gericht auf Getreidegrundlage ist
kisir, das gern als Beilage gegessen wird: Bulgur mit Tomatenmark, glatter Petersilie, Frühlingszwiebeln, mariniert mit Granatapfelsirup als süßsaurem Kick.

tardmakrele (Stöcker) und Sardinen, Schwertfisch und – ganz wichtig! – Sardellen (*hamsi*, die bis zu 15 cm lang werden). *Hamsi tava*, gebratene Sardellen im Maismehlmantel, sind eine Spezialität und werden appetitlich kreis- oder sternförmig angeordnet serviert (siehe das Rezept am Ende des Kapitels). Sehr beliebt ist auch *balik dolma* (gefüllter Fisch) oder *pilaki*, ein Gericht, bei dem der Fisch in einer süßen Gemüsesoße aus Zwiebeln, Tomaten, Olivenöl, Karotten und Zucker gekocht wird. Für Fisch gibt es zahllose Arten der Zubereitung – gebraten, gegrillt oder gedämpft –, am häufigsten wird er nur mit Zitrone und Petersilie gegessen oder als Einlage in Suppen und Eintöpfen.

Die osmanische Küche wird heute oft als Teil einer längst vergangenen Ära betrachtet, auch von den Türken selbst. Musa Dagdeviren, einer der bekanntesten Köche der Türkei,[*] erklärt dazu, dass es schlicht nicht möglich sei, die osmanische Küche authentisch nachzukochen. Restaurants, die etwas anderes behaupten, hätten nur das Ziel, Touristen anzulocken, die sich nach der prachtvollen türkischen Vergangenheit sehnen. Die Zünfte in osmanischer Zeit waren berühmt dafür, ihre Arbeitsmethoden geheim zu halten, allerdings kann man, wenn man den osmanischen Rezepten nachspüren will, Vermutungen anstellen und die einzelnen Orte entlang der Gewürzstraße, die von den Osmanen kontrolliert wurde, miteinander verbinden. Dadurch entsteht ein grober Umriss, eine Skizze, die wir mit jenem bunten Spektrum füllen können, das uns die türkische Küche heute bietet und das dem hungrigen Reisenden in Istanbul dargeboten wird. Um noch einmal Orhan Pamuk zu zitieren, Farbe ist hier wirklich »ein Wort in der Dunkelheit«.

* Musa hat es sich zur Aufgabe gemacht, die kulinarischen Traditionen seines Landes zu entwirren, wobei er nicht nur exakt regionale Unterschiede bestimmt, sondern auch alte, beinahe in Vergessenheit geratene Rezepte aufstöbert. Von manchen Gerichten in seinem Restaurant Ciya Sofrasi auf der asiatischen Seite Istanbuls heißt es, dass sie schon alte Damen zum Weinen gebracht haben sollen – durch jenen Proust-Faktor, der Erinnerungen an längst vergangene Zeiten heraufbeschwört.

Basisvorrat

Granatapfelsirup • Paprikamark • Joghurt • Kreuzkümmel •
Gewürzsumach • *pul biber* • Paprika • glatte Petersilie •
Minze • Dill • Nüsse (Pistazien, Haselnüsse, Walnüsse,
Mandeln) • Yufka-Teig • Zitrusfrüchte •Hackfleisch (Lamm und
Huhn) • Orangenblütenwasser • Rosenwasser

Frittierte Sardellen

Frisch aus dem Bosporus und frittiert, sind Sardellen eine echte Istan-
buler Delikatesse. Häufig werden sie sternförmig mit Zitronenachteln auf
einem Teller angerichtet. Mit dem Zitronensaft wird die knusprig panierte
Haut beträufelt. Sardellen ähneln Sardinen, schmecken aber intensiver.
Sollten Sie keine frischen Sardellen bekommen, empfiehlt Rebecca Seal
die etwas größeren Sprotten.

Für 6 Personen

5 ml Sonnenblumen- oder Pflanzenöl zum Frittieren
100 g Mehl
1 gute Prise Meersalz und frisch gemahlener schwarzer Pfeffer
20–30 frische Sardellen (oder 20 Sprotten)
Zitronenschnitze zum Anrichten
Glatte Petersilie zum Anrichten

- Das Öl in einem Wok oder hohen Topf (es sollte 4–5 cm hoch stehen) er-
  hitzen.
- Während das Öl heiß wird, Mehl und Gewürze in einer flachen Schale
  mischen, und die Fische darin wenden.
- Wenn das Öl die richtige Temperatur hat (einfach einen Brotwürfel ins Öl
  geben: wenn er zischt und bräunt, können Sie loslegen), das überschüssige Mehl abklopfen und mehrere Fische (aber nicht alle auf einmal!) ins
  Öl geben. Nach 2–3 Minuten sollten sie goldbraun sein, dann mit einem
  Schaumlöffel herausheben und auf Küchenkrepp abtropfen lassen.
- Sternförmig auf einem Teller arrangieren. Mit Zitronenschnitzen deko-
  rieren, gehackte Petersilie und schwarzen Pfeffer darüberstreuen.

Köfte aus Rindfleisch

Die Fleischbällchen aus Rindfleisch sind ein wunderbares Beispiel für die Verwendung von Joghurt in der Türkei und den umliegenden Ländern. Sie sind außerdem eine erfrischende Abwechslung zu Lamm, das so oft im Nahen Osten gegessen wird. Rebecca Seal, aus deren Buch über Istanbul dieses phantastische Rezept stammt, schreibt in der Einleitung, dass es in der Türkei zahlreiche Variationen von Köfte gibt, und ermutigt zur Kreativität – das heißt, dass Sie gerne mit Zutaten und Mengen experimentieren dürfen! Der Gewürzsumach ist hier nicht unbedingt nötig, ich empfehle ihn aber sehr, weil er mit seiner zitronig-würzigen Note einen Frischekick liefert und Fleisch und Joghurt geschmacklich ideal verbindet.

Für 2–4 Personen

Für die Fleischbällchen
3–4 EL Semmelbrösel
300 g Rinderhackfleisch
¼ Zwiebel in feinen Würfeln
1 Knoblauchzehe, sehr fein gehackt
15 g glatte Petersilie, sehr fein gehackt
1 TL Gewürzsumach, und noch ein bisschen zum Garnieren
(nach Belieben)
1 TL gemahlener Kreuzkümmel
1 TL scharfes türkisches Paprikamark oder ½ TL scharfes Paprikapulver
1 TL Tomatenmark
¼ TL frisch gemahlener schwarzer Pfeffer
½ TL Salz
1 Ei
Pflanzenöl zum Frittieren

Für den Knoblauchjoghurt
175 ml griechischer oder türkischer Joghurt
½ Knoblauchzehe, sehr fein gehackt (oder mehr, ganz nach Geschmack)
15 g glatte Petersilie, fein gehackt

- Das Rinderhack in einer Schüssel mit Knoblauch, Zwiebelwürfeln, Petersilie, Gewürzen, dem Paprika- und Tomatenmark und 3 EL Semmelbröseln mischen.
- Das Ei zugeben und schnell, aber gründlich vermengen. Wenn die Mischung zu feucht ist, die restlichen Semmelbrösel zugeben und alles erneut vermischen. Die Masse in 12 Portionen teilen und Bällchen formen.
- Für den Knoblauchjoghurt den Joghurt mit den anderen Zutaten verrühren. Abschmecken. Bis zum Servieren in den Kühlschrank stellen.
- Das Öl zum Frittieren erhitzen. Wenn ein trockener Brotwürfel (mindestens 1 Tag alt) in 30 Sekunden knusprig braun wird, die Temperatur herunterschalten. Wenn Sie keine Friteuse haben, empfehle ich einen Wok (nicht authentisch, aber effektiv), weil das Öl darin sehr schnell heiß wird. Ansonsten tut es auch ein hoher Topf. Die Fleischbällchen portionsweise 4 Minuten oder so lange frittieren, bis sie innen durch und außen knusprig und tief goldbraun sind. Mit einem Sieblöffel herausheben und auf Küchenkrepp abtropfen lassen. (Sie können anstelle der Bällchen auch flache Küchlein formen und sie auf jeder Seite 3 Minuten lang in der Pfanne braten, bis sie innen durch und außen goldbraun sind.)
- Sofort servieren, dazu die Joghurtsoße reichen und zum Garnieren mit dem Gewürzsumach bestreuen.

DIE LEVANTE

Ein Geschichtenerzähler ist von Natur aus ein Plagiator.
Alles, was ihm begegnet – jedes Ereignis, jedes Buch, jeder
Roman, jede Lebensgeschichte, Erzählung, Person und
Nachricht –, ist eine Kaffeebohne, die aufgebrochen, gemahlen,
mit einem Hauch Kardamom und manchmal auch einer winzigen
Prise Salz gemischt, dreimal mit Zucker aufgekocht und dann als
dampfend heiße Geschichte serviert wird.

Rabih Alameddine, *The Hakawati*

Im Arabischen ist ein *hakawati* ein Geschichtenerzähler, und im zitierten gleichnamigen Roman ist dieser *hakawati* der Großvater des Erzählers. Rabih Alameddine vergleicht das Geschichtenerzählen – das Aufnehmen der Informationen aus verschiedenen Quellen und das Ausschmücken – mit der Zubereitung eines starken, gewürzten arabischen Kaffees. Eine elegante Analogie, die mich an die kulinarische Vermischung erinnert, die in diesem kleinen, dicht besiedelten Gebiet vor sich geht, das in ganz unterschiedliche Länder aufgeteilt ist.

»Levante« bezieht sich auf die Region des Nahen Ostens, die den Libanon, Syrien, Jordanien, Israel und die palästinensischen Autonomiegebiete umfasst. Sie ist das Gelobte Land, wo sich der Ölberg befindet, das Land, wo Milch und Honig fließen, wo die Sonnenstrahlen Himmelsleitern zwischen zerklüfteten Bergen bilden, die im Licht grauviolett und ocker schimmern und lange Schatten werfen. Trotz ihrer landschaftlichen Schönheit ist die Levante eine Region, aus der uns überwiegend schlechte Nachrichten erreichen, denn sie wird immer wieder von Gebietsstreitigkeiten, religiösen Konflikten und Bürgerkriegen heimgesucht. Für eine so von Konflikten zerrissene Region hat die dortige Küche eine erstaunliche Fähigkeit, Menschen zu einen, was sich etwa in der *mezze*-Kultur mit ihren vielen kleinen, meist vegetarischen Speisen zeigt oder auch in der schieren Zahl gemeinsamer Gerichte, unabhängig von Ländergrenzen und religiösen Unterschieden. Es ist fast unmöglich, die klaren, kräftigen Aromen von *taboulé* oder *baba ghanoush* nicht zu mögen, die in allen fünf Ländern der Levante gegessen werden. Gutes Essen ist länderübergreifend. Wenn Gemeinschaften in Kopf und Herz zerfallen, werden sie manchmal noch durch das Essen zusammengehalten – schließlich sind wir alle aus Fleisch und Blut.

Neben den vielen politischen Konflikten im Nahen Osten gibt es jedoch einen weiteren ungelösten Zwist, und dieser ist kulinarischer Natur. Bei diesem Konflikt zwischen dem Libanon und Israel geht es um Hummus. Beide Länder nehmen für sich in Anspruch, sie hätten die Kichererbsencreme erfunden, doch angesichts der relativen Jugend des jüdischen Nationalstaates muss man wohl davon ausgehen, dass das Gericht eher in Gemeinschaften entstand, die seit Jahrhunderten die Levante besiedeln.

Ich möchte den Konflikt nicht verschärfen, aber mir erscheint es aus kulinarischer Sicht vernünftig, Israel separat von den arabischen Küchen der Levante zu behandeln. Die kulinarische Kultur Israels mit ihren zahlreichen Einflüssen hat sich zu einer reichen und komplexen Fusionsküche entwickelt, die eine eigene Entdeckungsreise rechtfertigt.

Eine arabisch geprägte Küche, die man unbedingt erkunden sollte, ist die libanesische, die bereits erfolgreich in die ganze Welt exportiert wurde. In London schießen die libanesischen Restaurants wie Pilze aus dem Boden. Die libanesische und syrische Küche sind sich sehr ähnlich (nicht zuletzt deshalb, weil beide Länder jahrhundertelang zum Osmanischen Reich gehörten), allerdings ist die syrische Küche etwas nuancierter. Aufgrund seines im Vergleich zu den Nachbarländern deutlich größeren Territoriums bietet Syrien interessante regionale kulinarische Varianten, etwa die Küche Aleppos – meine Freundin Anissa Helou, Köchin und Autorin aus dem Nahen Osten, bezeichnet Aleppo sogar als »gastronomische Hauptstadt des Nahen Ostens«. Neben libanesischen und syrischen betrachte ich auch einige palästinensische Rezepte, von denen eines mittlerweile Teil der jordanischen Kochkunst ist (in Jordanien leben heute über zweieinhalb Millionen Palästinenser).

Anissa, deren neuestes Buch *Levant* eine wahre kulinarische Bibel der levantinischen Küche ist, wuchs im Libanon auf, verbrachte die Sommer aber bei Verwandten in Syrien. Sie betont die gemeinsamen

Grundlagen beider Küchen: rohes Gemüse, die Verwendung von Kräutern (und zwar als Geschmacksträger, nicht nur als Garnitur!), herbe Aromen, süße Würze, Nüsse, Hülsenfrüchte und Getreide, Fladenbrot, Olivenöl und die wichtige Unterscheidung zwischen schwarzem und weißem Pfeffer. Es gibt aber auch ein paar entscheidende Unterschiede. Wesentliche Merkmale der libanesischen Küche sind ihre Einfachheit und Frische – Salate, Zitronensaft, Olivenöl, Knoblauch –, während die syrische Küche mehr Fett verwendet und wegen des Zusammenspiels von süß und sauer deutlich komplexer ist.

Die Zubereitungsarten und die Essgewohnheiten sind dagegen in der gesamten Levante ziemlich ähnlich. Die *mezze*-Kultur, bei der man sich Fingerfood wie Dips, Salate, eingelegtes Gemüse oder frittierte Falafelbällchen teilt, ist allgegenwärtig. Fladenbrot (*chubz, khubz, khubus* oder *khuboos*) wird als essbares Utensil verwendet, vor allem um cremige Dips wie etwa *hummus* aufzutunken (in Äthiopien verwendet man stattdessen *injera*, in Westafrika *fufu*, in Asien Reis). Außerdem wird vieles gerollt oder gefüllt, entweder in Kombination mit Fladenbrot (mit einer Füllung aus Fleisch, *halloumi*-Käse oder *laban*, joghurtartige, gesäuerte Milch), was bei uns in etwa einem Sandwich entspräche, oder als gefülltes Gemüse (zum Beispiel Paprika mit Reis, Lammfleisch, Tomaten und Minze).

Die Frische levantinischer Gerichte resultiert aus der Verwendung hervorragender Produkte aus lokalem Anbau. Unter der sengenden Sonne des Nahen Ostens reifen Obst und Gemüse von allerbester Qualität – womit die halbe Arbeit schon getan wäre. Jetzt geht es beim Zubereiten eigentlich nur noch darum, sie gekonnt zu kombinieren. Die schlichte Kombination von frischem Salat mit anderen regionalen Zutaten – Olivenöl, etwas Zitronensaft, frischen grünen Kräutern, weißem Pfeffer – ist genial. Für *fattousch* beispielsweise, den klassischen arabischen Brotsalat, werden grüner Salat, Gurke, Tomaten, Radieschen, frittiertes dünnes Fladenbrot, Petersilie und Minze mit einem einfachen Dressing vermischt.

Charakterisierendes Kennzeichen der levantinischen Küche ist die Verwendung frischer Kräuter, die nicht nur wie in der westlichen Küche den Background-Chor stellen, sondern bei vielen Gerichten den Frontpart geben (das ist auch im Iran so, wo eine Schale mit frischen Kräutern, *sabzi khordan*, zu fast jeder Mahlzeit in die Mitte des Tischs gestellt wird, siehe Seite 216). *Taboulé*, ein weiterer typischer und bekannter Salat, ist eine echte Jam-Session aus fein gehackter Minze und

Petersilie, rhythmisiert durch Bulgur, Frühlingszwiebeln und Tomaten. Am besten gefiel mir an den Gerichten der Levante der ganz neue Umgang mit altbekannten Zutaten, etwa mit Salat, Bulgur und Gartenkräutern. Ohne großen Aufwand (abgesehen vom vielleicht etwas komplizierten Beschaffen mancher Zutaten wie Granatapfelsirup und *tahina*) konnte ich ganz alltägliche Lebensmittel zu aufregend anders schmeckenden Gerichten kombinieren.

Nüsse und Körner spielen in der Levante eine wichtige Rolle, was sich wohl am deutlichsten beim bescheidenen Sesam zeigt, der zu vielen Gerichten des Nahen Ostens einfach dazugehört und dessen Wirkung oft unterschätzt wird. Mit Sesam werden Brote, Falafel, Salate und süßes Gebäck verfeinert, außerdem ist Sesam ein wichtiger Bestandteil der klassischen levantinischen Gewürzmischung *zatar*[*]. Sesam liefert außerdem die Grundlage für *tahina*, eine Paste aus fein gemahlenen, gerösteten Sesamkörnern, die für *hummus* und *baba ganoush* verwendet wird. So können Sie etwa mit gekaufter *tahina* (gemischt mit Zitronensaft, Wasser und Meersalz) ganz einfach einen arabischen Touch in weißen Fisch wie Kabeljau oder Gemüse wie Aubergine oder Butternutkürbis zaubern – und zum Schluss bestreuen Sie alles mit frischer Petersilie und *zatar*.

Pinienkerne und Pistazien sind eine beliebte Zutat für salzige wie süße Speisen. Eines meiner Lieblingsgerichte ist *knafeh*, eine palästinensische Süßspeise aus Teig, der mit *nablusi*-Käse[**] gefüllt, mit Rosen- oder Orangenblütenwasser beträufelt und mit Nüssen bestreut wird. Selten war ich von Süßspeisen so fasziniert wie vom Anblick dieses Gebäcks in der Bäckerei Habibah im jordanischen Amman. Auf großen runden Platten wird dort *knafeh* in allen Dekorvarianten angeboten, etwa mit leuchtend grünen Pistazien oder verziert mit Sesam oder Walnüssen in geometrischen Mustern. Sehr verführerisch: die spinn-

[*] *Zatar* ist eine Gewürzmischung aus wilden Bergkräutern wie Oregano und Majoran, zitronigem Gewürzsumach, Sesam und Salz (Seite 228). *Baharat*, was sich einfach mit »Gewürz« übersetzen lässt, ist eine typische levantinische Gewürzmischung, die in zahlreichen Rezepten wie beispielsweise in *kibbeh* Verwendung findet. Sie besteht aus Zimt, Muskat, Piment und schwarzem Pfeffer. Gewürzsumach (auch bekannt als Gerbersumach) ist Bestandteil von *zatar* und wird wegen seines herben Zitrusaromas geschätzt – man streut es gern pur über *hummus* oder *fattousch*. Der Sumachstrauch, dessen arabischer Name schlicht »Rot« bedeutet, wächst überall im Nahen Osten; das Sumachpulver wird aus seinen getrockneten roten Steinfrüchten hergestellt.

[**] Weicher, quarkartiger Käse aus Schafs- oder Ziegenmilch, der ursprünglich aus der Stadt Nablus im Westjordanland kommt.

webdünnen Fäden, die der cremige weiße Käse und der Zuckersirup beim Schneiden ziehen.

Weiter geht's mit den Kichererbsen, dem Hauptbestandteil des wohl bekanntesten Gerichts der Levante: dem *hummus*. Kichererbsen liegen mir besonders am Herzen, haben sie mich doch als mittellose vegetarische Studentin quasi im Alleingang durchs Studium gebracht. Und, nein, ich esse sie immer noch gern! Kichererbsen sind sehr vielseitig, vor allem, wenn man sie mit anderen Gerichten der levantinischen Küche kombiniert. Am bekanntesten sind natürlich *hummus* und *falafel*, aber sie schmecken auch prima im Salat als *balilah* (Kichererbsen mit Frühlingszwiebeln, Zitrone, Knoblauch und Petersilie), in einem üppigen levantinischen *couscous* oder im *fatteh* (geröstetes Pitabrot mit heißen Kichererbsen und Joghurtsoße). In manchen Gerichten kann man Kichererbsen auch durch Dicke Bohnen oder Limabohnen ersetzen. Dicke Bohnen (Favabohnen) sind die Hauptzutat des berühmten knoblauchlastigen Bohnengerichts *ful* aus Ägypten, das im gesamten Nahen Osten und arabischen Raum sehr beliebt ist, während Limabohnen gern für Suppen oder Salate (typischerweise mit Olivenöl, Zitronensaft, Knoblauch und Kräutern) verwendet werden.

Im Nahen Osten ist die Auswahl an Milchprodukten nicht so groß wie in der westlichen Küche, und der Käse ist meist auch nicht so schwer und fetthaltig. Weit verbreitet sind Schafs- und Ziegenkäse wie Feta oder *halloumi*. Ebenfalls beliebt ist *kaschk*, eine getrocknete Masse aus der bei der Joghurtherstellung anfallenden Molke. Wenn sie angedickt ist, wird sie in Kräutermischungen gewälzt und einige Tage zum Reifen stehen gelassen. Ein ähnliches Prinzip wird bei der Herstellung von *laban* angewandt, bei der dicker Joghurt über einem Käsetuch abtropft und sich so in eine Art Frischkäse verwandelt. Anschließend wird *laban* mit Olivenöl und Fladenbrot, manchmal noch mit Kräutern und Gewürzen verfeinert, als *mezze* gegessen. Anissa macht ihren *laban* aus Ziegenjoghurt, Koriander und Knoblauch und reicht ihn zu gefüllten Zucchini, Lamm und Fleischklößchen. Am liebsten verwende ich Joghurt jedoch wie in dem jordanischen Gericht *mansaf*: geschmortes Lamm in einer Soße aus getrocknetem Joghurt mit Bulgur oder Reis, Pinienkernen und Mandeln. Probieren Sie es einmal aus – Yotam Ottolenghi hat ein spektakuläres Rezept beigesteuert, Sie finden es auf Seite 203.

Weiterer wichtiger Bestandteil der levantinischen Küche ist Getreide, vor allem Bulgur kommt große Bedeutung zu. Dafür wird Weizen gekocht, getrocknet und fein oder grob geschrotet. Bulgur ist unverzichtbar für klassische libanesische Gerichte wie *taboulé* oder *kibbeh* (frittierte oder gebackene Fleischbällchen). Es gibt auch die Variante *kibbeh nayé* mit rohem Lammfleisch. Bulgur ist hell oder dunkel und in drei verschiedenen Mahlgraden (grob, fein und sehr fein) erhältlich, er ist enorm vielseitig verwendbar und wird überall im Nahen Osten gern gegessen. In Syrien gibt es noch grünen Weizen, *frikeh,* der ein nussiges, fast rauchiges Aroma hat.[*]

Die syrische Küche verleiht bekannten Aromen, Zutaten und Zubereitungsmethoden der Levante eine zusätzliche Raffinesse. Syrien mit seinen Wüsten, Bergen, Ebenen und Küsten besitzt ein sehr abwechslungsreiches Klima, entsprechend vielfältig sind die regionalen Produkte, mit denen man experimentieren kann, und, weiterer Garant für Vielfalt: die Lage Syriens. Es ist umgeben von Ländern mit ebenfalls vielfältiger und traditionsreicher Küche. Im Norden grenzt Syrien an die Türkei, im Osten reicht es fast an den Iran, und so findet man in syrischen Gerichten immer wieder Einflüsse der osmanischen und persischen Kochkunst. Dazu gehören etwa die Kombination von Fleisch und Obst, etwa in Kirsch-Kebabs (typisch für Aleppo), die häufige Verwendung von Pistazien im Norden oder von *ghee* (Butterschmalz), das man eigentlich aus der indischen Küche kennt. Mit dem im Libanon in Hülle und Fülle angebotenen frischen Obst und Gemüse kann Syrien durchaus mithalten, zusätzlich gibt es hier noch eine breite Auswahl konservierter Produkte: kandierte Früchte wie Aprikosen, Feigen, Kaktusfeigen, Walnüsse und sogar Auberginen sowie getrocknetes Gemüse, das man bei Bedarf mit heißem Wasser übergießt wie Zucchini, Okra und wieder Auberginen (das Lieblingsgemüse der Levante. Mein Rezept für *baba ganoush* finden Sie auf Seite 200).

Die Zutat, die ich am meisten mit der syrischen Küche verbinde, ist Granatapfelsirup. Wenn Ihnen beim Gedanken an levantinische und persische Küche das Wasser im Mund zusammenläuft, dann lohnt es sich durchaus, ein Fläschchen zu kaufen. Granatapfelsirup finden Sie im Spezialitätenregal größerer Supermärkte oder in türkischen Lebensmittelläden. Schon winzige Mengen genügen, um vielen Speisen einen süßsäuerlichen Kick zu verleihen, vor allem Gerichten aus Aleppo. Die uralte Stadt im Norden des Landes war dank ihrer Lage an der Seidenstraße früher ein wichtiger Umschlagplatz für Waren und Gewürze aus

---

[*] Der Weizen wird wie Bulgur verarbeitet, aber früher geerntet, wenn er noch grün ist.

weiter Ferne. Händler aus Nordafrika, Europa und dem Orient machten hier Station.

Die syrische Küche unterscheidet sich von der libanesischen auch durch die vielfältigere Verwendung von Kräutern und Gewürzen, zum Beispiel Estragon (manchmal als Würze für *laban*) und *pul biber*, fruchtigen Chiliflocken mittlerer Schärfe, die den Gerichten aus Aleppo wie zum Beispiel dem Paprika-Walnuss-Dip *muhammara* ihre typische Note verleihen. Neben gegrillten roten Paprikaschoten und Walnüssen kommen in den Dip auch Granatapfelsirup, Knoblauch, Olivenöl und Zitronensaft.

Manche Zutaten der levantinischen Küche sind eher Nischenprodukte und müssen vielleicht im Internet bestellt werden, doch dank ihrer wachsenden Beliebtheit findet man Gewürze wie *zatar* immer häufiger auch ganz normal im Laden. Davon abgesehen lassen sich die meisten Gerichte gut nachkochen. Wie bei so vielen Rezepten in diesem Buch hängt der authentische Geschmack stark von der Qualität der Zutaten ab. Wenn Sie sich erst einmal daran gewöhnt haben, scheinbar unvereinbare Zutaten wie Sirup und Paprika oder Nüsse zu kombinieren oder Lamm roh zu essen, werden Sie eine Fülle ausdrucksstarker und gesunder Aromen entdecken, die Ihren Gaumen herausfordern und ihm zugleich schmeicheln. Lassen Sie sich von dieser Küche inspirieren, und glauben Sie mir, Sie werden so einige Küchenabenteuer zu erzählen haben – wie ein erfahrener *hakawati*.

Basisvorrat

Zitronen • Pickles • Sesam • säuerliche Milchprodukte und saure Früchte • Oliven • *tahina* • Fleisch (Lamm, Ziege, Huhn) • Kichererbsen • Dicke Bohnen • Bulgur • Kräuter (glatte Petersilie, Minze, Estragon) • Gewürze (Piment, Muskat, Zimt, *zatar*, Gewürzsumach) • Joghurt (frisch und getrocknet) • Laban • Käse in Salzlake wie beispielsweise Feta

Fattousch

Mein absoluter Lieblingssalat! Er kombiniert knusprig geröstetes Fladenbrot mit köstlich reifem Gemüse, dazu kommen nur noch frische Kräuter
und ein unkompliziertes Dressing aus extra nativem Olivenöl, Zitronensaft und Gewürzsumach. *Fattousch* eignet sich prima als eigenständiges
Hauptgericht, Sie können den Salat aber auch als Beilage zu gegrilltem
Fleisch, Falafel und leckeren Dips reichen.

Für 4 Personen

3 Pitabrote
2 Salatherzen (Sorte »Little Gem«), grob gehackt
1 Handvoll Feldsalat, grob zerzupft
4 große reife Tomaten, in Scheiben geschnitten und halbiert
1 Gurke, in Scheiben geschnitten und halbiert
8 Radieschen, grob gehackt
1 grüne Paprika, fein gewürfelt
6 Frühlingszwiebeln in dünnen Scheiben
15 g Minze, fein gehackt
15 g glatte Petersilie, fein gehackt
1 großzügiger Schuss extra natives Olivenöl
Saft von 1 Zitrone
1 TL Gewürzsumach
1 Prise Meersalz

- Den Ofen auf 180°C (Umluft 160°C, Gas Stufe 4) vorheizen. Die Pitabrote
  in dünne Scheiben schneiden, mit Olivenöl beträufeln und mit Meersalz
  bestreuen. Etwa 20 Minuten lang backen und regelmäßig wenden, bis
  die Scheiben knusprig und goldbraun sind.
- Das geschnittene Gemüse in eine Schüssel geben und den Großteil der
  Minze und Petersilie untermischen. Mit dem dunkelsten, aromatischsten
  Olivenöl, das Sie kriegen können, anmachen, dann mit Zitronensaft,
  Gewürzsumach und Salz abschmecken und erst danach die gerösteten
  Brotscheiben in kleinere Stücke brechen und unterheben. Die restliche
  Minze und Petersilie darüberstreuen und servieren.

Taboulé

Bei der Zubereitung von *taboulé* ist das richtige Verhältnis zwischen Kräutern und Bulgur entscheidend. Petersilie und Minze sollten im Vordergrund stehen, seien Sie also eher sparsam mit dem Bulgur – und: Behandeln Sie ihn nicht wie *couscous*! *Tabil* (von dem sich *taboulé* herleitet) ist arabisch und heißt »Würze«, was zeigt, wie wichtig die Kräuter für diesen intensiven, aromatischen Salat sind. Bei Ihrem *taboulé* sollte die Farbe Grün dominieren, Tomaten und Bulgur sollten nur hin und wieder dazwischen aufblitzen.

Für 4 Personen

40 g Bulgur
Saft von 3 Zitronen
20 g glatte Petersilie, fein gehackt
20 g Minze, fein gehackt
4 große Tomaten, in Würfel geschnitten und abgetropft
6 Frühlingszwiebeln, in feinen Scheibchen
4 EL extra natives Olivenöl
1 Prise Zimt
1 Prise Meersalz und schwarzer Pfeffer
Salatherzen (Sorte »Little Gem«) zum Anrichten

- Den Bulgur mehrmals mit kaltem Wasser abspülen und dann 10 Minuten im Saft einer Zitrone quellen lassen. Mit der Gabel durchmischen und abtropfen lassen.
- Tomaten, Kräuter und Frühlingszwiebeln in einer Schüssel mischen. Den Bulgur darübergeben, mit dem Saft der beiden anderen Zitronen, dem Olivenöl, Zimt, Salz und Pfeffer anmachen.
- Die Blätter der Salatherzen am Schüsselrand entlang in den Salat stecken. Die Salatblätter können Sie als Löffelchen nehmen.

Baba Ganoush

Der Name dieses Dips mit rauchigem Aroma bedeutet »Liebling ihres Vaters«. Das Geheimnis eines perfekten *baba ganoush* ist die Ausgewogenheit von Aromen und rauchigem Geschmack: Achten Sie unbedingt darauf, dass die Zutaten im richtigen Verhältnis zueinander stehen, und rösten Sie die Auberginen auf offener Flamme – nicht einfach unter dem Grill Ihres Backofens. Wenn Sie nur einen Elektroherd haben, dann fürchte ich, dass Sie nicht umhinkommen werden, Ihren Grill anzuwerfen, denn der Rauchgeschmack der Auberginen ist wirklich entscheidend. Sie werden schmecken: Es lohnt sich!

Für 4 Personen

3 große Auberginen
1 EL *tahina*
1 EL Naturjoghurt
Saft einer Zitrone
2 Knoblauchzehen, fein gehackt
1 Prise Meersalz und schwarzer Pfeffer
1 EL extra natives Olivenöl
1 Prise *zatar* (Seite 228)
Fladenbrot zum Servieren

- Die Haut der Auberginen mit einer Gabel einstechen. Die Auberginen über eine möglichst große offene Flamme halten, bis sie schwarz sind. Das dauert etwa 15–20 Minuten. Die Auberginen sind dann außen verkohlt, innen aber schuppig und weich.
- Die verkohlte Haut entfernen. Ein bisschen Schale bleibt immer dran, aber versuchen Sie trotzdem, so viel wie möglich zu entfernen. Das Fruchtfleisch mit dem Messer klein schneiden oder noch besser mit einer Gabel oder einem Kartoffelstampfer zerdrücken. Nicht im Mixer zerkleinern – die Masse sollte noch etwas Biss haben. In ein Sieb geben und den überschüssigen Saft 5–10 Minuten abtropfen lassen.
- Die abgetropfte Masse mit *tahina*, Joghurt, Zitronensaft und Knoblauch verrühren. In manchen Rezepten wird auf Joghurt verzichtet, aber ich setze dem starken *tahina*-Geschmack gern die cremige Frische des Joghurts entgegen. Nach Geschmack salzen und pfeffern.
- Zum Schluss mit Ihrem allerbesten Olivenöl beträufeln. Besonders schön sieht es aus, wenn sich zwischen den Auberginenstücken kleine Ölpfützen bilden. Mit *zatar* bestreuen und mit einem guten Fladenbrot genießen!

Muhammara

Dieser Dip stammt ursprünglich aus Aleppo und ist mit seinen wunderbar süßen und sauren Aromen ganz typisch für die Region – gegrillte rote Paprika, Granatapfelsirup, Zitrone, Knoblauch, Walnüsse. *Muhammara* isst man normalerweise als *mezze* zusammen mit anderen Gerichten und mit Pita, es passt aber auch sehr gut als Würzsoße (die Konsistenz ist wie bei einem Pesto) zu gegrilltem Fleisch, wenn es für Sie nicht unbedingt original syrisch sein muss. Am besten schmeckt *muhammara*, wenn es einige Stunden im Kühlschrank durchziehen kann: Der Knoblauch tritt dann nämlich etwas in den Hintergrund, und die Aromen verbinden sich sehr schön.

Für 4 Personen

3 große rote Paprika
100 g Walnüsse, plus 1 Handvoll zum Garnieren
½ weiße Zwiebel, fein gehackt
1 Knoblauchzehe, fein gehackt
1 EL Granatapfelsirup
60 g frische Semmelbrösel
extra natives Olivenöl
1 Prise getrocknete Chiliflocken
Saft einer ½ Zitrone
Meersalz
Fladenbrot zum Servieren, leicht geröstet

- Den Ofen auf 200°C (Umluft 180°C, Gas Stufe 6) vorheizen.
- Die Paprika auf einem Backblech mit einem Schuss Olivenöl und etwas Salz und Pfeffer backen, bis die Haut schwarz ist und Blasen bildet (kann bis zu einer halben Stunde dauern).
- Die Walnüsse auf ein Backblech legen und im Ofen 6–7 Minuten rösten, dabei regelmäßig wenden. Wenn Sie das ölige Nussaroma riechen, dann sind sie fertig. Nicht schwarz werden lassen!
- Sobald die Paprika etwas abgekühlt sind, Stiele und Kerngehäuse entfernen. Paprika zusammen mit Nüssen, Knoblauch, Granatapfelsirup, Semmelbröseln, Öl, Chiliflocken und Zitronensaft in einen Mixer geben und zu einer glatten Masse pürieren. Abschmecken und dabei auf die Harmonie der Aromen achten – süß und sauer sollten sich die Waage halten.

- Zum Servieren in eine Schüssel geben, mit einem Schuss Olivenöl beträufeln und die restlichen Walnüsse darüberstreuen. Mit gutem Fladenbrot genießen.

Mansaf

Ich habe *mansaf* in Jordanien entdeckt. *Mansaf* stammt aus der Beduinenküche und ist praktisch das jordanische Nationalgericht. Es wird traditionell gemeinsam von großen, mit Fladenbrot ausgelegten Platten gegessen, auf denen sich Lamm, Joghurt und die Nussmischung appetitlich türmen. Es gibt sogar Fast-Food-Restaurants, die *mansaf* anbieten. Für mich ist es ein wunderbares Beispiel dafür, wie Joghurt im Nahen Osten mit Fleisch und anderen leckeren Zutaten zu einem köstlichen Essen kombiniert wird. Das Gericht erhält dadurch ein fleischigherzhaftes Aroma, das europäische Gaumen so kaum kennen. Der Joghurt ist in diesem Fall *kaschk*, jener getrocknete, fermentierte Joghurt aus der persischen Küche, der in der Levante *kischk* genannt wird. Laut Yotam Ottolenghi, der das Rezept freundlicherweise zur Verfügung gestellt hat, ist *kaschk* vergleichbar mit Molke, die es ebenfalls in getrockneter und flüssiger Form gibt. Am ehesten finden Sie *kaschk* in persischen, libanesischen oder syrischen Spezialitätengeschäften (oder online auf www.tali.de). Sollten Sie *kaschk* nirgendwo auftreiben können, empfiehlt Yotam, *kaschk* und den griechischen Joghurt entweder durch 500 g Ziegenjoghurt oder 250 g Sauerrahm und 250 g Crème fraîche zu ersetzen und für den Geschmack drei Esslöffel fein geriebenen Parmesan und fünf fein gehackte Anchovisfilets dazuzugeben. Als Beilage passt grüner Salat mit Granatapfelkernen ganz wunderbar.

Für 4 Personen

2 EL Olivenöl
4–8 Lammkoteletts (insgesamt 1 kg)
3 Lorbeerblätter
1 TL Pimentkörner
¼ TL schwarze Pfefferkörner
1 Zwiebel, geviertelt
250 g *kaschk*, flüssig
250 g griechischer Joghurt

1 Ei

1 Prise Safranfäden

250 g Basmatireis

45 g Butter (ungesalzen)

1 Dose Kichererbsen (400 g), abgetropft

60 g Mandelblättchen

1 TL Chiliflocken oder *pul biber* (nicht zu scharf)

1 TL Gewürzsumach

3 große Fladenbrote, leicht warm (indisches *chapati* oder auch *lavas* eignen sich beide gut)

1 EL Zitronensaft

25 g glatte Petersilie, gehackt

Meersalz

- Einen EL Öl in einer großen Pfanne bei mittlerer Hitze heiß werden lassen. Die Koteletts hineingeben und 4 Minuten auf jeder Seite braten, bis sie Farbe annehmen. 600 ml Wasser zugießen und die Lorbeerblätter, Piment- und Pfefferkörner, Zwiebelviertel und ½ TL Salz zugeben. Abgedeckt 70 Minuten sanft schmoren lassen, bis das Fleisch zart ist. Etwas abkühlen lassen und die Soße entfetten.
- *Kaschk*, Joghurt und Ei mit zwei EL der heißen Soße verquirlen. Langsam in den Topf mit dem Lammfleisch einrühren, dann den Safran zugeben. Wieder ganz sanft aufwallen lassen – wenn die Temperatur zu hoch ist, gerinnt die Soße – und 20 Minuten lang unter gelegentlichem Rühren köcheln, bis die Soße etwas eingedickt ist.
- In der Zwischenzeit kochendes Wasser über den Reis geben und 20 Minuten quellen lassen. Abgießen, durchspülen und noch einmal gut abtropfen lassen. 30 g Butter und das restliche Öl in einem mittelgroßen Topf erhitzen und den Reis mit ¾ TL Salz zugeben. 300 ml Wasser zugießen, zum Kochen bringen, einmal umrühren, die Hitze auf ein Minimum reduzieren, abdecken und 20 Minuten quellen lassen. Vom Herd nehmen, die Kichererbsen einrühren, abschmecken und abdecken.
- Während der Reis kocht, die Mandeln mit der restlichen Butter, den Chiliflocken und einer kleinen Prise Salz in eine kleine Pfanne geben. Etwa 5 Minuten bei mittlerer Hitze rösten, dabei häufig rühren, bis die Mandeln schön gebräunt sind. Vom Herd nehmen, den Gewürzsumach unterrühren.
- Das Fladenbrot auf einem großen runden Metalltablett oder einer Keramikplatte auslegen, die Platte sollte nicht mehr zu sehen sein. Die Reis-

Kichererbsen-Mischung darauf verteilen, dabei einen kleinen Brotrand frei lassen, und den Reis mit Zitronensaft besprenkeln. Dann das Lammfleisch auf den Reis geben und so viel Soße darauf verteilen, wie Sie mögen. Die Gewürze bleiben im Topf zurück. Mit den gerösteten Mandeln und Petersilie bestreuen und servieren.

ISRAEL

Wo das Leben chaotisch war, weil das Leben so ist. Wo die
Vergangenheit düster und tragisch war und man die Zukunft bei
der Kehle packen musste. Wo Europa endete und der Osten
begann, und wo die Menschen versuchten, mit diesem
verrückten Widerspruch zu leben.

Linda Grant, *When I Lived in Modern Times*

Alle Küchen verändern sich ständig, aber vielleicht nicht ganz so stark wie die israelische, in der sich wie in einem Kaleidoskop Altes und Neues, Jüdisches und Arabisches, *halal-* und koschere Traditionen spiegeln und neu herausbilden ... wirklich ein »verrückter Widerspruch«.

Israel grenzt im Westen ans Mittelmeer, die Landgrenzen teilt es sich mit Ägypten, Jordanien, dem Libanon, dem Westjordanland, Gaza und Syrien. Die Anbauprodukte sind in all diesen Ländern so ziemlich die gleichen, die israelische Küche ist stark von der arabischen beeinflusst. Nach dem Zweiten Weltkrieg und mit der Gründung Israels 1948 – und dann wieder in den siebziger und achtziger Jahren – kamen viele aschkenasische und sephardische Juden ins Land und mit ihnen ihre kulinarischen Traditionen; so entstand eine bunte Hybridküche, wenn nicht sogar eine ganz neue Küche.

Israelische Köche haben für die uralten Komponenten neue Verwendungen und Kombinationen entdeckt und so die nationale Küche neu interpretiert. Yotam Ottolenghi nennt seine Heimatstadt Jerusalem eine »Suppe« – seine ganz eigene Interpretation des Begriffs »Schmelztiegel« und eine passende Bezeichnung für die israelische Küche insgesamt. Wenn man die arabische, aschkenasische und sephardische Tradition als die drei Grundzutaten betrachtet, so wird die Suppe durch weitere Neuankömmlinge ständig anders gewürzt. Ottolenghi ist dafür das beste Beispiel: Seine Eltern sind deutsch-italienischer Herkunft, er selbst wurde in Jerusalem geboren und ist dort auch aufgewachsen, lebt heute aber in London. Mit seinen gefeierten Kochbüchern und Restaurants hat er viel dazu beigetragen, die Rezepte des Nahen Ostens und deren Zutaten im Ausland bekannt zu machen, wobei er sich zwar auf die Aromen seiner Kindheit stützt, aber daraus einen ganz eigenen kulinarischen Stil entwickelt hat.

Ottolenghi erzählt die Geschichte Israels als eine Geschichte der Einwanderer, deren Traditionen sich vermischen und die das Land als neue Heimat annehmen – eine Geschichte mit Anfang, Mitte und einem offenen Ende. Denn die aktuelle israelische Küche ist, wie Ottolenghi betont, noch in der Entwicklung und muss ihren eigenen Stil erst finden.

Die Geschichte beginnt Ende des 19. Jahrhunderts, mit dem Aufkommen der ersten zionistischen Ideen in Osteuropa. Nach mehreren Pogromen in den 1880er Jahren im Zarenreich brachen viele russische Juden nach Palästina auf (und noch mehr in Richtung USA). Ab 1909 erreichte eine zweite Einwanderungswelle das Gelobte Land, und im selben Jahr wurde die Stadt Tel Aviv auf Grundstücken gegründet, die man den Arabern abgekauft hatte. 1948 stieg die Zahl der Einwanderer noch einmal gewaltig an, sie brachten die kulinarischen Traditionen Mitteleuropas mit, die man auch aus New Yorker *delis* kennt: Schnitzel, *knishes*, Matzeknödelsuppe und Quark.

Die jüdischen Immigranten griffen aber auch auf Traditionen der lokalen arabischen Küche zurück. Das geschah sicher auch aus purer Notwendigkeit – denn um Dutzende oder gar Hunderte hungrige Arbeiter in einem Kibbuz* schnell und günstig satt zu bekommen, war man auf vorhandene Lebensmittel angewiesen. Der klassische israelische Salat mit kleingeschnittenen Tomaten, Gurken, mit Olivenöl und Zitronensaft (und möglichen Ergänzungen wie Radieschen, roten Paprika, Zwiebeln, Frühlingszwiebeln, Petersilie und Koriander) verdankt seine Entstehung diesen Umständen. In der modernen israelischen Küche wird frisches Gemüse zu jeder Mahlzeit gegessen, beim Frühstück etwa mit Eiern und Fladenbrot oder zu Wraps und Brotaufstrichen am Abend. Mein Freund Zac Frankel wurde im australischen Melbourne

---

* Ein Kibbuz ist ein landwirtschaftliches Kollektiv, das sich überwiegend selbst versorgt. Die ersten Kibbuzim entstanden zu Beginn des 20. Jahrhunderts zur Besiedlung des unfruchtbaren, trockenen Landes in Galiläa, entwickelten sich aber im Lauf der Jahrzehnte zu ideologisch geprägten Gemeinschaften im Heiligen Land.

geboren, seine Familie ist ägyptisch-jüdischer Herkunft. Er ist ein großer Fan der Kochbuchautorin Claudia Roden und macht ein göttliches *hummus* – sein Rezept finden Sie gleich im Anschluss. Zac hat sechs Monate lang in einem vegetarischen Kibbuz gelebt. Zum Frühstück gab es dort frisches rohes Gemüse, hart gekochte Eier, eine Art Fetakäse und selbst gebackenes Sauerteigbrot. Zum Mittagessen gab es ein Eintopfgericht, zum Beispiel *matbucha* (Tomaten und Aubergine) oder *majadra* (Linsen mit Reis). Abends gab es einfache Salate wie *taboulé*, nur freitagabends, zu Beginn des Sabbats[*], gab es »*challa*-Brot mit *tahina*, Fisch in einer jemenitischen Soße aus Tomaten und schwarzen Oliven, gegrillte und marinierte Auberginen und weißen Reis«.

Die Einwanderung einer großen Zahl sephardischer Juden in den siebziger Jahren (u. a. aus Nordafrika, dem Irak, Iran und dem östlichen Mittelmeerraum) hat einen prägenden Einfluss auf die heutige israelische Küche gehabt, vor allem, was Gewürze und Hülsenfrüchte angeht. So werden marokkanische und tunesische Zutaten wie *couscous*, Dattelsirup und *harissa* für verschiedene Gerichte verwendet, etwa für *chraime* (ein sephardischer Fischeintopf mit Chili und Kümmel, der gern an Rosch ha-Schana[**] gegessen wird) oder für *tajines* und *schakschuka* (ursprünglich aus Tunesien), eine süßwürzige Gemüsepfanne aus Tomaten, roten Paprika und gestockten Eiern, die oft als Frühstück dient.

Auch das benachbarte Ägypten hat mehrere israelische Gerichte beeinflusst, etwa *ful*, ein Brei aus Dicken Bohnen, aufgepeppt mit Olivenöl und Knoblauch; und *kuschari*, ein Gericht, in dem Linsen mit Reis, Nudeln, Zwiebeln, Knoblauch und Tomaten kombiniert werden.

Mit der Zeit entwickelten sich die verschiedenen regionalen Traditionen in Richtung einer mehr oder weniger einheitlichen israelischen Küche. Yotam Ottolenghi meint dazu: »Die Aufnahme der sephardischen Gerichte war entscheidend für die Herausbildung einer ›israelischen Küche‹. Mit der ihnen innewohnenden Lebensfreude, ihrer Farbenpracht und ihren Aromen, passten sie deutlich besser zum Klima und zum *terroir* als das aschkenasische Essen.«

---

[*] Der Samstag ist der jüdische Sabbat (Schabbat). Er beginnt am Freitagabend mit einem Festmahl, zu dem nach aschkenasischer Tradition *challa* gegessen wird – geflochtenes Brot, gebacken aus Weißmehl, Hefe, Eiern und etwas Fett.
[**] Der jüdische Neujahrstag wird jedes Jahr im September oder Anfang Oktober begangen. Man feiert den Jahrestag der Schöpfung Adams und Evas.

Den größten Einfluss auf die israelische Küche hatten jedoch die kulinarischen Traditionen der Palästinenser, mit denen die jüdische Bevölkerung das Siedlungsgebiet teilt. Manche Gerichte lassen sich kaum von denen der Levante trennen, etwa *hummus*, das die israelischen Köche meisterhaft zubereiten, oder *kibbeh* (Bällchen aus Hackfleisch, fein gehackten Zwiebeln und Bulgur), außerdem alle Arten von gefülltem Gemüse und mit Käse gefülltem Gebäck. Yotam erzählt, dass in den neunziger Jahren die Schnitzel und anderen aschkenasischen Gerichte plötzlich »wie das Essen unserer Großeltern« wirkten und das lokale palästinensische Essen richtig sexy wurde. Die jungen Israelis verwendeten die heimischen Zutaten und veränderten die Gerichte nach ihrem Geschmack.

Hat Israel die arabische Küche kolonialisiert? Kann sein. Aber wie Ottolenghi in seinem Buch *Jerusalem* schreibt, ist Israel ein Land, in dem »sich kulinarische Kulturen auf eine Art und Weise mischen und vermischt werden, dass man sie im nachhinein unmöglich wieder entwirren kann«. Niemand kann auf das Rezept eines Gerichts (wie etwa *hummus*) irgendeinen Anspruch anmelden; das wäre so, als würde man versuchen, einzelne Zutaten aus einer Suppe herauszufiltern.

Zu Fleisch, Fisch und Meeresfrüchten haben die Juden Israels ein ganz spezielles Verhältnis. So schreiben die jüdischen Speisegesetze[*] ihnen vor, dass nur Tiere verzehrt werden dürfen, die gespaltene Hufe haben und Wiederkäuer sind. Schweine etwa sind nicht koscher, weil sie zwar gespaltene Hufe haben, aber nicht wiederkäuen. Auch Fische ohne Schuppen und Flossen sind unrein. Damit sind Aale, Krustentiere wie Hummer oder Garnelen und auch Muscheln, Schnecken und Tintenfisch aus dem Rennen. Viele junge Israelis sehen diese Vorschriften etwas lockerer, doch das Angebot in den Restaurants und Geschäften ist nach wie vor koscher geprägt. Lämmer, Ziegen und Hühner gedeihen in den trockenen Hügellandschaften des Heiligen Landes prächtig und werden viel gegessen: gegrillt, geschmort oder zu Hackfleischgerichten verarbeitet und mit anderen regionalen Zutaten und Aromen kombiniert. Generell kann man jedoch sagen, dass die Küchen des Nahen Ostens vor allem mit ihren vegetarischen Gerichten brillieren.

---

[*] Die jüdischen Speisegesetze sind kompliziert, doch im wesentlichen schreiben sie vor, dass nur koschere Tiere gegessen und diese nach besonderen Vorschriften geschlachtet (geschächtet – mit einem einzigen Schnitt quer durch den Hals) und zubereitet werden müssen. Fleischiges und Milchiges sowie Wein müssen getrennt werden, das heißt, sie werden separat produziert, gelagert und zubereitet.

Jeder, der seinen Fleischkonsum etwas reduzieren möchte, kann sich hier inspirieren lassen. Fleisch ist zwar wichtig, aber nicht unverzichtbar.

Was die Zutaten anbelangt, verwendet die israelische Küche quasi die gleichen wie die levantinische. Wichtig sind vor allem ein hervorragendes extra natives Olivenöl, reichlich Zitronen und ein großes Spektrum frischer Kräuter und Gewürze wie Petersilie, Minze, *zatar* und Gewürzsumach für Salate mit kräftigen Aromen – dann klappt's auch mit der Chuzpe bei den *mezze*.

Basisvorrat

Zitronen • weißer Pfeffer • Pickles • Sesam •
säuerliche Milchprodukte und saure Früchte • Oliven •
tahina • Fleisch (Lamm, Ziege, Huhn) • Kichererbsen •
Dicke Bohnen • Bulgur • Kräuter (glatte Petersilie, Minze,
Estragon) • Gewürze (Piment, Muskat, Zimt, *zatar*,
Gewürzsumach) • Joghurt (frisch und getrocknet) •
laban • Käse in Salzlake (z. B. Feta)

Hummus

Das beste selbst gemachte *hummus*, das ich je gegessen habe, stammt von meinem Freund Zac Frankel, der sechs Monate lang in einem Kibbuz in Israel lebte. Aus diesem eher sentimentalen Grund befindet sich das Rezept im Kapitel Israel. Zac meint, getrocknete Kichererbsen selbst einzuweichen, sie zu kochen und zu schälen, wirkt vielleicht etwas pedantisch, lohne sich aber unbedingt. Mit Kichererbsen aus der Dose, die noch ihre Schale haben, geht natürlich alles viel schneller, doch *hummus* ist ein so einfaches Gericht, dass die Konsistenz perfekt sein sollte. Mit der aufwendigeren Methode erhalten Sie einen Dip, der ebenso cremig wie authentisch ist. In Israel serviert man ihn oft mit zusätzlichen Zutaten in der Mitte der Schüssel, zum Beispiel *ful medammes* (Dicken Bohnen), gekochtem Ei oder gebratenen Pilzen. Außerdem werden sauer eingelegtes Gemüse und Salat dazu gereicht. Wenn Sie es also wirklich authentisch israelisch wollen, sollten Sie dieses Rezept unbedingt ausprobieren.

Für 4 Personen

300 g getrocknete Kichererbsen
1 TL Natron (oder Backpulver)
4 Knoblauchzehen, grob gehackt
230 g *tahina*
Saft von 2 Zitronen
1½ TL Salz
Paprika zum Servieren

- Die Kichererbsen über Nacht einweichen. Man kann sie nach dem Kochen schälen, aber das ist meiner Meinung nach mühsamer und eine ziemliche Schweinerei. Ich gieße sie nach dem Einweichen ab und gebe kochendes Wasser darüber. Nach ein paar Minuten lösen sich die Schalen, und die Kichererbsen sehen heller aus. Wenn es nicht funktioniert, gießen Sie die Kichererbsen noch einmal ab und wiederholen das Ganze. Dann die Kichererbsen einzeln zwischen Daumen und Zeigefinger nehmen und leicht drücken. Die Kichererbse springt weg, die Schale bleibt zwischen den Fingern zurück. Ja, das ist zugegebenermaßen mühsam, aber wenn Sie damit fertig sind, haben Sie schon das halbe Rezept geschafft.
- Die Kichererbsen in einen Topf geben, mit Wasser bedecken, Natron zugeben und zum Kochen bringen. Leicht sprudelnd kochen lassen, gelegentlich den Schaum abschöpfen. Das Natron ist sehr wichtig: Die Kichererbsen werden dadurch weicher und bekommen eine schöne Konsistenz.
- Die Kichererbsen abgießen, die Kochflüssigkeit aufbewahren. Die Kichererbsen zusammen mit Knoblauch in einen Mixer geben und zu einer glatten Masse verrühren (geht auch mit dem Pürierstab). Dann *tahina* dazu, eine Viertel Tasse der Kochflüssigkeit, Salz und einen Großteil des Zitronensafts. Verrühren und abschmecken, eventuell mit Zitronensaft und Salz nachwürzen. Noch etwas Kochflüssigkeit (oder Wasser) zugeben, bis die gewünschte Konsistenz erreicht ist. Durch den Zitronensaft dickt *tahina* ein und verändert so die Konsistenz des *hummus*; wenn Sie mehr Zitronensaft zugeben, brauchen Sie wahrscheinlich auch mehr Wasser. *Hummus* wird im Kühlschrank fester, und – das sollten Sie beim Würzen bedenken – auch die Aromen kommen stärker zur Geltung.

- Zum Servieren in ein flaches Schälchen geben, mit einem Löffel glatt-streichen und in der Mitte eine kleine Vertiefung eindrücken, von der so viele kleine Furchen abgehen wie möglich. Mit Olivenöl beträufeln und leicht mit mildem oder scharfem Paprikapulver bestäuben.

Schakschuka

Tolles Wort, oder? Ich habe *schakschuka* zum ersten Mal in Israel gegessen, ursprünglich kommt es jedoch aus Nordafrika. Meist isst man es zum Frühstück oder zum Brunch, es ist meiner Meinung nach allerdings eine komplette Mahlzeit, die zu jeder Tageszeit schmeckt. Im Grunde handelt es sich um eine süße und würzige Peperonata, in der man noch ein paar Eier stocken lässt. Also lauter leckere Sachen – und dann noch der schöne Name ...

Für 4 Personen

1 Prise Safranfäden
1 TL Kreuzkümmel
reichlich extra natives Olivenöl
2 gelbe oder weiße Zwiebeln, fein gewürfelt
4 Paprika (egal welche Farbe, nur nicht grün), längs in Streifen geschnitten
2 Knoblauchzehen, fein gewürfelt
1 TL frisch gemahlener schwarzer Pfeffer
½ TL dunkler Rohrzucker
5 g Thymianblättchen
15 g Koriander, gehackt
1 Prise Cayennepfeffer
1 TL Paprika edelsüß (oder anstelle von Cayennepfeffer und Paprika ein gehäufter TL *harissa*)
1 Dose (400 g) Tomaten in Stücken
1 großzügige Prise Meersalz
4 große Bio-Eier

Zum Servieren
Meersalz
zatar zum Bestreuen (Seite 228)
10 g glatte Petersilie, gehackt
gutes weiches Brot mit knuspriger Kruste

- Die Safranfäden in einem Schälchen in 1 TL warmen Wasser auflösen und beiseitestellen.
- Den Kreuzkümmel in einer großen Pfanne 1–2 Minuten rösten, bis er anfängt zu duften, dann Öl, Zwiebeln und Paprikastücke zugeben und 3–5 Minuten lang anbraten (bis die Paprika anfängt weich zu werden). Knoblauch, schwarzen Pfeffer, Zucker, Thymian, Koriander, Safranwasser, Paprikapulver und Cayennepfeffer (oder *harissa*) zugeben und 2 Minuten schmoren lassen. Anschließend die Tomatenstücke zugeben. 10–15 Minuten köcheln lassen, dabei darauf achten, dass die Soße nicht zu stark eindickt. Falls die Flüssigkeit der Tomaten nicht genügt, etwas Wasser zugeben.
- Salzen, kleine Vertiefungen in die Soße drücken, die Eier aufschlagen und Eiweiß mit Eigelb in die Mulden gleiten lassen. Schwarzen Pfeffer darübermahlen. Man kann die *schakschuka* auch bei 190°C (Umluft 170°C, Gas Stufe 5) 5–10 Minuten im Ofen garen (dafür muss die Pfanne natürlich ofenfest sein), aber mir ist der Herd lieber. Die Hitze muss die Eier umschließen, damit sie richtig stocken, Sie brauchen also auf jeden Fall einen Deckel. Auf dem Herd dauert das 10–15 Minuten.
- Mit Meersalz, *zatar* und Petersilie bestreuen und am besten mit gutem Brot direkt aus der Pfanne tunken.

IRAN

Sedi Mohammadi war der Inbegriff der gastfreundlichen
iranischen Ehefrau ... die Auswahl und Vielfalt der Gerichte auf
ihrem Tisch, die dampfenden *khorescht*, Berge von safrangelbem
Reis, gefüllte Fische zum Sattessen, Joghurtsoßen bestreut mit
getrockneten Rosenblüten und Minze und eine Fülle an
Eingelegtem und an Salaten.

Kamin Mohammadi, *The Cypress Tree*

Die Bezeichnung für alles, was aus dem Iran stammt, unterliegt einer bestimmten Konvention. Die zeitgenössische Kultur bezeichnet man als »iranisch« – Filme, Hip-Hop, die Menschen –, alles, was aus der Zeit vor dem 20. Jahrhundert stammt, nennt man dagegen »persisch« – Kunst, Literatur, Teppiche und natürlich die Küche. Kamin Mohammadis Mutter ist eine »gastfreundliche iranische Ehefrau«, doch die köstlichen Speisen auf ihrem Tisch sind definitiv persisch.

Die persische Küche hat eine lange Geschichte, wurzelt tief in der Tradition und hat viele andere Küchen geprägt, ihr Einfluss reicht bis in die heutige arabische, indische und iberische Kochkultur. Doch trotz ihrer historischen Bedeutung und köstlichen Gerichte ist der Stellenwert der persischen Küche überraschend bescheiden, sie steht meist im Schatten der bekannteren türkischen, marokkanischen oder libanesischen Küche.

Unter der Bezeichnung Iran besteht der Staat erst seit 80 Jahren, auch wenn das Land zu den ältesten Kulturen der Welt gehört. Das Gebiet, das Fremde seit Jahrtausenden als Persien kannten, erhielt 1935 offiziell den Namen Iran, was auf Farsi »Land der Arier« bedeutet.[*] Das

---

[*] Der Terminus wird heute zwangsläufig mit der menschenverachtenden Rassenpolitik der Nationalsozialisten in Verbindung gebracht, doch im 19. Jahrhundert war er eine neutrale Bezeichnung für Indogermanen. Die Perser selbst bezeichneten ihr Land seit Jahrtausenden als »Iran«. Der Ausdruck »Persien« geht auf die alten Griechen zurück.

weite Land mit einer Fläche von mehr als 1,5 Millionen Quadratkilometern ist geprägt von extremen Temperaturen, schroffen Gebirgen,
Hochebenen und Wüsten sowie uralten kulinarischen Traditionen. Im
Gegensatz etwa zu den sich ständig wandelnden Essgewohnheiten im
nahe gelegenen Israel hat sich die persische Küche über Jahrhunderte
praktisch kaum verändert. Selbst in jüngster Zeit haben sich die kulinarischen Traditionen des Iran nicht zuletzt auch aufgrund seiner politischen und kulturellen Isolation bewahrt – die großen Fast-Food-Ketten sind dort beispielsweise nicht vertreten. Und so kommt es, dass die
meisterhaft zubereiteten traditionellen Gerichte wie Eintöpfe *(khorescht)*, Suppen *(asch)* und Reis *(polo)* weiterhin die Tafeln schmücken.

In Europa ist die persische Küche weniger bekannt als andere Küchen
wie etwa die libanesische, marokkanische oder türkische, obwohl sie
viel mit ihnen gemein hat. Kräuter, Joghurt und gegrilltes oder geschmortes Fleisch, vor allem Lamm, sind typisch für die gesamte islamische Welt, ebenso Essgewohnheiten und Zubereitung, etwa in Form
von *mezze* oder Eintopfgerichten. Die marokkanische *tajine* (Seite 324)
und die palästinensische *maqluba* (ein Reisgericht mit Fleisch, Nüssen
und Gemüse, das vor dem Servieren gestürzt wird) haben beide ein
Pendant in der persischen Küche. Es heißt – aber das ist wirklich stark
verallgemeinert –, man könne die Küchen im Nahen Osten anhand der
verwendeten Essenzen unterscheiden: Im Iran und in der Türkei wird
Rosenwasser verwendet, in der Levante und in Marokko Orangenblütenwasser.

Was Gewürze (Bockshornklee, Kreuzkümmel, Koriander) und Reis
angeht, dürfte die persische Küche eher mit der nordindischen und pa-
kistanischen Küche verwandt sein als mit der des Nahen Ostens und
Nordafrikas. Das persische Mogulreich hat Nordindien stark geprägt,
was sich bis heute in der Awadhi-Küche in der nordindischen Stadt
Lakhnau zeigt (Seite 237).

Eine mögliche Erklärung für den relativ geringen Bekanntheitsgrad
der persischen Küche liegt vielleicht in der eher dürftigen Restaurantkultur im Iran, die sich eigentlich nur auf *kabab* (gegrilltes Fleisch) und
tschelo (Reis) beschränkt. »Warum für etwas zahlen, das daheim viel
besser schmeckt?«, fragen sich wahrscheinlich viele Iraner. Ja, warum
eigentlich? Abgesehen von *kabab*, für das man eine spezielle Ausrüs-
tung braucht, gibt es das beste und authentischste persische Essen pri-
vat, bei Iranern zu Hause. Das jedenfalls ist meine Erfahrung, die ich
machen durfte, als ich Pury Sharifi kennenlernte, der mich Yotam Ot-

tolenghi vorgestellt hatte. Der hatte sie wiederum bei einem seiner Kochkurse kennengelernt und festgestellt, dass sie ihm so einiges über die persische Küche beibringen konnte. Als ich zum Kochen zu ihr kam, hatte sie auf ihrem Küchentisch schon prächtige violette Auberginen, leuchtende Orangen, Sultaninen, cremigen weißen Joghurt, Gerichte mit *kaschk* (fermentiertem Joghurt) und frische Kräuter in bunt bemalten Schälchen bereitgestellt.

Pury zeigte mir, dass man sich in der persischen Küche ganz besonders darauf versteht, Aromen kunstvoll zu kombinieren und dadurch Gerichte zu kreieren, die man so noch nie gegessen hat. Stellen Sie sich Auberginen mit Walnüssen vor, gekrönt von Molkenkäse; Sauerkirschen mit Lamm; Hühnchen mit Orangen und Safran; Spinat mit Joghurt und Rosinen; Zutaten wie Granatapfelsirup, getrocknete Buttermilch und getrocknete Limetten für natürliche Süße und Säure. Langsam geschmortes Fleisch mit Früchten klingt zwar eher nach Syrien oder Marokko, doch die Iraner verwenden so viele andere Zutaten (von denen jede einzelne zur Alchemie eines bestimmten Gerichts ihren kleinen, aber entscheidenden Beitrag leistet), dass daraus eine unnachahmlich komplexe Küche entsteht.

Für persisches Essen brauchen Sie Unmengen an frischen Kräutern (die »sabzi« heißen, also schlicht »grün«), sie stehen für Wachstum und Gesundheit. Kein Wunder also, dass *sabzi polo,* Reis mit Kräutern, der vor allem an *nouruz,* dem persischen Neujahrsfest am 21. März, gegessen wird, große Mengen Koriander, Schnittlauch, Dill, Petersilie und Bockshornklee in einer delikaten Mischung enthält. Auf jedem iranischen Tisch steht *sabzi khordan,* eine Platte mit frischen Kräutern, darunter beispielsweise Estragon, Basilikum, Minze und Schnittlauch (außerdem auch Radieschen oder Rettich und Frühlingszwiebeln). Zwischen zwei Bissen oder auch zwischen den verschiedenen Gerichten knabbert man Kräuter, um den Gaumen zu reinigen. Estragon hat dabei eine besondere Wirkung, die leicht scharfe Anisnote bereitet den Mund auf ein neues Gericht vor. Zu den weniger bekannten persischen Kräutern gehören *marzeh* (Bergbohnenkraut, das ein bisschen wie eine Mischung aus Majoran, Thymian und Salbei schmeckt) und Frauenminze (oder Balsamkraut oder Marienkraut, eine großblättrige Pflanze aus der Familie der Korbblütler).

Auch Gewürze spielen eine wichtige Rolle in der persischen Küche; was es nicht gibt, ist Chili. Sämtlich verwendet werden die Samen von Bockshornklee, Senf, Kreuzkümmel und Koriander, ebenso Kurkuma und süßere, aromatische wärmende Gewürze wie Zimt und Kardamom. *Advieh* (Seite 227) ist die klassische persische Gewürzmischung, deren Bestandteile zwar regional variieren, die aber immer zu gleichen Teilen Zimt, Kardamom, Kreuzkümmel und Rosenblüten enthält. Kurz vor dem Servieren streut man sie über den Reis oder würzt damit *khoresht* (Eintopf), für den viele weitere Gewürze verwendet werden – zusätzlich zu den vier Grundgewürzen getrocknete Limetten, Nelken, schwarzer Pfeffer, Kurkuma. Pury erklärt dazu: »Die Raffinesse der persischen Küche basiert auch darauf, dass wir so viele Zutaten verwenden, aber nie zu viel von einer ... außer Safran. Aber Safran ist ohnehin subtil und wird erst ganz am Schluss dazugegeben.«

Der orange Safran mit seinem heuähnlichen Geruch ist das Markenzeichen der persischen Küche und wird großzügig verwendet. Eine Prise Safranfäden, die man in warmem Wasser auflöst, bringt Gerichte kurz vor dem Servieren zum Leuchten. Ein Beispiel ist Purys Dip *borani esfenadsch,* Spinat mit Joghurt, Schalotten und Rosinen. Kleine Vertiefungen mit Safranflüssigkeit auf der Oberfläche verleihen dem Dip Farbe und zusätzlichen Pfiff.

Typisch für die persische Küche ist die Verwendung von Berberitzen *(zereschk)*[*]: Diese rubinroten Beeren geben vielen Gerichten (vor allem denen mit Huhn) eine wunderbar säuerliche Note oder glitzern wie kleine farbige Juwelen auf Reis und *khoresht*-Eintöpfen. Leicht und herzhaft, würzig und doch angenehm, vereint beispielsweise ein *khoresht* aus Huhn mit Joghurt und Orangenschale gleich zwei persische Traditionen optimal: süß mit sauer und Fleisch mit Obst – alles gekrönt von Safranwasser und Berberitzen.

Zahllose *khoresht*-Gerichte spielen mit diesen Kombinationen – ein ganz besonders verführerisches ist *khoresht nanah jafari gojeh* (Lamm mit Minze, Petersilie und Reineclauden). Die meisten Eintöpfe werden mit Lamm zubereitet, doch es gibt auch Rezepte für *khoresht* mit Huhn, Rind und manchmal auch Fisch. Ein weiteres klassisches Gericht ist *khoresht-e fesendschan,* ein dunkler, sämiger Eintopf mit Huhn, Granatapfelsirup, karamellisierten Zwiebeln und Walnüssen, der vor allem im Herbst und Winter gern gegessen wird. Am bekanntesten ist jedoch wohl *ghormeh sabzi,* ein umwerfender persischer Eintopf mit langsam

---

[*] Mit Berberitzen wurde im Mittelalter auch in England gut und gern gewürzt – bevor man entdeckte, dass Berberitzensträucher Weizen-Mehltau übertragen. Derzeit erleben sie eine kleine Renaissance, allerdings müssen sie aus dem Iran importiert und vor der Verwendung eingeweicht oder sautiert werden.

gegartem Lamm und Kräutern. Berberitzen, Mandeln, Walnüsse, Pflaumen, Gurken, Zucchini und Rübchen sind nur einige weitere Zutaten, die in den unzähligen persischen Eintopfgerichten mit Fleisch kombiniert werden. Die wichtigsten Zutaten sind jedoch eher unauffällig: Joghurt oder Buttermilch, getrocknete Limetten oder eine besondere Gewürzmischung. Obwohl ich kein Farsi spreche, hatte ich übrigens nie Probleme, mir das Gericht *ghormeh sabzi* zu merken, denn »ghormeh« klingt passenderweise wie »Gourmet«.

Ein ganz wichtiges Element der persischen Küche sind Suppen. Sie sind dicker und herzhafter als in Europa und leisten vor allem im Norden während des Winters ihren wertvollen Beitrag zur Sättigung der Bevölkerung. Kein Wunder, denn wesentlicher Bestandteil von Suppen *(asch)* sind nährstoffreiche Hülsenfrüchte wie Kidneybohnen, Mungobohnen und orangefarbene oder grüne Linsen. Oder Mehl, wie im Fall von *eschkeneh*, einer Zwiebelsuppe, angedickt mit Mehl und Eiern und gewürzt mit Kurkuma und Bockshornklee. Purys Lieblingssuppe ist *asch-e-dscho*, eine Gerstensuppe mit Kichererbsen, Linsen, Kidneybohnen, Spinat und Petersilie. Bei so gesunden (und günstigen) Zutaten kann man gut nachvollziehen, warum man Suppen im Iran auch eine heilende Wirkung zuschreibt.

Reis gibt es im Iran in den unterschiedlichsten Varianten: als Beilage *(tschelo)*, als lockeren Reis mit anderen Zutaten untermischt *(polo)* oder als *tahdig*, was so viel wie »Topfboden« bedeutet. Dabei wird der Reis nach der Zubereitung gestürzt und wie ein Kuchen serviert, mit einer knusprigen Kruste aus Eiern, Joghurt und Safran.

Polo (jedes Reisgericht mit weiteren Zutaten) stammt ursprünglich aus Indien *(pilau)** und ist auch mit dem türkischen *pilaw* verwandt – bei allen handelt es sich um gewürzte Reisgerichte, mit Butter und Safran in der Pfanne goldbraun gebraten. Für den einfachsten *polo* nimmt man nur Safran und Butter, man kann jedoch auch noch ein paar Kräuter, Hülsenfrüchte oder Sauerkirschen zugeben (dann hat man »errötenden Reis«). Oder man isst »Juwelenreis« *(morasa polo)* kombiniert mit Berberitzen, Pistazien, Mandeln, Orangenschale, Rosinen, *adwieh* und – natürlich – Safranwasser. Wenn Sie die Safranfäden in warmem Wasser einweichen, sind sie besonders ergiebig (schließlich ist Safran das teuerste Gewürz überhaupt). Ich nehme fünf bis zehn Fäden (je nach gewünschter Intensität) und lasse sie etwa fünf

---

* Eingeführt von den persischen Moguln im 16. Jahrhundert.

Minuten ziehen. Wenn sich das Wasser bernsteingelb gefärbt hat, können Sie es zum Gericht geben.

Im Iran kommt alles auf einmal auf den Tisch. Anstatt wie in Europa eine Mahlzeit in mehreren Gängen zu servieren, biegt sich die Tafel unter einer Vielzahl von Eintöpfen, frischen Kräutern, *mezze* und Brot. Dips werden mit verschiedenen Formen von *nan* (Fladenbrot – wieder eine Parallele zu Indien, wo es *naan* heißt) aufgetunkt. Es gibt dünne, knusprige Fladen *(nan-e-lavasch)* und auch dicke, fast flaumige, die Pury gern mit Dips wie *borani-e-labu* (gebratener Roter Bete mit Joghurt und frischer Minze) serviert, oder mit *borani esfenadsch* (Spinat, Joghurt, Zwiebeln, Rosinen und Safran) und *kaschk-e-bademdschan* (Auberginen, Walnüsse, Molkenkäse und getrocknete Minze).

Die zahlreichen, vielfarbigen Reis- und Eintopfgerichte, die Fülle der Joghurtdips, ja, Essen überhaupt ist im Iran untrennbar mit Gastfreundschaft verbunden. Darauf wollte ich auch mit dem Zitat am Anfang dieses Kapitels hinweisen. Bevor ich Pury Sharifi kennenlernte, hatte ich zwar schon viel von der iranischen Gastfreundschaft gehört, sie bis dahin aber nicht am eigenen Leib erlebt. Das Essen, das sie für mich kochte, war zwar fremd, vermittelte mir aber sofort ein Gefühl von Geborgenheit. Pury sagte mir: »Gastfreundschaft ist sehr wichtig im Iran, vor allem, wenn der Gast ein Fremder ist. Die Iraner sind stolz auf ihre Art der herzlichen Begrüßung und Aufnahme.« Meine erste Erfahrung mit der iranischen Gastfreundschaft gibt den Iranern allen Grund zum Stolz. Pury hat mir sogar ein paar ihrer Rezepte verraten. Auch wenn ich es nicht unbedingt mit der iranischen Gastfreundschaft aufnehmen kann – ein paar authentische Gerichte kann ich immerhin kochen (hoffe ich).

Basisvorrat

Safran • Rosenwasser • Kräuter (Estragon, Minze,
Bergbohnenkraut, Basilikum, Schnittlauch) • Gewürze
(Bockshornklee, Zimt, Koriander, Kreuzkümmel, Nelken,
schwarzer Pfeffer, Kurkuma) • Rosenblütenblätter • Joghurt
(frisch und getrocknet, *kaschk*) • getrocknete Limetten •
Orangen • getrocknete Berberitzen • Mandeln •
Pistazien • Kidneybohnen • Lamm

Huhn mit Berberitzen,
Joghurt und Orangenschale

Dieses Gericht mit seinen ausgewogenen Aromen, das auf Farsi *kho-resht-e-mast* heißt, klingt exotisch und sieht auch so aus, obwohl dafür Zutaten verwendet werden, die in Europa leicht zu bekommen sind. Die getrockneten Berberitzen sind vielleicht noch die größte Herausforderung, in der Regel sollten Sie sie aber in den meisten türkischen Läden oder im Internet bekommen. Weichen Sie die Beeren zehn Minuten in warmem Wasser ein und lassen Sie sie dann gut abtropfen. Berberitzen habe eine eigene Säure und machen persische Gerichte besonders authentisch, daher lohnt es sich, sie zu verwenden. Sollten Sie wirklich keine kriegen, nehmen Sie Cranberrys, Johannisbeeren oder Sauerkirschen. Das Rezept stammt übrigens aus Pury Sharifis Familie.

Für 4 Personen

7 gehäufte EL griechischer Joghurt

5 EL Olivenöl

2 mittelgroße Zwiebeln, fein geschnitten

4 Hähnchenkeulen (im Gelenk zerteilt, Haut abgezogen)

Meersalz und Pfeffer nach Geschmack

2 große unbehandelte Orangen

1 große Prise Safranfäden

15 g getrocknete Berberitzen, eingeweicht (siehe oben)

2 EL gehobelte Mandeln zum Garnieren (nach Belieben), geröstet

- Den Joghurt mehrere Stunden, am besten über Nacht, in einem Mulltuch abtropfen lassen – Sie können das Tuch einfach über den Wasserhahn Ihres Spülbeckens hängen.
- Olivenöl in einer schweren Pfanne erhitzen und die Zwiebeln darin bei mittlerer Hitze anbraten, bis sie goldbraun sind – das dauert etwa 10–15 Minuten. Leicht salzen. Hähnchenteile dazugeben und 2–3 Minuten braten, alle Teile sollten Kontakt zum Pfannenboden haben, sonst in mehreren Portionen braten. Anschließend Wasser zugießen, bis das Fleisch zur Hälfte bedeckt ist. Nach Geschmack salzen und pfeffern. Die Pfanne abdecken und 30–40 Minuten schmoren lassen.
- In der Zwischenzeit die Orangen mit dem Kartoffelschäler schälen. Dabei darauf achten, nur die Schale zu entfernen, die weiße Haut sollte möglichst unverletzt bleiben. Die Schale in streichholzdicke Streifen schneiden. Die Streifen in einem kleinen Topf mit kochendem Wasser 3 Minuten ziehen lassen. Abgießen und mit kaltem Wasser abspülen.
- Safranfäden im Mörser zermahlen und 10 Minuten lang in 4 EL warmem Wasser auflösen. Safranwasser, Orangenschale und Berberitzen zum Hähnchen geben, das Fleisch gelegentlich wenden. Abschmecken und weitere 10 Minuten schmoren. Die Hähnchenteile entfernen und warm stellen. Die Soße leicht köcheln lassen, dann den abgetropften Joghurt unterrühren, bis er sich aufgelöst hat. Hähnchenteile wieder zurück in die Pfanne geben und 2 Minuten lang in der Soße ziehen lassen, bis sie wieder richtig heiß sind. Das Fleisch in eine dekorative Schüssel geben, die Soße darübergießen und mit den gerösteten Mandeln bestreuen. Mit *tschelo*-Reis (siehe übernächstes Rezept) servieren.

Lamm mit Kichererbsen, getrockneten Limetten und Auberginen

Dieser traditionelle *khorescht* (Eintopf) ist ein Lieblingsgericht von Purys Familie. Auf Farsi heißt er *khorescht-e-gheimeh bademdschan*. Getrocknete Limetten *(limou omani)* werden in der persischen Küche häufig verwendet; sie geben *khorescht* und anderen Gerichten ein besonderes Aroma und eine gewisse Säure – ähnlich wie eingelegte Zitronen in der marokkanischen Küche. Die Schale der Limetten bitte vor dem Kochen immer mit einer Gabel oder einem scharfen Messer einstechen, damit sie ihr volles Aroma abgeben. Manche essen die Limetten im *khorescht* gern mit, anderen sind sie zu sauer.

Für 6–8 Personen

4 große Auberginen, geschält und der Länge nach halbiert
Meersalz
1 Prise Safranfäden
6 EL Olivenöl zum Anbraten der Zwiebeln
2 mittelgroße Zwiebeln, fein gewürfelt
70 g gelbe Schälerbsen
750 g Lammfleisch von Schulter oder Keule, in 2 cm große Würfel
geschnitten
1 TL Kurkuma
5–6 ganze getrocknete Limetten, die Schale mehrfach
eingestochen
Meersalz und gemahlener schwarzer Pfeffer
Pflanzenöl zum Anbraten der Auberginen
2 gehäufte EL Tomatenmark
1 TL *advieh* (Gewürzmischung, Seite 227)
2 Tomaten, geviertelt

- Die Auberginen rundum salzen und mindestens eine Stunde lang in einem Sieb stehen lassen.
- Den Safran im Mörser zermahlen und 10 Minuten lang in 4 EL warmem Wasser auflösen.
- Das Olivenöl in einer schweren Pfanne erhitzen und die Zwiebeln darin bei mittlerer Hitze anbraten, bis sie goldbraun sind – das dauert etwa 10–15 Minuten. Leicht salzen. Die Schälerbsen zugeben und 2 Minuten lang rühren, bis sie mit Öl überzogen sind. Dann das gewürfelte Fleisch zugeben und rühren, bis es von allen Seiten leicht Farbe annimmt. Nach ungefähr 5–6 Minuten, wenn es hellbraun ist, Kurkuma zugeben und weitere 2 Minuten anbraten. Damit nichts am Pfannenboden ansetzt, müssen Sie vielleicht noch etwas Öl zugeben.
- So viel kaltes Wasser zugießen, dass das Fleisch bedeckt ist, und die getrockneten Limetten zusammen mit Salz und Pfeffer zugeben. Abdecken, langsam zum Kochen bringen und 30–40 Minuten lang bei niedriger Hitze köcheln lassen.
- Während die *khorescht* köchelt, von den Auberginen das ausgetretene Wasser mit dem Messerrücken abziehen und portionsweise in einer großen Pfanne anbraten, bis sie auf beiden Seiten braun sind – das dauert pro Portion etwa 10 Minuten. Beiseitestellen.

- Nach 30–40 Minuten Tomatenmark, Safranwasser und *advieh*-Mischung einrühren. Die Limetten leicht mit einem hölzernen Kochlöffel ausdrücken, damit sie ihr volles Aroma abgeben, wieder abdecken und weitere 15 Minuten köcheln lassen.
- Die Auberginen und frischen Tomaten zugeben; sie sollten von der Soße nur teilweise bedeckt sein. Noch einmal 25–30 Minuten simmern lassen, regelmäßig nach den Auberginen sehen, damit sie nicht verkochen. Mit *tschelo*-Reis servieren.

Tschelo-Reis

Diese Methode, bei der der Reis eingeweicht, angekocht und anschließend gedämpft wird, sorgt für lockere Körner und eine köstliche Kruste *(tahdig)* am Topfboden. Lassen Sie sich von der scheinbar aufwendigen Zubereitung nicht abschrecken – wenn Sie den *tschelo*-Reis ein paar Mal selbst gemacht haben, ist es ganz einfach … das hat mir Pury versichert.

Für 8 Personen

700 g Basmatireis
Salz
1 Prise Safran
5 EL Olivenöl

- Den Reis in einen großen Topf geben, mit Wasser bedecken und sanft mit den Fingern durchrühren, dann abgießen. Mehrmals wiederholen, bis die überschüssige Stärke ausgewaschen ist. Den Reis mit frischem kaltem Wasser bedecken, 2 EL Salz zugeben und bis zu 24 Stunden, aber mindestens 3 Stunden lang einweichen. Das Salz verhindert, dass der Reis aufbricht.
- Safran im Mörser zermahlen, mit 4 EL warmem Wasser begießen und 10 Minuten lang darin auflösen.
- Einen großen beschichteten Topf zu drei Vierteln mit Wasser füllen, 2 EL Salz zugeben und zum Kochen bringen. Den gewaschenen, abgespülten und abgetropften Reis in den Topf geben, das Wasser aufkochen lassen und bei starker Hitze 6–10 Minuten lang kochen lassen, dabei gelegentlich vorsichtig umrühren. Wichtig: den Reis regelmäßig probieren – er darf weder zu hart noch zu weich sein, sondern muss noch etwas Biss

haben. Purys Mutter rät, den Topf einige Minuten, nachdem das Wasser von der Mitte aus aufgekocht und der Reis einmal hochgestiegen ist, vom Herd zu nehmen. Den Reis in ein großes Sieb abgießen, mit lauwarmem Wasser durchspülen und abtropfen lassen.

* 100 ml Wasser in den Topf geben und bei mittlerer Hitze zum Kochen bringen. Sobald das Wasser kocht, Safranwasser zugeben und den Topf leicht schwenken, damit sich der Safran gleichmäßig verteilt. Dann das Öl zugeben. Wenn die Öl-Wasser-Mischung anfängt zu kochen, den abgetropften Reis nach und nach zugeben und zu einem Kegel aufschütten. Mit dem Stiel eines Holzlöffels mehrere 5 cm tiefe Löcher hineindrücken. Sobald durch die Löcher Dampf aufsteigt, die Temperatur auf mittlere bis niedrige Hitze herunterschalten. Ein sauberes Geschirrtuch über den Topf legen und den Deckel fest aufsetzen, damit kein Dampf entweicht. Den Reis 50 Minuten oder so lange dämpfen, bis die Körner weich und locker sind.

* Vom Herd nehmen und den Topf einige Minuten lang auf einem feuchten Geschirrtuch stehen lassen – dadurch löst sich die Kruste besser vom Topfboden. Deckel und Tuch abnehmen, eine große Platte auf den Topf legen, fest andrücken, und den Reis auf die Platte stürzen. Der Reis sollte wie ein Kuchen mit einer festen Kruste auf der Platte liegen. Als Alternative können Sie auch einen Teil des Safranwassers zurückbehalten und mit 3 EL gekochtem Reis mischen. Den restlichen Reis aus dem Topf löffeln, auf eine Platte geben und mit dem Safranreis verzieren. Die Kruste, die sich nun leicht herauslösen lässt, auf einer Extraplatte servieren.

ASIEN

Unterwegs auf der Gewürzstraße

Entlang der alten Gewürzstraße findet man überall Mischungen, die die charakteristischen Aromen der einzelnen Länder und Regionen in sich vereinen. Entweder werden sie dem Essen als Zutat beigemischt, oder man streut sie als aromatisch duftende Garnitur über ein Gericht.

Gewürzmischungen variieren von Land zu Land, von Stadt zu Stadt und sogar von Haus zu Haus. Jede ist anders, daher können diese Rezepte auch nur eine grobe Anleitung sein. Im Allgemeinen habe ich die Gewürze nicht in großen Mengen, sondern teelöffelweise gemischt. Wenn Sie Ihre eigenen Gewürzmischungen herstellen möchten, brauchen Sie meist nichts weiter als Mörser und Stößel: das einfachste und befriedigendste Küchengerät überhaupt. Um die Samen und Schoten zu einem feinen oder auch gröberen Pulver zu zerstoßen, eignet sich ein großer schwerer Granitmörser am besten. *Dukkah*, *ras el-hanout*, *panch phoron* und *zatar* sind Mischungen aus ganzen Gewürzen, sie sollten auf keinen Fall zerstoßen werden. Herzlichen Dank an Pury Sharifi für ihr *advieh*-Rezept!

Fünf-Gewürze-Pulver
(China)

1 TL gemahlener
Sichuanpfeffer
1 TL gemahlener Sternanis
1 TL gemahlener
Fenchelsamen
½ TL gemahlene Nelken
½ TL gemahlener Zimt

Panch Phoron
(Westbengalen)

1 TL Kreuzkümmel
1 TL Fenchelsamen
1 TL Bockshornklee
1 TL Senfsamen
1 TL Schwarzkümmel

Berbere
(Äthiopien)

2 TL Salz
3 ganze Nelken
2 TL Koriandersamen
1 TL Bockshornkleesamen
5 weiße Kardamomkapseln
5 EL getrocknete Zwiebeln
5 getrocknete *Chilis de árbol*
(zerbröselt, ohne Stiel und Kerne)
1 TL gemahlene Muskatnuss
½ TL gemahlener Ingwer
½ TL gemahlener Zimt
½ TL schwarze Pfefferkörner
¼ TL Pimentkörner
3 EL Paprikapulver

Advieh
(Iran)

2 EL gemahlener Zimt
1 TL gemahlener Kardamom
1 TL gemahlener
schwarzer Pfeffer
1 TL geriebene Muskatnuss
1 TL gemahlener Koriander
½ TL Nelkenpulver

Garam Masala
(Nordindien)

1 TL gemahlener
schwarzer Pfeffer
1 Zimtstange, gemahlen
1 TL gemahlene Nelken
1 TL gemahlener Kardamom
1 TL gemahlener Kreuzkümmel
¼ Muskatnuss, gerieben

Ras el-hanout
(Marokko)

1 TL Muskatnuss
1 TL Kreuzkümmel
1 TL Koriander
1 TL Ingwerpulver
1 TL Zimt
1 TL Kurkuma
1 TL Rosenblätter
½ TL schwarzer Pfeffer
½ TL Paprika
½ TL Zucker
½ TL gemahlener Kardamom
½ TL gemahlene Nelken
½ TL Piment

Zatar
(Levante und Israel)

4 TL Gewürzsumach
2 TL Sesamsamen
2 TL Thymian
1 TL Meersalz
1 TL Kreuzkümmel
1 TL Oregano
1 TL Majoran

La Kama
(Nordafrika)

2 TL gemahlener Zimt
1 TL gemahlene Kurkuma
1 TL gemahlener
schwarzer Pfeffer
1 TL gemahlener Ingwer
1 TL geriebene Muskatnuss

Dukkah
(Ägypten)

10 Haselnüsse
1 EL Sesamsamen
1 TL Koriandersamen
1 TL Kreuzkümmel-
samen
1 TL Fenchelsamen
1 TL Schwarzkümmel-
samen
1 TL Pfefferkörner
1 große Prise Salz

Baharat
(Türkei)

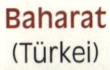
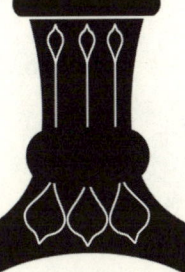

2 TL getrocknete Minze
2 TL getrockneter Oregano
1 TL gemahlener Zimt
1 TL gemahlene Senfsamen
1 TL gemahlene Koriandersamen
1 TL gemahlener Kreuzkümmel
1 TL gemahlener schwarzer Pfeffer
1 TL gemahlene Nelken
1 TL gemahlener Fenchelsamen
1 TL gemahlene Muskatnuss

INDIEN

Inder sind die Italiener Asiens und umgekehrt. In beiden Ländern
werden die Männer, wenn sie glücklich sind, zu Sängern, und die
Frauen verwandeln sich auf dem Weg zum Laden um die Ecke in
Tänzerinnen. Für diese Menschen ist Nahrung Musik für den
Körper, und Musik ist Nahrung für das Herz.

Gregory David Roberts, *Shantaram*

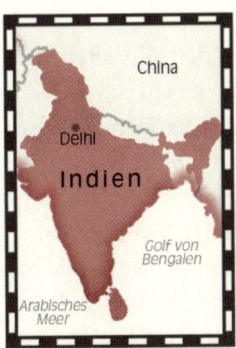

Parallelen zwischen Essen und Musik sind nichts Neues. Schon William Shakespeare beschreibt in *Was ihr wollt* die Musik als »der Liebe Nahrung«.

Gregory David Roberts' Vergleich trifft die indische Einstellung zum Essen besonders gut. Genau wie in der Musik unendlich viele verschiedene Genres, Stilrichtungen, Notenkombinationen, Tonarten und Rhythmen existieren, beruht auch das indische Essen auf sehr viel mehr als nur einer einzigen kulinarischen Tradition. Von den Kokospalmenstränden Keralas und Goas über die Ebenen des Ganges bis zu den Gipfeln des Himalaya: Indien ist geographisch und kulinarisch gesehen ein Land von unglaublicher Vielfalt. Man kann Indien getrost als die Weltmacht der Gewürze bezeichnen, verfügt es doch über Hunderte von historischen und regionalen Küchentraditionen und Abertausende von Rezepten, die ständig verändert und von jedem Koch und jeder Köchin immer wieder neu interpretiert werden.

Um indisches Essen wirklich zu begreifen, muss man sich die große Vielfalt und die endlosen Möglichkeiten dieser Küche vergegenwärtigen. Allein die Anzahl der Gewürze, die beispielsweise in einem Hühnercurry zu finden ist, weist darauf hin, dass ein Curry nie wie das andere schmecken wird.

In jeder Stadt, in jedem Dorf und in jedem Haus wird eine eigene Variante gekocht. Die Zahl der Gewürze und Gewürzmischungen ist unendlich,[*] weshalb es eigentlich auch keine »klassischen« Rezepte gibt. Das sollte man sich beim Nachkochen indischer Gerichte immer vor Augen halten, selbst bei so vorzüglichen Rezepten wie den hier vorgestellten von Meera Sodha, Autorin des demnächst erscheinenden Kochbuchs *Made in India*. Indien ist und bleibt das Land der Familienküche. Jede Hausfrau und Mutter variiert ihre Zutaten, wenn auch manchmal nur minimal. Indisch kochen kann man zwar mit chirurgischer Präzision, es erfordert aber ebenso viel Kreativität. Und deshalb bitte ich Sie dringend: Lassen Sie Ihrem Erfindungsreichtum freien Lauf, wenn Sie sich an den Rezepten versuchen. Experimentieren Sie! Geben Sie ein bisschen mehr *garam masala* oder Kurkuma in Ihr *dal*. Vielleicht schmeckt es Ihnen so ja viel besser. Das Schöne an indischen Rezepten ist, dass man sich bei Currygerichten wie *dal* sehr leicht korrigieren kann. (In diesem Fall einfach durch die Zugabe von mehr Linsen oder Wasser.)

80 Prozent der indischen Bevölkerung gehören der sehr alten Religion des Hinduismus an. Sie glauben an das Karma, verehren viele Götter, und ihre Kühe sind ihnen heilig (wobei sie nicht die Tiere, sondern den Milchlieferanten in ihnen verehren). Insbesondere in Nordindien sind Milchprodukte in Form von *ghee* (Butterschmalz), *panir* (Weißkäse), Sahne, Milch und Joghurt fester Bestandteil der täglichen Ernährung. Zu den Minderheitenreligionen des Landes gehören der Islam (am stärksten vertreten entlang der Grenzen zu Pakistan und Bangladesch, das heißt in Kaschmir und Bengalen), das Christentum (hauptsächlich in den Küstenregionen Goas, Keralas und in Ostbengalen), der Jainismus[**] in Gebieten Zentral- und Westindiens wie beispielsweise Rajasthan und Gujarat, der Buddhismus an der Grenze zu Nepal und schließlich der Sikhismus, der besonders im Punjab konzentriert auftritt.

Um der Vielzahl der regionalen Küchen Indiens gerecht zu werden, bräuchte man ein ganzes Buch (oder auch zwei oder drei). Ich habe mir daher die Freiheit genommen, das Land in zwei Teile zu gliedern: den Norden und den Süden. Diese grobe Unterteilung orientiert sich sowohl an den großen klimatischen und geographischen Unterschieden als auch an den verschiedenen religiösen und postkolonialen Prä-

[*] Kreuzkümmel zum Beispiel oder *garam masala*, Ingwer (gemahlen oder frisch), Senf (die Körner, das Öl oder die Blätter), Kurkuma, Bockshornklee, Zimt, Koriander, Kardamom, Safran, Nelken, Kaffir-Limettenblätter, Kaschmir-Chili oder schwarzer Pfeffer.
[**] Der Jainismus ist eine alte, in Indien von einer Minderheit ausgeübte Religion, die die Gleichheit aller Lebewesen in den Vordergrund stellt.

gungen. Ganz allgemein kann man, denke ich, sagen, dass südindisches Essen viel aus dem Meer auf den Tisch bringt und durch die Verwendung von Kokosnuss und scharfem Chili bestimmt ist, während im Norden Milchprodukte, Senf und *tandoori*-Fleisch dominieren. Um die Veränderungen in der Esskultur besser nachzuvollziehen, folgen wir zunächst im Norden einem Stück der Grand Trunk Road*, einer alten Handelsstraße.

In diesem Kapitel möchte ich Ihnen indisches Essen vermitteln, das Sie so auf der Speisekarte Ihres Lieblingsinders nicht finden, und Ihnen zeigen, weshalb »Nahrung Musik für den Körper« ist.

* Die Grand Trunk Road ist eine der ältesten und zugleich bedeutendsten Fernstraßen in Südasien. Die 2500 km lange Straße folgt vom Chaiber-Pass in weiten Teilen der nordindischen Ebene und ist seit Jahrhunderten ein Verkehrsweg zwischen den heutigen Staaten Afghanistan, Pakistan, Indien und Bangladesch. In *Kim* beschreibt Rudyard Kipling die Grand Trunk Road als einen auf der Welt einzigartigen »Fluss des Lebens« und zieht damit eine schöne Parallele zwischen diesem von Menschen geschaffenen Fluss und dem Ganges, der die GT Road immer wieder ein Stück begleitet.

NORDINDIEN

Die Abendessen waren recht großzügig ... Wildbretklößchen mit
reichlich Kardamom, winzige Wachteln mit einem Hauch von
Zimt, gebratene Kichererbsensprossen mit grünem Chili und
Ingwer und kleine neue Kartoffeln, knusprig gebräunt und mit
Kreuzkümmel und Mangopulver gesprenkelt.

Madhur Jaffrey, *Climbing the Mango Trees*

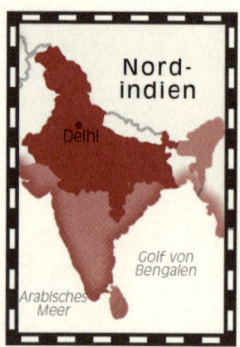

Der Norden Indiens umfasst offiziell elf Bundesstaaten.* Ich werde die Grenzen jedoch
etwas verschieben und hier auch den östlichen
Teil Westbengalens mit einbeziehen. Nordindien ist geprägt von heißen Sommern, kalten
Wintern und heftigem Monsunregen. Es ist das
Land eines dramatisch in Purpurlicht getauchten Himalaya, zu dessen Fuß sich das üppige
Grün der fruchtbaren, gut bewässerten Ebenen
zwischen Ganges und Indus ausbreitet. Der
Mensch hat hier zwar überall seine Spuren hinterlassen – schmale Straßen, die sich durch die bergige Landschaft winden, verstreute Siedlungen, gelegentlich ein Tempel und das Gebimmel von den Glocken der
Ziegen –, die Hauptrolle aber spielt die Natur.

Die Grand Trunk Road ist eine alte Handelsstraße, die sich 2500 Kilometer lang durch das frühere Kolonialgebiet der Briten zieht: von
Kabul im Nordwesten über den Chaiber-Pass durch Pakistan und Nordindien bis nach Bangladesch im Osten. Ihren Namen verdankt sie den
riesigen Frachtmengen, die auf dieser Strecke transportiert wurden.
Und wie nicht anders zu erwarten, verändert sich entlang dieser langen
Straße nicht nur die Landschaft, sondern es wechseln auch kulturelle
und kulinarische Eigenheiten. Geographie, Geschichte und Religion

---

* Bihar, Chhattisgarh, Haryana, Himachal Pradesh, Jammu und Kashmir, Jharkhand,
Madhya Pradesh, Punjab, Rajasthan, Uttarakhand und Uttar Pradesh.

der einzelnen Landstriche finden sich in den regionalen Essgewohnheiten wieder. Als Vorgeschmack auf die enorme Bandbreite der nordindischen Küche möchte ich Ihnen ein paar kulinarische »Hot Spots« entlang der Grand Trunk Road zeigen.

Unser Weg führt uns von Kaschmir durch den Punjab nach Delhi und von dort über Lakhnau bis Westbengalen: köstlich gegrilltes Fleisch in Kaschmir, *tandooris* in Delhi und im Punjab, von der Mogulküche beeinflusste *awadhi*-Gerichte in Lakhnau und Fischcurrys in Westbengalen. So unterschiedlich diese Küchen sind, es existieren auch viele Gemeinsamkeiten wie etwa die Aromen, von denen Madhur Jaffrey in der Einleitung ihrer Autobiographie *Climbing the Mango Trees* schreibt: »Es erwarten Sie grüne Chilis, Ingwer und Kreuzkümmel in Hülle und Fülle.«

Kaschmir liegt im nördlichsten Zipfel Indiens: Im Nordwesten grenzt es an Pakistan, im Osten an China, Richtung Süden erstreckt es sich dann von den schneebedeckten Gipfeln des Himalaya bis hinunter in Landstriche mit sattgrünen Tälern, Seen und subtropischen Pinienwäldern. Um die Menschen trotz des extremen Klimas zu ernähren, müssen die hier angebauten Nutzpflanzen anpassungsfähig sein und starke Temperaturunterschiede aushalten.

Daher ist die Palette an Zutaten hier auch nicht ganz so groß wie im Rest Indiens: Es gibt weniger Gewürze, und die Kaschmiris essen mehr Fleisch, insbesondere Lamm. In den eisigen Wintern greifen sie dann auf getrocknete Erzeugnisse des Sommers zurück und genießen einfache, würzige Currys wie *rogan josh* (ein scharfes Lammcurry, für das Sie weiter unten auch ein Rezept finden). Auf Farsi heißt *rogan josh* »heißes Öl«, und – Sie ahnen es bereits – es ist persischen Ursprungs. Das in Öl mit Fenchelsamen, Ingwer, Paprika und Kaschmir-Chilis gebratene Lamm ist nicht nur ein klassischer Exportschlager Kaschmirs, sondern auch ein feuriges Abwehrmittel gegen die Kälte im Winter.

Kaschmir-Chilis (siehe »Scharfes Zeug«, Seite 308) sind international bekannt für ihre dunkelrote Farbe, ihr hervorragendes Aroma; sie sind nicht zu scharf, und zusammen mit dem in Kaschmir großzügig verwendeten getrockneten Ingwer und Reis machen sie viele Gerichte zu einem wahren Genuss. Charakteristisch für die kaschmirische Kochkunst sind die würzigen und sämigen Soßen der Currys und das über offenem Feuer gebratene Fleisch – wie zum Beispiel Lammkeule am Spieß.

Typisch für Kaschmir ist ferner die *tawa*, eine Art gusseiserne Pfanne, in der Fleisch oder Brot über dem Feuer gebraten beziehungsweise gebacken werden. In Pakistan, wo der Fleischkonsum höher ist als in Nordindien, kommen auf der *tawa* neben Huhn und rotem Fleisch auch Innereien und Fleischreste zu liegen wie Hirn, Nieren, Leber, Keule oder Stelzen – etwa vom Lamm.

Tawas werden bis hinunter in den Punjab benutzt, wobei die berühmten *tandoori*-Öfen hier allmählich die Oberhand gewinnen. Das Essen aus dieser Ecke Indiens ist auf der ganzen Welt ganz allgemein als punjabisch bekannt, obwohl die Rezepte ursprünglich auch aus anderen Ecken Indiens wie Delhi, Haryana oder Himachal Pradesh stammen. Die Art, wie im Punjab gekocht wird, hat so manchen mit den Wundern der indischen Küche bekannt gemacht, und in vielen *tandoori*-Gerichten finden sich genau die Aromen und Zutaten, die wir am ehesten mit Indien in Verbindung bringen: Kreuzkümmel, Tomaten, Zwiebeln, Zitronen und Koriander kombiniert mit Fleisch, Weißkäse und Gemüse.

Punjab bedeutet so viel wie Fünfstromland, und seine fünf Flüsse traten früher in der Monsunzeit häufig über die Ufer. Seit die britischen Kolonialherren im 19. Jahrhundert jedoch ein Bewässerungs- und Dammsystem errichten ließen, ist das Land weitgehend trocken und sicher. Angebaut werden hier vor allem sehr viel Weizen und Reis, aber auch Zuckerrohr. Der Punjab wird deshalb auch als »Brotkorb Indiens« bezeichnet, und das im *tandoori*- oder Tandur-Ofen gebackene Brot dieser Region gehört zum besten Indiens. Ursprünglich bestanden die Tandur-Öfen aus zylinderförmigen Lehmgefäßen, in denen ein Kohle- oder Holzfeuer brannte, welches im Inneren eine zirkulierende Hitze erzeugte und dem Brat- oder Backgut ein erdiges Holzkohlearoma verlieh. Heutzutage sind Tandur-Öfen aus rostfreiem Stahl, in denen sich die Hitze länger hält.

Als kleiner Junge in Delhi trug Anirudh Arora*, der heutige Küchenchef des Moti Mahal in London, den Teig seiner Familie noch bis ans Ende der Straße, wo ihm ein Mann die Masse in seinem Tandur-Ofen zu knusprigen *naan*-Fladen aufbuk. In den ländlichen Gebieten des Punjab bringen die Dorffrauen jeden Abend ihren Teig zum *sanjha chulha* oder »Abendofen« – einem im Boden versenkten *tandoori. Naan*

---

* Als Sohn eines Obersten der indischen Armee verbrachte Ani einen Großteil seiner Kindheit auf Reisen durch Nordindien und entwickelte dabei eine Leidenschaft für indische Regionalküchen. In seinem Restaurant hat er sich auf die Gerichte der Grand Trunk Road spezialisiert, und seine Speisekarte führt die Gäste von den Ufern des Ganges bis in die schroffen Hügel Pakistans.

ist dabei nur eine von vielen Brotspezialitäten: Es gibt auch noch *kochuri*, frittierten Brotteig mit verschiedenen vegetarischen Füllungen (ähnlich den *samosas*), und *paratha*, ein in der *tawa* gebackenes Fladenbrot, das sich hervorragend zum Auftunken von Currys oder Eintöpfen eignet, um nur einige zu nennen.

Dass ein *tandoori*-Gericht in Delhi ganz anders schmeckt als im Punjab liegt an den unterschiedlichen Zutaten: Werden in Delhi Kreuzkümmel, grüner Chili und jede Menge (oft eingelegte) Zwiebeln verwendet, kocht man im Punjab mit Chili, Knoblauch, Senföl, Zitronensaft und – ganz wichtig – Joghurt. Überhaupt Milchprodukte: Dank der stark verbreiteten Milchwirtschaft im saftig grünen Punjab werden die meisten Speisen mit Ghee, Sahne und Butter oder dem heimischen Weißkäse *panir* zubereitet. Dieser lässt sich wunderbar mit grünem Gemüse kombinieren, etwa zu Currys wie *saag paneer** (Spinat mit *panir*) oder *muttar paneer* (Erbsen mit *panir*).

Im Zusammenhang mit dem Punjab darf Senf nicht fehlen. Es werden sowohl Blätter und Körner der Senfpflanze als auch deren Öl (ein wichtiger Unterschied zur Küche Westbengalens) verwendet. Zu den »Senfgerichten« zählt beispielsweise *sarson ka saag*: Die Senfblätter werden mit Spinat, Knoblauch, Ingwer und Chili gekocht, dazu gibt es die besonders leckeren *roti*-Fladen.

Unsere Reise entlang der Grand Trunk Road führt uns Richtung Südosten durch die Bundesstaaten Uttarakhand und Uttar Pradesh, wo wir die Stadt Lakhnau erreichen. Auch in diesem Landstrich Indiens sorgt der Ganges für reichlich Bewässerung, und so dominiert auch hier die Landwirtschaft. Der Wandel in der Küche macht sich dadurch bemerkbar, dass Ghee durch Öl ersetzt wird, Tomaten durch Joghurt, und die Currys, wie zum Beispiel *korma*, sämiger sind als im Punjab. Grundsätzlich geht hier ohne Milchprodukte gar nichts, was nicht nur mit der veränderten Landschaft und Landwirtschaft zusammenhängt, sondern auch mit der reichen Kulturgeschichte dieser Region.

Früher hieß Lakhnau Awadh, daher auch heute noch der Begriff *awadhi* für die regionale Küche, die von drei Faktoren geprägt ist: erstens die aus Nordindien stammende Tradition der *tandoori*-Öfen und des Grillens (wie im Punjab und in Kaschmir); zweitens die Einflüsse

---

* Bitte nicht verwirren lassen: Bei den Namen der Gerichte werden im Deutschen traditionell die englischen Begriffe verwendet. Der Käse, das Produkt an sich, heißt auf Deutsch jedoch Panir.

der Moguln, jener persischen Eroberer, die im 16. und 17. Jahrhundert Lakhnau zu ihrer Hauptstadt machten; und drittens die Auswirkungen der ungefähr 300 Kilometer entfernt liegenden heiligen Stadt Benares (auch Varanasi), in der rund 50 000 vegetarische Brahmanen leben und wo Metzger früher einmal verboten waren.* Das Ergebnis ist eine sehr lebendige Mischung aus vegetarischer und Fleischküche.

Bevorzugtes Gerät der *awadhi*-Küche ist die oben bereits erwähnte *tawa* aus Kaschmir und Pakistan, auf der Gerichte am Spieß gebraten werden. In Lakhnau werden auf der *tawa* die legendären Lammhackspieße mit verschiedenen *masalas* (Gewürzmischungen) gebraten. Generell sind die Hackfleischmischungen in und um die Hauptstadt von Uttar Pradesh berühmt für ihre Zartheit und einen Fettanteil, der sie im Mund zerschmelzen lässt. Ani sagte mir: »Es heißt, die Leute in Lakhnau seien so faul, dass sie ihre Mahlzeiten nicht kauen wollen.«

Die typischste Art zu kochen ist jedoch *dum* (kurz für *dum phukt*, was wörtlich übersetzt heißt: das Essen »atmet beim Kochen langsam ein«): In einem geschlossenen, von Kohle umgebenen Gefäß verschmelzen bei niedriger Hitze die Aromen langsam miteineinander.

Das Echo der alten persischen Kochtradition ist in Lakhnau noch immer laut und deutlich zu vernehmen. Zutaten wie Safran, Nüsse, Gold- und Silberblättchen, Kardamom und Joghurt sind essenziell. Sie erinnern zwar auch an die moderne iranische Kochkunst, werden jedoch mit anderen Einflüssen dieser Region verschmolzen und haben so die ganz besondere *awadhi*-Küche hervorgebracht. Auch sprachlich wird die Verbindung zu Persien deutlich: *Pilaw* (ein Reisgericht) wurzelt im persischen *polo* (Seite 215), und *biryani* kommt von *beryā* und bedeutet »vor dem Kochen gebraten«.**

Ebenfalls klar auf die Moguln geht ein weiteres, heute sehr beliebtes Curry zurück, das *korma*-Curry. Es enthält reichlich Butter, Joghurt, Sahne und Nusspasten und wird mit Kreuzkümmel und Koriander mild gewürzt. Obwohl die meisten von uns wohl dieses Gericht instink-

---

* Der Hinduismus ist traditionell eine vegetarische Religion. In der heiligen hinduistischen Textsammlung Atharvaveda steht, dass diejenigen, die das rohe Fleisch von Tieren oder Menschenfleisch essen, verbannt werden sollen. Inzwischen jedoch haben sich die Sitten geändert, und man schätzt, dass nur noch weniger als ein Drittel aller Hindus strenge Vegetarier sind. Die Brahmanen, Angehörige der obersten Priesterkaste der hinduistischen Gesellschaft, lehnen Fleischkonsum aber nach wie vor rigoros ab.

** In einem *awadhi-biryani* wird das Hammelfleisch tatsächlich zuerst gebraten, bevor das Gericht gekocht wird. Außerdem enthält es typisch persische Gewürze wie Rosenwasser, Minzblätter und Zimt.

tiv mit der cremigen Beschaffenheit eines milden Currys verbinden, beschreibt sein Name die Art und Weise, wie das Fleisch geschmort wird. *Navratan korma,* die vegetarische Variante, ist wiederum nach den neun enthaltenen Gemüsesorten benannt. Für strenge Hindus, die eine fleischlose Diät einhalten, gibt es von fast jedem Gericht auch eine vegetarische Variante (sogar Grillspieße werden oft mit Yamswurzeln oder Bohnen anstelle von Fleisch bestückt).

Weiter auf der Grand Trunk Road Richtung Südosten. Wir kommen nach Westbengalen* mit Kalkutta, der weltoffenen, lebendigen Hauptstadt dieser kulturreichen Region. Reich ist auch die Vielfalt der Landschaften, die sich vom Himalaya im Norden (der dortige Urwald ist die Heimat der bengalischen Tiger) bis ins Gangesdelta im Süden (mit seinen Mangroven und Krokodilen) erstrecken. Diese Region ist sowohl ein Touristenmagnet als auch ein wichtiger Lieferant landwirtschaftlicher Produkte für ganz Indien. Hier gibt es die fruchtbarsten Ackerflächen Indiens. In der Flussebene des Ganges mit seinen Schwemmböden gedeihen Reis, Kartoffeln und Getreide bestens, während der Fluss selbst hoch geschätzten (und bezahlten) Süßwasserfisch liefert.

In Kalkutta, das vom Meer ungefähr 80 Kilometer landeinwärts liegt, sind Flussfische eine besondere Delikatesse. Für Arten wie *rhon* (ein Karpfenfisch) und *hilsa* (sehr grätenreich, sehr fett, sehr beliebt) werden Preise wie für Hummer verlangt. Normalerweise wird der Fisch zu Currys verarbeitet, da er in kleine Stücke geschnitten ergiebiger ist. Charakteristisch für den Geschmack westbengalischer Fischcurrys sind Kombinationen aus Senf und Mango oder Ingwer und Tomate. Flussfische schmecken »fischiger« als der Fisch aus dem Arabischen Meer, den man in den südindischen Currys verwendet. Daher bevorzugen die Bengalen auch mildere Gewürze, die das Eigenaroma besser zur Geltung bringen. Küchenchef Ani erklärte mir, dass man in bengalischen Currys den Fisch noch vor den Gewürzen schmeckt, während man in Goa beim ersten Biss vom Geschmack der Chilis, Gewürze und Kokosnuss überwältigt wird. In Bengalen wird der Fisch sogar anders geschnitten: nicht filetiert, sondern in saubere Steaks geschnitten, mit einem Loch in der Mitte, wo die Gräte war.

---

* Im Jahr 1947 teilte man Bengalen aus religiösen Gründen in zwei Teile. Der hinduistisch geprägte Westen wurde Indien zugewiesen, während der muslimische Osten zu Pakistan kam und später dann, im Jahr 1971, zum unabhängigen Nationalstaat Bangladesch wurde.

Durch die Erzählungen der bengalisch-amerikanischen Autorin Jhumpa Lahiri, die für ihre einfühlsamen Porträts bengalischer Immigranten und deren Kinder in erster Generation bekannt geworden ist, zieht sich bengalisches Essen wie eine Duftwolke: Köstliche, mild gewürzte Fischcurrys und mit Senföl zubereitete Gemüsegerichte wecken in den Figuren einerseits tröstliche Erinnerungen an Indien, andererseits dienen sie dazu, ihren in Amerika geborenen Kindern ein Gefühl der Zugehörigkeit zu vermitteln. In der Kurzgeschichte *When Mr Pirzada Comes To Dine* beschreibt die Autorin die »Abfolge eines Abendessens: Linsen mit gebratenen Zwiebeln, grüne Bohnen mit Kokosnuss, Fisch mit Rosinen in einer Joghurtsoße ...«. Eine solche »Abfolge« von Speisen, die wie Gänge serviert werden (und nicht gemeinsam, wie in anderen Gegenden Indiens), ist typisch für diese Region und verweist auf die Einflüsse der britischen Kolonialzeit und der Franzosen. (Chandannagar, ein kleines Gebiet in Bengalen, wurde ab dem 17. Jahrhundert von der Französischen Ostindienkompanie verwaltet. Erst drei Jahre nach der Unabhängigkeit 1947 trat diese es an Indien ab. 1955 wurde es dem neu gegründeten Westbengalen zugeschrieben.)

Die typischen Grundzutaten eines bengalischen Currys sind Tomaten, Zitronen, Limetten, etwas Kokosmilch und ein bisschen Chili; bevorzugte Bratfette sind Senföl, Nussöl und immer häufiger auch Sonnenblumenöl. Ghee und Butter gehören in Bengalen zu den teuren Luxusgütern; Milchprodukte findet man wesentlich seltener als etwa im Punjab. In dem von unbeständigem Wetter beherrschten Gangesdelta kann man gar nicht so viele Milchkühe halten, wie für eine weitreichende Produktion von Joghurt, Butter und Ghee nötig wären. Stattdessen baut man Getreide an und nutzt die Rinder als Pflugtiere auf den Feldern.

Reis, Gemüse und Linsen sind wichtige Bestandteile des bengalischen Speiseplans: Zu Currys verarbeitet, kurz gebraten, in Bananenblättern gedämpft (eine beliebte regionale Zubereitungsart) oder in einem *biryani** findet man Okras, Auberginen, Blumenkohl, Kürbis, Bohnen, Kartoffeln und grüne Bananen. Die Bengalen sind bekannt für ihre kreative Verwertung von Gemüseresten. Schalen und Rinden wer-

---

* *Biryani* ist ein Reispfannengericht aus der Küche der Moguln. Während man separat ein Curry zubereitet, wird der Reis gewürzt und gebraten, und am Ende schichtet man dann beides in einer Schüssel aufeinander.

den in Currys und Eintöpfen raffiniert verarbeitet – eine »Komplettverwertung« des Gemüses von der Schale bis zum Kern, wenn Sie so wollen. Dazu gibt es meist Linsen (insbesondere die als *kaali dal* bekannten schwarzen Linsen), die eine wunderbar »feuchte« Ergänzung zu trockenen Speisen wie gebratenen Auberginen oder gedämpftem Fisch sind. Ich würde mich sogar zu der Behauptung versteigen, dass, wer *dal* nicht mit diesen schwarzen Linsen probiert hat, gar kein richtiges *dal* gegessen hat. Gekocht bekommen diese Linsen eine cremige Konsistenz und entwickeln eine rauchige Note. (Ich bin schon glücklich, wenn ich nur dieses *dal* als Hauptgericht bekomme, ganz zu schweigen von der Kombination mit Gemüse oder Fisch.)

Bengalisches Essen ist mild und zurückhaltend gewürzt, wobei *panch phoron* (oder »fünf Gewürze«, Seite 227) als die für Westbengalen typische Mischung gilt (auch wenn man sie in ganz Ostindien benutzt). *Panch phoron* besteht aus Bockshornklee, Schwarzkümmel, Kreuzkümmel, Fenchel- sowie schwarzen Senfsamen und wird über Currys oder *dal* gestreut. Die mild duftenden Bestandteile bleiben erhalten und zieren mit ihren unterschiedlichen Formen und Farben jedes Curry. Senfsamen sind ein häufig verwendetes Gewürz, genau wie *kasundi*, eine bengalische Senfpaste aus Öl, Knoblauch und Gewürzen, die als Soße oder zum Würzen von Flussfisch verwendet wird.

Der Anbau von Tee geht in Westbengalen auf die Kolonialzeit zurück. Mitte des 19. Jahrhunderts wurde schwarzer Tee zunächst nur in den nördlichen Gebieten Darjeelings angebaut, bis Ende des Jahrhunderts waren die Teeplantagen dann aber zu einem profitablen Geschäft geworden. Darjeeling-Tee ist heute ein geschütztes Produkt, ganz ähnlich den AOC-Produkten aus Frankreich oder anderen Teilen Europas. Aufgrund seines zarten blumigen Aromas, das nahezu jedes Essen aufwertet, nennt man ihn auch den »Champagner der Tees«.

In Kalkutta zeugen Bäckereien wie Nahoum's von einer jüdischen Subkultur, die allerdings im Schwinden begriffen ist. Die ursprünglich wohl aus Bagdad stammenden Mitglieder der jüdischen Gemeinde Kalkuttas leben seit dem Ende des 18. Jahrhunderts in der Stadt, wandern seit der Gründung Israels aber nach und nach ab. Bei Nahoum's, einer Bäckerei und Konditorei im New-Market-Viertel, gibt es jedoch noch immer Delikatessen wie Cashew-Makronen und Ananastörtchen (die perfekte Ergänzung zu einer Tasse Darjeeling-Tee).

Die nordindische Küche ist aufgrund ihres etwas höheren Proteingehalts planungsintensiver als die des Südens. Kaufen Sie, bevor Sie eines dieser Rezepte (vielleicht Anis *rogan josh*) ausprobieren, etwas Ghee (Sie bekommen es in nahezu jedem asiatischen Lebensmittelgeschäft) und qualitativ hochwertiges Fleisch. Unbedingt experimentieren sollten Sie mit eigenen Gewürzmischungen. Persönliche *blends* geben jedem Gericht eine individuelle Note und Ihnen die Gelegenheit, ihre kochkünstlerische Kreativität voll auszuleben.

Basisvorrat

unendlich viele Gewürze und Gewürzmischungen (Seiten 226–229) •
Fenchelsamen • Senfsamen • Senfblätter • Darjeeling-Tee •
Ghee • Sahne • Joghurt • *panir* • Linsen (schwarz und rot) •
Zitrone • Limette • Tomaten • Chilis • *naan*-Brot •
Süßwasserfisch • Lammfleisch

Gurken-Minz-Raita

Raita, der indische Cousin des griechischen Zaziki, ist eine gaumenberuhigende Beilage zu würzig scharfen Gerichten. Knackige Gurken und frische Minze geben dem Ganzen Pep und unterstützen gleichzeitig die besänftigende Wirkung des Joghurts. Ein scharfes Curry wie *rogan josh* ist für mich ohne *raita* undenkbar.

Für 4 Personen

1 große Gurke, geschält und halbiert
500 g griechischer Joghurt oder Naturjoghurt
20 Minzeblätter, gehackt
½ TL gemahlener Kreuzkümmel
Meersalz und frisch gemahlener schwarzer Pfeffer
Paprikapulver zum Bestäuben (nach Belieben)

- Die Hälfte der Gurke raspeln und in einem Sieb überschüssiges Wasser abtropfen lassen. Die zweite Hälfte grob hacken, die Gurkenkerne dabei möglichst aussparen und entfernen (sie geben zu viel Flüssigkeit ab).
- Joghurt, Minze und Kreuzkümmel in einer Schüssel verrühren. Dann die Gurke zugeben und abschmecken.
- Bis zum Servieren kalt stellen. Mit Paprikapulver und etwas frischer Minze garnieren.

Rogan Josh

Aufgrund seiner Schärfe und knallroten Farbe wird *rogan josh* oft mit Leidenschaft in Verbindung gebracht. Wörtlich bedeutet der Name dieses klassisch kaschmirischen Lammgerichts der Mogulküche »heißes Öl«. Sollte dieses wundervolle Rezept von Anirudh Arora Ihre grenzenlose Leidenschaft für Chili und scharfe Gewürze dennoch nicht befriedigen, streuen Sie vor dem Servieren noch etwas fein gehackten Chili darüber. (Madhur Jaffrey nimmt in ihrem Rezept zusätzlich Paprika und Cayennepfeffer, das macht es vielschichtiger und verleiht eine leicht süße Schärfe.) Wenn Sie scharfe Gerichte genauso lieben wie ich, dann werden Sie viel *raita* oder Joghurt brauchen, um dem Brennen entgegenzuwirken.

Für 4 Personen

1 kg Lammfleisch, in Würfel geschnitten
60 ml Pflanzenöl
6 Kardamomkapseln (am besten grüne *und* schwarze)
6 ganze Nelken
1 Zimtstange
1 Lorbeerblatt
2 Zwiebeln, grob gehackt
1 EL Knoblauchpaste
1 EL Ingwerpaste
2 TL rotes Chilipulver
½ TL Kurkuma
1 TL gemahlener Koriander
4 mittelgroße Tomaten, enthäutet und püriert
100 g Naturjoghurt
Salz nach Belieben

Zum Servieren

1 rote Chili, entkernt und fein gehackt (nach Belieben)
1 TL *garam masala* (Seite 228)
ein paar Stängel Koriander, gehackt
Naturjoghurt (oder *raita* – Seite 242)

- Das Lamm unter fließend kaltem Wasser waschen, abtropfen lassen und mit Küchenkrepp trocken tupfen.
- Das Pflanzenöl in einer großen schweren Pfanne erhitzen und darin alle Gewürze (Kardamom, Nelken, Zimt, Lorbeerblätter) bei niedriger Hitze braten, bis sich die Aromen entfalten.
- Zwiebeln in die Pfanne geben und 5–7 Minuten braten, bis sie eine goldbraune Farbe annehmen. Das Lamm zugeben und bei großer Hitze weitere 4–5 Minuten braten, bis das Fleisch von allen Seiten angeschmort ist. Ingwer und Knoblauchpaste dazugeben und unter ständigem Rühren 2 Minuten braten.
- Mit 400 ml Wasser aufgießen und ungefähr 30 Minuten köcheln lassen. Wenn nötig Wasser nachgießen. Die übrigen Gewürze dazugeben und weitere 15 Minuten köcheln lassen.
- Pürierte Tomaten und Joghurt zugeben und weitere 15 Minuten köcheln lassen, bis das Fleisch zart ist.
- Gewürze und Lorbeerblatt entfernen, abschmecken. Vor dem Servieren mit Chili, *garam masala* und gehacktem Koriander garnieren.

SÜDINDIEN

Der Mai in Ayemenem ist ein heißer, brütender Monat. Die Tage sind lang und feucht. Der Fluss schrumpft, und schwarze Krähen laben sich an leuchtenden Mangos in reglosen, staubgrünen Bäumen. Rote Bananen reifen. Jackfrüchte platzen auf. Schmeißfliegen brummen stumpfsinnig in der nach Früchten duftenden Luft.

Arundhati Roy, *Der Gott der kleinen Dinge*

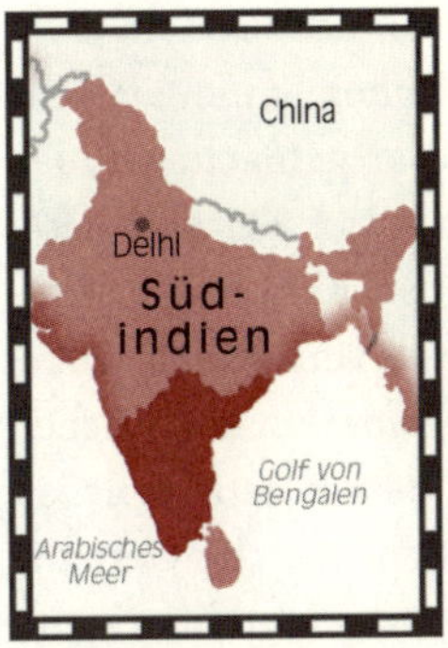

Aus den Seiten des erfolgreichen Romans *Der Gott der kleinen Dinge* von Arundhati Roy scheint die schwere, drückende Hitze des südindischen Kerala aufzusteigen. Die Geschichte spielt im fiktiven Dorf Ayemenem in einer syro-malabarischen Gemeinde (auch bekannt als Thomas-Christen von Kerala). Das Buch beschäftigt sich mit dem postkolonialen Kerala, seinen verschiedenen Religionen, dem tiefverwurzelten Kastensystem, den langen Küsten, dem heißen Klima und stehenden Gewässern (den Lagunen an der Küste des Arabischen Meers). Beim Lesen hört man förmlich die Schmeißfliegen um die überreifen Früchte summen, ja man erwartet fast, dass sie einem aus den Buchseiten entgegenschwirren.

Südindien besteht aus den vier Bundesstaaten Kerala, Tamil Nadu, Karnataka und Andhra Pradesh, plus dem winzigen Goa, das sich von den anderen Bundesstaaten durch 451 Jahre portugiesischer Kolonialherrschaft unterscheidet und den sich daraus ergebenden Mix kulinarischer und kultureller Traditionen. Obwohl die Kochtraditionen des Südens viele Gemeinsamkeiten haben – die häufige Verwendung von Kokosnuss und Chili etwa oder den Verzehr von *dosas* (gefüllten Reismehlpfannkuchen) zum Frühstück –, ist jede dieser Küchen stolz auf ihren eigenen Charakter. Und auch wenn sich in den südindischen Küchen die jeweiligen ethnischen und geographischen Besonderheiten spiegeln, scheinen sie weniger ausgeprägt als in den kulinarischen Traditionen des Nordens (wobei man natürlich berücksichtigen muss, dass dieser einfach viel größer ist).

Wenn Ihnen die schwer verdaulichen, öligen *kormas* Nordindiens (oder des Inders in Ihrer Stadt) nicht so schmecken oder bekommen, dann ist das südindische Essen eine leichte und frische Alternative. Kokosmilch ersetzt hier Sahne und Joghurt, und anstelle von in Fett gebrutzeltem *tandoori*-Fleisch serviert der Südinder zarte, mit Chili verfeinerte Fischstücke. Die Grundausstattung bilden Gewürze, wie Curryblätter und Bockshornklee, Kokosmilch, scharfer Chili, frische Kräuter und wunderbar fleischiger Meeresfisch. (Mein Tipp: Pflegen Sie den Kontakt zu Ihrem Fischhändler, denn guter Fisch ist das einzig Kostspielige an diesen Gerichten, alles andere sind erschwingliche und haltbare Zutaten. Mit der Qualität des Fischs allerdings steht oder fällt ein Essen.)

Südindische Gerichte sind das Produkt eines Klimas, in dem zwar saftige Tropenfrüchte und knackiges Gemüse gedeihen, andere frische Lebensmittel aber mit Gewürzen und Salz haltbar gemacht werden müssen. Kokosnüsse und scharfer *byadagi*-Chili* sind weitverbreitet und spielen eine zentrale Rolle. Von der Kokosnuss, Keralas wichtigster Exportware,** werden Fleisch, Öl und die Milch verwendet; wobei die Kokosmilch das wichtigste Unterscheidungsmerkmal zwischen den berühmten Fischcurrys aus dem Süden und denen Bengalens ist. Das bevorzugte Fett ist Kokosöl, allerdings werden manche Gerichte noch mit Ghee abgerundet. Das Fleisch der Kokosnuss wird häufig mit *jaggery* (Rohzucker) gesüßt und als Dessert gegessen oder als getrocknete Raspeln in Gemüsefüllungen oder Currys auf Kokosmilchbasis verwendet.

Früchte spielen in Südindien auch in herzhaften Gerichten eine deutlich größere Rolle als im Norden des Landes – vor allem in Currys, aber auch als Hilfsmittel beim Kochen oder Servieren. In die Blätter von Ess- oder Kochbananen wickelt man beispielsweise den Fisch zum Kochen ein, oder die Blätter werden als Teller benutzt. Eine sehr populäre einheimische Frucht ist *kokum*. Sie sieht ungefähr so aus wie eine Tomate und verleiht, ähnlich wie die Tamarinde, den Currys und *dals* der südindischen Küche ihren säuerlich herben Geschmack. (Auch

---

* Diese dunkelroten Chilis, die den Gerichten in ganz Südindien ihre Schärfe geben, kommen aus der Stadt Byadagi in Karnataka.

** Mehr als 90 Prozent der indischen Kokosnüsse wachsen in den südlichen Bundesstaaten, und davon wiederum mehr als die Hälfte in Kerala.

die Tamarinde ist übrigens weitverbreitet. Ebenfalls aus der Region stammt die Balsambirne (oder Bittermelone), die, oft zusammen mit anderem Gemüse, zu Curry verarbeitet oder mit Kokosflocken gefüllt wird.

Charakteristisch für die südindische Küche ist ihre intensive Schärfe durch roten und grünen Chili, eine Eigenschaft, die darauf zurückzuführen ist, dass angesichts der häufig im Land herrschenden Hitze damit früher die Lebensmittel konserviert wurden. Es waren also ursprünglich Gesundheits- bzw. Hygienegründe, die die heute in Kerala und anderen südlichen Bundesstaaten anzutreffende Vorliebe für scharfe Speisen prägten. Chili wird meist zusammen mit Bockshornklee (der einen nussigen, sellerieähnlichen Geschmack hat), aromatischen Curryblättern (auch süßer *neem* genannt), Senf, Ingwer, Knoblauch und schwarzem Pfeffer verarbeitet. Kreuzkümmel ist in der südindischen Küche nicht ganz so wichtig wie im Norden, aber ebenfalls verbreitet. Vivek Singh, Küchenchef des berühmten Londoner Restaurants Cinnamon Club, erklärt in seinem Buch *The Cinnamon Kitchen*, dass Gewürze in ganz Indien »temperiert« werden: Man gibt die Samen kurz in heißes Öl, damit sie ihr Aroma entfalten. Diese Mischung aus Öl und Gewürzen hat viele Namen, unter anderem *tarka* oder *tadka* (manchmal auch *chaunk*), und wird kurz vor dem Servieren in Currys gegeben. Das nuancenreichere *tarka* aus dem Süden beinhaltet Bockshornkleesamen, Senfsamen, Linsen und Curryblätter, während ein *tarka* im Norden oft nur aus Kreuzkümmel und Knoblauch besteht.

Chutneys und Pickles sind in dieser Hochburg konservierter Gerichte sehr beliebt und werden zusammen mit *papadams* (hauchdünne frittierte Fladen) häufig zu Currys serviert. Eine weitere Soße, die es tatsächlich nur im Süden gibt, ist *pachadi*: gekochtes und zerstampftes Gemüse gemischt mit Chili, Gewürzen, Joghurt und Erdnussöl, das zu Reis oder Gebackenem wie *dosas* oder *uttapams* serviert wird. *Dosas* sind knusprige Pfannkuchen aus fermentiertem Reismehl und Linsen, Weizenmehl oder Grieß – typisch für Südindien und insbesondere Karnataka. Gegessen werden sie entweder aus der Hand mit einer gewürzten Füllung aus Kartoffeln und Zwiebeln *(masala)* oder zu Chutneys und *pachadis*. *Uttapams* sind den *dosas* sehr ähnlich, wenn auch etwas dicker. Man könnte auch von südindischer Pizza sprechen: luftig gebackene Teigfladen, belegt mit Chili, Zwiebel und Tomaten.

In der südindischen Küche dreht sich alles um Reis, die Grundlage vieler Gerichte (also nicht nur eine Beilage). Die *mulligatawny* beispielsweise, ursprünglich eine tamilische[*] Suppe, die später von den britischen Kolonialherren übernommen wurde. Sie kombiniert Reis mit Huhn oder Lammfleisch in einer mit Curry gewürzten Brühe.

Trotz der sich verändernden Esskultur – heute wird weniger streng auf Ernährungsregeln geachtet –, isst Südindiens große hinduistische Mehrheit weitgehend vegetarisch. Fleischlose Gerichte wie *rasam* (eine Linsen-Tamarinden-Suppe), *sambar* (ein Eintopf aus Linsen und Straucherbsen[**]) und *dal* mit *dosa* oder *uttapam* sind Standardmahlzeiten, von denen es in jedem Bundesstaat eine eigene, weil speziell gewürzte Version gibt. In Kerala wohnen die meisten Christen Indiens, und auch die muslimische Gemeinde ist dort recht groß, was erklärt, warum Fisch und Fleisch dort häufiger gegessen werden als anderswo. Meeresfrüchte und Fisch – Hai, Thunfisch, Seebrasse, Sardinen und Makrele – sind aus den Küchen Keralas und Goas nicht wegzudenken. Das aus Goa stammende Fischcurry mit Garnelen *(humann)* ist auf den Speisekarten indischer Restaurants weltweit zu finden. Aber auch das *moily* aus Kerala wird überall gern gegessen: In eine ungewöhnlich einfache Soße aus Kokosnuss, Kurkuma, Ingwer, Zwiebeln, grünem Chili und Curryblättern gibt man einfach den Fisch oder die Meeresfrüchte, auf die man gerade Appetit hat. Das Gericht eignet sich perfekt zum Ausprobieren in der heimischen Küche – wozu ich Sie mit dem unten stehenden Rezept auch animieren möchte.

Ein letzte Bemerkung zur Küche Goas: Für ein so kleines Gebiet (es ist nur etwas größer als Mallorca) hat Goa eine unglaublich differenzierte Esskultur. Grundsätzlich ähneln viele Gerichte Goas denen Keralas und anderer südindischer Regionen, aber durch die Einflüsse, die über die Alte Welt aus der Neuen Welt nach Goa kamen, erhielt diese Küche ihr ganz eigenes Flair: Tomaten und Kartoffeln (eingeführt von den portugiesischen Kolonialherren), Tropenfrüchte wie Ananas oder auch Nüsse wie die brasilianischen Cashewkerne. Goa hat sogar seine eigene *chouriço* – eine Wurst aus Schweinefleisch (oft auch Innereien), die ihren einzigartigen Geschmack durch roten Chili, Palmessig, Kurkuma und Knoblauch erhält. *Chouriço* wird in Goa immer gekocht und mit Brot gegessen.

[*] Die Tamilen sind ein Volk mit eigener Sprache (Tamil), das in Südindien, Sri Lanka und Malaysia lebt. Die große Mehrheit der Tamilen gehört dem Hinduismus an.
[**] Bei Straucherbsen handelt es sich um ein grünes Gemüse, das in tropischem und subtropischem Klima gedeiht. Sie werden vor allem in der tamilischen und in der vegetarischen Küche Südindiens verwendet.

Südindisches Essen besitzt eine wundervolle Bandbreite scharfer, sonniger Aromen. Eine Reise ins Land der reifenden roten Bananen und platzenden Jackfrüchte? Nichts leichter als das. Kochen Sie los!

Basisvorrat

Curryblätter • Kokosnuss • Chilis (rot und grün) • Senf • Bockshornklee • Tamarinde • schwarzer Pfeffer • *kokum* • Kokosöl • Chutneys und Pickles • frischer Fisch und Meeresfrüchte

Kokosnuss-Fisch-Curry

»Kerala auf dem Teller«, so nennt Meera Sodha, die dieses Rezept beigesteuert hat, ihr köstliches Fischcurry, das Kokosnuss und Fisch (beide laufen hier zu ihrer Höchstform auf) in einem Topf vereint. Sie können jeden beliebigen festfleischigen weißen Fisch verwenden: Kabeljau, Seelachs oder Seeteufel. Meera bevorzugt allerdings Schellfisch.

Für 4 Personen

1 Stück Ingwer (etwa 5 cm), grob gehackt
4 Knoblauchzehen, grob gehackt
1 grüne Chili, entkernt und grob gehackt
3 EL Kokos- oder Rapsöl
2 mittelgroße weiße Zwiebeln, in dünnen Scheiben
2 große rote Tomaten, geviertelt
1½ TL Salz
¾ TL Kurkuma
½ TL rotes Chilipulver
20 frische (oder getrocknete) Curryblätter (nach Belieben)
300 ml Kokosmilch
4 Schellfischfilets oder ein anderer fester weißer Fisch
(je ca. 150–180 g), gehäutet
1 Limette zum Servieren, geviertelt (nach Belieben)

- Ingwer, Knoblauch und grünen Chili mit einer Prise grobem Salz im Mörser zu einer breiigen Masse zerstoßen.
- In einer Pfanne mit Deckel, die groß genug für alle Zutaten ist, das Öl bei mittlerer Temperatur erhitzen. Zwiebeln zugeben und 10–15 Minuten anbraten. Dabei immer wieder umrühren, bis die Zwiebeln eine blassgoldene Farbe angenommen haben. Ingwer, Knoblauch und Chili zugeben und weitere 2–3 Minuten braten. Dann Tomaten, Salz, Kurkuma, Chilipulver und Curryblätter (nach Belieben) dazugeben. Bei geschlossenem Deckel einige Minuten köcheln lassen.
- In der Zwischenzeit die Kokosmilch mit 100 ml Wasser mischen und in die Pfanne gießen. Sobald die Milch beginnt zu kochen, die Fischfilets zugeben und bei geschlossenem Deckel ca. 5 Minuten kochen, bis der Fisch gar ist. Mit Reis und einem Spritzer Limettensaft servieren.

Chicken Tikka aus dem Ofen mit Minze-Chutney

In indischen Restaurants ist *chicken tikka* eines der meistgegessenen Gerichte – ein klassisches *tandoori*, normalerweise serviert als Vorspeise. So wie wir es kennen, beeindruckt dieses Gericht mit seiner leuchtend roten, fast neonpinken Farbe. Meera Sodhas Rezept hat damit aber nichts zu tun. Weniger knallig, dafür mit wunderbar intensiven Aromen (vor allem wenn es mit dem unten beschriebenen Minze-Chutney gegessen wird), ist Meeras *chicken tikka* der schlagende Beweis dafür, dass Optik nicht alles ist (auch wenn das Auge natürlich mitisst).

Als Vorspeise für 4–6 Personen
oder für eine Tafel mit mehreren Gerichten

600 g Hähnchenschlegel, ohne Haut und Knochen
1 Stück Ingwer (etwa 4 cm lang), grob gehackt
4 Knoblauchzehen, grob gehackt
1 grüne Chili, entkernt und grob gehackt
130 ml Naturjoghurt
1¼ TL Salz (oder nach Belieben)
½ TL Chilipulver (mild oder scharf nach Belieben)
½ TL Kurkuma
¾ TL Kreuzkümmelsamen, zerstoßen
1 TL edelsüßer Paprika

⅓ TL *garam masala* (Seite 228)
¾ TL Zucker
Salatblätter zum Servieren

Für das Minze-Chutney
½ grüne Chili, entkernt und fein gehackt
Saft einer ½ Zitrone
10 g Minzeblätter, fein gehackt
2 EL griechischer Joghurt
2 EL Zucker

- Das Hühnerfleisch von überflüssigem Fett befreien und in 3×2 cm große Stücke schneiden. In eine Schüssel legen und beiseitestellen.
- Ingwer, Knoblauch und grünen Chili mit einer Prise grobem Salz im Mörser zu einer Paste zerstoßen. Die Paste zusammen mit Joghurt, Gewürzen, Salz und Zucker zum Huhn geben und gut durchmischen. Abgedeckt mindestens 5 Minuten, wenn möglich mehrere Stunden, ziehen lassen (je länger umso besser).
- Den Ofen auf 200°C (Umluft 180°C, Gas Stufe 6) vorheizen.
- Zwei Backbleche mit Backpapier auslegen und dünn mit Öl bepinseln. Die Hühnerstücke gleichmäßig auf beide Bleche verteilen, sodass sie nicht zu dicht aufeinander liegen. Die überschüssige Marinade weggießen. Ca. 20 Minuten backen. Nach der Hälfte der Zeit wenden, sodass das Fleisch gleichmäßig gar wird.
- In der Zwischenzeit alle Zutaten für das Minze-Chutney im Mixer pürieren.
- Das *chicken tikka* auf einem Salatbett mit einem Klecks Minze-Chutney servieren.

Bananenpfannkuchen mit Kokosnuss und Jaggery

Kokosnüsse und Bananen gedeihen in Kerala dank der fruchtbaren Böden in Hülle und Fülle. Zu diesem köstlichen Dessert aus Bananen mit Honig und gerösteten Kokosflocken ließ sich Meera von ihrer Freundin Kumari aus Kerala inspirieren. In ihrem Buch *Made in India* beschreibt sie sehr bildhaft, wie sie neben einer Kuh unter einem Mangobaum sitzt und von ihrer Freundin Bananenpfannkuchen serviert bekommt. Stellen Sie sich genau diese Szene vor, wenn Sie in einen dieser Pfannkuchen beißen, und das Essen wird zu einem tropischen Erlebnis.

Für 4 Personen (ergibt 8 Pfannkuchen)

Für den Pfannkuchenteig
150 g Mehl
½ TL Zimt
1 Prise Salz
2 mittelgroße Eier
225 ml fettarme Milch
Butter zum Backen der Pfannkuchen

Für die Füllung
100 g *jaggery* (ersatzweise 75 g brauner Rohrzucker)
3 Bananen, in 2 cm dicke Scheiben geschnitten
½ TL Kardamompulver (oder 2 fein zerriebene Kardamomkapseln)
80 g Kokosflocken

- Mehl, Zimt und Salz in eine Schüssel sieben. Eine Mulde in die Mitte drücken und die Eier hineingeben. Mit einer Gabel oder einem kleinen Schneebesen verrühren, dabei nach und nach die gesamte Milch zugeben, bis ein glatter Teig entstanden ist. Beiseitestellen.
- Für die Füllung sämtliche Klumpen im *jaggery* zerdrücken (im Mörser oder mit dem Nudelholz) und gleichmäßig in einer Pfanne verteilen. Bei niedriger Hitze 15 Minuten erwärmen, bis die Masse karamellisiert und eine schöne goldbraune Farbe annimmt. Währenddessen nicht umrühren, aber darauf achten, dass der Zucker nicht anbrennt. Die Bananenstücke und den Kardamom dazugeben. Das spritzt ein bisschen, und die Bananen geben etwas Flüssigkeit ab. Für 2–3 Minuten kochen, dabei ab und zu umrühren. Vom Herd nehmen und die Kokosflocken unterheben.
- Für die Pfannkuchen mit Hilfe eines Küchenkrepps eine beschichtete Pfanne mit etwas Butter einreiben und gut erhitzen. Eine kleine Menge Teig hineingeben (3 oder 4 Esslöffel sollten genügen), und die Pfanne schwenken, sodass sich der Teig gleichmäßig verteilt. 30 Sekunden backen, bis der Teig in der Mitte trocken ist und sich die Ränder lösen. Jetzt ein Achtel der Bananenmischung gleichmäßig auf einer Hälfte des Pfannkuchens verteilen und die andere Hälfte darüberklappen. Die Ränder mit dem Pfannenwender zusammendrücken. Von jeder Seite weitere 15 Sekunden backen, bis der Pfannkuchen golden braun ist.
- Auf einen Teller legen und mit einem Klecks Crème fraîche servieren. Das Ganze wiederholen!

THAILAND

Die thailändische Küche ist das genaue Gegenteil der westlichen.
Im Westen werden zwei oder drei Aromen elegant miteinander
kombiniert, um so deren exquisiten Geschmack herauszufiltern.
In Thailand machen Köche aus jedem Gericht einen Brennpunkt
der Aromen und lassen durch die Zutaten eine Vielschichtigkeit
entstehen, die überwältigend sein kann.

David Thompson, *Thai Food*

Laos, Thailand, Kambodscha, Golf von Thailand, Myanmar, Vietnam

Als wir ihn das erste Mal in Pattaya be-
suchten – mein Großvater hatte sich in
diesem beliebten Badeort an der thailändischen
Küste zur Ruhe gesetzt –, schlug er in einem
Restaurant mit der Faust auf den Tisch und
schrie etwas auf Thai, was in unseren englischen Ohren wie »you cow, you cow!« (du Kuh,
du Kuh!) klang. Die beflissenen Kellnerinnen
lachten zwar leicht nervös, schienen im Großen
und Ganzen aber nicht sonderlich beeindruckt
von diesem ungestümen Auftritt. Großvater erklärte uns dann etwas
umständlich, dass »you cow« *(hiu kao)* so viel bedeute wie »Ich habe Hunger« oder wörtlich »Ich will Reis«. Es bereitete ihm ein diebisches Ver-
gnügen, uns mit seinem Ruf nach Essen, den wir als Unverschämtheit
empfanden, zu schockieren. (Fairerweise muss man sagen, dass sich
mein übergewichtiger Großvater gerne ein bisschen aufspielte. Eine
Kellnerin grundlos als Kuh zu beschimpfen, lag ihm nicht ganz fern. Zu
Hause in England blamierte er uns in italienischen Restaurants regelmäßig damit, dass er alle Kellner mit »Pasquale« ansprach.) Trotz alledem war diese kleine Episode meine erste wichtige Lektion darin, was
für eine zentrale Rolle Reis in der thailändischen Ernährung spielt.*

---

* In *Thai Food* beschreibt David Thompson den geläufigen thailändischen Gruß, »*gin kao ruu
yang?*«, was so viel bedeutet wie »Wie geht es dir?«. Wörtlich übersetzt heißt er: »Hast du
heute schon Reis gegessen?«

In Thailand ist der Mittelpunkt jeder Mahlzeit ein Teller oder Korb mit Reis, und obwohl die Regionalküchen sehr stark variieren, wird Reis landauf, landab gleichermaßen verehrt. Im Norden ist er klebrig*, im Süden trocken und duftig**. Angebaut wird er in großen Mengen auf den Reisfeldern im Landesinneren, das als »Reisschüssel Thailands«*** bezeichnet wird. Ob Tafel oder einfacher Tisch, in Thailand wird jedes Essen vom Reis bestimmt.

Rosemary Brissenden veröffentlichte 1969 ein Kochbuch über die südostasiatische Küche *(South East Asian Food)*, von dem Elizabeth David sagt, dass »jeder seriöse Koch es besitzen sollte«. Sie schreibt darin, in Thailand verstehe man jedes Gericht, egal ob Fleisch, Fisch oder Curry, als Beilage zu Reis – ein weiterer Beweis für die absolute Vormachtstellung dieser Getreideart: Sobald ein dampfender weißer Berg Reis auf dem Tisch steht, nimmt man sich einen Löffel und garniert ihn mit den anderen Speisen. Die nordeuropäische Gewohnheit, in einem Restaurant nur für sich selbst zu bestellen, ist den Thais fremd – vielen anderen Esskulturen der Welt übrigens auch! Alles wird geteilt.

Thailand spielte bereits in meiner Kindheit eine große Rolle, denn lange bevor sich mein Großvater in diesem Land zur Ruhe setzte, verbrachte er dort regelmäßig seine Urlaube, und schon immer schwebte ein betörender Duft von Zitronengras und Kokosnuss durch sein Bauernhaus in Norfolk. »Oxford, Norfolk, Pattaya« war seine Version von »London, Paris, New York«. In den späten neunziger Jahren packte er dann endgültig seine Sachen und zog an den Golf von Thailand, in sein geliebtes Pattaya. Den Großteil der ihm verbleibenden Tage verbrachte er dort in der Sonne mit dem Lesen englischer Zeitungen und schwelgte im Essen der thailändischen Küstenregion. Während des Vietnamkriegs machten amerikanische GIs in Pattaya Fronturlaub und genossen dort alles, wofür Thailand so berühmt war – das Gute,

---

* Klebreis, dessen milchige Körner beim Kochen zusammenkleben, wird überall in Asien angebaut. Vor dem Kochen weicht man ihn mehrere Stunden ein und gart ihn dann weniger als eine halbe Stunde in einem Bambuskocher. Im Norden, Nordosten und in der Mitte Thailands ist er die bevorzugte Reissorte, aber auch in der Küche von Laos ist Klebreis fester Bestandteil jeder Mahlzeit.

** Reis wird in Thailand zwar oft gedämpft, traditionell kocht man ihn jedoch bei geringer Hitze (nicht heißer als die Glut eines Feuers) in einem Tontopf.

*** Die thailändischen Reisfelder liegen in den zentralen Schwemmlandebenen des Chao-Pharay-Beckens, in dem fünf Flüsse aufeinandertreffen. Dieser dicht besiedelte Landstrich bildet aufgrund seines landwirtschaftlichen Potenzials das Wirtschaftszentrum des Landes und besitzt eine reiche kulinarische Tradition.

das Schlechte und das Schäbige. Pattaya ist wohl der bekannteste und am dichtesten bebaute Küstenstreifen Thailands, »an dem es von freilaufenden Touristen nur so wimmelt« (Rosemary Brissenden). Aber wie bei vielen vom Tourismus beherrschten Metropolen an der Küste (Cancún in Mexiko wäre ein anderes Beispiel) erklärt sich auch die Beliebtheit Pattayas durch die Schönheit seiner Natur und seine Lebensart, in der Essen eine große Rolle spielt. Unsere damaligen Aufenthalte in Thailand waren geprägt von intensiven Düften und Aromen: gebratener Reis mit Ei zum Frühstück, Mango mit Klebreis am Strand, neonfarbene Sonnenuntergänge und rauschende Nächte, gewürzt mit Chili, Tamarinde und Kokosnuss. Und natürlich jede Menge Reis.

Es gibt sehr viele verschiedene Küchentraditionen in Thailand, jedoch weltweit gesehen hat das Essen vom Golf die größte Bekanntheit erlangt. So sind uns etwa Kokosnuss-Currys mit der säuerlichen Note von Tamarinden und Limetten, abgerundet durch die betörende Süße des Palmzuckers, wesentlich vertrauter als die Wildküche des Nordens. Woran sich einerseits leicht erkennen lässt, welche Gerichte und Zutaten Thailand exportiert hat, andererseits aber auch, welche Regionen die Touristen am häufigsten besuchen. Wir sprechen hier vom Thailand der Vollmondpartys, des Tauchens, von eimerweise starken Cocktails, von Fischgerichten und scharfem Chili.

Wie in anderen Küstenregionen Asiens (Malaysia, Indonesien, Goa und Kerala) sind Zutaten wie Kokosmilch, Chili und Kurkuma auch an der thailändischen Golfküste weitverbreitet. Oft bereitet man Fisch oder Meeresfrüchte damit zu, die als Proteinlieferanten das Fleisch in den Schatten stellen. Fisch ist im buddhistischen Thailand besonders wichtig, da das Töten großer vierbeiniger Säugetiere traditionell ein Tabu war und bis heute unbeliebt ist. Obwohl Schweinefleisch inzwischen recht gern gegessen wird, überlassen die Thais das Schlachten lieber chinesischen Metzgern.

Wie in vielen Teilen Südostasiens ist auch in der thailändischen Küche der Einfluss Chinas entscheidend. Besonders in Bangkok, wo sich zu Beginn des 20. Jahrhunderts viele Einwanderer niederließen, stehen gebratene Pfannengerichte und Frittiertes auf dem täglichen Speiseplan. Diese Art von Gerichten ist inzwischen auch bis zur Küste vorgedrungen. Süßsaurer Fisch (an den ich mich besonders gut erinnere, in zähflüssiger roter Soße mit Ananas obendrauf), gebratener Reis mit Ei, Nudeln (auf chinesischen Märkten gibt es immer frische Reisnudeln) und *kaeng jut* (eine dünne, wirklich gute Suppe) sind unverkennbar das

Erbe der chinesischen Einwanderer. David Thompson bemerkt in *Thai Food*: »Das eigentlich Geniale an der thailändischen Küche ist ihre Fähigkeit, das Fremde zu absorbieren.« Als Beispiel führt er den Chili an, den Thailand innerhalb eines Jahrhunderts in seine Esskultur integriert habe. Und er vergleicht das mit dem verhältnismäßig großen Widerstand Europas gegenüber der Tomate, die erst nach mehr als 200 Jahren in den Zutatenkanon – etwa Spaniens oder Italiens – aufgenommen wurde.

Tamarinde ist in Thailand sehr wichtig. Die braune Paste wird aus der Frucht des Tamarindenbaums hergestellt und hat, obwohl sie eher herb schmeckt, ein recht fruchtiges Aroma. Die Konsistenz der Paste erinnert an zerdrückte Datteln. Daher wohl auch der Name, der auf Arabisch »indische Dattel« bedeutet – eine etwas irreführende Bezeichnung, denn ursprünglich kommt die Frucht aus den afrikanischen Tropen. Am häufigsten ist Tamarinde in den Küchen Südostasiens zu finden (Thailand und Vietnam) und in Mexiko. Dort isst man die Frucht roh oder kandiert und verwendet sie für Getränke. Allgegenwärtig ist in Thailand auch das säuerliche Aroma der Limette, und da in Thailand sehr viel Fisch gegessen wird, passt diese Frucht auch vorzüglich in die Liste regionaler Zutaten. Ihr Zitrusaroma ist sehr viel nuancenreicher als das einer Zitrone. Sie ist ein bisschen süßer und, wie ich finde, geschmacklich interessanter.

Sowohl Tamarinden als auch Limetten sind ein wunderbar saurer Ausgleich zur Süße des Palmzuckers, dessen kleine braune Kristalle ihm das gewisse Extra geben. Auch beim Zucker wird wieder deutlich, dass minimale Unterschiede bei den Zutaten die Gerichte der einzelnen Küchen entscheidend verändern. Das intensive Aroma des Palmzuckers, der aus dem mehrfach aufgekochten Saft von Palmen gewonnen wird, erinnert an Haselnuss und Kaffee. Kein Wunder, dass er gemeinsam mit der Säure von Limetten und Tamarinden eine belebende und appetitanregende Wirkung entwickelt.

Chili, Knoblauch, Zitronengras und Koriander sind aus der thailändischen Küche nicht wegzudenken. Durch sie werden rote und grüne Currys zu einem Geschmackserlebnis, das von zart bis kraftvoll reichen kann. Viele Menschen glauben, roter Chili sei sehr viel schärfer als grüner – ein häufig verbreiteter Irrtum. Die intensive Schärfe grünen thailändischen Currys hat mich schon mehrfach in die Knie gezwungen – im Zweifel entscheiden Sie sich besser für die mildere rote Variante. Viele Speisen werden mit Koriander garniert, während man die Blätter des Thai-Basilikums, der süßer schmeckt als der europäische und ein bisschen nach Lakritze, Suppen und Currys beigibt. Es ist die Familie der Ingwergewächse, die im Süden Thailands Gerichte zu »Tempelessen« machen. (Diesen Ausdruck borge ich mir schon seit einigen Jahren von Nigella Lawson[*]. Sie hat ihn für Gerichte geprägt, mit denen wir uns etwas Gutes tun. Ich finde, die meisten thailändischen Gerichte fallen unter diese Kategorie, und der Reichtum des Landes an wunderschönen buddhistischen Tempeln verleiht dem Begriff noch eine zusätzliche Dimension.) Ingwer, Thai-Ingwer (eine etwas kräftigere Version des gewöhnlichen Ingwers) und Kurkuma (oder Gelbwurz) geben dem Essen seine Farbe und seinen Duft.

Seine pikante Note erhält das thailändische Essen durch Fischsoße *(nam pla)* und Garnelenpaste *(kapi)*. Beide Zutaten werden in einer großen Anzahl von Gerichten verwendet. Eine Flasche *nam pla* im Schrank zu haben, ist generell kein Fehler, da sehr viele asiatische Gerichte damit gewürzt werden. Geben Sie einfach etwas von dieser Fischsoße in Ihr *pad thai* oder in Ihre Nudelsuppe, und schon rauschen Sie aus Ihrer Küche direkt in die Hitze des Königreichs Siam.

Fischsoße ist die thailändische Entsprechung des römischen *garum* oder des japanischen *dashi*: fermentierte Sardellen mit Zucker und Salz. Als Würzmittel ist Fischsoße sogar noch wichtiger als die aus China importierte Sojasoße, die geschmacklich etwas flacher ausfällt. Bitte setzen Sie diese Zutat mit Vorsicht ein: zu wenig kann den Gaumen enttäuschen, zu viel kann ihm den Garaus machen. Thailänder geben *nam pla* in Currys, Suppen und jede Art von Soßen, essen sie aber auch einfach als Beilage mit Knoblauch und Chili.

Während man die Fischsoße direkt ins Curry gibt, ist Garnelenpaste ein wichtiger Bestandteil der Gewürzpaste. Die Garnelen werden dafür gesalzen und dann in der Sonne getrocknet, bevor man sie zu verschiedenfarbigen Pasten (von hell- bis schokobraun) mit unterschiedlichem Salzgehalt zermahlt. Zusammen mit Knoblauch, Schalotten und Thai-Ingwer geben sie einer Currypaste, die ansonsten aus getrockneten Chilis und Gewürzen wie Kreuzkümmel und Pfefferkörnern besteht, die nötige Feuchtigkeit.

[*] So sehr mir Nigella Lawsons Idee mit dem »Tempelessen« gefällt, Anthony Bourdains Ansicht, die er in *Bekenntnisse eines Küchenchefs* zum Besten gibt, hat auch ihre Berechtigung: »Dein Körper ist kein Tempel, sondern ein Vergnügungspark. Amüsier dich!« Zusammengefasst könnte man sagen: Behandeln Sie Ihren Körper mit Respekt, aber stürzen Sie sich auch hin und wieder in gastronomische Abenteuer. Die Mischung macht's, wie so oft.

Damit das Curry nicht zu ölig wird, gibt man in Thailand die Paste erst nach dem Fisch, den Gewürzen und der Kokosmilch in die Pfanne (im Gegensatz zu Indonesien oder Malaysia, wo die Gewürzpaste zunächst in Öl gebraten wird). Die Currypaste kann so ihre Aromen im Fett der anderen Zutaten freigeben, ohne dass man zusätzliches Öl benötigt.

Kokosmilch wird zwar in Currygerichten in ganz Süd- und Südostasien verwendet, aber für mich ist und bleibt sie die typisch thailändische Zutat, eine perfekte Grundlage für die vielschichtigen Aromen der thailändischen Küche – ein thailändisches Fischcurry mit Zitronengras, Tamarinde, Limette und Fischsoße werde ich der Variante aus Goa jederzeit vorziehen.

Hier finden Sie eine Auswahl wichtiger Thai-Rezepte. Meine Lieblingsrezepte sind allerdings nicht dabei, da ich an anderer Stelle ähnliche Rezepte ausgewählt habe. Die durch und durch thailändische *tom yam*-Suppe habe ich beispielsweise weggelassen. Rezepte für vergleichbare asiatische Suppen sind weiter hinten aufgeführt: etwa die *udon*-Brühe aus Japan (Seite 301) oder *pho* aus Vietnam (Seite 267). Auch *pad thai* habe ich mir gespart. Dieses Gericht ist hier im Westen so beliebt, dass es in zahlreichen Kochbüchern phantastische Rezepte gibt. Stattdessen habe ich ein paar hilfreiche Grundrezepte aufgeschrieben: eine einfache selbstgemachte Currypaste mit einem dazu passenden Currygericht, das mich stets an die Strandurlaube in Pattaya erinnert, und das thailändische Schweinehack meiner Mutter (ein Standardgericht der Familie Holland).

Wenn Thailänder sich zuprosten, rufen sie *chok dee* (Viel Glück!). Mein Großvater fügte diesem Toast aber natürlich immer noch etwas hinzu. Ihm zuliebe werde ich hier dasselbe tun: *Bloody chok dee* Ihnen allen!

Reis

Basisvorrat

Tamarinde • Limette • Fischsoße • Garnelenpaste •
Kokosmilch • Ingwer • Thai-Ingwer • Kurkuma • Chili •
Palmzucker • Koriander • Zitronengras • Thai-Basilikum •
Minze • Kaffir-Limettenblätter • frischer Fisch und
Meeresfrüchte

Thai-Gemüse-Curry

Früher habe ich bei Rezepten für selbst gemachte Currypasten das Kochbuch immer ganz schnell wieder zugeklappt. Wenn ich ein Thai-Curry oder eine *tom yam*-Suppe kochen wollte, habe ich als Studentin lieber auf (die eigentlich ganz guten) Currypasten im Glas zurückgegriffen. Die selbst gemachte Variante ist aber tatsächlich sehr viel besser, und wenn Sie einen guten Mörser besitzen, ist es auch überhaupt kein Problem, schnell eine eigene Paste zu mischen. Hier also meine Version eines Gemüsecurrys, das Sie jederzeit mit Huhn, Garnelen, Tofu oder Ähnlichem aufwerten können. Mir persönlich schmeckt dieses Curry auch so, aber natürlich können Sie es nach Gusto als Grundlage für etwas Raffinierteres oder Fleischhaltigeres benutzen. Wenn Sie keine Tamarindenpaste finden, nehmen Sie einfach Schale und Saft einer zusätzlichen Limette. Der Geschmack ist zwar nicht ganz derselbe, aber auch die Limette liefert den extra Kick Säure.

Für 4 Personen

Für die Paste

½ TL Kreuzkümmelsamen
½ TL Koriandersamen
½ TL schwarze Pfefferkörner
2 getrocknete Chilis, für 10 Minuten in heißem Wasser eingeweicht
½ TL Chiliflocken
1 Stängel Zitronengras, die äußerste Schicht entfernt und grob gehackt (oder 1–2 TL Paste aus dem Glas)
3 große Knoblauchzehen, grob gehackt
1 Stück Ingwer (2–3 cm groß), grob gehackt
½ TL Garnelenpaste

Für das Curry

1 Päckchen Kokoscreme (50 g)
1 Dose Kokosmilch (400 ml)
200 ml Wasser
2 EL Fischsoße
2 TL Palmzucker
3 EL Tamarindenpaste
1 große Zucchini, längs in Streifen geschnitten

2 Paprika (ich nehme eine rote und eine orangene), in dünne Streifen geschnitten
10 Babymaiskolben
100 g Zuckererbsen
8 kleine Champignons, in Scheiben geschnitten
Schale und Saft 1 Limette (Saft nach Belieben)
Sojasoße (nach Belieben)
ein paar Stängel Koriander zum Servieren, gehackt

- Kreuzkümmel und Koriandersamen in einer Pfanne rösten, bis sie anfangen, braun zu werden und zu duften. Dann zusammen mit den restlichen Zutaten für die Paste im Mörser zerstoßen und zur Seite stellen.
- Die Kokoscreme in eine Pfanne geben und bei niedriger Hitze langsam schmelzen. Die Paste dazugeben, umrühren und eine Minute aufkochen. Die Temperatur höher schalten. Kokosmilch, Wasser, Fischsoße, Palmzucker und Tamarindenpaste dazugeben. Aufkochen, umrühren und 10 Minuten köcheln lassen.
- Die restlichen Zutaten dazugeben, die Temperatur reduzieren und zugedeckt 10–15 Minuten kochen. Dabei immer wieder überprüfen, ob das Gemüse weich ist. Die Limettenschale unterrühren. Vor der Zugabe der Sojasoße und des Limettensafts Salzigkeit und Säure überprüfen. Mit Reis (Duftreis ist gut geeignet) und einer großzügigen Menge gehacktem Koriander servieren.

Schweinehack à la Mama

Dieses Gericht kocht meine Mutter schon, solange ich denken kann. Sein Geschmack ist dermaßen komplex, dass ich ewig geglaubt habe, sie sei die einzige Person, die es kochen kann … Aber das stimmt nicht. (Sorry Mama.) Es ist supereinfach. Sie brauchen nur ein paar südostasiatische Lebensmittel (Reisessig, Fischsoße, Zitronengras und Konsorten gibt es in jedem Asia-Supermarkt), und schon kann's losgehen. Wenn Sie möchten, können Sie den frischen Knoblauch, Chili, Ingwer und das Zitronengras auch durch Pasten ersetzen – bequemer geht's dann wirklich nicht. Serviert mit gekochtem Reis, ist dieses Gericht ein unkompliziertes Abendessen, das Sie direkt nach Bangkok beamt.

Als Hauptgang für 2 Personen oder für eine Vierertafel

3 EL Pflanzen- oder Sonnenblumenöl
1 Stück Ingwer (etwa 3 cm lang), fein gehackt
2–3 Knoblauchzehen, sehr fein gehackt
1 grüne Chili, entkernt und gehackt
1 Zitronengrasstängel, die äußerste Schicht entfernt, fein gehackt
(oder 1–2 TL Paste aus dem Glas)
2 TL Palmzucker
500 g qualitativ hochwertiges Schweinehackfleisch
Saft von 2 Limetten
1 EL Fischsoße
1 EL Reisessig
3 EL Sojasoße
50–100 ml Wasser

Zum Servieren
1 Frühlingszwiebel, gehackt
ein paar Stängel Koriander, gehackt
1 große Prise getrocknete Chiliflocken

- Das Öl in einer Pfanne erhitzen. Ingwer, Knoblauch, grünen Chili und Zitronengras 2–3 Minuten darin andünsten. Nicht anbrennen lassen! Den Palmzucker und das Schweinehackfleisch dazugeben. Weitere 3–5 Minuten braten, bis das Fleisch braun ist.
- Alle flüssigen Zutaten (Limettensaft, Fischsoße, Reisessig, Sojasoße und Wasser) zugeben und 5–6 Minuten köcheln lassen, bis das Fleisch durch ist. Mein Tipp: Ich nehme 100 ml Wasser. Man erhält dann viel Bratensaft, den man zum Reis oder einfach mit dem Löffel aus der Pfanne essen kann. Diese Soße ist ein bisschen zu flüssig, um sie auf dem Teller zu servieren, aber unheimlich lecker. Machen Sie damit einfach, was Sie für richtig halten!
- Mit Frühlingszwiebeln, Koriander und Chiliflocken garnieren. Mit Reis servieren.

VIETNAM

Es heißt, was immer man auch sucht, findet man hier.
Es heißt, man kommt nach Vietnam und versteht vieles innerhalb
von Minuten, für alles andere braucht man ein ganzes Leben.
Das erste, das einem entgegenschlägt sind die Düfte. Im
Tausch gegen die Seele scheinen sie einem alles zu versprechen.
Dann die Hitze. Jedes Hemd verwandelt sich in einen nassen
Lappen. Man erinnert sich kaum an den eigenen Namen oder
an den Grund, weshalb man hierhergekommen ist.

Graham Greene, *Der stille Amerikaner*

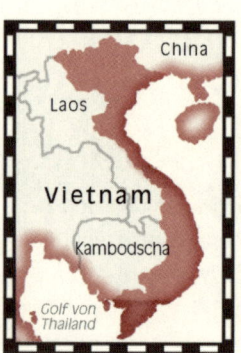

Graham Greene spricht mit seiner lebendigen Beschreibung von Vietnam und allem, was dieses Land so erfrischend von England unterscheidet, sämtliche Sinne an. Wir erfahren, wie es riecht, schmeckt, und wie es sich anfühlt, erleben »die Farben, den Geschmack und sogar den Regen«. Seine Liebeserklärung an dieses kleine Land, das sich an den Rand der chinesischen Halbinsel schmiegt, verstrickt den Leser in ein Gewirr von Sinneswahrnehmungen. Dass Greenes Wahrnehmungen so untrennbar ineinander verwoben scheinen, ist sicher kein Zufall. Die vietnamesische Kultur und, noch wichtiger, die vietnamesische Küche basieren auf fünf Einheiten zu je fünf Teilen, die stets im Gleichgewicht sein müssen: auf fünf Elementen, fünf Farben, fünf Nährstoffen, fünf Organen und – natürlich – den fünf Sinnen.*

Wenn wir nach Japan oder China kommen, werden wir dort auf ganz ähnliche Eigenheiten treffen – auch das ist kein Zufall. Rosemary Brissenden schreibt: »Die vietnamesische Küche ist am ehesten mit einer

---

* Oft korrespondieren diese Fünfergruppen auch miteinander, beispielsweise die Geschmacksrichtungen mit den Elementen: würzig (Metall), sauer (Holz), bitter (Feuer), salzig (Wasser) und süß (Erde). Die fünf Farben entsprechen denen der japanischen Küche: rot, grün, gelb, weiß und schwarz.

französisch beeinflussten chinesischen Küche zu vergleichen. Es wird lediglich weniger Öl verwendet als in China, dafür mehr Zucker, mehr frische Kräuter und mehr rohes Gemüse.« Geographisch gesehen liegt Vietnam zwar näher an Thailand, Kambodscha und Laos, aber die kulturellen Einflüsse der ehemaligen Kolonialherren überwiegen deutlich. Kurz zusammengefasst beherrschten die Chinesen Vietnam ungefähr tausend Jahre, und in diesem Zeitraum haben sich ihre kulturellen Wurzeln tief im vietnamesischen Bewusstsein verankert.[*]

Dann kamen die Franzosen, und Mitte des 20. Jahrhunderts verwandelte der Kalte Krieg das Land in ein Schlachtfeld konkurrierender politischer Ideologien.

In Vietnam herrschten lange Zeit Gewalt und wechselhafte Loyalitäten. Situationen, in denen ein Gebiet über ein anderes herrscht, erfordern einerseits Unterwerfung, bedingen andererseits aber auch eine gewisse Abgrenzung. Vielleicht hätten die Vietnamesen die anspruchsvolle Kochkunst der Chinesen ja gerne übernommen, ihre unzähligen Reisgerichte, raffinierten Soßen und Marinaden, doch das war nicht möglich, weil die Chinesen die besten vietnamesischen Lebensmittel beschlagnahmten. Die hochwertigsten Zutaten gingen jahrhundertelang direkt in die kaiserliche Hauptstadt nach Peking, und die Vietnamesen waren auf das wenige angewiesen, was übrig blieb. Unter anderem aus diesem Grund entwickelte sich im Laufe der Jahrhunderte in Vietnam eine gesunde und nuancenreiche Kochtradition, die sich heute weltweit großer Beliebtheit erfreut.

Ganz allgemein kann man sagen, vietnamesisches Essen ist frisch, schnell zubereitet und günstig. Es stellt die natürlichen Aromen der Lebensmittel in den Vordergrund, statt sie mit Soßen zu übertünchen. Die Zutaten werden oft roh oder nur kurz gegart serviert, wie beispielsweise in *pho*, einer leichten, und doch kräftigen Nudelsuppe. Kaum ein Gericht könnte sich mehr von den billigen, dicksoßigen chinesischen Gerichten, wie man sie in vielen Schnellrestaurants findet, unterscheiden als *pho*. Dennoch kochten Vietnamesen auch außerhalb ihrer Heimat lange überwiegend nach chinesischen Rezepten – meist

---

[*] Vietnam zählt noch immer zu den Gebieten, die unter dem starken Einfluss Chinas und seiner konfuzianischer Philosophie stehen. Rosemary Brissenden schreibt: »Die chinesische Herrschaft drückte der Kultur und den Institutionen Vietnams den unauslöschlichen Stempel des Konfuzianismus auf, zumindest was die oberen Schichten angeht; und so bleibt die vietnamesische die einzige unter den südostasiatischen Gesellschaften, deren Kunst, Kultur und Religion sich nicht an Indien orientieren.«

stärkehaltige, glutamatgesättigte Gerichte wie *chop suey*. Erst in jüngster Zeit hat sich der Ruf des vietnamesischen Essens verändert, und die Speisekarten wurden der ursprünglichen vietnamesischen Küche angepasst.

In Vietnam werden die meisten Zutaten in Brühe oder Wasser gekocht anstatt in Fett oder Öl, wodurch das Aroma jeder einzelnen Zutat erkennbar bleibt. Das Ergebnis sind Gerichte, die gesund sind *und* schmecken. Es gibt wohl kein Essen, auf das das mehr zutrifft als auf *pho*: eine klare, süßliche Brühe, gewürzt mit Zutaten wie Zimt, Sternanis und Ingwer. Die Gewürze werden zunächst geröstet, dann in einem Teesieb in die Suppe gehängt und für 24 Stunden darin gekocht. Zugegeben, das geht nicht wirklich schnell, aber wenn Sie die Brühe einen Tag vorher kochen und das Fleisch ein paar Stunden vor dem Servieren dazugeben, ist der Rest tatsächlich sehr schnell erledigt. Reisnudeln *(banh pho)* sind in 30 Sekunden blanchiert, und dann müssen kurz vor dem Servieren nur noch Bohnensprossen, frische Kräuter wie Koriander oder Thai-Basilikum und Limette auf der Suppe verteilt werden. Ganz wichtig: Es wird kein Fett verwendet. Wenn sich doch Fettaugen auf der Suppe bilden, dann stammen sie allenfalls vom Fleisch.

Pho kommt ursprünglich aus dem Norden Vietnams, aus der Hauptstadt Hanoi, die im Allgemeinen als Hochburg der vietnamesischen Straßenküchen gilt. Als nach der Teilung des Landes 1954 ungefähr eine Million Menschen aus dem kommunistischen Norden flohen, wurde *pho* auch im Süden sehr schnell zu einem beliebten Essen. Zwischen China und Frankreich gibt es ein etymologisches Gerangel um die Herkunft des Worts, ob es nun von *luc pho*, dem kantonesischen Begriff für »Rindfleisch mit Nudeln« oder vom französischen Begriff *pot au feu* abgeleitet wurde. Historisch kann die Geschichte dieser Suppe nur etwa hundert Jahre zurückverfolgt werden. Sicher ist nur eines: *pho* ist im Lauf der Jahre sowohl in Vietnam als auch im Ausland auf der Beliebtheitsskala weit nach oben gerutscht.

Zwei weitere typisch nordvietnamesische Gerichte sind *bún riêu* und *bánh cuón*. Bún riêu ist eine mit Garnelenpaste, Tamarinden und Frühlingszwiebeln verfeinerte Tomatenbrühe mit gewürztem Krabbenfleisch und *vermicelli*-Reisnudeln. *Bánh cuón* sind Teigfladen aus fermentiertem Reis, die aussehen wie eine Mischung aus *dim sum* und Frühlingsrollen: längliche Teigtaschen gefüllt mit Schweinehack, Pilzen und Schalotten, die man zu jeder Tages- und Nachtzeit mit einem Fischsoßen-Dip genießt. Für das Kochen zu Hause sind die Rezepte der nordvietnamesischen Küche in der Regel besser geeignet als die aus dem Süden. (In Hanoi gibt es sehr viel weniger Restaurants als im chinesisch beeinflussten Ho-Chi-Minh.) Dass die köstlichen Schnellgerichte aus den Straßenküchen des Nordens inzwischen auf der ganzen Welt zu finden sind, verdanken wir letztlich der großen Abwanderungswelle aus dem Norden in den Süden des Landes Mitte des 20. Jahrhunderts.

Bis in die Mitte des 19. Jahrhunderts, als die Franzosen nach Vietnam kamen, wurde dort nur sehr wenig Fleisch gegessen. Die europäische Periode in der Geschichte Vietnams war für die dortige Küche eine unvergleichliche Bereicherung. Die aus Frankreich (immerhin der kulinarische Dreh- und Angelpunkt der Welt) eingeführten Zutaten und Rezepte sind heute aus der vietnamesischen Küche nicht mehr wegzudenken. Eines dieser französisch beeinflussten Gerichte ist, wie wir schon gesehen haben, Rinder-*pho*, ein anderes *bo luc lac* (oder »geschütteltes Rindfleisch«), das nach der Bewegung heißt, mit der die Rinderfiletstücke in der Pfanne geschwenkt werden. *Bo luc lac* ist schnell und einfach: Das Fleisch wird in typisch vietnamesischen Aromen (Fischsoße, Sojasoße, Limette, Chili, Thai-Basilikum und Knoblauch) mariniert, dann gebraten und anschließend auf einem Bett aus Kopfsalat, Brunnenkresse und Zwiebeln serviert. Obwohl Kräuter wie Minze, Thai-Basilikum und Koriander in Vietnam schon lange existieren, werden sie (genau wie alle anderen grünen Blätter) erst in jüngster Zeit auch roh gegessen, was sie den Franzosen verdanken, die mit der Besetzung Vietnams 1858 die vietnamesische Küche unter anderem um Kräuter wie Dill oder Brunnenkresse bereicherten. Zuvor hatten die Vietnamesen nach chinesischer Kochtradition die Kräuter verkocht.

Der vielleicht wichtigste Beitrag Frankreichs zur vietnamesischen Küche (außer Rindfleisch) dürfte das Baguette sein. Die Vietnamesen verwandelten diesen französischen Klassiker in eine regionale Brotspezialität, die noch leichter und luftiger ist als das europäische Original. Mit seiner harten Kruste und reichlich Platz für Füllungen im Inneren ist es ideal für Sandwiches, und so wird es in Vietnam auch gegessen. Das Brot der Kolonialherren und die Füllungen der Kolonialisierten fusionieren im *bánh mì* (was auf Vietnamesisch einfach »Brot« bedeutet) zu einer sehr beliebten, leckeren Erinnerung an koloniale Zeiten, in der Salat, Essiggurken, *daikon*-Rettich, Koriander, Chilisoße und *kewpie*-Mayonnaise* auf Schweinefleisch, Rind, Huhn, Tofu oder Eier treffen.

Das *bánh mì*-Sandwich ist ein grandioser Einstieg in die vietnamesische Küche: Kaufen Sie sich ein luftiges Baguette, frische Kräuter und *kewpie*, und marinieren Sie ein bisschen Fleisch oder Fisch. Oder kochen Sie, wenn Sie etwas mehr Zeit haben, eine *pho*. Das unten aufgeführte Rezept stammt von Hieu Trung Bui, dem die Restaurants Cây Tre und Viet Gill in London gehören. Aroma, Duft und Geschmack dieser Gerichte werden Ihre Sinne berauschen ... Aber keine Angst, Sie werden – anders als Graham Greene schreibt – nicht Ihre Seele dafür hergeben müssen.

Basisvorrat

Koriander • Minze • Thai-Basilikum • Sternanis • roter
Chili • Dill • Limetten • Fischsoße • Ingwer • Sojasoße •
Brunnenkresse • Frühlingszwiebeln • Bohnensprossen •
Kopfsalat • *daikon*-Rettich • *kewpie*-Mayonnaise •
vermicelli-Reisnudeln • Rinderbrust

Grüner Papayasalat

Dieses Gericht aus geraspelten Karotten und unreifer Papaya, gemischt mit Chili und einem pikanten Dressing, ist eigentlich eine Art vietnamesischer Krautsalat. Seine Aromen sind wesentlich ausgewogener als die eines westlichen Krautsalats, aber ich bringe ihn dennoch gerne bei denselben Gelegenheiten auf den Tisch: an einem lauen Sommerabend zu gegrilltem Fleisch – es gibt wenig Köstlicheres.

---

* *Kewpie* ist eine mit Reisessig gerührte japanische Mayo-Variante, die sich in ganz Südostasien verbreitet hat.

Für 4–6 Personen

1 große grüne Papaya, geschält und entkernt
1 große Karotte, geschält
2 Knoblauchzehen, sehr fein gehackt
2 Frühlingszwiebeln, sehr fein gehackt
5 EL Fischsoße
3 EL Zucker
Saft von 2–3 Limetten, plus Schale einer ½ Limette
2 Thai-Chilis, in feine Scheiben geschnitten

Zum Servieren
eine Handvoll geröstete Cashew- oder Erdnusskerne, grob gehackt
ein paar Stängel Koriander, gehackt
1 Frühlingszwiebel, gehackt

- Papaya und Karotten in circa 6–8 cm lange Stifte hobeln.
- Die restlichen Zutaten mischen und über den Salat geben. Der Zucker sollte sich vollständig aufgelöst haben. Alles gut durchmischen.
- Vor dem Servieren eine Stunde kalt stellen, sodass der Salat gut durchziehen kann. Mit Nüssen, Koriander und Frühlingszwiebeln garnieren.

Rinder-pho

Das Kochen einer *pho*-Suppe ist ein bisschen zeitintensiver – am besten nutzen Sie dazu einen freien Nachmittag. Es lohnt sich, eine größere Menge zu kochen und einen Teil für verregnete Tage einzufrieren, denn diese wärmende Brühe ist das ideale Mittel gegen Husten, Erkältung und Winterdepression. In die Rinder-*pho* von Hieu Trung Bui kommt neben Markknochen, Ochsenschwanz und Rinderbrust auch noch Filetfleisch. Ich habe mir aber erlaubt, das Filet aus dem unten stehenden Rezept zu streichen. Ich bevorzuge die etwas günstigere Variante ohne teures Fleisch, denn eigentlich ist *pho* eine einfache Straßensuppe, die allerdings durch ihre unzähligen Aromen zur raffinierten Köstlichkeit wird.

Für 6 Personen

1,5 kg Markknochen vom Rind
750 g Ochsenschwanz
1 kg Rinderbrust
4–5 große Schalotten, halbiert
1 Stück Ingwer (etwa 5 cm groß), in feine Scheiben geschnitten
1 EL Koriandersamen
5 Kardamomkapseln
3 Stück Sternanis
12 Frühlingszwiebeln, gehackt
25 g Koriander, gehackt
200 g getrocknete *pho*-Nudeln (flache Reisnudeln)
75 ml Fischsoße
50 g Zucker
25 g Salz
frisch gemahlener schwarzer Pfeffer

Zum Servieren
Limettenspalten
1 Handvoll Bohnensprossen
hoisin-Soße

- Knochen und Fleisch in einer großen Schüssel Wasser mit einer Prise Salz für 2 Stunden einweichen. Danach waschen und trocken tupfen.
- Den Ofen auf 200°C (Umluft 180°C, Gas Stufe 6) vorheizen.
- Schalotten, Ingwer, Koriandersamen, Kardamom und den Sternanis auf ein Backblech geben und im Ofen 15 Minuten rösten. Ab und zu ein bisschen am Blech rütteln, sodass nichts anbrennt.
- Die Markknochen in einen großen Topf Wasser geben und aufkochen. 30 Minuten köcheln lassen, dann den bräunlichen Schaum von der Oberfläche abschöpfen, bis die Flüssigkeit klar ist. Eine Stunde köcheln lassen, dann den Ochsenschwanz dazugeben.
- Geröstete Schalotten, Ingwer, Koriandersamen, Kardamom und Sternanis in einem großen Mörser zerstoßen. Die Mischung in ein Mull- oder Baumwolltuch geben, fest zuknoten und in den Topf werfen. Weitere 30 Minuten köcheln lassen, dann die Rinderbrust dazugeben. Die Suppe erneut aufkochen, die Hitze reduzieren und den Schaum abschöpfen. Zweieinhalb Stunden kochen lassen.

- In der Zwischenzeit die *pho*-Nudeln nach Packungsanleitung kochen und beiseitestellen.
- Alles Fleisch aus der Brühe nehmen, die Knochen wegwerfen. Rinderbrust und Ochsenschwanz zum Abkühlen in kaltes Wasser legen. Dann das Fleisch in einem Sieb über einer Schüssel abtropfen und trocknen lassen. Die Rinderbrust in dünne Scheiben schneiden. Das Fleisch vom Ochsenschwanz lösen und das Fett entfernen. Die Brühe mit Fischsoße, Zucker und Salz abschmecken.
- Die gekochten Nudeln mit etwas Rinderbrust und Ochsenschwanz auf Schüsseln verteilen. Koriander und Frühlingszwiebeln darüberstreuen. Dann die kochend heiße Brühe mit der Schöpfkelle darübergießen. Mit schwarzem Pfeffer würzen und mit frischen Kräutern, Bohnensprossen, Limettenschnitzen und *hoisin*-Soße servieren.

CHINA

Wer Medizin nimmt und nicht auf seine Ernährung achtet,
an dem ist die Kunst des Arztes vergeudet.

Chinesisches Sprichwort

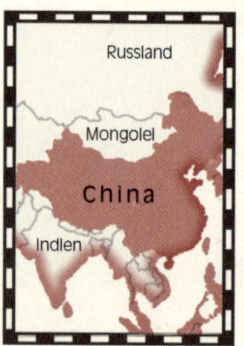

In China ist das Streben nach Harmonie – der Ausgewogenheit der fünf Elemente Holz, Feuer, Luft, Erde und Wasser in Körper und Seele – als Lebensgrundsatz weithin anerkannt. Im Westen sind solche Ansätze häufig noch als alternativ oder gar als »New Age« verschrien, und das, obwohl die meisten von ihnen deutlich älter sind als die großen monotheistischen Religionen. Für Chinesen entspricht es einfach dem gesunden Menschenverstand, ein Leben in Harmonie zu führen.

Mir gefällt an der chinesischen Medizin – und anderen östlichen Heilmethoden – der hohe Stellenwert der Prävention, also lieber etwas dafür zu tun, gesund zu bleiben, als erst dann zu agieren, wenn man schon krank ist. Jedem Element entspricht in der chinesischen Medizin ein Gefühl, eine Farbe, ein Geschmack sowie ein nach Yin und Yang bestimmter Körperteil. Dies hilft nicht nur bei der Diagnose (beispielsweise könnte eine Vorliebe für Süßes zu Milzproblemen führen), sondern weist auch den Weg zu einer Ernährung, durch die diese Elemente ins Gleichgewicht gebracht werden. So dient die Ernährung in der chinesischen Medizin unmittelbar dem Erhalt der Gesundheit.

Nahrungsmittel sind entweder Yin oder Yang. Kohlenhydrate, Gemüse und alles, was den Körper kühlt, ist Yin, kräftige Zutaten wie Proteine, Gewürze und Kaffee dagegen Yang. Chinesen erhalten ihre Gesundheit, indem sie auf eine ausgewogene Mischung beider Elemente achten. (Allerdings sind auch hier westliche Essgewohnheiten – mehr Fleisch und Zucker – auf dem Vormarsch und gefährden das Gleichgewicht von Yin und Yang.)

Das Harmonieprinzip ist in der chinesischen Küche allgegenwärtig und macht sie, zusammen mit ihrer Raffinesse, zu einer der großen Kochkulturen der Welt.* Im Westen gilt chinesisches Essen dagegen als ungesund und typisches Junkfood. Schon von klein auf war für mich chinesisches Essen untrennbar mit dem süchtig machenden Nahrungszusatz Glutamat** verbunden. Glutamat sorgt in chinesischem Essen für die so typische intensive Würze, aber leider vermutlich auch für die Symptome, die nach dem Genuss von verwestlichtem chinesischen Essen bisweilen auftreten: Kribbeln, Herzklopfen und Benommenheit. Dieses für den Ruf der chinesischen Küche sehr bedauerliche Paradox lässt sich nur durch Aufklärung überwinden. Wer sich nämlich auf die echte chinesische Küche und nicht auf das Angebot des Chinesen um die Ecke einlässt, wird dabei auch gleich einige Grundlagen der chinesischen Medizin lernen – einer Lebensphilosophie, die die Schulmedizin nicht aus-, sondern einschließt (und Arztbesuche weitgehend unnötig macht).

Nach einer anderen alten chinesischen Lehre soll der Tag mit sieben grundlegenden Dingen beginnen, die alle mit Ernährung zu tun haben: Brennholz, Salz, Soße, Reis, Öl, Essig und Tee. Diese sieben Dinge bilden den Rahmen für alles, was in der chinesischen Kochkunst essenziell ist, wenn es um Geschmack, Struktur, Techniken und Rituale geht.

Das Brennholz, oder überhaupt die Energiequellen zum Erhitzen, ist für alle in China angewandten Kochmethoden von Bedeutung: vom Dämpfen und Pfannenrühren bis zum schonenden Garen. Der Rauch offenen Holzfeuers verleiht dabei Speisen und Getränken eine

---

* Hinter vorgehaltener Hand werden die französische, die chinesische und die türkische Küche als die drei führenden Kochkulturen der Welt bezeichnet. In *The Last Chinese Chef* begründet Nicole Mones Chinas Anspruch auf diesen Rang so: »Drei Faktoren haben das Entstehen einer außergewöhnlichen Küche in China begünstigt. Erstens ist das Land mit einer landschaftlichen Vielfalt gesegnet, mit Bergen und Wüsten, Ebenen und fruchtbarem Ackerland, Meer und großen Strömen. Zweitens sind die Chinesen zwar zahlreich, aber arm. Schon immer mussten sie aus jeder Parzelle Land die bestmöglichen Produkte gewinnen und die Knappheit an Zutaten und Brennstoff durch Arbeitskraft und Einfallsreichtum wettmachen. Der dritte Faktor sind Chinas Eliten, in denen sich der kultivierte Geschmack erst herausbilden konnte. Nahrung wurde hier nicht nur zum vielgestaltigen Werkzeug für Rituale und das Gewinnen von Ansehen, sondern zu einer mit Leidenschaft ausgeübten Kunstform.

** Glutamat wird Nahrungsmitteln zugesetzt, um den intensiv-würzigen, typisch asiatischen *umami*-Geschmack hervorzurufen. Man gewinnt es durch (häufig genmanipulierte) Bakterien aus Weizen- oder Melasseproteinen unter Zusatz von Salz.

ganz besondere Note: beispielsweise Tofu, mit schwarzem Tee geräucherte Ente oder auch Tees mit Raucharoma wie Lapsang Souchong.

Eine entscheidende Rolle im würzig-pikanten chinesischen Essen spielt Salz, das entweder in Reinform als Meersalz zugesetzt wird – oder zusammen mit Sojasoße aus fermentierten Sojabohnen, wenn eine kräftige und komplexe *umami*-Note gewünscht wird.

Ebenfalls wichtig sind Soßen, und zwar in allen regionalen Küchen Chinas. Es gibt sie in Geschmacksrichtungen von milchsauer vergoren und fermentiert bis süßsauer; immer aber sind sie von sämiger, dickflüssiger Konsistenz. Die gerne zur Peking-Ente* gereichte Pflaumensoße mildert das süße und herb-säuerliche Fruchtaroma mit Zucker, Essig und Ingwer zu einer Würze, die gleichermaßen mit Fleisch-, Nudel- und Gemüsegerichten harmoniert. Die einfachere Version davon ist die allgegenwärtige süßsaure Sojasoße, die durch Erhitzen aus Sojabohnen, Zucker, Reisessig und Maisstärke gewonnen wird und deren Geschmacksspektrum vielschichtiger ist, als wenn man mit Salz, Soja oder Essig einzeln würzt.

Reis ist ein Grundnahrungsmittel und wird meist gedämpft, um die vielfältigen Aromen von Fleisch-, Fisch-, Soja- und Gemüsegerichten zu absorbieren. Nudeln, oder Weizen generell, auch wenn sie nicht zu den sieben Grundstoffen zählen, genießen in der chinesischen Küche aber mittlerweile denselben Rang. Schon während der Han-Dynastie (220–206 v. Chr) wurden in China Nudeln aus Weizen hergestellt, und sie sind aus der gesamten asiatischen Küche nicht wegzudenken. Beliebt sind auch Varianten aus Buchweizen oder Reis, auch Glasnudeln oder *vermicelli* genannt.

Und natürlich ist Öl, wie überall, wo viel angebraten oder frittiert wird, eine weitere wichtige Zutat. Die Öle zum Pfannenrühren im Wok werden danach ausgewählt, wie stark sie sich erhitzen lassen, ohne zu rauchen. Je höher der sogenannte Rauchpunkt, desto besser, denn rauchendes Öl hinterlässt einen bitteren Geschmack. Verwendet werden in der chinesischen Küche normalerweise Erdnuss-, Raps-, Sonnenblumen- oder Maisöl zum Braten. Braten im Wok muss kurz und intensiv sein: Die Zutaten im siedenden, aber nicht rauchenden Öl werden rasch erhitzt, wodurch Gemüse, Nudeln oder Fleisch kräftige Aromen entwickeln. Sesamöl mit seinem intensiven

---

* Gebratene Ente mit knuspriger Haut nach einem Rezept aus der Ming-Dynastie, serviert mit Pfannkuchen, Lauchzwiebeln und Pflaumen- oder *hoisin*-Soße.

Nussgeschmack wird Wokgerichten, Klößen und Frühlingsrollen erst nach dem Garen zugefügt.

Die Bedeutung von Essig als Grundelement der chinesischen Küche erklärt sich aus der Vorliebe für süßsaure Geschmacksnoten. Die chinesische Medizin schreibt dem bitteren und zugleich sauren Essig eine stark belebende Wirkung zu, nutzt ihn aber auch zur Linderung von Schmerzen und zur Entgiftung. Reisessig wird zum Einlegen von Kräutern und Gemüse wie Rettich, Bambussprossen und Knoblauch verwendet. Der süßsaure Biss von rotem Reisessig gibt Dipsoßen der kantonesischen Küche einen besonderen Pfiff.

Von alters her tief im chinesischen Alltag verwurzelt, ist der Genuss von Tee, dem siebten Grundstoff. Seine Ursprünge reichen wahrscheinlich zurück bis in die Shang-Dynastie (um 1600 v. Chr.), und *yum cha* (»trink Tee«) ist beispielsweise in der südlichen Provinz Guangdong ein täglich in der Gemeinschaft vollzogener Brauch. Tee ist reich an Antioxidantien, wirkt entzündungshemmend und beruhigend.

Fleisch und Fisch zählen bemerkenswerterweise nicht zu den sieben Grundstoffen, und der regelmäßige Genuss von tierischem Eiweiß ist in der chinesischen Küche nicht zwingend vorgesehen. Trotzdem essen immer mehr Chinesen zu jeder Mahlzeit Fleisch. Die Armen mussten auch hier immer mit wenig und minderwertigem Fleisch auskommen, ähnlich wie beim *quinto quarto* in Latium (Seite 112) oder den aus Schlachtresten von Schweinen zubereiteten *cocidos* (Seite 81) in Süd- und Zentralspanien. Neben den sieben Grundstoffen basiert die chinesische Küche auf Sojabohnen, Reis und Nudeln sowie eingemachtem oder eingelegtem Gemüse.

Historisch gesehen, liegt das Zentrum der traditionellen chinesischen Küche natürlich in Peking, der Hauptstadt des Kaiserreiches und Sitz des Hofes, während Shanghai, die Stadt reicher Händler, als die Hauptstadt des Nahrungsmittelhandels galt. Dennoch möchte ich hier zwei andere Küchen Chinas vorstellen, weil sie ein besonders breites Spektrum an Aromen, Zutaten und Gerichten bieten. Ich würde mit Ihnen gern zwei Küchen aus den südlichen Provinzen Guangdong (Kanton) und Sichuan erkunden – zwei Arme-Leute-Küchen, mit immer mehr Anhängern auf der ganzen Welt. Die Küche von Guangdong – die kantonesische Küche – ist der Ausgangspunkt für die weltweit wachsende Beliebtheit der chinesischen Küche; die Esskultur Sichuans dagegen beruht auf dem Einfallsreichtum der dortigen Arbeiterschicht und hat sich zum vielleicht Schmackhaftesten entwickelt, was China heute kulinarisch zu bieten hat. So ist es nicht verwunderlich, dass eine ganze Anzahl regionaler Zutaten wie Austern- und *hoisin*-Soßen aus Kanton und Sichuanpfeffer längst in Küchen in ganz China Einzug gehalten haben.

Der chinesische Sinnspruch »wie man sein Fleisch schneidet, so lebt man« mag einiges über die Geisteshaltung des Philosophen Konfuzius[*] verraten, dem diese Sentenz zugeschrieben wird – aber auch über die symbolische Bedeutung von Nahrung in China, sowohl gesellschaftlich wie auch als Faktor für ein ausgeglichenes Leben. Die Ernährung steht in engem Zusammenhang mit dem körperlichen und geistigen Wohlbefinden, mit sozialem Status, Wohlstand und Herkunft. Was und wie wir essen verrät nicht nur etwas über unsere Lebensumstände, es gibt uns auch die Möglichkeit, diese zu ändern.

[*] Konfuzius, der von 551–479 v. Chr. gelebt haben soll, war von der Bedeutung alter Schriften für die Bewertung moralischer Fragen der Gegenwart überzeugt. Obwohl er sich auch mit Spirituellem auseinandersetzte, ist seine Lehre eher eine Philosophie der Moral und Gerechtigkeit als eine Religion. Sie bildete für Generationen die Basis der chinesischen Verwaltung und wirkte bis in chinesische Kolonien wie Vietnam. Weltweit werden die Lehren des Konfuzius wahrscheinlich von mehr Menschen gelesen als die Bibel.

REIS

Reis wird in China seit Tausenden von Jahren kultiviert, zählt zu den wichtigsten Nahrungsmitteln der Welt und ist für Millionen von Menschen unentbehrlich. Nur Mais wird noch häufiger angebaut, im Gegensatz zu Reis aber nicht nur zur Sicherung der menschlichen Ernährung, sondern beispielsweise auch als Energieträger.

Für Küchen rund um den Globus ist Reis die Grundlage: von den in Ostasien beliebten klebrigen Sorten und dem *jollof*-Reis Westafrikas (Seite 318) über Reis und Bohnen der Karibik (Seite 364), italienisches Risotto und iranischen *tschelo* bis zum türkischen *pilaw* und indischen *pilau*.

Er ist eine vielseitige Nutzpflanze, die mit vielerlei Anbaubedingungen zurecht kommt. Allerdings braucht er immer viel Wasser und gedeiht am besten auf den Reisfeldern Ost- und Südostasiens. Die Felder mit den jungen Reispflanzen werden geflutet, um reichlich Wasser zur Verfügung zu stellen und Unkräuter und Schädlinge im Zaum zu halten. Bei der Ernte werden die Körner ausgedroschen und die Spelzen entfernt. Das Ergebnis: geschälter, brauner Naturreis. Durch Abschleifen von Silberhäutchen und Keimling entsteht dann weißer Reis, der zwar weniger Protein und Mineralstoffe enthält, sich aber länger lagern und schneller garen lässt und deswegen für Menschen mit einfachen Kochstellen weltweit die naheliegende Lösung bei der Ernährung darstellt.

In seinem Ursprungsland China ist Reis eines der zwölf Symbole auf dem kaiserlichen Drachenmantel – einer symbolischen Deutung des Universums, die den Kaiser darin bestärkte, dass über ihm nur noch Gott selbst kam. Der Reis stand für seine Fähigkeit, sein Volk zu ernähren – ein Sinnbild für Fruchtbarkeit und Wohlstand.

GUANGDONG (KANTON)

Alles was mit dem Rücken zum Himmel läuft,
schwimmt, kriecht oder fliegt, ist essbar.

Kantonesisches Sprichwort

Die chinesische Provinz Guangdong, ehemals Kanton*, erstreckt sich entlang der Küste des Südchinesischen Meeres. Die Flüsse Dong Jang, Bei Jang und Xi Jang (Ost-, Nord- und Westfluss) vereinigen sich hier zum Perlfluss, der mit seinem Mündungstrichter eine weite, fruchtbare Schwemmebene gebildet hat. Dieses Delta ist seit langem Chinas Tor zur Welt und war Startpunkt der maritimen Seidenstraße. Die Region bietet dank niedriger Steuersätze und bester wirtschaftlicher Aussichten jede Menge Arbeitsplätze, was Zuwanderer aus dem ganzen Land (und dem nahen Hongkong) in die Industriebetriebe lockt. Besonders die Gegend um die Hauptstadt Guangzhou ist äußerst dicht besiedelt.

Die Küche Guangdongs hat sich aufgrund der günstigen Lage an den Handelsrouten von allen chinesischen Küchen am weitesten verbreitet – wenn Sie so wollen Chinas Pendant der Küche aus dem Punjab – und ist weltweit exportiert, wenn auch nicht immer originalgetreu kopiert worden. (Was sich so mancher als eifriger Student auf dem Heimweg zu später Stunde »beim Chinesen« mitgenommen hat – glutamatschwanger und mit pampiger Soße –, dürfte in den meisten Fällen mit dem Etikett »kantonesisch« angepriesen worden sein.)

Im Grunde ist kantonesisches Kochen verführerisch einfach. Während in Sichuan eher komplexe Geschmackskombinationen gefragt sind, wird in Guangdong meist nur leicht gewürzt und dekoriert – mit

---

* Obwohl man heute von Guangdong spricht, bezeichnet man sowohl die Küche als auch die Bevölkerung der Provinz weiterhin als »kantonesisch«.

natürlichen und frischen Zutaten wie Knoblauch, Frühlingszwiebeln und einer Reihe von Soßen.

Herzstück einer kantonesischen Mahlzeit ist das Ritual des *yum cha* – wörtlich: »Trink Tee«. Dazu genießt man in den örtlichen Teehäusern mundgerechte Happen zu schwarzem, grünem, weißem oder rotem Tee, *oolong* oder *pu-erh*. Mit der englischen Vorliebe für Tee als ergänzendes Getränk zu Kuchen oder Scones hat das rein gar nichts zu tun. Tees mit feiner Gewürznote wie *oolong* und *pu-erh* gelten als Durstlöscher, die zu jeder Mahlzeit passen. Bestimmte Gerichte sind dagegen ausdrücklich als Beigaben zum Tee gedacht, wie beispielsweise *dim sum* (gesprochen: dim sam). Diese Kleinigkeiten, die – so die wörtliche Bedeutung – »das Herz berühren«, sind meist gedämpft oder frittiert und mit Fleisch, Meeresfrüchten oder Gemüse gefüllt. Sie werden in kleinen Bambusdosen warm und feucht gehalten und auch serviert. Besonders beliebt sind die köstlichen *cha siu bao* oder *baozi*, gedämpfte und mit gegrilltem Schweinefleisch gefüllte Teigtaschen, die in Sesamöl, Shao-Xing-Reiswein* sowie Austern-, *hoisin-* und Sojasoße mariniert werden.

Wie in einer Küstenregion nicht anders zu erwarten, bestimmen frische Meeresfrüchte den Speiseplan. Fisch wird in der kantonesischen Küche üblicherweise im Ganzen gedämpft und mit Knoblauch, Ingwer, Frühlingszwiebeln und Soja gewürzt – einfachen Zugaben, die den natürlichen Geschmack des Fischs hervorheben. Tintenfisch, Hummer, Garnelen und Muscheln findet man in den verschiedensten Variationen zubereitet, fast immer jedoch garniert mit fein gerädelten Frühlingszwiebeln und roten Chilischoten. Guangdong ist ein Zentrum für die Herstellung der reichlich verwendeten getrockneten Shrimps und Würzsoßen aus Austern. Trocken-Shrimps können Wokgerichten, *dim sum*, Suppen und Nudeln einen *umami*-Kick geben, während Austernsoße (eine Reduktion aus gekochten Austern, Zucker und Salz) die Allzweckwürzwaffe der kantonesischen Küche ist: für Gerichte mit Schweinefleisch und Gemüse bis hin zur Nudelpfanne *chow mein*.

Die üblichen Fleischsorten der kantonesischen Küche sind Schwein und Hähnchen, in geringerem Umfang auch Rind. Fleisch liebende Kantonesen genießen *siu mei*, Fleisch (Schwein, Hähnchen, Ente, Gans)

---

* Der aus vergorenem Reis gewonnene Shao-Xing-Wein (gesprochen: Schao Sching) schmeckt ein wenig wie trockener Sherry und ist eine elementare chinesische Küchenzutat. Wenn Sie keinen finden, nehmen Sie keinen japanischen Reiswein (der schmeckt völlig anders), sondern lieber einen trockenen Sherry wie einen Oloroso.

am Spieß über offenem Feuer gegrillt und mit Reis und einer Soße serviert. Beim *lou mei* dagegen werden Schlachtreste und Innereien (Magen, Bruststück, Zunge) bei geringer Hitze in Brühe gekocht und mit *hoisin-* oder Austernsoße angerichtet.

Knoblauch, Frühlingszwiebeln und Schnittlauch – allesamt Zwiebelgewächse – werden in ganz China gerne verwendet, in der einfachen kantonesischen Küche sind sie aber noch häufiger anzutreffen. Fuchsia Dunlop, Autorin und Kennerin der Küche von Sichuan, widmet diesen für die chinesische Küche so wichtigen Zutaten in ihrem Buch *Every Grain of Rice* ein ganzes Kapitel und tritt den Beweis an, dass Fleisch, Eier und Tofu gegenüber Gemüse oft eine untergeordnete Rolle spielen. Gerichte wie pfannengerührter Schnittlauch mit feinen Scheiben vom Schwein oder Wild oder Knoblauchsprossen mit Bacon sind nur zwei Beispiele, wie sich Fleisch authentisch, gesund und sparsam verwenden lässt, eher als würzende Zutat zum Gemüse (im Gegensatz zu Europa und Amerika, wo das Verhältnis in der Regel genau umgekehrt ist)*. Trotzdem sind die Kantonesen, was den Verzehr lebender Wesen anbelangt, sehr aufgeschlossen, wie das Sprichwort oben zeigt. Ihr geringer Fleischkonsum hat einfach mit dem chinesischen Ethos einer ausgewogenen Yin-und-Yang-Ernährung zu tun.

Basisvorrat

Frühlingszwiebeln • Zucker • Salz • Sojasoße • Reiswein •
Maisstärke • Essig • Sesamöl • Knoblauch • Schnittlauch •
Ingwer • Shao-Xing-Reiswein • Austernsoße • *hoisin*-Soße •
Chili • Innereien • Fisch und Meeresfrüchte

---

* Schon seit einiger Zeit macht der schauderhafte Ausdruck »Vegevorismus« die Runde. Gemeint ist damit, dass das Gemüse in der Tellermitte angerichtet und mit tierischem Eiweiß nur garniert wird. Also ein weiteres Beispiel dafür, was wir uns von den chinesischen Ernährungsprinzipien abschauen können.

Gedämpfter Fisch nach kantonesischer Art

Dieses Rezept ist der Beweis, dass chinesisches, oder genauer gesagt, kantonesisches Essen nicht ungesund ist, wie allgemein angenommen wird. Denn: Was könnte nahrhafter sein als kurz gedämpfter Fisch mit Ingwer? Ich würde eine Brasse nehmen, aber jeder andere kräftige Weißfisch eignet sich ebenso – eine Reverenz an die Vielfalt von Fischen und Meeresfrüchten des Südchinesischen Meeres.

Für 1–2 Personen als Hauptgericht,
2–3 Portionen als Teil eines Menus

1 ganzer Weißfisch (Barsch, Seebrasse oder Brachsenmakrele) von etwa 300 g, ausgenommen und gesäubert

1 TL Steinsalz

1 EL Shao-Xing-Reiswein

2 EL Ingwer, fein gehackt

1 EL Erdnussöl

2 TL Sesamöl

1 Knoblauchzehe, fein gehackt (nach Belieben)

3 Frühlingszwiebeln, in lange Streifen geschnitten

1–2 EL Sojasoße

15 g Schnittlauch und frischer Koriander, fein gehackt, zum Bestreuen

- Den Fisch innen und außen kräftig salzen, auf einen Teller legen, und je einen EL Shao-Xing-Wein ins Innere und außen über den Fisch gießen. Die eine Hälfte des Ingwers im Fisch, die andere außen gleichmäßig verteilen. Dann den Fisch entweder im Dampfgarer oder auf einem Rost über einem großen Topf mit kochendem Wasser 12 Minuten dämpfen. Der Fisch ist gar, wenn er undurchsichtig weiß aussieht.
- Eine Minute bevor der Fisch gar ist, Sesam- und Erdnussöl im Wok (oder einer Bratpfanne) für etwa eine Minute erhitzen und ggf. während der letzten 30 Sekunden Knoblauch hinzugeben.
- Den Fisch auf einer Servierplatte anrichten, mit den Frühlingszwiebeln belegen und der Ölmischung und Sojasoße übergießen. Zuletzt Schnittlauch und Koriander darüberstreuen.

Wokpfanne mit *pak choi*

Dieses Gericht ist eine ideale Ergänzung zum gedämpften Fisch und braucht nur wenige Minuten. *Pak choi* bedeutet kurioserweise »weißes Gemüse«, denn außer den knackigen weißen Stielen sind die großen Blätter leuchtend grün. Durch seine Form ist der Wok besonders zum Pfannenrühren großer Mengen von Zutaten geeignet – er ist zwar nicht unbedingt nötig, wird Ihnen die Arbeit aber sehr erleichtern. In einem normalen Kochtopf müssen Sie das Öl etwas länger erhitzen und das Gemüse vielleicht mehrmals in kleineren Mengen anbraten.

Für 4 Personen

2 EL Erdnuss- oder Pflanzenöl
2 Knoblauchzehen, fein gehackt
4 Köpfe *pak choi*, quer in fingerbreite Streifen geschnitten
2 Frühlingszwiebeln, grob gehackt
ein kräftiger Schuss Sojasoße
2 EL Austernsoße
1 rote Chilischote ohne Samen, in lange Streifen geschnitten

- Das Öl im Wok erhitzen, bis es dampft. Knoblauch zugeben und unter ständigem Rühren 2 Minuten anrösten.
- Den *pak choi* und die Frühlingszwiebeln zugeben. Wenn der *pak choi* nach etwa 2 Minuten beginnt zusammenzufallen, die Soßen und zwei Esslöffel Wasser zugeben. Mit Chilistreifen garnieren und sofort servieren.

SICHUAN

Sichuan verdanken wir die Küche der einfachen Leute,
denn die bekanntesten Gerichte der Provinz sind, nach allem
was wir wissen, sämtlich in Garküchen entstanden.

Nicole Mones, *The Last Chinese Chef*

Auch Sichuan (oder »Szechuan«) zählt zu den südlichen Provinzen Chinas, liegt im Gegensatz zu Guangdong aber im Landesinnern. Es reicht vom Roten Becken am mächtigen Jangtsekiang im Osten bis zu den bis 4000 Meter hohen Bergplateaus im Westen und gilt dank seiner üppig grünen Landschaften, seines natürlichen Reichtums und seiner leistungsfähigen Landwirtschaft als Land des Überflusses. Zu den wichtigen Produkten zählen Reis, Schweinefleisch und Obst. Um die Stadt Yibin wird sogar Wein angebaut, um die wachsende Nachfrage nach chinesischen Weinen im Ausland zu befriedigen.

Aus Sichuan kommen die besten und schärfsten bäuerlichen Gerichte Chinas, dank großzügiger Verwendung von Chili und Sichuanpfeffer. Die Kombination aus Schärfe und verblüffend reichhaltigen Aromen hat den im Grunde einfachen Rezepten Sichuans in den Ballungsräumen der westlichen Welt viele Anhänger beschert. Wer diese Küche nicht kennt, wird überrascht sein, in welchem Maß sie alle Sinne gefangen nimmt.

Wie in Guangdong ist Fleisch auch hier schon immer sparsam verwendet worden, aber die Köche Sichuans zaubern aus Gemüse und Tofu außerordentlich wirkungsvolle Gerichte. Dazu verwenden sie geschmacksintensive Zutaten wie Knoblauch, Erdnüsse und natürlich Sichuanpfeffer. Die Küche Sichuans ist einfach, verwendet günstige Zutaten und ist überaus schmackhaft.

Ein absoluter Klassiker Sichuans ist doppelt gegartes Schweinefleisch (siehe Rezept auf Seite 284): Dazu wird Schweinebauch zuerst gekocht, dann im Wok mit Lauch oder wildem Knoblauch angebraten und zuletzt mit verschiedenen typischen Chilizubereitungen (siehe unten) und einer Paste aus fermentierten Bohnen gewürzt. Rindfleisch kommt hier häufiger auf den Tisch als in Guangdong, meist gekocht in scharfer roter Brühe oder angebraten mit Chilibohnenpaste und Ingwer. Wie nicht anders zu erwarten, verwerten die Chinesen das ganze Tier, und es gibt viele Gerichte aus Innereien wie etwa *fuqi feipan*, bei dem kalte Kutteln, Zunge, Herz und Magen mit Sichuan-Pfefferkörnern, Erdnüssen und einer Gewürzmischung aus Sternanis und Ingwer kombiniert werden.

Sichuanpfeffer verleiht Gerichten eine aromatisch prickelnde Intensität, die auf Lippen und Zunge ein leichtes Taubheitsgefühl zurücklässt. Das Gewürz ist trotz des Namens nicht mit dem uns bekannten schwarzen Pfeffer verwandt, sondern stammt von einer stacheligen, mit den Zitruspflanzen verwandten Esche namens *Zanthoxylum*. Gewürzt wird mit den meist frisch gemahlenen, getrockneten roten Beeren oder den darin enthaltenen Samen. Der Genuss ist eine eindrucksvolle, reinigende Erfahrung, die man im Chinesischen *ma* nennt – meist gefolgt von *la*, der würzigen, durch Chili hervorgerufenen Schärfe, denn die beiden werden in der regionalen Küche meist zusammen verwendet. Bekannt ist die zu gegrilltem Fleisch gegessene »betäubend scharfe« *mala*-Soße aus Sichuanpfeffer, Chili, Gewürzen und Öl. Sichuanpfeffer ist auch eine der Zutaten des Fünf-Gewürze-Pulvers *panch phoron* (Seite 227).

Chili ist die Grundlage der Küche von Sichuan, und die Schoten werden entweder im Ganzen getrocknet (man nennt das »mit Blick zum Himmel«, weil die »Hüte« der Stiele nach oben schauen), zu fermentierter Paste verarbeitet oder in Öl eingelegt. Meist kommen die getrockneten Schoten einfach grob gehackt in den Topf oder die Pfanne. Einmal aß ich aus Versehen so ein Stückchen zusammen mit schwarzen Bohnen und habe es für den Rest der Mahlzeit bereut. Seien Sie also vorsichtig, wenn Sie zum ersten Mal Gerichte aus Sichuan probieren.

Chili wird reichlich und eigentlich zu allem gegessen: zu Spargel ebenso wie zu Pilzen, grünen Bohnen, gewürztem oder geräuchertem Tofu, zu Malabar-Spinat und Gurken, Acker- und Sojabohnen und natürlich Nudeln und Reis – um nur ein paar vegetarische Zutaten aufzuzählen, die die Köche Sichuans mit ihrem Cocktail aus Chili, Knoblauch und Erdnüssen kombinieren. Der große Vorsitzende Mao hat sich angeblich sogar sein Brot mit Chili backen lassen und soll, einem berühmten Zitat zufolge, einem russischen Diplomaten versichert haben, dass »du kein Revolutionär sein kannst, wenn du kein Chili isst«.

Wan tan* (auch *wonton*) sind die in ganz China beliebten gedämpften oder frittierten Teigtaschen, von denen es in Sichuan eine nur hier verbreitete Version mit roter Soße gibt. Wegen der auffälligen Form, in die der Teig um die Füllung gefaltet wird, heißen sie »verschränkte Arme«. Die Füllung in Sichuan besteht aus gewürztem Schweinefleisch; für die landestypische Note sorgt eine rote Soße aus Chiliöl, Knoblauch, Frühlingszwiebeln und Sojasoße oder *tamari***.

Klößchen aus Klebreis oder *tang yuan* sind eine Spezialität der Hauptstadt Chengdu. Dazu wird Langkornreis mehrere Tage lang eingeweicht und dann zu einem Teig oder feuchtem Mehl vermahlen, aus dem die Klößchen geformt werden. Diese werden mit einer Paste aus Sesam, Zucker und Fett (Schmalz oder Kokosöl) gefüllt, kurz gekocht und mit einem süßen Dip mit Sesam serviert. Sie können auch in einer süßen Reissuppe auf den Tisch kommen, die, wie Fuchsia Dunlop berichtet, früher den Frauen in Sichuan im Wochenbett gereicht wurde – ohne Zweifel eine schnelle und effektive Quelle energieliefernder Glukose.

Shao-Xing-Wein aus fermentiertem Reis ist zwar weder ein Produkt aus Sichuan noch aus Guangdong, aber in beiden Küchen heimisch. Er ist Hauptbestandteil der Marinaden für »betrunkenes« Fleisch, findet sich jedoch in geringeren Mengen in fast allen Rezepten. Die Fermentierung erzeugt vielschichtige Geschmacksnoten; diesen aromatischsüßen Alkoholkick des Shao-Xing-Weins kriegen Sie allerdings ganz ähnlich auch mit Sherry hin.

Auch wenn die Küche in Sichuan eine Arme-Leute-Küche ist – mein Mitleid hält sich in Grenzen. Dieses breite Spektrum herzhaft scharfer Gerichte und kräftiger Aromen beweist, dass sich auch aus wenig etwas Großartiges machen lässt, wenn man die richtigen Zutaten hat. Es ist ein Essen, das einen ständig daran erinnert, dass man lebendig

---

* Für *wan tans* wird ein Teig aus Weizenmehl und Ei dünn ausgewellt. Der Koch legt sich dann ein quadratisches Stück davon auf die Handfläche und setzt etwas Füllung in die Mitte – meist vorgegartes Schweinefleisch, im Norden häufig mit Lauch, in Guangdong oft eine Mischung aus Garnelen- und Schweinefleisch. Die verschlossenen Taschen werden gerne in einer Suppe serviert, können aber auch frittiert und in eine Soße gestippt werden.

** *Tamari* ist eine konzentrierte Sojasoße, bei der im Unterschied zu anderen Sojasoßen wenig oder kein Weizen verwendet wird. Sie ist im Geschmack besonders intensiv und eignet sich hervorragend als Dipsoße.

ist, denn flammende Schärfe und intensive Aromen gönnen den Geschmacksknospen keine Pause. Wenn Sie sich nur ein paar klassische chinesische Zutaten leisten – Austernsoße, *tamari*, Shao-Xing-Wein und natürlich Sichuanpfeffer –, dann können Sie auch aus dem unscheinbarsten Gemüse wahrhaft königliche Genüsse zaubern.

Basisvorrat

Sichuanpfeffer (ganz und gemahlen) • Chili • *tamari* •
Frühlingszwiebeln • Bohnensprossen • Sesamöl •
Shao-Xing-Reiswein • Erdnüsse • Tofu • Austernsoße

Doppelt gegarter Schweinebauch

Ein Klassiker aus Sichuan, bei dem die heilige Dreifaltigkeit regionaler fermentierter Pasten zum Einsatz kommt: Chilipaste, süße Bohnenpaste und Paste aus fermentierten schwarzen Bohnen, die Sie leicht online oder in einem chinesischen Lebensmittelgeschäft bekommen. Wie der Name schon sagt, wird der Schweinebauch zweimal gegart. Zunächst kocht man ihn in Salzwasser weich, lässt ihn abkühlen und fest werden. Er wird dann in Scheiben geschnitten und mit den Bohnenpasten knusprig angebraten. Dazu passen Reis und meine Wokpfanne mit grünen Bohnen.

Für 2–4 Personen

400 g Schweinebauch (ohne Knochen und Schwarte)
2 EL Pflanzen- oder Erdnussöl
2 EL Chilipaste
2 TL süße Bohnenpaste
2 TL Paste aus fermentierten schwarzen Bohnen (oder *miso*-Paste)
2 EL Sojasoße
2 TL Zucker
6 Stangen junger Porree oder 12 Frühlingszwiebeln in Scheiben

- Wasser zum Kochen bringen, zurückschalten, den Schweinebauch hineingeben und etwa 20–25 Minuten köcheln lassen. Herausnehmen und im Kühlschrank 1–2 Stunden abkühlen lassen.
- Fleisch in 1–2 cm dicke Scheiben schneiden. Öl im Wok oder einer großen Pfanne erhitzen und die Fleischstücke etwa 4 Minuten lang von beiden Seiten anbräunen.
- Fleisch herausnehmen und dafür Chilipaste zum Öl geben, das sich rot färbt. Süße und schwarze Bohnenpaste sowie das Fleisch hinzugeben, Sojasoße und Zucker einrühren. Gemüse zugeben, noch etwa eine Minute lang rühren und servieren.

Wokpfanne mit grünen Bohnen

Eignet sich als Beilage zu praktisch allen Gerichten mit Schweinefleisch oder Fisch in diesem Buch. Ich mag sie allerdings am liebsten zu Reis, wenn die scharfe Sichuan-Soße jedes einzelne Reiskorn einhüllt. Trinken Sie dazu Tee, das lindert die Schärfe – am besten Jasmintee.

Für 4 Personen

500 g grüne Bohnen
2 EL Erdnüsse, grob gehackt
2 EL Pflanzenöl
6 getrocknete Chilischoten, in 2 cm große Stücke geschnitten
¼ TL Sichuanpfeffer
4 Knoblauchzehen, sehr fein gehackt
1 Stück Ingwer (etwa 1 cm groß), sehr fein gehackt
3 Frühlingszwiebeln in Scheiben

Für die Soße

2 TL Shao-Xing-Reiswein
2 TL Chili-Bohnen-Soße
1 TL Sesamöl
1 TL Zucker
1 Prise Salz

- Bohnen nach dem Waschen sorgfältig trockentupfen und je nach Länge in zwei oder drei Stücke schneiden.

- Die Zutaten der Soße zusammengeben und rühren, bis sich der Zucker gelöst hat. Dann beiseitestellen.
- Die Erdnüsse in einer trockenen Pfanne anrösten, bis sie duften und etwas Farbe annehmen. Beiseitestellen.
- Den Wok auf großer Flamme einige Minuten vorheizen, dann Pflanzenöl zugeben. Die Bohnen etwa 5 Minuten rühren, bis sie dunkel und etwas blasig werden. Auf Küchenpapier legen, um überschüssiges Öl zu entfernen.
- Den Wok bis auf etwa einen Esslöffel Öl leeren und die Chilistücke mit Sichuanpfeffer, Knoblauch, Ingwer und Frühlingszwiebeln 30 Sekunden lang anbraten. Soße, Bohnen und Erdnüsse dazugeben, noch etwa eine Minute lang umrühren und sofort servieren.

SOJABOHNEN

Sojabohnen stammen ursprünglich aus Ostasien und spielen bis heute in den Küchen von China, Japan, Korea und den Ländern Südostasiens eine ganz entscheidende Rolle – entweder (wie die unreif gepflückten *edemame*) als ganze Bohne oder in unzähligen verarbeiteten Variationen. Dazu zählen typisch asiatische Zutaten wie Tofu und Sojabohnenpaste, *miso* und *natto* aus Japan (Seite 295), *doenjang* und *ganjang* aus Korea und, nicht zu vergessen, die allgegenwärtige Sojasoße; alles durch und durch asiatische Zutaten und Gewürze, gewonnen aus der einfachen Sojabohne.

Heute sind die USA (mit Argentinien und Brasilien) der größte Produzent von Sojabohnen. Neben dem Export nach Asien werden sie zu Sojamilch, -öl und Sojamehl verarbeitet. Sojabohnen sind besonders reich an Protein und als solche im Grunde eine gesunde und umweltfreundliche Alternative zu Fleisch. Ihr Anbau im industriellen Maßstab ist inzwischen aber umstritten. Die Verwendung gentechnisch veränderter Saaten in Amerika hat dem Ruf von Sojaprodukten sehr geschadet. In Südamerika wird der Sojaanbau für das Abholzen von Wäldern, für Bodenerosion, den Verlust der Artenvielfalt und die Zerstörung indianischer Lebensgrundlagen verantwortlich gemacht. – Möglicherweise also doch keine so gute Alternative.

KOREA

Keine Frage – koreanisches Essen macht richtig viel Arbeit. Wenn ich koreanisch essen gehe, geht es mir genau wie Jay Rayner. Immer gibt es erst einmal ein Riesenprozedere, bevor man mal zum Essen kommt. Einer der Grundpfeiler koreanischer Kochkunst ist *ssam*, also die Kunst, Reis, *banchan* (Beilagen) und Würzbeigaben in Blätter (Salat, Algen, Kohl oder Kürbis) einzuwickeln. Die Vorbereitung der Blätter, das Füllen und Rollen mag einem, gerade wenn man hungrig ist, beschwerlich erscheinen, aber das Ergebnis begeistert mit einer Explosion exotischer Geschmacksrichtungen, die der Mühe wert sind.

Obwohl die koreanische Küche ganz eindeutig aus dem gemeinsamen kulturellen Erbe Ostasiens schöpft – Stichworte wären hier: Sojasoße, Chili, fermentierte Geschmackszutaten –, konnte sich die koreanische Esskultur eine erstaunliche Autonomie bewahren, die Koreas schwierige, von Fremdherrschaft dominierte Geschichte[*] Lügen straft. Koreanisches Essen ist geradezu ein Sinnbild dafür, wie das Land einerseits Einflüsse aufgegriffen, andererseits aber einer völligen Vereinnahmung widerstanden hat. Korea ist für mich wie das Blatt, das zum Einwickeln verwendet wird, der Rahmen für kräftige Aromen und sinnliche Eindrücke; China mag in diesem Bild der Reis sein, Japan das

---

[*]   Korea stand von der Mitte des 17. Jahrhunderts bis Ende des 19. unter chinesischer Herrschaft, war ab 1905 japanisches Protektorat und ist seit dem Koreakrieg und der nachfolgenden Teilung der Halbinsel im Kalten Krieg in zwei verfeindete Staaten gespalten.

kimchi, Russland vielleicht der eingelegte Knoblauch und Amerika das gegrillte Fleisch.

Während der japanischen Besatzung wurde die Bevölkerung in bitterer Armut gehalten. Zu essen gab es kaum mehr als einfachen Reis oder andere, noch billigere Getreidesorten – gerade genug, um halbwegs satt zu werden und zu funktionieren, aber auch nicht mehr. Im nördlichen Landesteil blieb die Ernährung auch nach 1945, dem Koreakrieg und dem Ende des Kalten Kriegs völlig unzureichend.

Die amerikanische Journalistin Barbara Demick hat in ihrem Buch *Im Land des Flüsterns* den Alltag in Nordkorea während der neunziger Jahre untersucht. »Zu den Mahlzeiten kauerten sich die Frauen um einen niedrigen Holztisch nahe bei der Küche und aßen Maisbrei, der billiger und weniger nahrhaft als Reis war, den sie vorgezogen hätten.« Die Autorin weist auch auf die verschiedenen Landschaften von Nordkorea einerseits und den Ländern Südostasiens und insbesondere Südkorea andererseits hin. »Den für Asien so typischen grünen Flickenteppich der Reisfelder sieht man hier nur für ein paar Monate in der Regenzeit im Sommer.« Sie schreibt über Menschen, die Baumrinde aßen. Die Nahrung war ebenso trostlos wie die öden Landschaften, und fast das ganze 20. Jahrhundert war Unterernährung in Nordkorea Alltag.

Südkorea erlebte dagegen einen regelrechten Boom – wirtschaftlich, aber auch wenn es um aufregende neue Geschmacksrichtungen und Verfahren bei der Nahrungszubereitung ging. Verschiedenste Zutaten waren nun verfügbar, nicht zuletzt auch Fleisch, das in großem Stil produziert werden konnte. Der Fleischkonsum stieg, der Reisverbrauch fiel, und man begann mit der Einfuhr chinesischer Nudeln und amerikanischen Brots. Nun waren auch Delikatessen zu haben, aber anstatt blind nach dem amerikanischen Vorbild der sechziger und siebziger Jahre die landesübliche Küche aus Bequemlichkeit zu vernachlässigen – wie in England geschehen –, hielt man sich in Südkorea an die Küche der koreanischen Monarchie aus der Zeit vor der japanischen Besatzung. Die *bulgogi*-Restaurants, Garküchen für mariniertes und gegrilltes Fleisch, wurden in der neuen Mittelklasse des Landes wieder sehr beliebt. Herzstück des sowohl in der heimischen Küche wie auf der ganzen Welt gerühmten *ssam*-Stils ist der *bulgogi*, ein höllisch heißer Metallgrill in der Mitte des Tischs, auf dem mariniertes Rindfleisch, Hähnchen, Schweinefleisch und Fisch kurz angebraten und dann zusammen mit Reis und fermentierten Würzen in ein Salatblatt eingerollt werden.

Vor dem Grillen wird das Fleisch mit Sesamöl, Zucker, Sojasoße und Knoblauch mariniert. Typisch sind gegrillte short ribs (Querrippe), die *galbi* genannt werden und mit einer ähnlichen Marinade unter Zusatz von Chili und *ganjang* (fermentierten Sojabohnen) vorbehandelt werden, und *samgyeopsal,* Schweinebauch, der wie dick aufgeschnittener Schinkenspeck aussieht. Zwei ganz eigentümliche koreanische Gerichte sind *soondae,* gekochte Blutwurst (Schweinedarm gefüllt mit Schweineblut und Glasnudeln) und, meines Erachtens deutlich verlockender, *hobak ori* – eine geräucherte Ente, die in einem süßen Kürbis serviert wird.

Angesichts der langen Küste der koreanischen Halbinsel dürfte es kaum verwundern, dass sich auf der Speisekarte häufig Makrelen und Hecht finden – meist gesalzen und am Stück über rauchendem Feuer gegrillt. Fisch war früher, besonders in Südkorea, eine wichtige Eiweißquelle für das einfache Volk, denn das eiweißreiche rote Fleisch war, wie in nahezu allen anderen Ländern auch, den Wohlhabenden vorbehalten. (Deshalb war die neue Verfügbarkeit von Fleisch in den siebziger Jahren auch so eine wichtige Entwicklung, und regelmäßiger Fleischkonsum wurde für die aufstrebende Mittelklasse zum Statussymbol.) Fisch wird, wie im übrigen Asien auch, oft getrocknet und fermentiert – besonders Sardellen und Shrimps, die zusammen mit den Gedärmen größerer Fische zu einer Würze namens *jeotgal* verarbeitet werden, die in *kimchi,* Suppen, Eintöpfen und *soondae*-Blutwurst Verwendung findet.

Fermentation ist in Asien weitverbreitet. Alle wichtigen Träger von *umami* – Sojasoße, Shrimppaste usw. – beruhen auf der natürlichen Umwandlung (durch Milchsäuregärung) von Zucker in Säure, wobei dieser faszinierend saure Geschmack entsteht. Fermentierte Produkte genießen seit einigen Jahren den Ruf, fast so etwas wie Supernahrungsmittel zu sein. Die daran beteiligten Lactobakterien (»gesunde« Bakterien) sollen die menschliche Darmflora unterstützen und Fettsucht und Verdauungsstörungen entgegenwirken. (Außerdem schmeckt fermentierte Nahrung natürlich hervorragend.)

Mit ihrem Nationalgericht *kimchi* haben die Koreaner die Fermentation auf eine ganz neue Stufe gehoben. Es gibt bis zu 200 Varianten, je nach Region und Jahreszeit, aber die Grundlage bilden zumeist Weißkohl *(napa)* oder *daikon*-Rettich sowie – in veränderlichen Anteilen – Salzlake, Chili, Frühlingszwiebeln, Kräuter, gesalzener Fisch wie Sardellen oder Shrimps und manchmal sogar Birnensaft. *Kimchi* ist in

Korea ein Grundnahrungsmittel, das praktisch bei keiner Mahlzeit fehlen darf und die Geschmacksknospen mit den Aromen von gegrilltem Fleisch und knackigem rohem Gemüse in Erregung versetzt.

Auch andere Grundpfeiler der koreanischen Küche werden durch Fermentation gewonnen: etwa *doenjang* (fermentierte Bohnenpaste) und *gochujang* (fermentierte Paste aus roten Chili), die beide als Würze oder eigenständige Zutaten Verwendung finden. *Doenjang*-Suppe *(doenjang jjigae)*, einfach zubereitet aus aufgelöster *doenjang*-Paste mit Gemüse und Tofu, wird zu den meisten Mahlzeiten gereicht (ähnlich wie *miso* in Japan). Der Rapper Psy, der 2012 mit seinem Hit »Gangnam Style« über das Leben im Viertel Gangnam von Seoul zu Weltruhm kam, machte sich in seinem Musikvideo über die »doenjang girls« lustig – koreanische Frauen aus einfachen Verhältnissen, denen nachgesagt wird, sie würden zu Hause diese preiswerte Suppe essen, um sich einen glanzvollen Auftritt in der Öffentlichkeit leisten zu können. Die aus Klebreis, Chili und Sojabohnen durch Fermentation gewonnene Würze *gochujang* wird besonders gern zusammen mit *tteok* gegessen, mehligen koreanischen Reiskuchen, die sich in ihrer länglichen Form sehr von dem luftigen runden Gebäck unterscheiden, das wir kennen. Die beiden fermentierten Würzen *gochujang* und *doenjang* kombiniert ergeben *ssamjang*, die klassische Soße, mit der *ssam*-Blätter bestrichen werden, bevor man sie mit Fleisch, Fisch, Reis und Gemüse füllt.

Mit *gochujang* werden auch Nudeln angerichtet, oft in Form von *naengmyeon*, einem typischen Straßenimbiss, wie ihn die *pojangmachas* an ihren Ständen und vermehrt auch spezielle Fast-Food-Ketten verkaufen. *Naengmyeon* sind kalte Nudeln aus Buchweizen in einer kalten Fleischbrühe mit einem hart gekochten Ei, Frühlingszwiebeln, Birnen- und Gurkenstücken und etwas Rindfleisch. Ein anderes beliebtes Gericht ist *japchae*, eine Wokpfanne aus Süßkartoffelnudeln mit Pilzen, Möhren, Rindfleisch, Sojasoße und Chili. Dazu wird meist Reis serviert.

Bibimbap – wahrscheinlich die bekannteste Reisvariation in Korea – bedeutet einfach »gemischter Reis« und ist Koreas Antwort auf *polow*, *pilau* und *paella*, Reisgerichte mit Fleisch und Gemüse, wie sie weltweit in den verschiedensten Variationen gekocht werden. Als koreanische Besonderheit wird eine Paste aus fermentierten roten Chili zugesetzt und das *bibimbap* unvermischt serviert – eine Schüssel Reis garniert mit einem bunten Mosaik verschiedener Beilagen je nach Geschmack. Auch Getreidebrei und Reiskuchen sind beliebt. Anders als der englische *porridge* besteht der Brei aus Reis und wird als *dakjuk* meist ungewürzt mit Hähnchen, Knoblauch und Frühlingszwiebeln aufgetischt.

Wer die koreanische Küche nicht kennt, muss auf Überraschungen gefasst sein. Das gilt für das etwas umständliche Füllen der ersten *ssam*-Rollen ebenso wie für die köstlichen Aromen, die beim Essen jeder dieser gefüllten Rollen aufsteigen. Beim ersten Kosten eines eingelegten Kohlblatt-*kimchi* mögen die Geschmacksknospen noch zusammenzucken, dennoch achtet die koreanische Küche – wie andere asiatische Küchen auch (vor allem die chinesische und die japanische) – betont auf Ausgewogenheit: ein Blatt, ein Stück gegrilltes Rindfleisch, etwas weißer Reis, eine Scheibe roher *daikon*-Rettich, etwas *kimchi* und ein Klacks *ssamjang* – und alles ist im Gleichgewicht, schmeckt herrlich und ist gesund. Obwohl, wie Jay Rayner es nannte, koreanisches Essen »echt arbeitsintensiv« ist und ein Riesenprozedere an Vorbereitung erfordert ... es zu genießen ist verblüffend einfach.

Basisvorrat

doenjang (fermentierte Bohnenpaste) • Ingwer • Chiliflocken und *gochujang* (Paste aus fermentierten roten Chili) • Kohl • *daikon* • *tteok* (koreanische Reiskuchen) • *japchae* (Nudeln aus Süßkartoffeln) • Ei • Birnen • *jeotgal* (fermentierte Fischpaste)

Kimchi

An *kimchi*, milchsauer eingelegtem Gemüse, scheiden sich die Geister; ich liebe diesen säuerlich-spritzigen Geschmack. Man kann *kimchi* pur oder zusammen mit anderen koreanischen Spezialitäten genießen. Chinakohl hat feste Blätter und liegt nach Form und Beschaffenheit zwischen Wirsing und Romanasalat, ist aber weißer. Er wird in den meisten Supermärkten angeboten. *Daikon*, die auch *mooli* genannt werden, sehen wie weiße Möhren aus und sind unseren Rettichen nicht unähnlich. Auch sie sollten in einem normalen, bestimmt aber in einem asiatischen Supermarkt aufzutreiben sein.

Für 4–6 Personen

1 Chinakohl
4 EL Tafelsalz
6 Knoblauchzehen, sehr fein gehackt
1 Stück Ingwer (2 cm groß), sehr fein gehackt
1 TL Zucker
2 EL Fischsoße
2–4 EL Chiliflocken (am besten koreanische *gochugaru)* nach Belieben
2 *daikon*, geschält und in Stifte geschnitten
4 Frühlingszwiebeln, in Stücke von 3 cm geschnitten

- Den Chinakohl längs vierteln, die Viertel in Stücke von 3 cm schneiden und in einer Schüssel Salz zwischen den Blättern verreiben. Mit Wasser bedecken, einen kleinen Teller darüber legen und beschweren, um die Blätter zusammenzudrücken. 2–3 Stunden stehen lassen.
- Das Salz wieder abspülen, und zwar gründlich, also etwa 2–3-mal. Das Wasser dann mindestens 10 Minuten lang ablaufen lassen.
- Knoblauch, Ingwer, Zucker, Fischsoße und Chiliflocken mit dem Mörser zerreiben und das Ganze mit dem Kohl, dem Rettich und den Frühlingszwiebeln vermischen und in ein sterilisiertes Konservenglas packen. Gut festdrücken, bis das Gemüse von der restlichen Lake bedeckt ist.
- Das *kimchi* bei Zimmertemperatur 4–5 Tage gären lassen und darauf achten, dass die Kohlmixtur immer von Flüssigkeit bedeckt ist. Nach 4–5 Tagen sollte es fertig sein – bewahren Sie es bis zum koreanischen Festmahl im Kühlschrank auf.

Bulgogi vom Rind

Für dieses koreanische »Feuerfleisch« (so die wörtliche Bedeutung) nehmen wir dünne Scheiben Rib-Eye-Steak (aus der Hochrippe), die mariniert und dann gegrillt – bisweilen auch frittiert – werden. Bei guter Vorbereitung und mit hochwertigem Fleisch ist die Zubereitung nicht schwer. Dazu reicht man einfachen gekochten Reis, *kimchi* und eine Auswahl koreanischer Soßen wie *gochujang* – oder Sie lassen den Reis weg und packen alles in ein Baguette für eine koreanische Version des vietnamesischen *banh mi.*

Für 4 Personen

3 EL Sojasoße
1 EL Sesamöl
2 Knoblauchzehen, sehr fein gehackt
1 EL feiner Kristallzucker
2 EL Sesamsaat, angeröstet
½ TL Salz
1 TL schwarzer Pfeffer, frisch gemahlen
500 g Rib-Eye-Steak ohne Fettrand, in feine Streifen geschnitten
2 Frühlingszwiebeln, in Stücke von 2 cm geschnitten
1 Möhre, in feine Streifen geschnitten
1 weiße Zwiebel, in feine Halbringe geschnitten

- Stellen Sie einen festen verschließbaren Gefrierbeutel in eine Schüssel. Sojasoße, Sesamöl, Knoblauch, Zucker, Sesamsaat, Salz und Pfeffer in den Beutel geben und verschließen. So lange schütteln, bis sich der Zucker gelöst hat.
- Fleisch, Frühlingszwiebeln, Möhren und Zwiebeln in den Beutel geben, Beutel verschließen und durchkneten. Für einige Stunden, besser über Nacht, im Kühlschrank stehen lassen.
- Zum Grillen die Marinade abgießen und wegschütten. Das Fleisch mit den Möhren und Zwiebeln in Alufolie packen und 15–20 Minuten grillen. Sie können es aber auch in etwas Pflanzen- oder Erdnussöl bei mittlerer Hitze für 3–5 Minuten frittieren, bis das Fleisch anfängt knusprig zu werden.

JAPAN

Hana Yori Dango[*]

Japanisches Sprichwort

China
Japan
Ost-
chinesisches
Meer
Pazifischer
Ozean

Bilder von der Kirschblüte in Kyoto mit rosa umwölkten Zweigen voller duftiger Blüten sind für uns der Inbegriff Japans. Sie tauchen in *shin hanga*-Holzschnitten ebenso auf wie in der Verfilmung von Haruki Murakamis Roman *Naokos Lächeln*. Dieses Blumenhafte bestimmt sehr stark unsere Vorstellung von Japan – einem Land des Feinsinnigen und des Zarten, und das gilt vom gesellschaftlichen Umgang miteinander über Neuerungen in der Unterhaltungselektronik und im Comic bis zu Speisen wie Sushi.

Es gibt auf der ganzen Welt wohl kein aufwendigeres traditionelles Lebensmittel als Sushi. Wenn in Restaurants *maki*-Rollen wie uniformierte Armeen bereitliegen und uns *nigiri*-Happen mit rohem Lachs auf Ballen von klebrigem Reis zum Genuss verführen, dann nicht nur, weil Sushi köstlich schmeckt, sondern weil es so völlig und hinreißend – anders ist. Hochfaszinierend auch die geradezu chirurgische Präzision, mit der Sushi hergestellt wird: kunstvolle Gebilde, aus denen die frittierten Scheren von Blaukrabben spitzen, oder kleine Juwelen aus leuchtendem *tobiko* (Rogen von fliegenden Fischen) – dazu das ganze Drumherum mit Essstäbchen, reichlich eingelegtem Ingwer und scharfem *wasabi*.

295 • Japan

---

[*] *Hana Yori Dango* heißt wörtlich übersetzt »Lieber Klößchen als Blumen« und bedeutet in einem weiteren Sinn »Praktisches vor Ästhetischem«. Die Japaner verwenden diesen Sinnspruch häufig in Anspielung auf Besucher des Kirschblütenfestes Hanami, die, anstatt die Blüten zu bewundern, zu den Imbissbuden rennen, also Handfestes wie Essen und Trinken der Wertschätzung einer Blume vorziehen. Das berühmte Brecht-Zitat aus der Dreigroschenoper »Erst das Fressen, dann die Moral« zielt – wenn auch wesentlich politischer gemeint – in dieselbe Richtung.

Viele Küchen, die uns fremd erscheinen, beruhen im Grunde auf Verfahren und Zutaten, die uns vertraut sind – Eintöpfe mit Fleisch, Hülsenfrüchten und Gemüse sind von Spanien bis Indien verbreitet und unterscheiden sich nur durch regionale Zutaten und Gewürze. Sushi dagegen stellt etwas vollkommen anderes als unsere westliche Küche dar, ein echtes kulinarisches Novum. Einige Bestandteile – Reis, Fisch, Gemüse – kennen wir zwar, aber die Art ihrer Zusammenstellung wirft doch all unsere Erfahrungen über den Haufen. Roher Fisch? In Blätter aus getrockneten Meeresalgen gewickelter Reis?

Sushi ist heute weltweit verbreitet, aber im Grunde ist es uns immer noch ein Rätsel, denn wer weiß schon genau, wie man es zubereitet. Die Ausbildung zum *itamae,* zum Sushi-Koch, kann Jahrzehnte dauern, und wer es zum Sushi-Meister bringen will, der muss sein Leben buchstäblich dieser Kunst widmen.

Dies klingt an im Dokumentarfilm *Jiro Dreams of Sushi*, der von dem berühmten Sushi-Restaurant Sukiyabashi Jiro und seinem 85-jährigen Koch und Inhaber handelt. Der Film zitiert den Shrimplieferanten des Restaurants mit den Worten: »Wenn du in einem Laden wie Jiros arbeitest, dann verpflichtest du dich zu einem Pakt fürs Leben.«

In allen Küchen werden die Ernährungsgewohnheiten sowohl von den Zutaten als auch ihrer Anordnung bestimmt. Der weltweite Ruf, den die essbaren japanischen Kunstwerke genießen, liegt zum Teil in den recht hohen Preisen begründet, die bei uns dafür verlangt werden, und hat mit der Kost japanischer Normalverbraucher wenig gemein. Getreu dem zu Anfang zitierten Sprichwort ist die japanische Küche in vielem sehr viel praktischer, als das ästhetische Drumherum vermuten lässt. Hana Yori Dango – Lieber Klößchen als Blumen.

Sushi ist normalerweise unsere erste kulinarische Assoziation, wenn es um Japan geht. Dabei essen es die Japaner selbst nicht besonders häufig, und wenn Sie schon einmal in Japan waren, dann wissen Sie, dass Nudeln und Reis die eigentlichen Grundnahrungsmittel sind. Das traditionelle japanische Gericht besteht aus »Suppe mit drei Beilagen«. Die Suppe ist meist *miso* mit gewürfeltem Tofu und Meeresalgen, die am Schalenboden lauern und erst gegessen werden, wenn die Suppe ausgeschlürft ist. Dazu immer eine Schale mit weißem Reis *(gohan)* plus eingelegtes Gemüse *(tsukemono)* und ein *okazu* – ein Gericht, das Fisch (wie *sashimi*), Fleisch oder vegetarisch sein kann.

Bis vor etwa 150 Jahren verbot der Buddhismus den Genuss von Fleisch vierbeiniger Tiere, was den Einfallsreichtum der Japaner im

Umgang mit saisonalem Gemüse und dem Fischreichtum der umgebenden Meere beflügelte. Der Konsum von Fleisch in Japan entspricht ziemlich genau dem, was Ärzte zunehmend auch bei uns empfehlen: weniger, aber dafür hochwertiges Fleisch zu essen. Japaner essen Fleisch – aber nicht jeden Tag. Der geringere Stellenwert von Fleisch lässt sich schon am japanischen Gedeck ablesen. Ganz vorn liegen die Essstäbchen, direkt dahinter stehen die Schalen mit Suppe und Reis. Ein Fleischgericht findet sich, wenn vorhanden, rechts außen, das eingelegte Gemüse links. (Diese Symmetrie findet sich in Miniatur auch in *bento*-Boxen; *bento* bedeutet »praktisch«, und der gedeckte Tisch wird dabei in netten kleinen, mit Reis, Gemüse, Fleisch oder Fisch gefüllten Schachteln – wenn warm serviert, auch mit Suppe – nachempfunden.

Das Fleischverbot erklärt zumindest teilweise die weniger ausgeprägte Vielfalt der japanischen Küche im Vergleich zu Ländern wie China, Thailand oder Indien. Denn: Weniger Fleisch erforderte auch weniger Gewürze. Und in der Tat werden in Japan vergleichsweise wenige Würzmittel verwendet: Knoblauch, Ingwer (allerdings in vielfältiger Form: als Wurzel, in Salzlake, eingelegt in Essig und als Sprossen), etwas Chili und Gewürznelken, *yuzu* (eine runde, gelbe Zitrusfrucht, die für Sushi-Marinaden und Salatdressings verwendet wird), *mirin* (ein süßer Reiswein zum Würzen von Fisch und *teriyaki*-Soßen) und *wasabi* (in Form einer meerrettichartig scharfen grünen Paste). Selbst Curry, das (in Form von Gerichten wie Hähnchen-*katsu*-Curry) aus dem heutigen Japan nicht wegzudenken ist, kam erst Ende des 19. Jahrhunderts mit den Engländern ins Land. Im Gegensatz zu den sorgfältig abgestimmten Gewürzmischungen für indische Currys kommen im japanischen Curry*, das mit Reis, *udon*-Nudeln oder in einer Teigtasche serviert wird, nur Knoblauch und Currypulver zum Einsatz.

Rinder wurden ursprünglich nur gehalten, um Pflüge zu ziehen – nicht um ihrer Milch willen. Bis ins 19. Jahrhundert hinein spielten Fleisch, Butter und Käse in der japanischen Ernährung keine Rolle. Darum sind Japaner auch nicht dieses Sich-Vollstopfen gewohnt, wie wir es kennen (und praktizieren). Zum Frittieren von *tempura* (Gemüse, Pilze oder Fisch in Brattteig) werden Pflanzen- und Sonnenblumenöl

---

* *Katsu*-Curry ist inzwischen auch im Westen sehr beliebt, besonders mit Hähnchenfleisch. Dieses wird paniert und mit Reis und japanischer Currysoße serviert.

verwendet, oder Sesamöl, wie etwa zum Braten der *okonomiyaki** genannten Eierkuchen.

Unerlässlich bei japanischen Speisen ist die ausgewogene Harmonie der Farben und der Geschmacksnoten, von denen je fünf zu unterscheiden sind – rot, gelb, grün, schwarz und weiß bzw. süß, sauer, salzig, bitter und *umami* (manche würden scharf hinzufügen). Die Farbe lässt oft auf die Art der Zubereitung schließen – schwarz könnten getrocknete Meeralgen oder gegrillte Auberginen sein, rot beispielsweise ein *katsu*-Curry oder ein paar Perlen *tobiko*. Wenn die Farben und Aromen am gedeckten Tisch oder in *bento*-Boxen ansprechend angerichtet sind, dann spricht das nicht nur den Appetit der Japaner an, sondern sorgt auch für eine ausgewogene Ernährung.

Wenn es um den Geschmackssinn geht, beansprucht Japan stolz, das Entdeckungsland von *umami*** zu sein, jene durch eine Glutaminsäure hervorgerufene fünfte der fünf Geschmacksrichtungen und vielleicht die bedeutendste Eigenheit der japanischen Küche. *Umami* wird inzwischen zwar allgemein anerkannt, ist aber ungleich schwieriger zu bestimmen als süß, sauer, salzig und bitter. Es ist eine intensive Geschmacksempfindung, die besonders Rezeptoren im hinteren Mundraum stimuliert. *Umami* kommt keineswegs nur in der japanischen Küche vor, wird hier aber ungleich nachdrücklicher und patriotischer propagiert als anderswo. Fermentierte Sojabohnen vermitteln einen besonders intensiven *umami*-Geschmack und werden ganz als *natto* verzehrt, zu Sojasoße oder *miso*, einer Paste aus fermentierten Sojabohnen, verarbeitet und gehören zu den wichtigsten Geschmackszutaten der japanischen Küche. Auch Tofu wird aus geronnenem Sojabohnenextrakt hergestellt und ist ein wichtiger Eiweißlieferant in der japanischen Ernährung.

Brühen sind in der japanischen Küche immer reich an *umami*. Verantwortlich dafür ist vor allem *dashi*, ein dem römischen *garum* nicht unähnlicher Fischsud aus *iriko* (Sardellen) und fermentierten *bonito*-Flocken (echter Bonito – ein Thunfisch –, aber manchmal werden auch

---

* *Okonomiyaki* sind köstliche, auf heißen Eisenplatten gebackene japanische Eierkuchen aus den Regionen Kansai und Hiroshima. Sie bestehen aus Eiern, *dashi* (Fischsud), fein gehobeltem Kohl und Mehl. Während des Backens werden Fleisch, Meeresfrüchte oder Tofu hinzugefügt und das Ganze mit Flocken von getrocknetem Thunfisch, Meeralgen, eingelegtem Ingwer und Mayonnaise garniert.
** *Umami* wurde 1908 von Professor Kikune Ikeda von der Kaiserlichen Universität Tokyo entdeckt, weswegen Japan als das Ursprungsland gilt. Reich an *umami* sind grüner Tee, Gemüse, reifer Käse wie Parmesan, Meeresfrüchte und Fisch, insbesondere Sardellen.

Makrelen, Sardinen und Seetang zugefügt). *Dashi* gibt Gerichten Würze und hilft gleichzeitig, den Geschmack anderer Zutaten wie Fleisch, Fisch, Eier und Nudeln freizusetzen. Junya Yamasaki ist Küchenchef des Koya, dem, was *udon*-Nudelsuppen angeht, führenden Restaurant in London. *Dashi* wird Yamasaki zufolge inzwischen von Köchen auf der ganzen Welt verwendet, bleibt aber weiterhin »das Herzstück der japanischen Küche. Deshalb unterscheidet man Nudelrestaurants nicht nach ihren Nudeln, die sich sehr ähneln, sondern nach ihrem *dashi*.« Yamasaki verwendet im Koya nur sein eigenes, reines *dashi* ohne Seetang, Shitake-Pilze oder Gemüse, also einen einfachen, kräftigen Fischsud. So verwundert es nicht, dass er gutes *dashi* als »Kunst« bezeichnet.

Nudeln sind das Grundnahrungsmittel der Arbeiter und unerlässlicher Bestandteil von Suppen, die für die japanische Ernährung sehr wichtig sind. Suppen gibt es in den Variationen: heiße Brühe mit heißen Nudeln oder als eine erfrischende Kombi aus kalten Nudeln in heißer Brühe. Sie können Ente, Garnelen, Meeralgen oder Pilze enthalten und sind typisches japanisches Fast Food, das man im Gehen oder Stehen schlürft. (Wie beschämend armselig ist im Vergleich das bei uns im Westen übliche Fast Food!) »Kein Essen, bei dem man verweilt«, sagt Yamasaki dazu. »Es ist ein Arbeiteressen, das sich kostengünstig in großen Mengen zubereiten und verkaufen lässt.« Brühen im Westen Japans sind laut Yamasaki heller, klar und werden mit den dicken weißen *udon*-Nudeln aus Weizenmehl gegessen. Die Winterbrühe im Osten des Landes dagegen wird meist aus Schweinsfüßen gekocht und mit dünnen *soba*-Nudeln aus Buchweizen serviert.

Das Koya hat sich auf *udon*-Nudeln spezialisiert (es gibt aber auch *soba* und andere Nudelsorten), zum einen, weil Yamasaki aus dem Westen Japans kommt, zum anderen aber, weil sich in den letzten zehn Jahren um *udon** ein regelrechter Kult entwickelt hat. Die berühmteste Variante *sanuki udon* aus der Präfektur Kagawa auf Japans viertgrößter Insel Shikoku ist seit der Gründung von Hanamaru – der ersten landesweiten Restaurantkette Japans für *udon*-Suppen – zu besonderer Popu-

---

* Das *udon*-Fieber gipfelte 2006 in einem Kinofilm mit genau diesem Titel – *Udon*, aber es gibt noch andere Filme, die sich ganz um die Nudel drehen, wie *The Ramen Girl* von 2008, in dem sich Brittany Murphy auf das Zubereiten von *ramen*-Nudeln spezialisieren will, und *Tampopo* (1985), seinerzeit der erste »*ramen*-Western«, der sich um eine kleine familienbetriebene Nudel-Garküche dreht – der Spaghetti-Western auf dem Marsch nach Osten ...

larität gelangt. Hanamaru hat damit zwar ein Arme-Leute-Gericht kommerzialisiert, aber in Japan gleichzeitig einen geradezu religiösen Appetit auf *udon* in allen seinen Ausprägungen entfacht. So fallen nun alljährlich im April ganze Horden von *sanuki-udon*-Fetischisten in Kagawa ein, auf der Suche nach der besten und ausgefallensten Nudelsuppe. »Das ist erstaunlich«, sagt Yamasaki dazu. »In Kagawa gibt es 700 Restaurants, davon 300 allein in der Hauptstadt Tamakatsu. Vor manchen stehen die Leute kilometerlang Schlange, und jedes Restaurant hat eine andere Spezialität.« Das können heiße *dashi*-Suppen mit heißen Nudeln sein, oder mit kalten Nudeln – manche auch ganz ohne *dashi*.

Die bei der chinesischen Minderheit Anfang des 20. Jahrhunderts entstandene Suppe mit *Ramen*-Nudeln aus Weizen ist wesentlich ausgefeilter als die einfachen *udon*-Suppen. Hier schwimmen die Nudeln in einer kräftigen Brühe und werden ganz nach Wunsch mit einem Strauß verschiedener Beigaben verziert. *Tonkotsu ramen* beispielsweise ist eine dicke, milchige Brühe, die über Stunden aus Schweinsknochen gewonnen wird. Dazu kommt typischerweise Schweinebauch, etwas eingelegter Ingwer, auf Wunsch serviert mit marinierten gekochten Eiern*. Die Brühe von *miso ramen* besteht natürlich aus *miso* (Paste aus fermentierten Sojabohnen), wird aber oft mit Fleischbrühe angereichert und mit Gemüse, Fleischstücken und Sesamsaat serviert. Eine *ramen*-Suppe lässt sich auf unendlich viele Weisen zubereiten und garnieren; so ist sie trotz ihrer Einfachheit immer für eine Überraschung gut.

Ryori ist das japanische Wort für Küche, *ryo* bedeutet dabei »etwas Abgemessenes« und *ri* so viel wie »Vernunft«. *Ryori* meint also das vernünftige Zubereiten von individuellen Mahlzeiten für die jeweiligen Esser. Klingt simpel, aber gesunde Küche ist nichts anderes. Wenig Fett, wenig Fleisch, dafür viel gesundes, regionales und nachhaltig produziertes Gemüse** – mehr Klößchen als Blumen –, und wir im Westen sollten uns in dieser Hinsicht an der japanischen Küche orientieren. Was der kanadische Romancier William Gibson sagt, gilt dabei nicht nur für

---

* Japaner genießen Eier gerne als *onsen tamago* – *onsen* nach den heißen Quellen, in denen sie ursprünglich in der Schale gegart wurden. Eiklar und Dotter gerinnen dabei nur leicht und bleiben wachsweich. Dazu passen fein gewiegte Frühlingszwiebeln und *dashi* oder Sojasoße.

** »Paradoxerweise stammt die Nahrung, die wir in Japan essen, nicht aus Japan – nicht einmal der Reis. Neunundneunzig Prozent des Mehls unserer *udon* kommen aus Australien«, so Yamasaki.

die japanische Küche, sondern für jeden Aspekt der japanischen Kultur: »Japan ist das Idealbild der globalen Vision von der Zukunft.«[*]

Basisvorrat

miso • eingelegtes Gemüse *(tsukemono)* • Ingwer
(eingelegt und frisch) • *mirin* • *wasabi* • *dashi* • *natto* •
udon-Nudeln • *soba*-Nudeln • Tofu

Udon für Anfänger

Wenn ein vietnamesisches *pho* einem epischen Gedicht gleicht, dann ist diese einfache Nudelsuppe ein *haiku*. Sie lässt sich in einer halben Stunde zaubern – eine Köstlichkeit aus *umami*-Wonne und vegetarischer Lust. Außer einem Esslöffel Pflanzenöl zum Braten des Tofu (falls gewünscht) ist keinerlei Fett nötig. *Ichiban dashi* ist ein einfaches Rezept und eignet sich super für die Einführung in die Kunst der *udon*-Suppen. Über das Einfrieren von *dashi* sind die Meinungen geteilt. Manche meinen, dass der Geschmack leidet, aber ich finde es sehr praktisch, *dashi* immer bereitzuhaben. Schlürfen Sie die Suppe direkt aus der Schale; dabei darf es ruhig geräuschvoll zugehen. Dann schaufeln Sie mit den Stäbchen die Nudeln in den Mund.

Für 4 Personen

Für das Dashi (ergibt 800–900 ml)
20 g *kombu* (getrockneter Seetang) oder *wakame*-Meeralgen
15 g *katsuo bushi* (getrocknete Thunfischflocken)

Für das Udon
2 × 200-g-Päckchen *udon*-Nudeln
1 EL Pflanzenöl

[*]   Aus einem Interview mit dem *Observer*.

200 g Tofu, in 1–2 cm große Würfel geschnitten

800 ml *dashi* (siehe oben)

2 EL Sojasoße

1 EL *mirin*

2 TL Zucker

6–7 Frühlingszwiebeln, fein gehobelt

- Für das *dashi* den *kombu* in einem Kochtopf in 1 Liter Wasser 20 Minuten einweichen. Dann auf mittlerer Hitze gerade zum Kochen bringen, von der Flamme nehmen und *katso bushi* einstreuen.
- Auf der Flamme 3–4 Minuten weiterkochen lassen, bis die Fischflocken abgesunken sind. Dann durch ein Seihtuch oder einen Kaffeefilter gießen. Der Sud kann sofort verwendet werden, hält sich aber im Kühlschrank auch mehrere Tage.
- Die *udon* gemäß der Anleitung auf der Packung (nicht zu weich) kochen, kalt abbrausen und bereitstellen.
- Den Tofu mit dem Speiseöl bei mittlerer Hitze 5–6 Minuten von allen Seiten golden anbräunen und beiseitestellen.
- Das *dashi* im Kochtopf wieder erhitzen und Sojasoße, *mirin* und Zucker zugeben. Kurz aufkochen und die Hitze wieder reduzieren. Die *udon* zugeben und 2 Minuten köcheln lassen. Mit Frühlingszwiebeln und Tofu garnieren und servieren.

Gebratener Lachs mit Miso-Mayonnaise-Dip

Japanische Mayonnaise wird mit Apfel- oder Reisessig zubereitet. Unter der Marke Kewpie erhalten Sie eine dicke, cremige japanische Mayonnaise aus Eigelb und einer Mischung aus Malz- und Apfelessig. Aus dieser lässt sich mit weißer *miso*-Paste (beides online erhältlich – siehe http://www.dae-yang.de) ein Dip ähnlich der Dijonnaise (europäische Mayonnaise mit Dijon-Senf) zubereiten, ein cremiger Genuss mit pfefferiger *umami*-Energie. Diese Soße harmoniert fabelhaft mit einfach in Öl, Sojasoße und Zitrone gebratenen Lachssteaks – die ich sehr gerne mit dem eingelegten Spinat aus dem nachfolgenden Rezept kombiniere. Falls sich keine Kewpie-Mayo auftreiben lässt, fügen Sie normaler Mayonnaise zwei Esslöffel Reisessig und einen Teelöffel feinen Zucker zu und mixen Sie gut durch.

Für 4 Personen

15–20 g Tafelsalz
4 Lachssteaks oder -filets (je 150 g)
3 EL Kewpie (oder eine andere japanische Mayonnaise, oder eine selbst
gemachte – siehe oben)
2 EL weiße (oder braune) *miso*-Paste
4 EL Pflanzenöl
1 EL Sojasoße
Saft einer halben Zitrone
½ Zitrone in 4 Spalten

- Den Lachs auf ein mit etwas Salz bestreutes Schneidebrett legen und auch die Oberseite salzen. Bis zu einer Stunde ruhen lassen.
- Mayonnaise und *miso*-Paste gründlich vermengen und bereitstellen.
- Das Öl in einer großen Pfanne stark erhitzen, und die Lachssteaks von jeder Seite 3–4 Minuten anbraten. Sojasoße und Zitronensaft in die Pfanne geben, bis beides aufschäumt und duftet. Den Lachs nach 5–6 Minuten in der Pfanne auf den Tellern anrichten.
- Einen dicken Klecks *miso*-Mayonnaise, eine Zitronenspalte und etwas eingelegten Spinat danebensetzen und servieren.

Salat aus eingelegtem Spinat

Kalter gedünsteter Spinat, der auf japanische Art mit *mirin* (süßem Reiswein), Sojasoße und *dashi* aromatisiert ist, eignet sich hervorragend als Beilage zu Fleisch, Fisch, ja sogar zu einfachem gekochtem Reis. Sie bereiten diesen Salat am besten im voraus zu. Eins vorweg: Meine *dashi*-Alternative hier ist eigentlich eine massive Schummelei, und damit wird sich, auch das will ich ganz schnell zugeben, nie das komplexe Geschmackserlebnis eines authentischen *dashi* erreichen lassen. Mein *dashi* besteht aus einer einfachen Gemüsebrühe mit etwas Fischsoße für den *umami*-Kick. Wenn ich wenig Zeit habe, dann geht das schon mal. Alle *dashi*-Puristen bitte ich um Verzeihung.

Für 4 Personen

200 g frischer Spinat, gewaschen und entstielt
250 ml *dashi* (Seite 301) oder 250 ml Gemüsebrühe mit 1 TL Fischsoße
1 TL *mirin* (süßer Reiswein)
1 Prise Salz
3 TL Sojasoße

- Den Spinat mit einem Spritzer Wasser auf mittlerer Flamme 2–3 Minuten andünsten und ständig in Bewegung halten, damit alle Blätter mit dem heißen Topfboden in Kontakt kommen. Der Spinat soll ganz zusammenfallen, aber seine leuchtende Farbe behalten. Vom Feuer nehmen, in etwa 5 cm lange Stücke schneiden und in einem Durchschlagsieb abtropfen lassen.
- Das *dashi* (oder die Gemüsebrühe mit der Fischsoße) zum Kochen bringen, dann die Hitze reduzieren, bis das *dashi* nur noch köchelt. Jetzt *mirin*, Sojasoße und Salz zugeben und noch 2 Minuten köcheln lassen. Topf vom Feuer nehmen und zum Abschrecken in eine Schüssel mit Eiswürfeln stellen.
- Den Spinat zur Mixtur geben und etwa 5–6 Stunden kühlen. Zu gebratenem Lachs, *miso*-Mayonnaise und gekochtem Reis servieren.

AFRIKA

Scharfes Zeug
Chilisorten der Welt

Chili ist heute auf der ganzen Welt zu Hause und spielt als Gewürz von Äthiopien bis Westafrika (samt der westafrikanischen Diaspora in der Neuen Welt) und von Indien bis Europa eine entscheidende Rolle. Dabei hat Chili erst in den letzten 500 Jahren Eingang in so viele internationale Küchen gefunden.

Die ursprünglich in Süd- und Mittelamerika beheimatete Pflanze wurde Ende des 15. Jahrhunderts bei der Ankunft von Christoph Kolumbus entdeckt. Von Europa aus waren es dann vermutlich die Portugiesen, die für die weltweite Verbreitung des Chili sorgten – entlang der Seehandelsrouten ihres weltumspannenden Kolonialreiches, das von Brasilien, über Afrika, Goa in Indien bis nach Macao in China reichte. Um die Ehre des Status als Chili-Ursprungsland streiten sich Mexiko und Peru bis heute in der gebotenen Schärfe. Und, wenig überraschend: In beiden Ländern ist Chili – in seinen verschiedenen Ausprägungen – aus der Küche nicht wegzudenken. Auf dieser Doppelseite möchte ich Ihnen einige Chilisorten vorstellen, die für ihre jeweiligen Regionen und Küchen mit ihren Geschmacksvorlieben typisch sind – wie etwa Kaschmir-Chili oder türkisches *pul biber*.

Karibik
Scotch Bonnet

Mexiko
Habanero
Jalapeño
Chipotle

Französisc[h]
Guayana
Cayennepfeff[er]

Peru
Aji Amarillo
Aji Panca

Süd-
amer[ika]
Rocot[o]

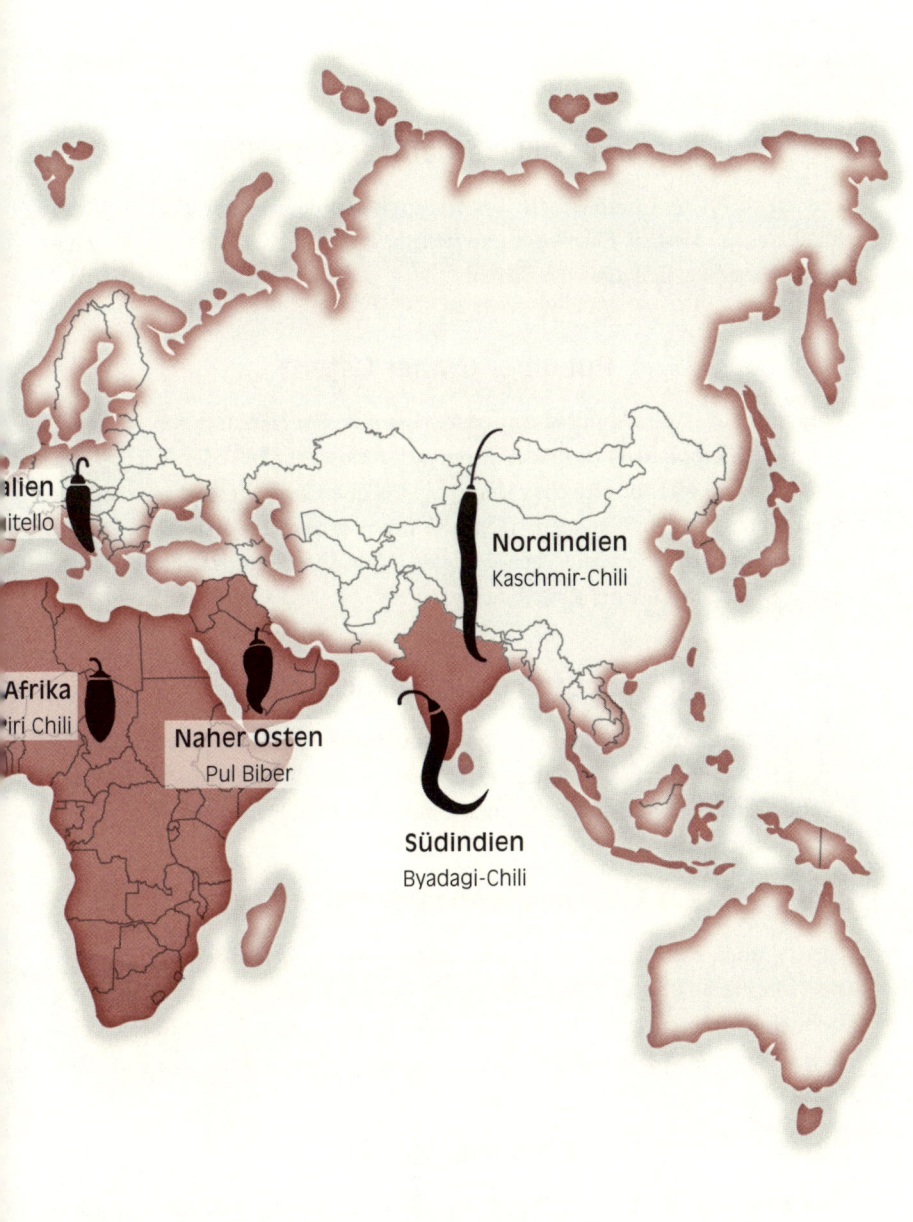

alien
itello

Afrika
iri Chili

Naher Osten
Pul Biber

Nordindien
Kaschmir-Chili

Südindien
Byadagi-Chili

Kaschmir-Chili (Nordindien)

Wunderbar tiefrote Farbe, geringe Schärfe. Kaschmir-Chili hat ein starkes Aroma ohne allzu viel Würze, passend zu Wohlfühlgerichten. Probieren Sie halb getrockneten Kaschmir-Chili, in Wasser eingeweicht, zu Butter-Hühnchen, *jalfrezi*-Currys und allen *tandoori*-Gerichten.

Byadagi-Chili (Karnataka, Südindien)

Leuchtend rot und mittelscharf. Byadagi-Chili stammt aus der gleichnamigen Stadt im Bundesstaat Karnataka und verleiht den südindischen Currys, Chutneys, *sambar* etc. ihre intensive Schärfe.

Pul Biber (Naher Osten)

Burgunderrot und mild mit abgerundetem Aroma. Die Herkunft von Pul Biber (etwa: »Flockenpfeffer«) ist unklar, da er auch türkischer Chili oder Aleppo-Chili genannt wird, was auf syrischen Ursprung schließen lässt. Er wird meist in getrockneten Blättchen über *mezze* (kleine Gerichte, typisch für den Nahen Osten) gestreut, ähnlich dem spanischen *pimentón*. Mein Tipp: Ein paar Flocken über Avocado auf Toast – schmeckt großartig.

Scotch Bonnet (Karibik)

Die höllisch scharfen, orange bis rot gefärbten »Schottenmützen« mit ihren weiblichen Rundungen sind die meistverwendete Sorte in der afrokaribischen und westafrikanischen Küche. Sie ähneln den mexikanischen Habaneros.

Jalapeño (Mexiko)

Diese grünen mexikanischen Schoten haben große Durchschlagskraft! Typisch sind eingelegte und in Scheibchen geschnittene Jalapeños zu mexikanischen (Schnell-)Gerichten wie *burritos* oder *fajitas*. In der Fusionsküche Kaliforniens (Seite 339) spielen Jalapeños eine Schlüsselrolle.

Chipotle (Mexiko)

Feurig und fruchtig. Es handelt sich um Jalapeños, die rauchgetrocknet wurden und in *adobo*-Soßen (Seite 357), Salsas und Bohnengerichten für Schärfe sorgen.

Aji Amarillo (Peru)

Genau so feurig, wie der Name und die gelbe Farbe versprechen. Laut dem gefeierten peruanischen Koch Gastón Acurio ist Aji Amarillo die wichtigste Zutat der Landesküche und gibt *ceviches* und der beliebten *salsa criolla* (Seite 380) ihren speziellen Pfiff.

Aji Panca (Peru)

Die getrockneten, rauchigen Schoten sind dunkler gefärbt als beim gelben Aji. Sie werden eingeweicht als Paste zum Einreiben von Fleisch verwendet, das eine fruchtige Schärfe ohne übermäßige Würze erhält. Aji Panca ist das gängige Gewürz in peruanischen Küchen.

Rocoto (Südamerika)

Glühend scharfe rundliche Fruchtkörper mit schwarzen Samen und behaarten Blättern, die sich leicht von anderen Sorten unterscheiden lassen. Sie gleichen Beeren, deren Geschmack von angenehm mild bis äußerst scharf reicht. Definitiv nur für die, die diese Schärfe auch vertragen – alle anderen: Vorsicht!

Cayennepfeffer (Französisch Guayana)

Diese tropischen, leuchtend roten Chili von großer Schärfe stammen aus Französisch Guayana in Südamerika, werden aber weltweit genossen, meist getrocknet als Pulver wie im tiefen Süden der Vereinigten Staaten.

Piri Piri Chili (Afrika)

Die kleinen, kompakten und höllisch scharfen Schoten gibt es von westafrikanischen Ländern wie Nigeria und Ghana (Seite 318) bis nach Äthiopien (Seite 311). Die Portugiesen brachten die ersten Pflanzen von Amerika nach Afrika. Aus *pili pili*, was auf Swahili »Pfeffer Pfeffer« bedeutet, wurde Piri Piri und später, kombiniert mit Knoblauch, Zitrone und Kräutern, die beliebte portugiesische Marinade *peri peri*.

Friggitello (Kalabrien, Italien)

Diese blutroten gebogenen Chili sorgen in der kalabrischen Küche für eine im übrigen Italien unbekannte Schärfe.

ÄTHIOPIEN

Wenn zwei vom selben Teller essen, betrügen sie einander nicht.

Äthiopisches Sprichwort

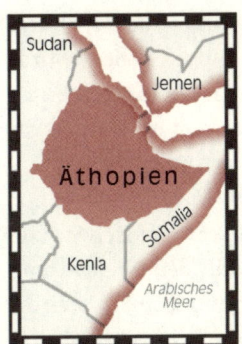

Dieses Sprichwort reflektiert das äthiopische *gursha*, jenen Brauch des Formens essbarer Happen mit der bloßen Hand, mit denen sich die Tischgenossen gegenseitig füttern. *Gursha* symbolisiert Vertrauen und Zuneigung – es ist wie eine Umarmung mittels der Nahrung und verbunden mit der Verantwortung für das Wohlergehen des anderen. In den meisten Gesellschaften kommen die Menschen beim Essen zusammen und demonstrieren dabei ihre Zuneigung und Gastfreundschaft. Das äthiopische *gursha* geht noch einen Schritt weiter: Das Essen vereint die Menschen, und das gegenseitige Füttern wird zum demonstrativen Akt des Füreinander-Sorgens.

Bevor wir tiefer in die Erkundung der äthiopische Küche einsteigen, sollten wir uns vergegenwärtigen, wie wenig wir noch immer mit afrikanischem Essen – und dem Kontinent insgesamt – vertraut sind. Wenn der Geograph George Kimble* bemerkt, »das Dunkelste an Afrika war schon immer unsere Unwissenheit darüber«, dann kann ich das nur unterschreiben, und zwar für die Sprachen und Landschaften des Kontinents ebenso wie für die Kulturen und die Kochkunst. So ist die afrikanische Küche uns im Großen und Ganzen noch immer unbekannt – Nordafrika mit Marokko, Algerien und Tunesien vielleicht ausgenommen, weil es oft zum Mittelmeerraum gezählt wird. Anders als die Erzeugnisse vietnamesischer oder peruanischer Lokale, die in den Metropolen der Welt ihre Kunden verzücken, gilt afrikanisches Essen selten als schick und angesagt. Nur die äthiopische Küche hat sich einen gewissen Ruf erworben – besonders mit ihren riesigen, mul-

---

* In *Africa Today*: Lifting the Darkness

tifunktionalen *injera*-Pfannkuchen, die gleichzeitig als Nahrung, Teller und Besteck dienen. Aber was wissen wir sonst über äthiopisches Essen?

Äthiopien liegt am Horn von Afrika, einer Halbinsel, die ins Arabische Meer ragt, und ist ein Land weiter Horizonte und hoch liegender Wüstenebenen mit einsamen Affenbrotbäumen und Akazien, die sich in die trockene Erde krallen. Die großartigen Landschaften von dramatischer Schönheit sind geprägt von launischen Wetterschwankungen und leider auch den Spuren von Kriegen.[*] Doris Lessing erfasst dieses labile Gleichgewicht, wenn sie über den äthiopischen Horizont schreibt: »Ich wusste: Weit unten in der steigenden Hitze würden die Vögel jetzt ihr Konzert in den Bäumen zwischen den Lehmhütten geben, würde das hohe Gras sich straffen; während die ungezählten Tautropfen an seinen Halmen immer kleiner wurden und verdunsteten, würden die Menschen auf die Felder hinausgehen, um Vieh zu hüten oder zu hacken.«[**] Nur allzu oft wird das Alltagsleben durch Naturkatastrophen und politischen Umsturz gefährdet. Trotz reichlich Sonnenschein und einer ganzen Anzahl von Flüssen (von denen zwölf den Nil speisen), schwankt das Klima zwischen tropischem Monsun und Dürre, was die Agrarproduktion (die etwas mehr als 40 Prozent des Bruttoinlandsprodukts ausmacht) erschwert.

Das Leben findet noch meist im ländlichen Umfeld statt, trotz der wie in vielen anderen afrikanischen Ländern rasch voranschreitenden Urbanisierung. Die Einwohnerzahl der Hauptstadt Addis Abeba wächst jährlich um fast vier Prozent. Auf kleinen Parzellen werden in der Region Oromiya im Südwesten vor allem Kaffee, Hülsenfrüchte, Getreide und Mais angebaut. Wirtschaftlich weniger bedeutend, dafür aber farbenfroh sind andere Erzeugnisse wie Zitrusfrüchte, Bananen, Trauben, Granatäpfel, Feigen und Zimtäpfel – die Früchte eines halb immergrünen tropischen Baumes. Der äthiopische Kaffee, ein wichtiger Exportfaktor, wird von angesagten Kaffeehändlern hoch gepriesen und braucht sich vor den Spitzenkaffees aus Kolumbien und Brasilien nicht zu verstecken.

Wo die Landwirtschaft so wichtig und das Verhältnis des Menschen zur Natur so wechselhaft ist wie in Äthiopien, da ist die Versammlung um den Esstisch von großer Bedeutung. Nach einem langen Tag auf

---

[*] Von 1974–1991 tobte ein Bürgerkrieg, gefolgt vom Krieg gegen Eritrea von 1998–2000.
[**] Doris Lessing, *Heimkehr*, Stuttgart 1957, S. 11.

dem Feld werden die Mahlzeiten gemeinsam zelebriert. Die Gerichte sind einfach, aber schmackhaft, mit kräftig gewürzten Hülsenfrüchten und Beilagen; Fleisch – Lamm, Ziege, Rind oder Huhn – wird meist geschmort.

Die äthiopische Küche gibt uns köstliche Lektionen in vegetarischem Essen, was nicht zuletzt darauf zurückzuführen ist, dass Äthiopien ein stark religiös geprägtes Land mit etwa 60 Prozent koptischen Christen und 30 Prozent Muslimen ist. Während der sieben Fastenzeiten – auch der uns geläufigen vor Ostern und übrigens jeden Mittwoch und Freitag – wird vegan gegessen; dann stehen Hülsenfrüchte wie Kichererbsen, Erdnüsse und Linsen und natürlich Gemüse im Mittelpunkt. Der Einfallsreichtum bei der vegetarischen Kost reicht bis zum Öl der Färberdistel, einer altertümlichen Pflanze, die wie Löwenzahn aussieht. Auch die Samen der Pflanze werden verwendet, und ihre getrockneten Blütenblätter sind eine kostengünstige Alternative zum teuren Safran.

Äthiopisches Essen ist wahrscheinlich das schärfste in ganz Afrika, denn es werden große Mengen an rotem Chili verwendet. Dieser wird getrocknet und mit etwa 15 weiteren Gewürzen, darunter Knoblauch, Bockshornklee, Ingwer, Koriander und Piment, zu *berbere* verarbeitet, Äthiopiens bekanntester Gewürzmischung. *Berbere* ist in praktisch jeder äthiopischen Soße, *wot* genannt. Eine weitere Grundzutat ist *niteh kibbeh*, eine dem *ghee* ähnliche, geklärte und mit Gewürzen versetzte Butter, die in Bananenblättern kühl gehalten wird. Aus *niteh kibbeh* und *berbere* lässt sich unter Zugabe von fein gehackten Zwiebeln, Wasser und manchmal etwas *tey* – äthiopischem Honigwein – eine Paste namens *awaze* bereiten. *Awaze* gibt es als Marinade oder Würzmittel und ist das Herz äthiopischer Aufstriche, Pasten und Soßen; ähnlich der Rolle von *harissa* in Nordafrika, der Sojasoße Asiens oder – ich wage es kaum zu sagen – von Ketchup in England. Wenn Sie in einem äthiopischen Restaurant essen, dann wird der Tisch in kürzester Zeit einem Mosaik aus Rot-, Gelb- und Brauntönen gleichen, entweder in kleinen Schälchen oder einzelnen Häufchen auf einem *injera**, der Basis jeder äthiopischen Mahlzeit.

---

* *Injeras* werden mit *teff*-Mehl (aus dem Mehl der Zwerghirsesamen) gebacken. *Teff* ist wie Quinoa und Hirse ein sehr nahrhaftes, in Äthiopien beheimatetes Getreide, das etwa ein Viertel der Getreideproduktion des Landes ausmacht.

Injeras sind große, weiche, gesäuerte Fladenbrote, die nicht so leicht zu bekommen sind. Sie können sie aber auch selbst backen. (Siehe http://www.afroport.de/sr_einkaufen.php). Die Äthiopier vermengen dazu feines *teff*-Mehl mit Wasser zu einem Teig, der mehrere Tage gären muss, bevor er auf heißen Tonplatten in etwa 30 cm großen Fladen gebacken werden kann. Diese sind dann, auf Tellern ausgelegt, eine Art essbarer Serviette, auf der die verschiedenen Soßen und Pasten *(wots)* serviert werden. Am bekanntesten ist *doro wot* mit Hähnchen und hart gekochten Eiern. Es werden aber alle Fleischsorten verwendet – kurz gebraten mit Zwiebeln und *niteh kibeh* oder als Hackfleischragout namens *kifto*.

Für Fastentage gibt es natürlich vegetarische Varianten wie *miser wot* (mit roten Linsen), *kik pea alechi* (eine Paste aus Kichererbsen) oder *gomen wot*. Hierbei wird *gomen* benutzt, mit Knoblauch gedünsteter abessinischer Kohl, und natürlich *niteh kibeh* und *berbere*. *Gomen* passt auch gut zu *iab,* äthiopischem Frischkäse, der mit Joghurt vermengt und mit Zitrone und Salz gewürzt wird.

Dass wir äthiopisches Essen nicht öfter zubereiten, liegt neben unserer allgemeinen Unkenntnis der afrikanischen Küche auch daran, dass wir mit den Zutaten einfach nicht vertraut sind. Wenn Sie aber erst einmal die *injera* besorgt, *niteh kibeh* durch *ghee* ersetzt, Ihr eigenes *berbere* gemixt (Seite 227) und das *awaze* zubereitet haben, dann werden Sie feststellen, dass die Proteinquellen sich von denen der europäischen Kulturen kaum unterscheiden: Fleisch, Kichererbsen und Eier. Und wie bei der westafrikanischen Küche auch, können wir mit wenigen lokalen Zutaten den vollen Geschmack hervorzaubern und mit einfachen Köstlichkeiten eine große Runde satt kriegen.

Wenn die *injera* ausgelegt und verschiedene *wots* in bunten Haufen darauf verteilt sind, setzen sich alle darum herum, reißen etwas vom Teigfladen ab und greifen damit eine mundgerechte Portion vom Fleisch, den Kicherebsen, dem Gemüse oder dem *awaze*. Das *injera* ist also gleichzeitig Servierplatte, Essgerät und Nahrung. Obwohl die Äthiopier beim *gursha* das Essgefäß zerstören, knüpfen sie doch so gleichzeitig eine zwischenmenschliche Verbindung. Das *injera* ist also der »selbe Teller« aus dem Sprichwort am Anfang des Kapitels, die Grundlage der äthiopischen Mahlzeit und ein uraltes Symbol für gegenseitiges Vertrauen.

Basisvorrat

Kichererbsen • Erdnüsse • rote Linsen •
berbere-Gewürzmischung • geklärte Butter *(niteh kibeh)* •
awaze-Soße • *teff*-Mehl (zur Herstellung von *injera*) •
weißer Frischkäse *(iab)*

Kichererbsenpaste

Dieses preiswerte, einfache und nahrhafte *wot* können Sie pur genießen oder mit Fleisch anreichern. Es passt zu Reis, aber für den vollen äthiopischen Genuss rate ich Ihnen, sich ein paar *injera* und dazu etwas *awaze* als Dip zu besorgen.

Für 6–8 Personen

3 × 400-g-Dosen gekochte Kichererbsen, abgetropft
50 g Butter
1 große Zwiebel, fein gehackt
4 Knoblauchzehen, sehr fein gehackt
1 Stück Ingwer (3 cm groß), sehr fein gehackt
2–3 EL *berbere*-Gewürzmischung (Seite 227)
1 × 400-g-Dose gehackte Tomaten
500–700 ml Brühe (Hühner- oder Gemüsebrühe)
150 g Tiefkühlerbsen
200 g frischer oder Tiefkühlspinat (nach Wunsch)
Meersalz und frisch gemahlener schwarzer Pfeffer

- Ofen auf 200°C / Umluft 180°C / Gas 6 vorheizen.
- Die Kichererbsen auf einem Backblech ausbreiten und unter häufigem Wenden 15 Minuten anrösten, um den Geschmack zu verstärken.
- In einer Kasserolle oder tiefen Pfanne die Butter erhitzen und die Zwiebeln für 2–3 Minuten glasig dünsten. Dann Knoblauch, Ingwer und Gewürzmischung zugeben und weitere 2–3 Minuten anbraten.

- Kichererbsen, Tomaten und Brühe zugeben, aufkochen und 20 Minuten unter leichtem Köcheln etwas reduzieren. Dann Erbsen (und ggf. Spinat) zugeben und weitere 10 Minuten köcheln lassen.
- Wenn das *wot* noch zu flüssig ist, um es mit dem *injera* zu greifen, einige Schöpfkellen der Kichererbsenmixtur entnehmen, pürieren und wieder in die Kasserolle geben. In einer Reismulde oder auf *injera* servieren.

Gomen-Paste

Ein köstliches *wot*! Und es passt ausgezeichnet zu den üblichen Verdächtigen der äthiopischen Tafel: Kichererbsen-*wot*, *injera* und *awaze*. Ich genieße es auch gerne einfach solo. Wenn schon gesundes Gemüse, dann darf es ruhig ein bisschen aufregend sein!

Für 4–6 Personen

700–900 g Frühkohl oder Grünkohl, fein gehobelt
1 EL Olivenöl
1 Zwiebel, grob gehackt
6 Knoblauchzehen, sehr fein gehackt
1 grüne Paprikaschote, entkernt und grob gehackt
Saft einer Zitrone
große Prise Salz
½ TL Paprikapulver
½ TL Kurkuma
½ TL Pimentpulver
1 Stück Ingwer (2 cm groß), sehr fein gehackt

- In einem großen Topf 450 ml Wasser zum Kochen bringen und das Grüngemüse etwa 15 Minuten weichkochen (mit Deckel). Abgießen, das Kochwasser aber aufheben.
- In einer großen Bratpfanne das Olivenöl erhitzen und die Zwiebeln darin glasig dünsten. Knoblauch zufügen und noch 2 Minuten weiterbraten, ohne den Knoblauch zu bräunen. Das Grüngemüse und das Kochwasser zugeben und kochen, bis das Wasser verdampft ist.
- Nun nur noch die übrigen Zutaten zugeben und mit Deckel 5–10 garen, bis die Paprika etwas Biss verloren hat und sich in der Küche würziger Duft verbreitet.

MANIOK

Dieses braune leicht faserige Wurzelgemüse mit dem harten weißen Inneren – auch Kassawa genannt – haben Sie vielleicht schon einmal an einem Marktstand oder bei einem gut sortierten Gemüsehändler gesehen. Die meisten Europäer dürften damit nichts anzufangen wissen, ja kennen wahrscheinlich nicht einmal den Namen – aber in Entwicklungsländern sind die Knollen Grundnahrungsmittel für Millionen von Menschen.

Wie die uns sehr viel bekanntere Kartoffel kam Maniok aus Südamerika nach Europa und gedeiht auch auf trockenen oder nährstoffarmen Tropenböden. Besonders wichtig ist Maniok in der westafrikanischen Küche, wo er zusammen mit Yamswurzeln zu *fufu* gestampft wird. Maniokmehl und Maniokstärke (die geröstete Variante heißt Tapioka) wird zum Andicken von Ragouts verwendet. In Brasilien dient er zur Herstellung von *farofa,* einer aus geröstetem Maniokmehl und Butter zubereiteten Beilage (Seite 383).

WESTAFRIKA

Ein Mann lädt seine Angehörigen nicht zum Festmahl ein,
um sie vor dem Verhungern zu bewahren. Sie haben alle zu Hause
genug zu essen. Wenn wir uns am mondbeschienenen Dorfplatz
versammeln, dann nicht wegen des Mondes. Jeder kann ihn
von seinem eigenen Hof aus sehen. Wir versammeln uns,
weil das für die Familie gut ist.

Chinua Achebe, *Okonkwo oder Das Alte stürzt*

Ich war noch nie in Westafrika, aber es hat meine Phantasie schon immer beflügelt. Mein Vater wurde in Nigeria geboren und wuchs als Sohn eines Offiziers der Kolonialverwaltung in der Stadt Enugu im Osten des Landes auf. Wenn er von seiner Jugend dort erzählte, klang das für meine englischen Ohren immer unbeschwert und exotisch: Wie er vom Dach des elterlichen Hauses mit überreifen Mangos nach den weißen Kolonialdamen in ihren feinen Kleidern warf, oder wie er sich Zuckerrohr direkt vom Feld schnappte und aussaugte – eine Jugend in Afrika! Bei meiner Großmutter hing ein gerahmtes Foto meines Vaters als stämmiger, blonder Vierjähriger, in einer Reihe mit seinen nigerianischen Freunden aus dem Dorf. Eifrig winkt er mit seiner kleinen weißen Hand in die Kamera – und fällt auf wie der sprichwörtliche bunte Hund. Es muss eine glückliche Kindheit gewesen sein, ungetrübt von Fragen nach Moral und Gerechtigkeit des Kolonialismus.

Er hat mir oft vom Essen seiner Kindheit vorgeschwärmt, von den intensiven Aromen, den herben Gerüchen, dem satten Geschmack. Und wann immer ich ihn danach fragte, bestand seine wehmütig klingende Antwort aus einer langen Liste wunderbarer Wörter: »*fufu, sasa*, Erdnusseintopf und Stinkefisch«, in denen die ganze, herrlich vielfältige Einfachheit der westafrikanischen Küche konserviert schien.

Die Region umfasst 16 Länder*, die sich um den Golf von Guinea und an der westlichen Atlantikküste drängen. Natürlich besitzt jedes Land seine eigenen Abwandlungen der gängigen Gerichte (und jeder Koch wieder seine eigenen Variationen und Methoden); und jedes Land hat auch Nationalgerichte, die es nur dort gibt (wie etwa *kenkey*** aus Ghana). Alle diese Küchen Westafrikas aber beherrschen die Kunst, regionale Produkte aufzupeppen und zu günstigen Mahlzeiten in großen Mengen zu verarbeiten. Mangelnde Raffinesse wird dadurch wettgemacht, dass ganze Großfamilien mit nahrhaftem und gleichzeitig leckerem Essen versorgt werden.

Nachrichten oder Neuigkeiten werden in Westafrika mündlich weitergegeben und verbreiten sich durch die verschiedenen Landschaften der Region, die von der Sahara bis in die tropischen Regenwälder reicht. Die Traditionen der verschiedenen Volksstämme decken sich dabei häufig nicht mit den Ländergrenzen; Volksmärchen, Bräuche und Sprichwörter werden von Generation zu Generation weitergegeben und nicht notwendigerweise schriftlich festgehalten – Rezepte und Essgewohnheiten sind da keine Ausnahme: Gerichte haben sich mit ihren Stämmen verbreitet und von Generation zu Generation immer etwas verändert. So stammt der in Sierra Leone verbreitete *jollof*-Reis, ursprünglich vom Stamm der Igbo im Süden Nigerias, was nur bedeuten kann, dass die Igbo auch sehr weit westlich der Grenzen des heutigen Nigeria gesiedelt und so ihre Esskultur in ferne Regionen verbreitet haben. Diesem Phänomen der Rezeptweitergabe auf Stammesebene verdanken wir viele gängige Gerichte, wie Erdnusseintopf und *fufu*, aus Zutaten, die in der ganzen westafrikanischen Region verfügbar sind.

Die Gerichte dieser Reiseetappe sind leicht nachzukochen, wenn Sie einen gut sortierten Markt oder Supermarkt in der Nähe haben. In Großstädten dürften Maniok und Kochbananen leicht zu finden sein. Ansonsten muss man vielleicht etwas intensiver suchen oder online bestellen. Mit Maniok und Kochbananen haben wir auch schon die Grundnahrungsmittel benannt – sie sind gewissermaßen die Kartoffeln Westafrikas. Beide Pflanzen wachsen auch in heißem, trockenem

---

* Benin, Burkina Faso, die Kapverdischen Inseln, Elfenbeinküste, Gambia, Ghana, Guinea, Guinea-Bissau, Liberia, Mali, Mauretanien, Niger, Nigeria, Senegal, Sierra Leone und Togo.

** Für *kenkey* wird ein Teig aus fermentiertem Maismehl in Maisblätter oder Schalen von Kochbananen gewickelt und wie Klöße gekocht. Dazu passen Ragouts oder gebratener Fisch.

Klima auf kargen Böden und sind vergleichsweise pflegeleicht – also ideale, der Landschaft angepasste Kohlenhydratlieferanten (Kasten Seite 317). Maniok wird meist zusammen mit Kochbananen, Yamswurzel (die wie Mais in der ganzen Region gedeiht) oder Taro (einer anderen Wurzelknolle mit essbaren Blättern) gekocht und dann mit den Fingern zu *fufu*, einem festen, stärkehaltigen Brei, geknetet. Dieser wird entweder in Suppe gestippt (Seite 323), oder eine Furche im Teig wird mit dicker Suppe gefüllt.[*]

Die in Europa üblichen Stärkelieferanten – Kartoffeln und Reis – wurden erst von den Kolonialmächten aus Südamerika bzw. Asien eingeführt. Kartoffeln sind selten (und teuer) geblieben, sie gedeihen in kühlen Klimata besser. Reis dagegen hat als Grundlage für *jollof*, dem vielleicht verbreitetsten Gericht der Region, seinen Platz gefunden und wird als Beilage zu Fleisch oder gebratenem Fisch gereicht – meist zusammen mit frittierten Kochbananen. Das ergibt eine Art westafrikanische Paella mit einer *sofrito*-Grundlage aus Zwiebeln, Tomaten und Tomatenmark. Und das ist dann auch die Basis fast aller westafrikanischen Gerichte, hier beginnt das Kochen (*sofrito*, Seite 94). Dann folgt eine Gewürzmischung, in der Ingwer, Knoblauch, Muskatnuss, Scotch-Bonnet-Chili und meist auch Currypulver enthalten sind (das die Engländer aus Indien mitgebracht haben). In den letzten Jahren wird auch immer mehr *adobo* verwendet, eine iberische Mischung aus Paprikapulver, Knoblauch und Salz zum Würzen von Fleisch und Eintöpfen, das Spanier und Portugiesen überall in der Neuen Welt von Lateinamerika bis zu den Philippinen verbreitet haben.

Zwischen Soßen, Suppen und Ragouts wird in Westafrika nicht immer klar unterschieden. Alle haben eine ähnliche Beschaffenheit und werden in den gleichen Kombinationen – mit *fufu*, Yamswurzel oder Reis – genossen. In Erd- und Palmnuss-Suppen wird Lammschulter oder Räucherfisch verwendet, während Hühnersuppe mit Erdnussbutter, Fleischresten sowie Paprikaschoten, Mais und Okra in veränderlichen Anteilen zubereitet wird. Die *palaver*-Soße aus Tomaten, Zwiebeln, *igushi* (eine Art Kürbiskerne), Fleisch oder Fisch, Taro-Blättern und Maniok ist im Grunde ebenfalls ein Ragout.

Getrockneter, geräucherter oder gepökelter Fisch wie Hering und Makrele werden häufig zum Würzen von Suppen genutzt; frischen

---

[*] Dem *fufu* entsprechen in der Neuen Welt das brasilianische Tapioka (Seite 317) und die Klöße Jamaikas.

Fisch und Meeresfrüchte für eigenständige Gerichte gibt es vor den westafrikanischen Küsten in hervorragender Qualität. Im südlichen Ashanti und den Küstenregionen werden Schnapper, Tilapia, Oktopus und Shrimps mit Salz so lange frittiert, bis sie trocken sind, und dann mit Yamswurzel oder, wie in Ghana, mit *kenkey* serviert – ein typischer, schneller Straßenimbiss. Manchmal gibt es dazu auch *waakye,* mit Reis gekochte, rauchige, schwarz getüpfelte Bohnen, die generell eine Beilage zu Fleisch und Fisch sind. Aus *waakye* wurde in der Karibik das beliebte Gericht Reis mit Bohnen (Seite 371), was einmal mehr den westafrikanischen Ursprung dieser Kultur aufzeigt.

In europäischen Städten sind westafrikanische Restaurants in der Regel dort, wo Westafrikaner wohnen, aber eigentlich schmecken diese Gerichte am besten, wenn sie zu Hause für viele Freunde und Verwandte gekocht werden. Wie das Zitat von Chinua Achebe am Beginn des Kapitels andeutet, dienen westafrikanische Gerichte dazu, sich mit Menschen zu treffen, aber natürlich auch, um satt zu werden. Probieren Sie die folgenden Rezepte einfach mal aus, wenn Sie eine größere Anzahl Gäste zu versorgen haben. Sie sind einfach, schmecken gut, und da sie aus einer Kultur der mündlichen Überlieferung stammen, bleibt jede Menge Raum für eigene Interpretationen – bessere Rezepte gibt's eigentlich gar nicht.

Basisvorrat

Currypulver • Muskatnuss • Ingwer • *adobo* • Stockfisch • Kokosnuss • Erdnüsse • Palmkernöl • Sheabutter • Erdnussöl • Maniok • Yamswurzel • Kochbananen

Ijes Eintopf

Dieses Rezept stammt von meinem Freund Ije Nwokerie aus Enugu in Nigeria. Von seiner Küche in London aus lässt sich sein Heimatland leicht besuchen, sagt er. Dieses Gericht aber habe er sich ausgedacht, um Kochbananen einmal nicht wie üblich frittiert, sondern gesünder zuzubereiten. Dieses Rezept kombiniert Hähnchen und Kochbananen – beides besondere Leckerbissen aus Ijes Kindheit in Nigeria. Die Zubereitung dauert 15 Minuten. Machen Sie sich wegen der Kochbananen keine Sorgen, die kriegen Sie auf dem Markt oder beim Gemüsehändler.

Für 4 Personen

5 EL Pflanzen- oder Erdnussöl
2 gelbe oder weiße Zwiebeln, halbiert
1 Scotch Bonnet Chilischote, entkernt und halbiert
½ EL Ingwerpaste (oder ½ EL frischer Ingwer, sehr fein gehackt)
½ EL Knoblauchpaste (oder 3 Knoblauchzehen, sehr fein gehackt)
450 g Hähnchenfleisch ohne Haut – z. B. 4 Keulen
2 × 400-g-Dosentomaten
1 TL Paprikapulver nach Wunsch
Salz nach Belieben
4 reife gelbe Kochbananen, geschält und in 3-cm-Stücke geschnitten
1–2 EL Honig
200 g frischer Spinat

- Ofen auf 200 °C / Umluft 180 °C / Gas 6 vorheizen.
- In einem großen feuerfesten Topf Öl erhitzen und Zwiebeln glasig anschwitzen. Chili, Ingwer und Knoblauch zufügen und einige Minuten andünsten. Hitze reduzieren und das Hähnchenfleisch zugeben. Für 5–7 Minuten rühren, bis es zu duften beginnt und das Fleisch rundum angebräunt ist.
- Tomaten, Paprikapulver und Salz zugeben und den Deckel auflegen. Noch etwa 4 Minuten weiterkochen lassen. Kochbananen, Honig und Spinat zugeben. Umrühren, Deckel wieder auflegen und wieder aufkochen. Dann 45–60 Minuten im Ofen garen.
- Direkt aus dem Topf zu *fufu* oder gekochtem Reis servieren.

Fufu

Diese typisch westafrikanische Stärkebeilage aus gestampften Wurzel-knollen gibt es fast immer zu Suppen oder Ragouts, und zwar in vielen Varianten. Ich habe hier das einfachste Rezept mit gebutterter Yams-wurzel gewählt, die sich leicht besorgen lässt. *Fufu* kann aber ebenso gut aus Maniok oder einer Mischung aus Yamswurzel, Maniok, Süßkar-toffeln und Kochbananen hergestellt werden. Man kann ihn auswellen, zu einem essbaren Löffel formen und damit Suppen und Ragouts essen. Er schmeckt sogar ohne Beigaben – eine Art westafrikanisches Kartoffel-püree.

Für 4–6 Personen

1 kg weiße Yamswurzeln
100 g Butter
Meersalz und frisch gemahlener schwarzer Pfeffer

- Die ganzen ungeschälten Yamswurzeln in einem großen Topf mit Wasser ansetzen und auf großer Flamme zum Kochen bringen. Hitze reduzieren und in 20–30 Minuten weich kochen.
- Die Yamswurzeln abseihen und abkühlen lassen. Dann schälen, in Stücke schneiden, wieder in den Topf geben. Butter und Gewürze zugeben und stampfen. Die gewünschte Konsistenz gelingt am besten mit einer Kar-toffelpresse, aber ein Kartoffelstampfer tut's auch.
- *Fufu* wird als große Kugel serviert, von der sich jeder ein Stückchen nimmt und so formt, dass man das Ragout damit löffeln kann. Den Brei dazu in eine Servierschüssel geben und zu einer großen, glatten Kugel kneten. (Machen Sie Ihre Hände vorher nass, dann bleibt das *fufu* nicht kleben.)

MAROKKO

Ein Besuch in Marokko – als würde man in
einer illuminierten persischen Handschrift voller heller
Verzierungen und feiner Linien blättern.

Edith Wharton, *In Morocco*

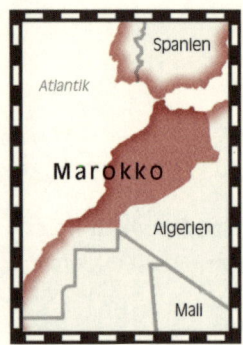

Marokko ist für Kulinariktouristen ein ziemliches Abenteuer – ein Fest für Augen und Gaumen, das die Sinne mit verschwenderischen Aromen und großem Markttrubel betört. Feine Dampfwölkchen kräuseln sich über lockerluftigem Couscous; frittierte Sardinen brutzeln in der Pfanne des Straßenhändlers; unter dem gelüfteten Deckel einer *tajine* drängt in dichten Schwaden der kräftige Duft eines köstlichen Schmorgerichts hervor. Die Magie der marokkanische Küche! Fast erwartet man, dass zwischen all diesen Aromawirbeln ein Flaschengeist erscheint ...

Die Opulenz des marokkanischen Essens wird von keiner anderen afrikanischen Küche erreicht. Hier am nördlichen Ende des Kontinents, nur 30 Kilometer von der spanischen Küste entfernt, an der einstmals letzten Station der Gewürzstraße auf dem Weg nach Europa, war der Reichtum an Einflüssen und Zutaten, von denen man profitieren konnte, so groß wie nirgendwo. Der wichtigste Faktor, der Marokko auch von den Nachbarländern Algerien und Tunesien unterscheidet, ist wahrscheinlich seine Monarchie. Die Palastküchen spielten eine entscheidende Rolle bei der Entwicklung der marokkanischen Esskultur. Heimische Produkte wie Safran aus Taliouine im Süden, Honig vom Hohen Atlas* und Datteln aus der Sahara trafen hier

---

* Der Atlas erstreckt sich etwa parallel zur Küste Marokkos über Algerien bis nach Tunesien. In Marokko trennt er die Sahara von der Küste und den mediterran geprägten Norden (der nicht nur in kulinarischer Hinsicht eher Südeuropa gleicht) vom trockenen und eher typisch afrikanischen Süden.

auf importierte Waren, und die Zubereitungsmethoden der ansässigen Berber mischten sich mit den Einflüssen Europas und des Nahen Ostens.* Aus all dem schufen die Palastköche eine wahrhaft königliche Esskultur.

Auch der Einfluss der Berber, die als Nomaden einst ganz Nordafrika westlich des Nils bevölkerten, hat sich in der marokkanischen Küche niedergeschlagen. Dass diese sich so sehr von der Tunesiens und Ägyptens unterscheidet, liegt daran, dass die Berber seit der Neuzeit vor allem in Marokko und Algerien konzentriert sind.

Ländliche Zubereitungsweisen wie das Kochen in der *tajine* oder die Herstellung von Couscous von Hand gehen auf die Berber zurück, ebenso wie die erstaunlichen Kombinationen süßer und pikanter Zutaten. In Marrakesch sind diese Einflüsse etwa bei den Imbissen der Händler auf dem zentralen Marktplatz Djemaa el Fna noch deutlich zu spüren: Hähnchen mit Schwarzkümmel oder Eintöpfe aus dem *tangia*-Topf.** In Letzterem schmoren den ganzen Tag über Fleisch oder Gemüse mit Orangenwasser, getrockneten Aprikosen oder Pflaumen, Mandeln, Pistazien oder Sesamsaat – immer aber mit einer eingelegten Zitrone.

Mindestens so stark wie von den hier ansässigen Menschen wird die Küche von den Jahreszeiten bestimmt. Im Sommer kann es in Marrakesch glühend heiß sein, und im Hohen Atlas kennt man eisige Winter. Was letztlich auf dem Teller (oder in der *tajine*) landet, ist das, was das Land zu dieser Zeit an Produkten liefern kann. Saisonale Küche ist in Marokko nicht nur Notwendigkeit, sondern liegt auch in der Vernunft der Köche begründet. Chefkoch Ahmed von der Moorish Lounge, dem marokkanischen Café bei mir in Streatham, könnte sich unabhängig von der Jahreszeit in zahllosen Supermärkten, Gemüseläden und auf Märkten mit allen Zutaten versorgen. Trotzdem spiegelt sich in seinen *tajines* der Lauf der Jahreszeiten wider. Ich bestelle immer die *tajine du Rif*, ein vegetarisches Schmorgericht aus Gemüse der Saison mit Ziegenkäse obenauf – und ich habe noch nie zweimal das gleiche Gericht gegessen. Ich finde das romantisch und gleichzeitig aufregend, weil ich nie genau weiß, was ich bekommen werde.

---

*   Das Wirken der Palastköche erinnert mich an eine Stelle aus Jane Grigsons *English Food*: »Keine Küche gehört ausschließlich zu ihrem Land oder ihrer Region. Köche machen Anleihen – und haben das immer getan – und nehmen im Lauf der Jahrhunderte Anpassungen vor. [...] Die einzelnen Länder geben den verwendeten Elementen, seien sie nun geborgt oder nicht, lediglich so etwas wie einen nationalen Charakter.«
** Ein Tonkochtopf, ähnlich der *tajine*, aber vasenförmig mit seitlichen Henkeln.

Zutaten für marokkanische Gerichte kosten meist nicht viel und sind leicht zu beschaffen – Fleisch, Gemüse, Früchte, Nüsse und Gewürze der Saison, im Grunde nichts Ausgefallenes oder Besonderes. Für die Zubereitung ist allerdings ein gewisses Wissen und Geschick erforderlich. Übung macht auch hier den Meister – und Respekt vor den Verfahren, die sich seit mehr als 400 Jahren in den Küchen der Paläste herausgebildet haben. Nach meiner Erfahrung gelingt marokkanisches Essen nur dann perfekt, wenn man sich Abkürzungen und Vereinfachungen verkneift. Am Ende werden viele Töpfe zu spülen sein, aber davon sollten Sie sich erst mal nicht abschrecken lassen. Für meine erste *kedra** mit *squash*-Kürbis und Kichererbsen schnippelte und mahlte ich volle zwei Stunden lang, das Ergebnis aber konnte sich richtig sehen lassen – und ich gar nicht glauben, dass ich diesen Geschmack zustande bekommen hatte!

Trotz alledem: *tajines* und *kedras* lassen sich durchaus ohne Original-Utensilien kochen. Die vorgestellten Rezepte funktionieren alle auf einem normalen Herd. Natürlich fehlt es beim Kochen ohne *tajine* oder *kedra* etwas an der Intensität, was mit einer starken Flamme oder Kochplatte kompensiert werden sollte.

Da die marokkanische Küche einen gewissen Aufwand erfordert, genießen viele sie lieber im Restaurant. In Streatham, wo ich aufwuchs, lag um die Ecke glücklicherweise ein kleines Stück Marrakesch. Marokko selbst dagegen wird jedes Jahr von Millionen Touristen besucht, und alle wollen sie ein Stück vom Kuchen abhaben, in diesem Fall ein Stück *bastilla*.** Vielleicht liegt es an diesem ungeheuren internationalen Appetit auf marokkanisches Essen – das den Touristen in seiner Phantasie in ein Marokko vor 400 Jahren zurückversetzt –, dass die marokkanische Jugend immer seltener zu Hause isst und die heimische Küche zugunsten westlicher Angebote verschmäht. Eine Kennerin der marokkanischen Küche, Paula Wolfert, die das Land bereits 1969 als Beatnik bereiste, meint dazu: »In Marokko ist heute alles im Umbruch. Die jungen Leute gehen zum Essen aus, weil sie die traditionel-

---

*   Wie bei der *tajine* bezeichnet *kedra* sowohl das Gericht als auch das Gefäß, in dem es gekocht wird. Der *kedra*-Topf ist höher, dünner und tiefer als eine *tajine*, und die sich daraus ergebende Soße hat eher die Konsistenz einer Brühe.

**   *Bastilla* ist eine Fleischpastete, ursprünglich mit Taubenfleisch, heute meistens mit Hähnchen, die aus Fez, der zweitgrößten Stadt des Landes, stammen soll. Der Teig ist hauchdünner, blättriger *warqa*, die Füllung gewürzt mit Zimt, gerösteten Mandeln und mit Puderzucker bestäubt. Wie bei vielen marokkanischen Gerichten herrscht ein feines Gleichgewicht von süß und salzig.

len Gerichte langweilig finden. Aber ich finde, sie sehen nicht mehr so glücklich aus.«[*]

Noch ist die landestypische Kost weitverbreitet und wird an Wochenenden und auf Festen überall gegessen, aber das Wissen um die traditionelle Zubereitung zu Hause stirbt langsam aus. Mit den modernen Zeiten kommen die Möglichkeiten der Vereinfachung. Heute werden *tajines* oft im Dampfkochtopf zubereitet, und die Herstellung von Couscous in Handarbeit zu Hause – eine langwierige und mühsame Arbeit – ist eine Kunst, die langsam aber sicher verschwindet.

Couscous entsteht, wenn man mit Salzwasser befeuchteten Weizengrieß zwischen den Händen reibt, weiteren Grieß, etwas Wasser und vielleicht noch etwas Mehl zugibt, bis sich die feinen Kügelchen bilden, die wir als Couscous bezeichnen. Diese werden gesiebt, gedämpft und mit einer Gabel aufgelockert, ruhen gelassen und wieder gedämpft. Mit jedem Durchgang quillt der Couscous weiter auf und macht so die marokkanische Gastfreundschaft erst möglich – denn diese wird dadurch definiert, am Tisch in letzter Minute doch noch Platz für ein paar nicht eingeplante Gäste zu finden. Couscous wird mit Brühe und mariniertem gegrilltem Fleisch oder Meeresfrüchten serviert. Die drei Bestandteile einer Couscous-Mahlzeit werden einzeln aufgetischt, enthalten aber dieselben Aromen wie *tajines* und *kedras*.

Der gemeinsame Genuss einer *tajine* ist ein Akt des Teilens, ein Sinnbild für die marokkanische Gastfreundschaft. Die Gäste sitzen um das Kochgefäß und stippen die dicke Soße mit Brot auf. Wie beim Couscous ist auch bei *tajines* immer Platz für weitere Gäste; es muss nur mehr Brot aufgetragen werden. Paula Wolfert meint: »Einer mehr passt immer noch. Es ist mir wieder und wieder aufgefallen, dass in Marokko gutes Essen wirklich ein Zeichen von Freundlichkeit ist.« Zu den Zutaten zählen Hähnchen mit Dörrpflaumen und Mandeln, karamellisierte Quitten und Walnüsse, getrocknete Aprikosen und Pinienkerne, Lamm mit *medjool*-Datteln[**] und grünen Äpfeln oder Artischocken mit Zitronen.

Als letzte Station, an der die Waren der Gewürzroute haltmachten, bevor es dann weiter nach Europa ging, standen in Marokko alle kuli-

---

[*] Im Gespräch mit Paula Wolfert hatte ich den Eindruck, dass die marokkanische Küche für sie fast gleichbedeutend ist mit Lebensglück und dem Pflegen enger Beziehungen. Diese waren natürlich unerlässlich, als sie marokkanisch zu kochen lernte – wie sie sagt »mit Küssen, Kuscheln und Messlöffeln«.

[**] Die Königin der Datteln – groß, fleischig mit karamellartigem Aroma: herrlich.

narischen Schätze Asiens zur Verfügung: Zimt, Ingwer und Kurkuma, drei Säulen der marokkanischen Küche stammen aus Indien – dem einzigen Land, das es in Menge und Vielfalt der verwendeten Gewürze mit Marokko aufnehmen kann. Dort entstand das zum Einreiben von Fleisch verwendete und aus mindestens neun verschiedenen Gewürzen komponierte *ras el-hanout**, wörtlich »Kopf des Ladens« – die Mischung der besten Gewürze, die der Händler zu bieten hatte.** Und natürlich hat jeder Händler seine ureigene Mischung, die, meist grob gemahlen, mit Zutaten wie Rosenblütenblätter und Beeren der Eberesche, kurz vor dem Servieren zugegeben, für ein warmes, blumiges Aroma sorgt. Nahrungskonfetti, wenn Sie so wollen. Dank der vielfältigen marokkanischen Geographie unterschieden sich die Gewürzmischungen natürlich auch von Region zu Region. (Dies ändert sich, da viele Menschen in die pulsierende Metropole Marrakesch ziehen oder in Küstenstädte wie Casablanca und Fez, wo der Tourismus boomt.)

In ganz Nordafrika verwendet werden eingelegte Zitronen (in Salz und Gewürze), um Salaten, Couscous und *tajines* eine besonders intensive Zitrusnote zu verleihen. Andernorts genügt Salzlake zum Einlegen; die Marokkaner gehen noch einen Schritt weiter und lassen die Zitronen im eigenen Saft reifen. Paula Wolfert ist überzeugt, dass eingelegte Zitronen mit Abstand das wichtigste Würzmittel der marokkanischen Kochkunst sind. Wie die getrockneten Limonen der persischen Küche nehmen sie vielen marokkanischen Gerichten etwas von der übermäßigen Süße.

Nach einem finanziell besonders bescheiden gelaufenen Jahr kaufte ich kurz vor Weihnachten große Vorratsgläser und beschenkte Freunde und Verwandte mit eingelegten Zitronen – Sie können es mit dem folgenden Rezept selbst ausprobieren. Wenn Sie die Zitronen dann verwenden, bitte nicht nur für marokkanisches Essen; einmal habe ich ein Brathähnchen anstelle von frischen Zitronen mit eingelegten gefüllt, und der Geschmack war einfach umwerfend.

---

* *Ras el-hanout* enthält veränderliche Anteile von Piment, Kardamom, Zimt, Nelken, Koriander, Ingwer, Muskatblüte, Muskatnuss, Kurkuma, schwarzem Pfeffer, Cayennepfeffer und Sternanis (Rezept auf Seite 228).
** In anderen Ländern Nordafrikas nutzen die Menschen eine einfachere Mischung aus fünf Gewürzen – ähnlich *la kama*, für die Zimt, schwarzer Pfeffer, getrockneter Ingwer, Kurkuma und Muskatnuss aus dem Norden Marokkos fein vermahlen werden –, der die letzte Komplexität von *ras el-hanout* fehlte.

Eine andere Zutat, die häufig mit Marokko assoziiert wird, ist *harissa*. Das ist jedoch falsch, denn die aus rotem Chili, Knoblauch, Salz und Olivenöl zubereitete Paste kommt aus Tunesien[*] – Gerichte wie *schakschuka* (das in Israel heimisch geworden ist) werden damit gewürzt. *Harissa* ist inzwischen aber auch in Marokko beliebt, denn scharfes Essen ist in Mode gekommen (und die Marokkaner verwenden *harissa* heute laut Paula Wolfert »wie Ketchup«). Marokkanisches Essen war immer gut gewürzt, aber nie wirklich scharf. Statt den Gerichten einfach Chili zuzufügen, sollte man es lieber wie die Tunesier halten und die Schärfe von Chilischoten mit anderen intensiven Gewürzen abmildern.

Mir gefällt Edith Wartons Bild der »hellen Verzierungen und feinen Linien«. Es erinnert mich an die großartigen Geschmackserlebnisse, die Zutaten sowie die historischen und kulturellen Einflüsse, die man in der marokkanischen Küche erleben kann. All das ist zu köstlichen Gerichten verflochten, deren Zubereitung geübt und beherrscht sein will. Illuminieren Sie diese Schrift, indem Sie einem der folgenden marokkanischen Gerichte die Ehre erweisen.

Basisvorrat

eingelegte Zitronen • Orangenblütenwasser • Datteln •
Honig • Mandeln • Safran • *ras el-hanout*-
Gewürzmischung • Zimt • karamellisierte Zwiebeln •
Sultaninen • *harissa* • Couscous • *filo*-Teig

---

[*] Dies erklärt, warum es in so vielen *schakschuka*-Rezepten auftaucht. Tunesische Juden haben das Gericht nach Israel mitgebracht, wo es auf vielen Frühstückstischen zu finden ist – eine würzige Soße aus Paprikaschoten und Tomaten zu pochierten Eiern.

Hähnchen-Couscous

Vergessen Sie die entsetzlichen Fertigsalate mit Couscous und ein paar Alibi-Paprika oder Zucchini aus den neunziger Jahren. Paula Wolferts Couscous ist weich und duftig, mit einer wunderbar aromatischen Soße. Lassen Sie sich nicht durch die lange Zutatenliste abschrecken – alles ist leicht zu bekommen, und das meiste davon haben Sie ohnehin schon zu Hause. Vegetarier nehmen einfach Kichererbsen statt Hähnchen. Achten Sie nur darauf, dann auch weniger Brühe zu nehmen (Gemüse- statt Hühnerbrühe!) und die Garzeit zu reduzieren.

Für 4 Personen

3 EL Olivenöl
1 EL Butter
1 mittelgroßes Hähnchen zerteilt in Unter- und Oberkeulen, Flügel und Bruststücke (oder 8 fertige Ober- und Unterkeulenstücke, falls Sie kein Hähnchen zerteilen wollen)
1 große weiße Zwiebel, in Scheiben geschnitten
1 große rote Zwiebel, in Scheiben geschnitten
½ TL Ingwer
3 Prisen Safran
Meersalz und frisch gemahlener schwarzer Pfeffer
500 ml Hühnerbrühe
15 g glatte Petersilie, gehackt, und noch ein bisschen zum Garnieren
1 TL Zimt
2 EL Feinzucker
2 EL Honig
450 g getrockneter Couscous
30 g Mandeln, geröstet (nach Belieben)

- Öl und Butter in einer großen Bratpfanne erhitzen und die Hähnchenteile auf jeder Seite 2–3 Minuten anbräunen. Aus der Pfanne nehmen und beiseitestellen. Zwiebeln, Ingwer, Safran, Salz und Pfeffer in der Pfanne 4–5 Minuten anbraten, bis die Zwiebeln glasig sind. Hähnchenteile und Hühnerbrühe dazugeben und 30 Minuten köcheln lassen.
- Ofen auf 230 °C / Umluft 210 °C / Gas 8 vorheizen.
- Petersilie, Zimt und Zucker in die Pfanne geben und weitere 5 Minuten köcheln lassen.

- Die Hähnchenteile in einen Bräter legen und mit dem Honig bestreichen. Im Ofen 10 Minuten garen, bis die Hähnchenteile braun werden.
- Die Soße bei geringer Hitze warm halten. Den Couscous in eine große Schüssel geben und mit kochendem Wasser bedecken. Eine Prise Salz zugeben, kurz umrühren, die Schüssel mit einem Teller zudecken und 5 Minuten stehen lassen. Couscous mit einer Gabel lockern, bis sich alle Körner voneinander gelöst haben.
- Die Hähnchenteile auf dem Couscous anrichten, die Zwiebelsoße darübergießen, nach Geschmack mit Mandeln bestreuen und mit der restlichen Petersilie garnieren.

Kürbis-Tajine

Genaugenommen ist dies überhaupt keine *tajine*. Und auch keine *kedra*. Beide marokkanischen Gerichte heißen nach den Gefäßen, in denen sie gekocht werden, und mein Kochutensil ist eindeutig weder noch – das Gericht müsste also Kürbis-*Kasserolle* heißen! Inzwischen lassen aber auch viele marokkanische Köche die *tajine* links liegen, und auch mit meinen Gerätschaften lassen sich betörender Geschmack, zartes Gemüse und passende Konsistenz zum Auslöffeln mit Fladenbrot erreichen.

Für 6 Personen

1 Prise Safran
50 g Butter (ungesalzen)
1 Zwiebel, fein gehackt
3 TL Zimt, gemahlen
2 TL Ingwer, gemahlen
½ TL frisch geriebene Muskatnuss
1 TL Meersalz
1 TL frisch gemahlener schwarzer Pfeffer
400 g getrocknete Kichererbsen, über Nacht eingeweicht
3 Zwiebeln, in feine Halbmonde geschnitten
3 Möhren, in 2-cm-Stücke geschnitten
60 g Rosinen
1,5 kg Kürbis oder *squash*-Kürbis, geschält, entkernt und in 3-cm-Stücke geschnitten

300 g frischer Spinat
2 EL Honig
1 EL Olivenöl extra vergine

Zum Servieren
1 eingelegte Zitrone ohne Fruchtfleisch, sehr fein gehobelt
(Seite 333)
75 g geschälte Mandeln, geröstet
1 TL *ras el-hanout* nach Belieben (Seite 228)

- Den Safran im Mörser zerreiben und 10 Minuten in zwei TL warmem Wasser einweichen.
- Die Hälfte der Butter in einen sehr großen Kochtopf oder eine feuerfeste Schüssel geben, Safranwasser, fein gehackte Zwiebel, Zimt, Ingwer, Muskatnuss, Salz und Pfeffer zugeben und auf kleiner Flamme 5–6 Minuten anschwitzen. Die Mixtur wird rasch angenehme Düfte verbreiten, tief orangefarben leuchten, und die Zwiebel wird glasig werden.
- Kichererbsen zugeben und mit Wasser bedecken. Zugedeckt bei etwas größerer Flamme 30 Minuten köcheln lassen, dann die Zwiebelmonde zugeben und noch einmal 20 Minuten köcheln lassen.
- Ofen auf 120°C / Umluft 100°C / Gas ½ vorheizen.
- Die Brühe abschmecken. Dann Möhren, Rosinen und Kürbis zugeben und zugedeckt 20–25 Minuten köcheln lassen, bis der Kürbis und die Möhren weich sind, aber nicht zerfallen.
- Gemüse, Kichererbsen und Rosinen entnehmen und in eine feuerfeste Form geben. Mit Folie bedecken und im Ofen warm halten.
- Den Spinat in einem Kochtopf mit wenig Wasser 2 Minuten andünsten und bereitstellen.
- Honig, Olivenöl und den Rest der Butter zur Brühe geben, aufkochen und 5–6 Minuten reduzieren und andicken.
- Wenn Sie zum Servieren bereit sind, das Gemüse und die Kichererbsen aus dem Ofen nehmen und auf einem Servierteller anrichten. Den Spinat darüberschichten, die Brühe mit der Kelle darübergießen, mit den eingelegten Zitronen, Mandeln garnieren und als Würze und zum Schmuck etwas *ras el-hanout* darüberstreuen.

Eingelegte Zitronen

Paula Wolfert nennt eingelegte Zitronen »mit Abstand das wichtigste Würzmittel der marokkanischen Kochkunst«, und ich kann dem nur zustimmen. Ihr intensiver würzig-säuerlicher Geschmack lässt sich mit frischen Zitronen nicht annähernd erreichen. (Sie können das nächste Brathähnchen durchaus mit eingelegten anstelle von frischen Zitronen füllen – das klappt ausgezeichnet, und die Soße ist der Hit.) Die Gewürze sind nicht unbedingt nötig, fügen aber andere Aromanoten hinzu und sehen (angehende kulinarische Ästheten aufgemerkt!) im Vorratsglas hinreißend aus – besonders, wenn als Geschenk gedacht.

6 Stück

6 unbehandelte Zitronen
6 EL feines Tafelsalz
genügend Zitronensaft, um die Zitronen zu bedecken
1 Zimtstange
3 ganze Gewürznelken
10 Korianderkörner
10 schwarze Pfefferkörner

- Die Zitronen auf dem Schneidbrett mit etwas Druck auf- und abrollen, um sie weicher zu machen. Dann von der Spitze bis auf 1 cm vierteln, sodass die Frucht noch zusammenhält.
- Alle Flächen innen und außen mit Salz einreiben und die Zitronen dicht in das sterilisierte Vorratsglas packen. Jede Schicht Zitronen mit einer Schicht Salz bedecken – einfach ziemlich fest drücken!
- Man braucht sehr viel mehr Zitronen als die 6 Früchte, die eingelegt werden, weil alles im Glas mit Zitronensaft bedeckt sein muss.
- Die Zimtstange hineinstecken und die übrigen Gewürze um die Zitronen verteilen. Den Deckel schließen und für einen Monat kühl stellen. Das Glas ab und zu auf den Kopf drehen, damit sich das Salz, der Zitronensaft und die Gewürze gleichmäßig verteilen. Falls nötig mit Zitronensaft aufgießen.

AMERIKA

Schmelztiegel

Die Entdeckung Amerikas im Jahr 1492 bot den Europäern eine nie dagewesene Gelegenheit, in sehr kurzer Zeit einen enormen Einfluss auf ein riesiges Gebiet auszuüben – und genau das haben sie dann auch gemacht. Diese Karte zeigt, wie die wichtigsten europäischen Mächte vom 15. bis zum 18. Jahrhundert den größten Teil Nord- und Südamerikas unter sich aufteilten. Die dunkel unterlegten Felder verweisen auf die verschiedenen Kolonialmächte in der Blütezeit des Imperialismus Mitte des 18. Jahrhunderts.

Die Pfeile deuten die folgenden Einwanderungsbewegungen von Völkern an, die zwar nicht als Kolonialmächte agierten, aber doch großen Einfluss auf die Kulturen und Küchen verschiedener Länder der Neuen Welt nahmen. Dazu gehören auch die Millionen Westafrikaner, die seit dem 16. Jahrhundert versklavt wurden, um auf den Plantagen der Neuen Welt oder als Bedienstete im Haushalt zu arbeiten; die Kontraktarbeiter aus China und Indien, die nach dem Ende der Sklaverei auf den Plantagen ausgebeutet wurden; europäische Juden, die vor dem Holocaust flohen, und Italiener, die dem Mussolini-Regime entkamen.

Diese Karte zeigt vereinfacht, wie sich die Bevölkerungsmischung in den jeweiligen Regionalküchen ausgedrückt hat – was also die Völker des Schmelztiegels buchstäblich zu den Tiegeln auf dem Herd beigetragen haben.

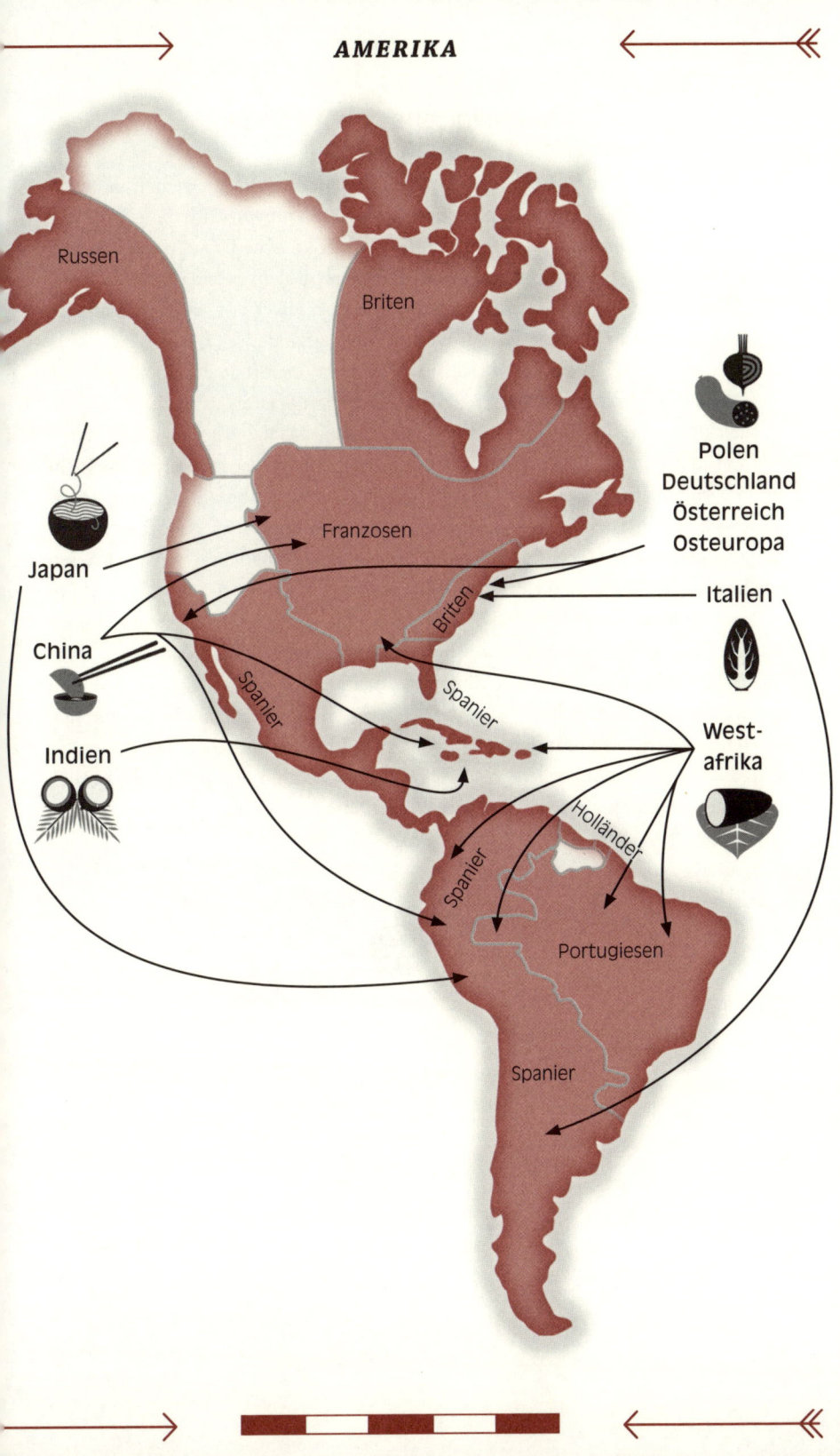

AMERIKA

Russen

Briten

Polen
Deutschland
Österreich
Osteuropa

Japan

Franzosen

Italien

China

Briten

West-
afrika

Indien

Spanier

Spanier

Spanier

Holländer

Portugiesen

Spanier

Amerikanische Ureinwohner

Die einheimischen Völker – die amerikanischen Ureinwohner – werden als präkolumbianisch bezeichnet, weil sie schon vor der Ankunft von Christoph Kolumbus und den Konquistadoren im Jahr 1492 in Amerika lebten. Die Maya, Azteken, Inka, Apachen und Inuit stammen aus ganz verschiedenen Zeiten, Gebieten und Kulturen und wurden doch alle grob als »Indianer« etikettiert, weil Kolumbus anfänglich davon überzeugt war, dass er in Indien gelandet sei. Deshalb ist es zum Beispiel politisch nicht korrekt, die verbliebenen (und oft an den Rand gedrängten) indigenen Gemeinschaften in den Vereinigten Staaten als »Indianer« zu bezeichnen – sie sind die eigentlichen Amerikaner.

Die Ankunft der Europäer gefährdete das Leben dieser Menschen, die nicht nur von ebenso brutalen wie habgierigen imperialen Eroberungstruppen unterdrückt wurden, sondern plötzlich auch neuen Krankheiten ausgesetzt waren, gegen die sie keine Abwehrkräfte hatten. Europäische Krankheiten, von den Masern bis hin zur Grippe und einfachen Erkältungen, töteten im 16. und 17. Jahrhundert Millionen amerikanische Ureinwohner. (Um eine Vorstellung zu bekommen: Die Zahl der Opfer überstieg sogar die der Pestepidemien in Europa.)

Und doch haben sich ihre Einflüsse erhalten, wie man an der Ernährung in Ländern wie Mexiko (Seite 355) ablesen kann, wo uramerikanische Gewohnheiten noch immer zusammen mit spanischen und afrikanischen Traditionen in einer für die Karibik typischen Mischkultur (und -küche) eine große Rolle spielen, ungeachtet ihrer einzigartig mexikanischen Zusammensetzung.

KALIFORNIEN

Ein Ort gehört auf ewig demjenigen, der ihn am intensivsten
beansprucht, ihn am leidenschaftlichsten im Gedächtnis behält,
ihn sich selbst entreißt, ihn formt, ihn macht, ihn so radikal liebt,
dass er ihn nach seinem eigenen Bilde neu erschafft.

Joan Didion, *Das weiße Album*

Als Einundzwanzigjährige zog ich mit nur einem Koffer und einem Band gesammelter Schriften von Joan Didion nach Nordkalifornien. Es war mein Auslandsjahr an der University of California in Berkeley, wo ich weiter für meinen Abschluss in Englisch arbeiten wollte. Mir war nicht klar, dass auch eine Ausbildung in Ernährung anstand.

Zunächst konnte ich nicht verstehen, warum die Leute so viel Aufhebens um die kalifornische Küche machen, obwohl sie sich doch stark bei den Küchen anderer Kulturen bedient. Mexikanisch, chinesisch, italienisch ... ich hatte so viele Gerichte aus all diesen Ländern gegessen. War es gerecht, Essen als »kalifornisch« zu bezeichnen, wenn man dort schamlos die Gerichte und Traditionen älterer Küchen abkupferte? War das nicht eine Form kulinarischen Diebstahls?

Ziemlich schnell wurde mir klar, dass natürlich mehr dahinttersteckt, dass Kalifornien tatsächlich eine eigene Küche hat, auch wenn sie auf fremden Traditionen basiert. Die kalifornische Küche ist eine Weiterentwicklung, und darauf sind ihre Fürsprecher auch sehr stolz. Sie zeigt die Fülle, die Vielfalt und die Möglichkeiten der Neuen Welt und verkörpert das Konzept des amerikanischen »Schmelztiegels«, indem sie die verschiedenen Einflüsse der eingewanderten Gemeinschaften auf einem Teller zusammenbringt.

Kaliforniens hispanische Bevölkerung ist fast genauso groß wie seine weiße: beinahe 40 Prozent. Die überwiegende Mehrheit davon sind

Mexikaner, die all die pikanten Nahrungsmittel ihrer Heimat in den kulinarischen Kanon eingebracht haben (etwa Chilis, Limetten, Pinto-bohnen, Avocados). Weitere 13 Prozent der Bevölkerung Kaliforniens stammen aus dem pazifisch-asiatischen Raum, und manche haben hier tiefe Wurzeln geschlagen – die Chinatown San Franciscos ist die größte der Welt, und die Stadt rühmt sich auch einer japanischen Bevölkerung, die groß genug wäre, um eine eigene »Japantown« zu bilden. Dazu kommen viele kleinere Gruppen und Küchen wie etwa die weltgrößte iranische Diasporagemeinde mit 500 000 Mitgliedern rund um Los Angeles, große italienische Siedlungen wie etwa San Franciscos North Beach, mehr als eine Million jüdische Einwohner – und schon taucht vor dem geistigen Auge ein unglaublich vielfältiges Menü auf.

Die Gerichte all dieser Kulturen haben in Kalifornien einen Anpassungsprozess durchlaufen, oft mit Ergebnissen, die man in ihrer Ursprungsküche nicht wiedererkennen würde. Zum Beispiel die *California roll* (die Sushi in Amerika populär machte, indem sie die Algen in der Rolle versteckte und oft gepresstes Fleisch aus Meeresfrüchten enthielt); *cioppino* (ein »italienischer« Fischeintopf aus San Francisco) und *burritos,* die ironischerweise besser sind als alle, die ich je in Mexiko gegessen habe. Einige meiner liebsten Beispiele kalifornischer »Fusion« stammen von Mission Street Food, einem Restaurant im Stadtviertel »The Mission« in San Francisco. Gerichte wie Tintenfisch *a la plancha* mit geräuchertem Joghurt, schwarzen Oliven, jungen Rübchen und Erbsensoße mit *ras el-hanout* (der marokkanischen Gewürzmischung) oder Schweinebauch mit marinierter *jícama* (wie eine mexikanische Rübe) und eingelegten Jalapeños zeigen, wie sich Küchen gegenseitig befruchten können. Es sind diese Speisen, die die Essenz der heutigen kalifornischen Küche einfangen, in der sich Ostasien und Mexiko, Nordafrika und der Nahe Osten mischen.

Diesem Patchwork kultureller Einflüsse liegt ein Ethos zugrunde, das lokalen und saisonalen Produkten den Vorzug gibt – man kocht mit dem, was Umgebung und Jahreszeit gerade hergeben. Ich weiß noch, dass ich einmal einen Ausflug in das Museum of Modern Art in San Francisco sausen ließ, um doch lieber in Berkeley Bowl, meinem Lieblingsladen für Lebensmittel, zu stöbern. Eigentlich ist BB, das so wunderbar anders ist als normale Supermärkte, eine Art Galerie, ja sogar eine Art Kunsthandel, für lokale und saisonale frische Waren, die direkt aus der Erde in die Auslage kommen.

Heute hört man ständig Schlagworte wie »lokal«, »saisonal« und »organisch«, doch in den Sechzigern – als das Angebot an Früchten aus fernen Ländern noch ganz neu war – führte Kalifornien die Bewegung für einen nachhaltigeren Umgang mit Nahrungsmitteln an. Galionsfiguren wie Alice Waters,[*] die in Berkeley lebte – Kaliforniens Wiege alternativer Kultur und Geburtsstätte des Free Speech Movement[**] –, warben für Zutaten, die man in der Umgebung und deshalb nur saisonal bekam, was der gängigen Konsumkultur zuwiderlief. Sie schrieb später: »Die Zeit und der Ort förderten meinen Idealismus und meine Experimentierfreude – damals Ende der sechziger Jahre in Berkeley. Wir alle glaubten an die Gemeinschaft, an persönliches Engagement und Qualität. Chez Panisse entstand aus diesen Idealen heraus.«[***]

Man kann das kalifornische Essen vielleicht besser als einen Ansatz beschreiben, nicht als eine Palette eindeutig definierter Gerichte und Geschmacksrichtungen. Es geht weniger um das »was« als um das »wie«. Natürlich gibt es für Kalifornien typische Zutaten, aber Sie brauchen sie nicht unbedingt, um im kalifornischen Stil zu kochen. Schauen Sie sich in Ihrem eigenen Umfeld um: Welches Obst, welche Gemüsesorten haben gerade Saison? Welche Nahrungsmittel stammen von dort, wo Sie gerade sind? Und welche Einwanderergemeinschaften sind in größeren Mengen dorthin gezogen? So, und jetzt vermischen Sie die Antworten zu einem eigenen Gericht. Seien Sie kreativ, beziehen Sie ein, was gerade im Angebot ist, und Sie werden der kalifornischen Küche nicht nur geschmacklich, sondern auch im Geiste nahe sein.

Wie Kim Severson von der *New York Times* schreibt, war kalifornische Küche »das Essen des Goldrauschs und der Einwanderer, der Obstgärten und der Sonne«. Natürlich sind alle Regionalküchen in gewisser Weise irgendwoher abgeleitet. Kalifornien unterscheidet sich, einmal

---

[*] Alice Waters gab dem kalifornischen Essen Gesicht und Stimme. Waters, die in letzter Zeit für eine Reform des Schulessens eintritt und als Beraterin für organische Ernährung aktiv ist, eröffnete 1971 das Restaurant Chez Panisse, in dem sie die klassische französische Küche mit lokalen kalifornischen Zutaten neu erfand. Chez Panisse findet man noch immer am selben Ort an der Shattuck Avenue in Berkeley.

[**] Zwischen 1964 und 1965 wurde das Free Speech Movement zur organisierten studentischen Bewegung gegen die Verwaltung der University of California in Berkeley, die jede politische studentische Aktivität außerhalb der organisierten Parteiclubs der Republikaner und Demokraten verboten hatte. Die studentischen Aktivisten traten erfolgreich für das Recht auf freie Meinungsäußerung ein, und die Bewegung wurde zu einem Meilenstein in der Geschichte der amerikanischen Bürgerrechte.

[***] Aus *The Chez Panisse Menu Cookbook*.

abgesehen von der verblüffenden Bandbreite seiner konstituierenden Elemente, vor allem dadurch, dass dort, wie in Israel, diese Kultur des Essens so neu ist. Sie hat sich erst in den letzten beiden Generationen entfaltet und ist noch dabei, sich zu etablieren – deshalb gilt sie auch nicht allen als eine wirklich eigene Küche. Aber ich bin überzeugt, dass die kalifornische Art und Weise, sich dem Essen zu nähern, die Art, wie wir essen, unwiderruflich verändert hat. Die Idee der kalifornischen Küche verkörpert perfekt, wie wir heute kochen und essen wollen: frisch, gesund, mit einem Hauch rebellischem Flair. Sie nimmt sich das Recht auf unerwartete Kombinationen, gepaart mit dem festen Vorsatz, nur Zutaten zu verwenden, die ganz in der Nähe und sofort verfügbar sind.

Ich habe oft gedacht, dass die Prinzipien der kalifornischen Küche denen von Winzern ähneln, die schon ewig einen selbstbewussten Umgang mit ihren *terroirs* pflegen und die Kraft ihres heimischen Bodens respektieren, um die besten Resultate zu erzielen. Was ich aber wohl am meisten beim kalifornischen Kochen mag – in der Theorie wie in der Praxis –, sind die Möglichkeiten aufzuzeigen, was Essen sein kann, wenn wir einem organischen Ansatz folgen, unsere Zutaten mit Bedacht wählen und unsere jeweiligen kulinarischen Traditionen einbringen.

Als *Das weiße Album* 1979 erschien, schrieb ein Journalist von der *New York Times*, dass »Kalifornien Joan Didion gehört«. Das Zitat am Anfang dieses Kapitels ist zwar vielfältig interpretierbar (vielleicht ist es eher ein allgemeines Nachdenken über die Beziehung des Einzelnen zu einem Ort als über die Beziehung zu einem speziellen Ort), aber mich bringt es nach Kalifornien zurück. Kalifornien ist der »Golden State«, geprägt durch seine unverwechselbare Mischung von Menschen, die alle etwas Neues schaffen wollen. Die kalifornische Küche ist ein Ergebnis dieses Impulses, sie ist radikal nach dem Bild der Bewohner des Landes umgekrempelt worden.

Mit zweiundzwanzig Jahren verließ ich Kalifornien. Aber Kalifornien hat mich nie verlassen. Gönnen Sie sich eine Reise ins Land der Einwanderer und der Sonne, und spüren Sie, wie sich Ihr Horizont weitet.

Basisvorrat

Überlegen Sie, wie Sie die Zutaten, die in Ihrer Gegend
gerade Saison haben, mit leicht verfügbaren Nahrungsmitteln
kombinieren können, die zum Beispiel die ethnischen
Gemeinschaften in Ihrer Nachbarschaft nutzen. Bei mir in
London könnten das etwa türkische oder indische Zutaten sein,
in Kalifornien dagegen Avocados und Tortillas aus Mexiko, *ras
el-hanout* aus Marokko (Seite 228), *polow* aus dem Iran, *laban*
aus der Levante, Nudeln, Ingwer und *doenjang* aus Asien.
Saisonalität und Frische der Zutaten sind hier entscheidend.

Kalifornischer Salat

Dieser Salat geht auf meine Salattage in Kalifornien zurück. Er kombiniert
verschiedene Einflüsse und saisonale Zutaten aus dem Golden State und
kann unterschiedlich aussehen, je nachdem, was Sie noch in der Speisekammer finden und was gerade Saison hat. In meiner Lieblingsversion,
die ich hier vorstelle, verbinden sich scharf angebratene frische Garnelen
mit den Grundzutaten Avocado, Navelorange und einem asiatisch ange-
hauchten Dressing. Sie können Quinoa oder Bulgur hinzufügen, die Garnelen eventuell auch weglassen, je nachdem, ob Sie eine vollständige
Mahlzeit brauchen oder nicht. Beide Getreidearten nehmen das Dressing
sehr gut auf.

Für 4 Personen

1 Schalotte, fein gehackt
1 cm von einer Ingwerknolle, grob gehackt
1 Knoblauchzehe, grob gehackt
15 g Korianderblätter
1 EL extra natives Olivenöl
2 EL Reisweinessig
ein paar Spritzer Sesamöl aus gerösteten Samen
2 TL *mirin* oder Reiswein
1 TL Sojasoße
Saft einer halben Limette

100 g Quinoa oder Bulgur, gekocht in
400 ml Wasser und abgekühlt (falls gewünscht)
3 Frühlingszwiebeln, in Stücke von ½ cm gehackt
2 Avocados, der Länge nach in Scheiben geschnitten
2 Navelorangen, filetiert
20 rohe Garnelen (falls gewünscht)
eingelegte Jalapeño-Peperoni zum Garnieren (falls gewünscht)
Koriander, gehackt, zum Servieren

- Für das Dressing Schalotte, Ingwer, Knoblauch und Koriander in einem Mörser zerstampfen, bis der Koriander die anderen Zutaten grün einzufärben beginnt. In eine kleine Schüssel umfüllen und Olivenöl, Reisweinessig, Sesamöl, *mirin*, Sojasoße und Limettensaft hineinrühren.
- Quinoa oder Bulgur (falls gewünscht) in eine Servierschüssel geben, dann die Frühlingszwiebeln, Avocados und Orangen darauf anrichten. Ansonsten Frühlingszwiebeln, Avocados und Orangen einfach in die Schüssel geben.
- Die Garnelen, falls gewünscht, in einer Pfanne 2 Minuten scharf anbraten – sie sollten Farbe annehmen, aber noch zart schmecken. Auf dem Salat anrichten.
- Dann einfach das Dressing über den Salat gießen und, wenn Sie mehr Schärfe wünschen, ein paar eingelegte Jalapeños und eine Handvoll gehackten Koriander darüberstreuen.

Maiskolben vom Grill mit Jalapeño-Butter

Es gibt kaum etwas Besseres als Maiskolben vom Grill, wenn sie gerade Saison haben. Dieses Rezept garantiert zarte Zuckermaiskörner mit viel mexikanisch angehauchter, mit Jalapeños und Limette verfeinerter Butter. Mais grillt man am besten 1.) auf dem Holzkohlengrill und 2.) in der grünen Hülle.

Für 4 Personen

50 g ungesalzene, zimmerwarme Butter
30 g frische oder eingelegte Jalapeños, in kleine Stücke gehackt
Schale einer Limette
eine Prise Salz
10 g Koriander, sehr fein gehackt
4 Maiskolben, möglichst mit Hülle
Limetten zum Garnieren, in Spalten geschnitten
(falls gewünscht)

- In einer Schüssel Jalapeños, Limettenschale, Salz und Koriander sehr gründlich mit der weichen Butter mischen. Die gewürzte Butter mit der Hand zu einem Zylinder formen (so kann man sie beim Servieren besser schneiden) und kühlen, bis sie gebraucht wird. Dies sollte idealerweise einige Stunden vor dem Grillen der Maiskolben geschehen, damit sich die Aromen möglichst gut vermischen.
- Den Grill anheizen oder anschalten.
- Den Mais 15–20 Minuten in leicht gesalzenem Wasser einweichen. Abtropfen lassen.
- Mais ohne Hülle etwa 20–30 Minuten grillen und so wenden, dass er rundum Hitze bekommt. Die Körner sollten braun bis schwarz werden. Mais in der Hülle braucht ein bisschen länger – 15 Minuten grillen, bis die Hüllen schwarz aussehen, dann abziehen und wegwerfen. Die »nackten« Kolben noch einmal 10 Minuten auf den Grill legen, dabei ständig wenden. Die Körner sollten leicht verkohlen.
- Auf einem Teller anrichten, die Jalapeño-Butter in Scheiben schneiden, jeden Kolben mit einer Scheibe der Butter einreiben und mit Limettenspalten servieren, wenn ein zusätzlicher Zitrusgeschmack gewünscht ist.

LOUISIANA

In dem Moment, in dem man in New Orleans landet,
springt einen etwas Nasses und Dunkles an und beginnt, einen
zu bumsen wie ein läufiger Alligator, und die einzige Möglichkeit,
dieses Gefühl in New Orleans loszuwerden, besteht darin, es aufzu-
essen. Das bedeutet *beignets* und *crayfish bisque* und *jambalaya*, es
bedeutet Krabbenremoulade, *pecan pie* und rote Bohnen mit Reis,
es bedeutet eleganten *pompano au papillote*, flippiges *filé z'herbes*
und rohe Austern im Dutzend, es bedeutet *grillades* zum
Frühstück, ein *po' boy* mit *chowchow* vor dem Zubettgehen und
dazwischen Badewannen voll *gumbo*.

Tom Robbins, *Pan Aroma*

Es gibt da ein Gericht namens *Hoppin' John*, das man im tiefen Süden der Vereinigten Staaten isst, eine für die Cajuns typische risotto-ähnliche Mischung aus Augenbohnen, Reis, Zwiebeln und durchwachsenem Speck, die mich an meinen Vater erinnert. Ich habe keine Ah-nung, ob er je *Hoppin' John* gegessen hat, aber weil er John heißt und den Blues liebt, ist das etwas, was er wohl mögen würde. Ich bin in einer Doppelhaushälfte in Südlondon aufgewachsen, in der John Lee Hooker und BB King aus den Lautsprechern dröhnten, während mein Vater mit dem Fuß im Takt wippte und Luftgitarre zu Songs wie »The Thrill is Gone« spielte (wobei seine Begeisterung zeigte, dass der Thrill ganz eindeutig noch da war). Er war die Personifizierung eines *Hoppin' John*.

Essen und Musik gehen im tiefen Süden der Vereinigten Staaten oft Hand in Hand, sie sind harmonischer Ausdruck der Seele der schwar-zen Unterschicht, die die Kultur der Region prägt. Soulfood, Soul-Musik. Die Namen mancher Gerichte klingen so anregend, dass sie fast schon Liedtexte sein könnten, und in »Jambalaya in the Bayou«, einem Song des County-Sängers Hank Williams aus dem Jahr 1952, sind sie auch tatsächlich dazu geworden. Er sang zum Klang seiner »pick guitar« von kreolischen und Cajun-Gerichten wie *jambalaya* (eigentlich eine Paella im Stil des tiefen Südens, eine Kombination aus Reis, Brühe und verschiedenen Fleischsorten) und von »filé gumbo«. Musik und Essen – beide fangen die einzigartige Lebensart rund um die Sümpfe von Louisiana ein. Zusammen beschwören sie mit aller Macht die subtropische Schwüle herauf und die verschlungenen Wasserläufe, in denen Flusskrebse, Katzenwelse und sogar Alligatoren leben.

Ich habe Louisiana als Repräsentanten der Südstaaten ausgewählt, weil ich den Eindruck habe, dass man dort den »Deep South« in Reinkultur findet. Wenn wir Gerichte aus Louisiana zubereiten und essen, erwecken wir das Summen von New Orleans und den Feuchtgebieten des Bayou zum Leben,[*] ganz zu schweigen von den vielen gesellschaftlichen Gruppen der Region einschließlich der Kreolen und der Französisch sprechenden Cajuns. Essen aus Louisiana vermittelt den intensivsten Geschmack des amerikanischen Südens – doch bevor Sie mit dem Kochen beginnen, legen Sie die passende Musik auf. Es ist eine ganz besondere Erfahrung, wenn Muddy Waters oder Slim Harpo Sie beim Kochen eines *gumbo* begleitet.

Insgesamt macht der amerikanische Süden mindestens ein Drittel der Fläche der Vereinigten Staaten aus, er erstreckt sich von Maryland bis nach Florida hinunter und Richtung Westen bis nach Texas. Die elf Sklavenhalterstaaten der Konföderation, die sich zwischen 1861 und 1865 vom Rest der Amerikanischen Union unter Präsident Lincoln lossagten, bildeten einen Raum, der sich kulturell deutlich vom Norden und Westen des Landes unterschied. Die Sklaverei war für das Wirtschaftsmodell der Region im 19. Jahrhundert unabdingbare Voraussetzung – Tabak und Baumwolle wurden auf Plantagen im großen Stil angebaut –, und noch immer herrscht hier ein ganz anderes kulturelles Bewusstsein als etwa in New York und Kalifornien, die eher das Amerika repräsentieren, das man in Europa vor Augen hat.

Louisiana und der Süden insgesamt haben sehr große schwarze Bevölkerungsanteile, die viel zur Entwicklung der heute dort existierenden Küche beigetragen haben. Zwar herrschte traditionell eher ein

---

[*] Das Bayou ist die Sumpflandschaft in den Südstaaten der Vereinigten Staaten. Wie so viele Wörter (auch und vor allem im kulinarischen Bereich) ist es ein französischer Ausdruck, den die englischen Muttersprachler im tiefen Süden übernommen und kreolisiert haben. Das Bayou in Louisiana ist flach und beherbergt ein gewaltiges Ökosystem einschließlich frischer Schalentiere.

Herren-Diener-Verhältnis zwischen der weißen und der schwarzen Bevölkerung, doch hat der Einfluss der schwarzen Diener und Arbeiter auf – ja, fast schon die Kontrolle über – die Küchen des Südens etwas zutiefst Ermutigendes. Diesen Einfluss sieht man noch heute, und wenn man die Größe der Region betrachtet, ist kaum verwunderlich, dass das *soulfood* aus dem Süden (ein Begriff, der in den sechziger Jahren aufkam, um das afroamerikanische Essen dort zu beschreiben) so beliebt ist.

In Louisiana* trifft die Kultur der amerikanischen Ureinwohner auf jene der afrikanischen Sklaven, der europäischen Kolonialherren und der lateinamerikanischen Nachbarn. Die französische Tradition dominiert** – die Mehlschwitze *(roux)* ist zum Beispiel allgegenwärtige Grundlage – und wird überlagert von afroamerikanischen Einflüssen wie etwa dem Einsatz von Okra-Schoten und *scotch bonnet*-Chilis in Eintöpfen wie *gumbo* und *jambalaya*, die entweder im kreolischen oder im Cajun-Stil zubereitet werden können. Das sind die beiden prägenden kulinarischen Ansätze im Süden. Beide verbinden zwar einheimische Zutaten mit klassischer französischer Küche, und einige Gerichte tragen denselben Namen, aber sie unterscheiden sich in der Umsetzung.

Die kreolische Küche rund um New Orleans im Südosten Louisianas stammt unmittelbar von jener der französischen Kolonialherren ab. Sie ist städtischer und weniger rustikal als ihre Cajun-Verwandte und wurde wahrscheinlich von Köchinnen entwickelt, die koloniale französische Elemente (die Verwendung von Butter und Sahne, Knoblauch und frischen Kräutern, Mehlschwitzen und Fischcremesuppen) mit verschiedenen Zutaten anderer Gemeinschaften des Südens kombinierten. Kartoffeln kann man bis zu den Iren zurückverfolgen, Okra zu den afrikanischen Neuankömmlingen, Peperoni und süße Gewürze zu den spanischen Einwanderern, Piment zu den Immigranten von den Westindischen Inseln und *filé powder* (die würzigen zerstoßenen Blätter des Sassafrasbaumes) zu den amerikanischen Ureinwohnern. Kreolischen Gerichten liegt stets die französische Küche zugrunde, charakterisiert durch die »Heilige Dreifaltigkeit kreolischer Zutaten«, wie es der amerikanische Gastrokritiker Colman Andrews formulierte,

---

* Der Staat wurde nach Louis (Ludwig) XIV. benannt, der zwischen 1643 und 1715 König von Frankreich war.
** Seit der Mitte des 16. Jahrhunderts kolonisierten die Franzosen Nordamerika vom heutigen Louisiana über den Mittleren Westen bis hinauf zum französischsprachigen Kanada. Ihr Einfluss erreichte in der Mitte des 18. Jahrhunderts seinen Höhepunkt.

nämlich Sellerie, Zwiebeln und Paprika. Dieses Trio erinnert an das französische *mirepoix* als Grundlage von Gerichten wie Muscheln in Weißwein oder Ratatouille und zahlloser anderer Gerichte im Mittelmeerraum.

Die Cajuns im Südwesten von Louisiana kamen Mitte des 18. Jahrhunderts aus Akadien (dem heutigen Nova Scotia) im französischsprachigen Kanada in den amerikanischen Süden – sie wurden von den Briten im Zuge der Erweiterung ihrer kanadischen Territorien dorthin deportiert. Ihre Küche teilt sich den französischen Rahmen mit der kreolischen Art zu kochen, aber sie ist einfacher, rustikaler und schärfer, sie mischt mehr von den Spaniern übernommene Chilischoten in die Zutaten des Bayou und der umgebenden Küste. Wildfleisch spielt eine große Rolle, und dazu gehören auch Kaninchen, Stinktiere und sogar Alligatoren. Diese werden oft geräuchert oder mit Cajun-Gewürzen eingelegt, zu denen immer Cayenne- und schwarzer Pfeffer, scharfer und edelsüßer Paprika gehören. Es gibt auch aus dem Französischen stammende Wurstwaren, etwa Nachahmungen der *andouille* und der Kochwurst *boudin*.

Suppen und Eintöpfe mit Fisch aus der Region und verschiedenen Fleischsorten bilden Herz (und Seele) beider Küchen. Dazu gehören Pintobohnen mit Speck, Augenbohnen im *Hoppin' John*, *conch chowder* (mit dem Fleisch von Meeresschnecken, Tomaten und Paprikaschoten) und *shrimp bisque*, eine milde und cremige Krabbensuppe mit einem Hauch Cayennepfeffer. Der vielleicht berühmteste Eintopf aus dem Süden ist der *gumbo*, den die Cajun- wie auch die kreolische Küche kennen. Der *gumbo* ist eine Mischung lokaler Schalentiere wie Shrimps und Fleisch wie Hühnchen sowie Würsten in einer Brühe. Alles wird vermischt, mit einer Mehlschwitze angedickt (die in kreolischen *gumbos* gewöhnlich dunkler ist) und mit Reis serviert. Ein *étouffée* ist ein dickerer Schalentiereintopf, dessen Hauptzutat meist Flusskrebse* in einer dunklen, mit *beurre noisette*** angerührten Mehlschwitze sind.

Zu diesen Eintöpfen gibt es typischerweise Reis, Maisgrütze oder Maisbrot. Die Grütze wird im Süden gewöhnlich aus alkalisch behan-

---

* Der Flusskrebs heißt in Louisiana *crawfish* und trägt im amerikanischen Süden eine ganze Palette bunter Namen wie *crawdads* und *mudbugs*.

** *Beurre noisette* (Haselnussbutter) ist Butter, die bei niedriger Hitze ein nussiges Aroma und eine Haselnussfarbe angenommen hat. Sie macht Mehlschwitzen vielschichtiger.

deltem Mais, dem sogenannten *hominy*, hergestellt.[*] Sie hat porridge-ähnliche Konsistenz und wird vor allem zum Frühstück zusammen mit *grillades* (lange gekochtes Gemüse mit Rind- oder Schweinefleisch) oder Eiern gegessen. Außerdem gibt es in Louisiana zum Frühstück manchmal *biscuits*, feste, pikante Teighaufen, mit Soße, Eiern oder Steaks.

Wie in Mexiko und weiter südlich in Lateinamerika (Seite 354) liefern Mais und Maismehl auch im Süden der Vereinigten Staaten günstige und leicht zugängliche Kohlenhydrate. Die Menschen in Louisiana haben die Gabe, fades Maismehl in leckere, wenn auch cholesterinreiche Kreationen wie Maisbrot (mein Buttermilch-Maisbrot ist ein jährlicher Beitrag zum Thanksgiving-Essen, und wir werden es später noch backen. Rezept auf Seite 352) und *hushpuppies* zu verwandeln. Letztere sind frittierte Bällchen aus Maismehlteig – eine einfachere Version der spanischen *croquetas*, oft als Beilage zu Fisch oder Meeresfrüchten serviert.

Maismehl wird auch als trockener Teig oder als »Paniermehl« für Fleisch, Fisch und Gemüse verwendet, etwa für Katzenwels, über Nacht eingelegt, damit er weicher wird, für Okra und vor allem für Hähnchen. Die ganze Welt denkt bei paniertem und frittiertem Hähnchen an den amerikanischen Süden, und viele Köche haben schon versucht, es nachzukochen. In *Home Cooking* erzählt Laurie Colwin von einem Rezept für *fried chicken*, bei dem man »sofort aufstehen und ›The Star-Spangled Banner‹ singen will« – was wieder einmal zeigt, dass im Süden gutes Essen und der Impuls, Musik zu machen, untrennbar miteinander verwoben sind. *Fried chicken* ist eine Kunstform, die hier perfektioniert wurde, ein Beispiel für *soulfood*, das seinem Namen entsprechend aus der Seele kommt und die Seele nährt. Bringen Sie Seele in Ihre Küche (etwa mit den folgenden Rezepten) – und sorgen Sie für richtig gute Musik.

---

[*] In den spanischsprachigen Ländern spricht man von *masa*. Auf Seite 354 beschreibe ich deren vielfältige Verwendung in der mexikanischen Küche.

Basisvorrat

Filé-Pulver (gemahlene Blätter des Sassafrasbaums) •
getrocknete Shrimps • Cayennepfeffer • Lorbeerblätter •
Oregano • Okra-Schoten • Maismehl • Maisgrütze • Flusskrebse • Butter • Gemüsepaprika • Pintobohnen •
Bleichsellerie • Zwiebeln

Chicken Gumbo

Dieses Schmorgericht aus Louisiana kann man entweder nur mit Hähnchen oder mit Hähnchen und Garnelen kochen. Wenn Sie sich für die zusätzlichen Garnelen entscheiden, geben Sie sie 1–2 Minuten vor Ende
der Kochzeit hinzu, damit sie gar, aber noch zart sind. Hören Sie beim Essen Dr. Johns »Gris Gris Gumbo Ya Ya«, und Sie werden sich ins Bayou versetzt fühlen!

Für 4 Personen

2 EL Cayennepfeffer
2 EL Cajun-Gewürzmischung
1 EL frisch gemahlener schwarzer Pfeffer
2 große Prisen Salz
8 Bio-Hähnchenteile, Keule und Schlegel, mit Haut
5 EL Pflanzenöl
2 gehäufte EL Mehl
2 Zwiebeln, fein gehackt
2 grüne Peperoni, ohne Kerne und der Länge nach aufgeschnitten
4 Stängel Bleichsellerie, fein gehackt
1 Liter Hühnerbrühe
1 Lorbeerblatt
170 g Okra-Schoten, in 1-cm-Stücke gehackt
200 *andouillette*, *chorizo* oder eine andere geräucherte Wurst,
in Scheiben geschnitten
Cajun-Gewürzmischung zum Garnieren
Reis als Beilage

- In einer Schüssel Cayennepfeffer, Cajun-Gewürzmischung, schwarzen Pfeffer und Salz vermischen. Die Hähnchenteile mit dieser Mischung einreiben – auch unter der Haut –, 20 Minuten marinieren Issen.
- Vier Esslöffel Pflanzenöl in einem großen, schweren Topf oder einer großen Schmorpfanne bei mittlerer bis hoher Temperatur erhitzen und die Hähnchen in 4–5 Minuten anbraten. (In manchen Rezepten wird empfohlen, die Haut zu entfernen – ich lasse sie lieber dran, weil sie einen intensiven Hühnchengeschmack liefert.)
- Die Hähnchenteile herausnehmen und zur Seite stellen, das Fett im Topf lassen. Die Hitze herunterdrehen, das restliche Pflanzenöl und das Mehl zugeben und zu einer Paste verrühren. Ein paar Minuten erhitzen, bis es sich in eine nussig-dunkle Mehlschwitze verwandelt.
- Zwiebeln, Paprika und Sellerie hinzugeben und 3–4 Minuten weich werden lassen. Dann Hühnerbrühe nach und nach angießen, bis eine dicke karamellfarbene Soße entstanden ist. Das Lorbeerblatt zugeben, die Hähnchenteile wieder in den Topf geben, zudecken, die Hitze herunterdrehen und 45 Minuten köcheln lassen.
- Dann die Okra-Schoten und die geräucherte Wurst hinzugeben und noch einmal 30–45 Minuten zugedeckt köcheln lassen. Danach sollte sich das Hühnerfleisch allmählich vom Knochen lösen. Das Gericht weiter warm halten, das Lorbeerblatt, Haut und Knochen entfernen. Das Fleisch wieder in den Topf geben und noch einmal erhitzen. Mit Cajun-Gewürzmischung bestreuen und mit gekochtem Reis servieren.

Buttermilch-Maisbrot

Seit wir Amerika verlassen haben, feiern meine Freunde und ich jeden November Thanksgiving. Es ist ein Anlass, um mal wieder Whitney Houstons Version von »The Star-Spangled Banner« zu hören, die sie 1991 beim Super Bowl gesungen hat, und in ziemlich ungesundem Essen zu schwelgen – kandierte Süßkartoffeln, Kürbiskuchen und, meine Spezialität, Maisbrot. Ich nehme dieses Rezept mit der Buttermilch als Grundlage, weil es so schön säuerlich und saftig ist. Manchmal werfe ich noch ein paar Chilis in den Teig oder streue Käse darauf, wenn mich der Teufel reitet. Meist allerdings mag ich es, wie es ist – eine leicht süße Begleitung zum Truthahnbraten, mit der man wunderbar Bratensaft, Soßen und verstreute Krümel auf ansonsten leeren Tellern aufwischen kann.

Für 8 Personen

125 g Butter (ungesalzen)
150 g Kristallzucker
2 Eier Größe M
½ TL Backpulver
175 g Maismehl / Polenta oder grober Grieß
150 g Mehl
eine große Prise Salz
250 ml Buttermilch

- Den Ofen auf 180°C (Umluft 160°C, Gas Stufe 4) vorheizen. Entweder eine Kastenform mit 1 Liter Fassungsvermögen oder (und das kommt oft besonders gut an) 15–20 Cupcake-Formen einfetten.
- Die Butter bei niedriger Temperatur schmelzen lassen und den Zucker unterheben, von der Herdplatte nehmen, die Eier sofort mit dem Schneebesen hineinschlagen und gründlich vermischen.
- In einer Schüssel die verbliebenen trockenen Zutaten mischen. Die Buttermilch unter die Eimasse heben und dann die trockenen Zutaten hinzufügen. Gut schlagen, bis alles glatt und ohne Klümpchen ist.
- Den Teig in die Kastenform oder die Cupcake-Formen füllen und im Ofen 30 Minuten (oder nur 20–25 Minuten für die kleinen Förmchen) backen, bis an einem hineingesteckten Holzstäbchen kein Teig mehr kleben bleibt. In der Form 5–10 Minuten abkühlen lassen, dann herausnehmen.

MAIS

Anders als der knallgelbe Mais, den wir in Europa kennen, ist der Mais in Nord- und Südamerika – *choclo* auf Spanisch – weiß und knackig und hat große Körner. Diesen *maíz blanco* (weißer Mais) isst man vom Kolben, als Beilage zu Bohnen, in Salaten und Eintöpfen wie *pozole* (ein mexikanisches Gericht). Ein weiterer wichtiger Unterschied zum europäischen Mais liegt in der Verarbeitung der Maiskörner: Sie werden mit alkalischen Stoffen gekocht und dann getrocknet. Die getrockneten Maiskörner *(hominy)* werden dann zu Maismehl – *masa* – gemahlen.

Masa ist außerhalb der spanischsprachigen Welt kaum bekannt, ist aber die vielleicht prägendste Zutat lateinamerikanischer Küchen und integraler Bestandteil der bekannteren Pfannkuchen, Wraps und Brote auf Maisbasis, etwa der Tortillas und Tacos in Mexiko und der *tamales* und *humitas* (Seite 393) in den Anden.

Weißer Mais wird heute im ganzen spanischsprachigen Amerika angebaut. Tortillas, weiche Maispfannkuchen, die auf einer flachen, runden Grillpfanne, dem *comal*, ausgebacken werden (Seite 356), bilden die Grundlage der bekanntesten mexikanischen Gerichte: *burritos, enchiladas, quesadillas* und natürlich *nachos*. Diese frittierten, dreieckigen Tortilla-Stücke (die in Mexiko eigentlich *totopos* heißen) erfreuen sich in der englischsprachigen Welt großer Beliebtheit – gern beladen mit Salsa, Sauerrahm und geriebenem Käse – und sind eher ein ungesundes Beispiel von Tex-Mex-»Fusion« als ein echter mexikanischer Snack. In Mexiko bietet man Ihnen wahrscheinlich eine Schüssel selbst gemachter Tortillachips und eine ebenso selbst gemachte, frische und knallgrüne Guacamole an (siehe mein Rezept auf Seite 360).

Tacos, eigentlich Mini-Tortillas, gibt es als harte oder weiche Fladen. Erstere (die in den USA 1962 mit der Eröffnung des ersten Taco-Bell-Restaurants ihren Durchbruch hatten) kennt man aus Schnellrestaurants und Supermärkten, die authentischere und frischere Variante sind aber eigentlich die weichen Tacos. Gefüllt mit gegrilltem, geschmortem oder gebratenem Fleisch und dann mit *jalapeños*, Koriander, Limette, Zwiebeln und verschiedenen Salsas garniert, sind sie in Mexiko ein beliebter Straßenimbiss.

MEXIKO

Bei dieser Gelegenheit erfuhr Tita am eigenen Leib,
wie die Berührung mit Feuer die Elemente verändert, wie
ein Teigball zur Tortilla wird, warum eine Brust, ohne durch
das Feuer der Liebe gegangen zu sein, eine leblose Brust
bleibt, eine völlig nutzlose Masse.

Laura Esquivel, *Bittersüße Schokolade*

Im Sommer nach meinem Aufenthalt in Kalifornien verbrachte ich mehrere Monate in Mexiko – zu Beginn ein echter Kulturschock. Auf dem Weg aus den Vereinigten Staaten in die Tropen bemerkte ich deutliche Veränderungen. Natürlich waren da die ganz offensichtlichen Unterschiede: Es wurde Spanisch gesprochen, die Hautfarbe der Menschen wurde dunkler, die Sonne intensiver, und die Luftfeuchtigkeit stieg. Aber da war auch noch etwas anderes, etwas, das schwer zu fassen war.

Mexiko ist das Bindeglied zwischen dem kapitalistischen Amerika und der Magie der lateinamerikanischen Karibik, über die der kolumbianische Schriftsteller Gabriel García Márquez geschrieben hat. Mexiko ist ein Grenzland, es verbindet Nord- mit Mittelamerika, Einflüsse der Alten Welt mit Elementen der Neuen Welt, das Angelsächsische mit dem Spanischen. Hier trifft McDonald's auf die Welt der Maya: eine zunehmend kommerzialisierte Gesellschaft – aber durchsetzt mit Relikten alter Kulturen. Nirgendwo werden diese Kontraste deutlicher als in der Region Yucatán. Plakatwände für Coca-Cola und Zahnbleichmittel werben in Cancún vor der Kulisse eines azurblauen Meers, während sich, 120 Kilometer weiter südlich, Touristen vor den Maya-Ruinen in Tulum in Trance tanzen. Es ist eine Welt verrückten karibischen Nebeneinanders.

Mexiko besitzt vieles, was die Kochbuchautorin und Küchenchefin

Maricel Presilla als typisch für ganz Mittelamerika ansieht: »das Erbe der Alten Welt: Essen und Zubereitungsarten, Katholizismus, Römisches Recht, iberische Rhythmen« verwoben mit den Kulturen der Völker der Ureinwohner und der früheren afrikanischen Sklaven – alles auf dieser vor Leben pulsierenden, tropischfeuchten Landmasse zwischen Pazifischem und Karibischem Meer. Mexiko ist im wahrsten Wortsinn kreolisch – *criollo* bedeutet so viel wie: im Land geboren, aber Nachfahre spanischer Einwanderer –, oder wie Maricel Presilla erklärt: »Es ist das Wort, das beschreibt, was uns als Lateinamerikanern gehört, was uns ausmacht.«

Mexiko ist ein sehr lebendiges Land mit großer geographischer Vielfalt: zerklüftete Gebirgszüge, Küstenebenen, riesige Wüsten und lange Küsten am Pazifik im Westen und an der Karibik im Osten. Für Reisende gibt es jede Menge abenteuerlicher Möglichkeiten – sich in Mexiko zu langweilen, ist nahezu unmöglich –, etwas, das auch das mexikanische Essen widerspiegelt. Es springt einem vom Tisch fast entgegen – leuchtend wie eine pinkfarbene Dahlie (die Nationalblume), üppig wie eine Avocado, kräftig wie ein *lucha libre*-Kämpfer[*] und patriotisch wie ein *mariachi*. Diese Küche ist das Abbild mexikanischer Vielfalt – geographisch, kulturell und spirituell – und der Neigung der Menschen, ihre Liebe und Fürsorge über das Essen auszudrücken.

Geschichten, oder das Bedürfnis, kulinarischen Genuss in Worte zu fassen, sind das Herz der mexikanischen Küche. Oder wie sonst ließen sich die phantasievollen Namen der Speisen erklären? »Kleine Esel«, »Geldscheinbündel« oder ein Typ namens »Ignacio«, das sind die übersetzten Namen von *burrito*, *taco* oder *nacho* – drei mexikanische Straßengerichte, die wir im Westen alle kennen. All diese Gerichte basieren auf *masa* (Maismehlteig), aus dem Lebensmittel hergestellt werden, die in der mexikanischen Küche den gleichen Stellenwert haben wie Brot in der europäischen.

Das bekannteste *masa*-Produkt[**] sind Tortillas. Das Maismehl wird mit Wasser zu einem Teig geknetet und dann als Fladen in einer traditionellen flachen Tonschüssel *(comal)* oder in einer Tortillapresse gebacken. Tortillas sind weiß, weich, mit kleinen braunen Brandblasen

---

[*] *Lucha libre* ist ein mexikanischer Ringkampf. Die Kämpfer *(luchadores)* tragen dabei farbenprächtige Masken, die an aztekische Tiergestalten und Götter erinnern.

[**] *Masa* wird aus nixtamalisiertem weißem Mais (auf Englisch *hominy*) hergestellt. Die Körner werden zu Mehl gemahlen, aus dem man dann beispielsweise Tortillas oder *tacos* bäckt.

übersät und bilden die Grundlage für *burritos, fajitas, chimichangas, enchiladas* und *quesadillas* (siehe Infobox »Mais« auf Seite 354).

Diese Snacks und Gerichte findet man überall im Westen, was in erster Linie darauf zurückzuführen ist, dass die Vereinigten Staaten das mexikanische Essen für sich in Anspruch genommen haben. Bis vor kurzem war das Bild der mexikanischen Küche stark geprägt von Gerichten, die wir unter dem Begriff »Tex-Mex« kennen (eine texanische Mischung traditionell mexikanischer Gerichte mit denen der Küche des US-amerikanischen Südwestens).Typische Beispiele der Tex-Mex-Küche sind *fajitas* oder Chili con Carne, die kulinarische Entsprechung zu Stereotypen wie der Zeichentrickfigur Speedy Gonzales. Dieses Bild jedoch ändert sich allmählich, seit die mexikanische Küche selbstbewusster zeigt, was tatsächlich in ihr steckt.

Auf dem amerikanischen Kontinent existieren mehrere Arten von Avocados, die Maricel Presilla in drei Kategorien zusammenfasst: mexikanisch, guatemaltekisch und westindisch. Mexikanische Avocados wachsen in kühlen, hoch gelegenen Regionen, haben eine schwarzgrüne Schale, einen buttrigen Geschmack und werden für Salate, *tostadas*, Suppen und natürlich Guacamole verwendet. Guacamole ist ein Gericht der Azteken. Das Wort »mole« beschreibt die soßenähnliche Konsistenz und »guaca« kommt von *aguacate* (Avocado). Selbst gemachte Guacamole (weiche, reife Avocadostückchen mit fein geschnittenen roten Zwiebeln, Tomaten, Knoblauch, Chili und Limettensaft) ist mit dem fertigen Brei, den man in Supermärkten bekommt, nicht zu vergleichen.

Chilis sind in der mexikanischen Küche mehr als nur eine beliebte Zutat – sie sind absolut unverzichtbar. In Mexiko gibt es Chilis jeder Form, Größe oder Farbe und mit Namen, die an Mitglieder eines Drogenkartells erinnern: *guajillo, piquín, cascabel, pasilla, ancho, mulato, habanero, jalapeño* oder *chipotle*. Ein Gericht definiert sich über die Wahl der Chilis, deren Geschmack von zitronig-mild *(piquín)* über rauchig-süß *(guajillo)* bis hin zu würzig-scharf *(habanero)* reicht. *Jalapeños* (meist grün und eingelegt) und *chipotles* sind im Westen die bekanntesten Chili-Arten. Letztere sind geräucherte und getrocknete *jalapeños*, die Bohnen- und Gemüsegerichten, *moles* (siehe unten) und *adobo* (einer Fleischmarinade, die auch auf den Philippinen und in Westafrika gegessen wird und der nordafrikanischen *harissa* sehr ähnelt) ein rauchiges Aroma verleihen.

In der mexikanischen Küche werden viele Gerichte mit einfachen aromatischen Soßen verfeinert, die die Schärfe des Chilis mit der Säure von Essig oder Limette ausgewogen kombinieren.* Die inzwischen auch bei uns sehr beliebte mexikanische Tomatensalsa heißt dort aufgrund ihrer Einfachheit auch *salsa cruda*, »ungekochte Soße«, oder *pico de gallo*, »Hahnenfutter« (ein Hinweis auf die darin enthaltenen kleinen Stückchen). Die vier Grundzutaten dieser *salsa* sind Tomaten, weiße Zwiebeln, Chilis und Koriander. Essig und Öl können nach Belieben hinzugefügt werden. Die mexikanische *salsa verde*, die aus grünen *tomatillos***, Koriander, Limette, weißen Zwiebeln und grünem Chili besteht, ist mit einer europäischen *tapenade* (Petersilie, Kapern und Sardellen) nicht vergleichbar (auch wenn sie ein bisschen danach aussieht).

Moles sind die für Mexiko so charakteristischen Soßen, die insbesondere an Festtagen wie dem mexikanischen Unabhängigkeitstag am 16. September oder bei einer *quinceañera* (dem 15. Geburtstag eines Mädchens) zu Fleisch und Reis gegessen werden. (Das Wort *mole* hat sogar eine Doppelbedeutung und heißt manchmal auch »Hochzeit«.) Viele Regionen haben ihre eigene Interpretation der *mole* –, so ist der Bundesstaat Oaxaca etwa bekannt als Land der sieben *moles* –, die *mole poblano* (aus der Stadt Puebla) jedoch hat sich inzwischen fast zu so etwas wie einem Nationalgericht gemausert. Zubereitet wird *mole* wie ein *sofrito* (Seite 94), angereichert mit viel Schweineschmalz, außerdem Chilis, Erdnüssen, Schokolade, Essbananen, Brotstücken, Knoblauch, *tomatillos* und Gewürzen wie Zimt und Sternanis. Und obwohl sie als typisch mittelamerikanisch angesehen wird, lassen ihre einzelnen Zutaten auf verschiedenste Einflüsse schließen, die von der Alten Welt bis nach Afrika reichen.

Reis mit Bohnen, ein Gericht, das in Mexiko auch *moros y cristianos* (Mauren und Christen) heißt, ist ebenfalls ein Beweis für fremde Einflüsse. Schon der Name deutet auf ein Verschmelzen der Kulturen hin. Diese nahrhafte Mahlzeit, die unerwartete und vielschichtige Aromen aufweist, verbindet die aus der Alten Welt stammende *sofrito*-Grundlage mit mexikanischen Bohnensorten (schwarzen oder Pintobohnen) und der traditionell afrikanischen Kombination von Gemüse und Reis. Manchmal werden auch noch etwas Fleisch, *chipotle* oder Kräuter dazu-

---

* Selbst Bohnengerichte, auf die ich später noch kommen werde, sind sehr flüssig und dienen als eine Art Soße zu trockenen Speisen wie Tortillas, Reis oder Fleischspießen.
** Trotz ihres irreführenden Namens haben *tomatillos* nichts mit Tomaten zu tun. Sie erinnern ein bisschen an grüne Stachelbeeren und schmecken fruchtig-herb. Ursprünglich kommen sie aus Mexiko und bilden dort die Basis für grüne Soßen wie *salsa verde*.

gegeben, um das Aroma zu verbessern. Ein weiteres, in Mexiko sehr beliebtes Bohnengericht sind die zweimal gekochten Bohnen, die man oft in *burritos* findet. Die Bohnen werden weich gekocht, zerstampft und dann ein zweites Mal in Fett mit Zwiebeln und Knoblauch gebraten, bis ein öliger, süßlich schmeckender Brei entsteht.

Mexikaner lieben Fleisch, allerdings gilt es nicht als unverzichtbarer Bestandteil eines guten Essens. Rind- und Schweinefleisch wurden von den europäischen Siedlern eingeführt, und da dieses Fleisch teuer ist, achten sowohl Köche als auch Metzger sehr darauf, die Tiere vollständig zu verwerten. Reste von dunklem Fleisch und Knochen würzen Eintöpfe, Suppen, Bohnen, *tacos* und andere Straßengerichte. Sehr viel häufiger jedoch wird Hühnerfleisch gegessen. Es ist billig und eine schmackhafte Zutat in Eintöpfen und Suppen. Dank der langen Küsten am Pazifik und am Karibischen Meer gibt es in Mexiko sehr viel köstlichen Fisch und Meeresfrüchte: Hummer, Garnelen, Jakobsmuscheln, Merlin, *dorado* (Goldmakrele), Stachelmakrele, Thunfisch und Rotbarsch, um nur ein paar zu nennen.[*]

Der Kanon an Gewürzen, der in der mexikanischen Küche zum Einsatz kommt, ist deutlich kleiner als der vieler anderer Küchen in diesem Buch. Die wichtigsten sind Piment, Nelken, Zimt, Kreuzkümmel und Sternanis. Sie passen wunderbar zu anderen einheimischen Zutaten wie Schokolade (oder Kakao[**]) und Vanille, die zuerst von den Azteken am Golf von Mexiko angebaut wurden. Die Kulturvölker Mittelamerikas opferten ihren Göttern in religiösen Zeremonien rohe Kakaobohnen oder verzehrten sie als Getränk. Die Spanier brachten die Kakaobohnen dann nach Europa, wo man Milch, Zucker und Vanille (ebenfalls aus Mexiko) hinzufügte, um den europäischen Geschmack besser zu bedienen. Wir kennen Schokolade hauptsächlich als süße Leckerei oder als Zutat in Desserts, aber auch pikante Gerichte wie *mole* werden durch schokoladiges Aroma wunderbar rund und bekommen eine weiche Konsistenz.

Das Kochen mexikanischer Rezepte kann durch Zutatenkombinationen, auf die man sonst nie kommen würde, zu einer Offenbarung

---

[*] In Tulum auf der mexikanischen Halbinsel Yucatán habe ich am schönsten Strand, den ich je gesehen habe, ein Fischsteak mit Chilis und Reis gegessen. Fisch ist in Mexiko ein Thema für sich, und da die mexikanische Küche an sich schon ein Riesenprojekt ist, verweise ich für regionale Gerichte auf Bücher, die sich gezielt damit beschäftigen (Seite 407).

[**] Kakao beziehungsweise Kakaobohnen sind Schokolade in Rohform.

werden. Chili-Schokolade wird zwar auch in Europa immer populärer, dennoch erscheint es uns noch immer unpassend, diese beiden Zutaten mit Fleisch zu kombinieren oder Maischips und Avocados in eine Suppe zu werfen. Akzeptieren Sie diese Widersprüche, und wagen Sie sich an Kreationen einzigartiger, wundervoll farbenprächtiger und durch und durch mexikanischer Gerichte.

Basisvorrat

Chilis (verschiedene, Seite 357) • Limette •
Piment • Nelken • Zimtstangen • Schokolade • Vanille •
Tomaten • Zwiebeln • Avocado • weißer Mais • Maismehl •
Reis • Bohnen • Sauerrahm • Käse • *tomatillos* •
Koriander • Erdnüsse • Kochbananen

Guacamole

Hier haben Sie ganz Mexiko in einer Schüssel. Wenn Sie dieses Rezept beherrschen, werden Sie nie wieder eine Fertig-Guacamole kaufen. Um zu verhindern, dass sich die Avocadocreme verfärbt, sollte dieser Dip immer sofort serviert werden.

Für 4 Personen

1 kleine rote Zwiebel, fein gehackt
25–35 g Koriander, gehackt
3 grüne Chilis, entkernt und fein gehackt
Meersalz
3–4 reife Hass-Avocados
Saft von 1–2 Limetten (nach Belieben)
2 reife Tomaten, entkernt und grob gewürfelt
Tortilla-Chips zum Servieren

- Die Hälfte der Zwiebel, die Chilis und einen Großteil des Korianders im Mörser zu einer breiigen Masse zerstoßen.
- Das Fleisch der Avocados in eine Schüssel geben und mit der Gabel zerdrücken. Die Zwiebel-Chili-Koriander-Mischung dazugeben und mit Limettensaft und Salz abschmecken. Die restliche Zwiebel und die Tomaten unterheben. Darauf achten, dass die Tomatenwürfel nicht zu sehr zerdrückt werden.
- Alles in eine dekorative Schale umfüllen und mit einem zerkrümelten Tortilla-Chip und dem restlichen Koriander garnieren. Sofort mit Tortilla-Chips servieren.

Tomatensalsa

Servieren Sie diese würzige Tomatensalsa als Beilage oder zusammen mit Guacamole und Tortilla-Chips, und freuen Sie sich auf den Moment, wenn Ihre Gäste anfangen, sich genussvoll die Lippen zu lecken. Die Schärfe lässt sich mit etwas mehr *jalapeños* natürlich jederzeit steigern, für meinen Geschmack ist die Chilimenge hier aber genau richtig: Die *salsa* bleibt so gerade auf der richtigen Seite der feinen Linie zwischen Genuss und Masochismus. Aber würzen Sie so, wie es Ihnen am besten schmeckt (und Ihren Geschmacksknospen am besten bekommt).

Für 2–4 Personen

4 reife Tomaten, gewürfelt
½ rote Zwiebel, fein gehackt
50 g *jalapeños*, gehackt
20 g Koriander, gehackt
1 kleiner Schuss extra natives Olivenöl
Saft von 2 Limetten
Meersalz und frisch gemahlener schwarzer Pfeffer

- Die Zutaten in einer Schüssel vermengen und nach Belieben würzen.
- Etwas gehackten Koriander darüberstreuen und den Rand der Schüssel mit Tortilla-Chips garnieren.

Fruchtige Mole mit nur einer Chilisorte

Moles sind bekannt für ihre komplizierte Zusammensetzung aus Gewürzen und Chilis (von denen eigentlich mindestens drei Sorten enthalten sein sollten). Dieses Rezept aus *Gran Cocina Latina*, das mir Maricel Presilla freundlicherweise zur Verfügung gestellt hat, ist ihr *mole*-Rezept für Anfänger. Es hat alles, was eine gute *mole* ausmacht: »die richtige Balance aus würzig, herb und fruchtig mit gerade so viel Salz wie nötig, um den Geschmack zu unterstreichen; eine gewisse Schärfe im Hintergrund, die die sämige Soße zum Leben erweckt; und die richtige Menge Fett, die sie ölig und aromatisch zugleich macht.« Man benötigt hierfür lediglich die süßen und sehr aromatischen *mulato*-Chilis, die getrocknet auch online zu bekommen sind.

Für 8–16 Personen

6 *mulato*-Chilis, entkernt
1 TL Pimentkörner
½ TL Sternanissamen
1 EL Sesamsamen
1 Maistortilla (die aus dem Supermarkt sind in Ordnung)
3 mittelgroße Flaschentomaten
1 mittelgroße weiße Zwiebel, halbiert, aber nicht geschält
3 Knoblauchzehen, grob gehackt
90–100 g entsteinte Dörrpflaumen
230 ml extra natives Olivenöl
60 g dunkle Schokolade (mindestens 70 % Kakaoanteil),
fein gehackt
1½ TL Salz
250 ml Hühnerbrühe
bis zu 3,5 kg Geflügel- oder Schweinefleisch

- Eine Grill- oder Bratpfanne stark erhitzen, sodass ein Tropfen Wasser darin zischt. Die Chilis ungefähr 15 Sekunden von jeder Seite anbraten, bis sie duften. Mit dem Pfannenwender dabei leicht andrücken. Die Chilis in eine Schüssel geben und mit ca. 1,5 Liter heißem Wasser bedecken. 20–30 Minuten einweichen lassen. Das Wasser nach dem Einweichen nicht wegschütten, sondern für später beiseitestellen.
- Pimentkörner und Sternanissamen in die Pfanne geben und 30 Sekunden

rösten. In einer Schüssel beiseitestellen. Dann die Sesamsamen unter ständigem Rühren für eine Minute rösten, bis sie eine goldbraune Farbe annehmen und platzen. Die Sesamsamen zusammen mit den Piment-körnern und dem Sternanis im Mörser zu Pulver zerreiben und zur Seite stellen.

- Die Tortilla in der Pfanne rösten, bis sie leicht angebrannt ist. In Stücke zerkrümeln und beiseitestellen.
- Tomaten und Zwiebelhälften in die Pfanne geben und 8 Minuten braten, bis sie leicht schwarz sind. Dabei mit einer Zange gelegentlich wenden. Vom Herd nehmen und abkühlen lassen. Zwiebeln und Tomaten (so gut wie möglich) schälen, in grobe Stücke schneiden und zur Seite stellen. Die Chilis mit 3–4 Esslöffeln der Flüssigkeit zu einem glatten Brei pürie-ren. In eine Schüssel füllen und beiseitestellen.
- Gewürze, Sesamsamen, Tortilla, Tomaten und Zwiebeln mit dem Knob-lauch, den Dörrpflaumen und einem weiteren Löffel der Chiliflüssigkeit pürieren und zur Seite stellen.
- Das Olivenöl bei mittlerer Temperatur in einem großen Topf erhitzen. Den Chilibrei dazugeben und unter Rühren 10 Minuten köcheln lassen, bis sich das Fett trennt und die Soße eindickt. Der Topfboden sollte beim Umrühren sichtbar sein. Dann die Schokolade dazugeben und weiterrüh-ren, bis sie geschmolzen ist. Mit Salz abschmecken. Die Masse mit einem Holzlöffel durch ein Sieb in eine Schüssel streichen.
- Mit dieser *mole* können Sie bis zu 3,5 kg Hühner-, Schweine-, Enten- oder Putenfleisch zubereiten. Die Paste hierfür mit Hühnerbrühe verdünnen, bis sie die Konsistenz einer Tomatensoße besitzt. Dann das gare oder halbgare Fleisch in die Soße geben und köcheln lassen, bis alles heiß oder vollständig gar ist.

KARIBIK (JAMAIKA)

*Visuelle Überraschungen sind in der Karibik ganz natürlich;
sie entstehen durch die Landschaft; und angesichts der Schönheit
löst sich der Seufzer der Geschichte auf.*

Derek Walcott, *Die Antillen: Fragmente einer epischen Erinnerung*
(Rede anlässlich der Verleihung des Literaturnobelpreises 1992)

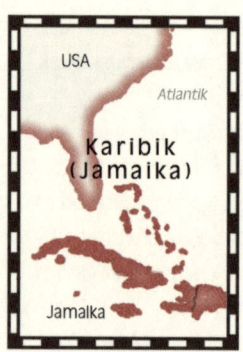

Ganz einfach betrachtet, ist die »Karibik« das Karibische Meer, das azurblau und sanft an die Ostküste Mittelamerikas und die großen und kleinen Inseln davor schwappt. Die Karibik ist aber auch ein bunter Cocktail an Sprachen – ein Schuss Französisch, vermischt mit Englisch, gekrönt von einer guten Portion Spanisch –, gemixt wie eine perfekte Piña Colada. In der Karibik lebten Kolonialherren und Kolonialisierte dicht beieinander, wodurch es zwar zu Spannungen und Tragödien kam, aber auch ein kollektives Lebensgefühl entstand, das auf Hoffnung, einer gewissen Sorglosigkeit und ein bisschen Magie basiert. Dieses Lebensgefühl eint die Menschen in der Karibik trotz kultureller, politischer und sprachlicher Unterschiede.

Viele Schriftsteller sehen dieses gemeinsame Erbe verwurzelt im Sinn für das Jenseitige. Gabriel García Márquez, einer der bekanntesten Vertreter des Magischen Realismus, gesteht in seinem Werk schon seit langem dem diffusen Grenzbereich zwischen Realität und Phantasie einen Platz zu,[*] und der aus der Dominikanischen Republik stammende amerikanische Schriftsteller Junot Díaz schreibt in seinem Roman *Das kurze wundersame Leben des Oscar Wao:* »Dominikaner sind

---

[*] »Es amüsiert mich immer wieder, dass mein Werk vor allem für seine Vorstellungskraft gelobt wird, obwohl es in Wahrheit keine einzige Zeile enthält, die nicht in der Realität wurzelt. Das Problem ist, dass das, was in der Karibik als Realität bezeichnet wird, anderswo den wildesten Phantasien entspricht.« Gabriel García Márquez.

aus der Karibik und besitzen daher eine außergewöhnliche Toleranz gegenüber extremen Phänomenen.« Dieses Gefühl, dass das Übernatürliche stets präsent ist, gibt es auf allen karibischen Inseln und auch auf dem angrenzenden Festland von Kolumbien und Venezuela im Süden und bis zur mexikanischen Halbinsel Yucatán.

Positive Rhythmen, kreative Sichtweisen und eine magische Grundströmung prägen den karibischen Alltag; eine Einstellung, die ich auf meinen Reisen in diese Ecke der Welt immer sehr ansteckend fand. Die Bewohner der Karibik feiern das Leben an sich, und dabei spielt auch das Essen eine wichtige Rolle.

Der kolumbianische Rechtswissenschaftler Oscar Guardiola-Rivera sagte mir einmal: »Wir setzen uns nicht an den Tisch, um uns von den Mühen des Alltags abzulenken. Wir tun alles dafür, *um* uns an den Tisch zu setzen. Was man beim Essen in der Karibik teilt, ist nicht nur die Mahlzeit, es sind Geschichten. Worte sind die Würze des Essens.«

Die karibische Küche allgemein und vor allem die der Westindischen Inseln vereint die unterschiedlichsten ethnischen und kolonialen Einflüsse, europäische wie afrikanische, die der Ureinwohner, Inder und sogar der Chinesen. Die Gerichte sind das Ergebnis einer langen Geschichte und haben karibische Auswanderer in die ganze Welt begleitet. So etwa nach London, wo sich in den fünfziger Jahren Einwanderer aus Commonwealth-Kolonien wie Jamaika, Trinidad und Tobago niederließen und Wurzeln schlugen. Die Integration verlief nicht immer reibungslos,[*] doch trotz – oder gerade wegen – dieser Schwierigkeiten, feiern die afrokaribischen Einwohner Londons jedes Jahr im August den Notting Hill Carnival und ziehen in farbenprächtigen Kostümen, begleitet von Reggae-Musik durch die Straßen, in denen sich eine bunte Zuschauerschar versammelt, die die Parade bewundert und *jerk chicken*, jamaikanische, feuerscharf gegrillte Hähnchenschlegel, genießt. Ich bin quasi mit der karibischen Küche aus den ehemaligen britischen Kolonien groß geworden, und nachdem diese Gerichte in England auch heute noch sehr präsent sind, habe ich mich entschieden, in diesem Buch nur die Küche der Westindischen Inseln vorzustellen – und nicht die der spanisch- oder französischsprachigen Karibik.

---

[*]   Die ersten Jahrzehnte der karibischen Einwanderer in der britischen Hauptstadt waren von Rassenunruhen geprägt – den Notting Hill Riots in den fünfziger Jahren und den Brixton Riots 1981. Wer sich dafür interessiert, dem empfehle ich das großartige Gedicht »The Great Insurrecetion« des Dichters Linton Kwesi Johnson über die Unruhen in Brixton.

Gerichte von den Westindischen Inseln haben in London nicht den allergesündesten Ruf, sie gelten oft als Fast Food. Kein Wunder: Die Restaurants sind meist alles andere als schick, und sie liegen häufig in klassischen Londoner Problemvierteln wie Brixton, Tottenham und Teilen Notting Hills. Erschwerend kommt hinzu, dass sie den Nährwert ihrer Gerichte oder deren gesundheitliche Vorteile selten kommunizieren. Denn, und das ist die Ironie (oder eigentlich das Tragische), die karibische Küche ist sehr gesund: wenig gesättigte Fettsäuren, viel Eiweiß, reichlich Gemüse und zahlreiche reinigende Zutaten wie Ingwer, Chili und Piment.

Die Geschichte der Sklaverei auf den Westindischen Inseln erklärt viel über deren Küche: So sind viele Einwohner Jamaikas afrikanischer Abstammung oder afroeuropäischer, außerdem sind die kulinarischen Traditionen Westafrikas nach wie vor sehr präsent, etwa in der Verwendung von Okra, Kochbananen und Akees (die Akee ist die Nationalfrucht Jamaikas, sie ist mit der Litschi verwandt und wird oft in Dosen verkauft). Hingegen sind einige bekannte Gerichte, die wir mit Jamaika verbinden, etwa Ziegencurry und Roti-Wraps, Weiterentwicklungen indischer Gerichte. Für die traditionellen Currys werden hier einfach lokale Fleischsorten und beliebte jamaikanische Gewürze wie Piment, *scotch bonnet*-Chilis, Ingwer und Kokosmilch verwendet.

Nach der Befreiung der westafrikanischen Sklaven im britischen Empire im Jahr 1834 wurde der Bedarf an Arbeitskräften auf den Plantagen der Westindischen Inseln so groß, dass sich die Plantagenbesitzer Mitte des 19. Jahrhunderts an Länder wie Indien und China wandten und den Arbeitern eine Schuldknechtschaft auf Zeit anboten. Die Überfahrt wurde ihnen bezahlt, dafür mussten sich die Arbeiter für eine bestimmte Zeit verpflichten, auf den Plantagen zu arbeiten. Tausende Chinesen und Inder nahmen das Angebot an und brachen in die britische Karibik auf, wodurch eine bedeutende Einwohnerschaft mit asiatischen Wurzeln entstand. Einer dieser indo-karibischen Abkömmlinge ist der Schriftsteller V. S. Naipaul, dessen Vorfahren als Vertragsarbeiter nach Trinidad kamen. Naipaul hat sich später sehr verächtlich über seine Heimat geäußert,[*] doch in einem Brief nach Hause an sei-

---

[*] 1958 schrieb V. S. Naipaul im Times Literary Supplement: »Oberflächlich betrachtet, mag Trinidad aufgrund der Vielzahl der Rassen komplex wirken, doch jeder, der die Insel kennt, weiß, dass dort eine schlichte, koloniale, philisterhafte Gesellschaft lebt.«

nen Vater schrieb er während seines Studiums in Oxford sehnsuchts-voll über die Karibik: »Ich sehne mich nach den Nächten, die schwarz, plötzlich und ohne Vorwarnung hereinbrechen. Ich sehne mich nach einem heftigen Regenschauer in der Nacht. Ich sehne mich danach, das blecherne Trommeln der schweren Regentropfen auf dem Dach zu hören oder den Regen auf den breiten Blättern dieser wunderbaren Pflanze, der wilden Tannia.«

Im Zusammenhang mit den Westindischen Inseln denken viele Londoner sofort an *jerk chicken* (oder an *jerk barbecue* mit Schweine- oder Ziegenfleisch) – ein süßlich scharfes Grillgericht, das ganz typisch für die kreolische Küche ist. Je nach Rezept wird das Fleisch vor dem Grillen entweder mit trockenen Gewürzen eingerieben oder mehrere Stunden in einer Soße mariniert.

Die Grundbestandteile der *jerk*-Gewürze sind Piment und Chili. Piment, auch Nelkenpfeffer genannt, ist *das* karibische Gewürz schlechthin und verleiht einem *jerk* den typischen rauchigen Geschmack. Die getrockneten Pimentkörner ähneln optisch schwarzem Pfeffer, schmecken jedoch süßlich und erinnern an eine Mischung aus Zimt, Nelken und Muskat. Besonders authentisch schmeckt ein *jerk barbecue*, wenn das Fleisch über dem Holz des Pimentbaums gegrillt wird, wodurch das Fleisch zusätzlich Aroma erhält und besonders knusprig wird. Natürlich hat ein *jerk* auch eine gewisse Schärfe, für die man auf Jamaika gern die fruchtig süßen, aber auch unglaublich scharfen roten *scotch bonnet*-Chilis verwendet.[*] Ob man das Fleisch nun mit einer trockenen Gewürzmischung einreibt oder es mariniert, wird unter *jerk*-Fans heftig diskutiert. Verfechter des Marinierens verwenden auch gern Limettensaft oder Sojasoße, um die Schärfe etwas zu mildern und gleichzeitig zu akzentuieren. (Das erinnert natürlich an die asiatische Küche und zeigt den anhaltenden chinesischen Einfluss auf die jamaikanische Küche.)

Jerk wird normalerweise mit Reis und Bohnen gegessen, ein Gericht, das im Englischen die irreführende Bezeichnung »Rice and Peas« (Reis mit Erbsen) trägt, obwohl es niemals Erbsen enthält. Es lässt sich überall leicht nachkochen (im Gegensatz zu vielen anderen jamaikanischen Gerichten, die spezielle exotische Zutaten benötigen).

---

[*] *Scotch bonnet*-Chilis ähneln den ebenfalls unglaublich scharfen *habanero*-Chilis (Seite 308). Die meisten karibischen Rezepte schreiben explizit diese ungewöhnlich breiten Chilis mit ihrer typischen Form vor (*scotch bonnet* = Schottenmütze).

Eine weitere wichtige Zutat in der kreolischen Küche ist die Akee-Frucht (rote Schale, cremiges Fruchtfleisch, schwarzer Samen und lit-schi-ähnlicher Geschmack), die im 18. Jahrhundert mit den westafrika-nischen Sklavenschiffen in die Karibik gelangte. Die Früchte werden oft mit *saltfish* (gesalzenem und getrocknetem Kabeljau, auch Stock-fisch oder *bacalao*) zum Frühstück gegessen. Dieses populäre Gericht, heute quasi die Nationalspeise Jamaikas, wurzelt ebenfalls in West-afrika. Dabei wird der Stockfisch mit Akee-Früchten (gekocht oder aus der Dose) und Zwiebeln angebraten und dann mit frischen Tomaten sowie den bewährten Würzmitteln Piment und *scotch bonnet*-Chilis an-gerichtet.

Es gibt noch weitere Gerichte aus Stockfisch und Gemüse, beliebt sind vor allem Okra und *callaloo*. Damit wird sowohl ein grünes Blatt-gemüse (auf Jamaika die Blätter der Amarantpflanze) als auch ein Ein-topfgericht bezeichnet, das es in Jamaika überall und jederzeit gibt. Die *callaloo*-Blätter ähneln dem Spinat, sind groß und grün und enthal-ten viel Eisen und Kalzium. Sie werden normalerweise gedämpft, kön-nen aber auch in Kokosmilch gekocht werden (wie etwa auf Trinidad und Tobago), dienen als Suppeneinlage oder eben als Beilage zum Stockfisch und werden vom Frühstück bis zum Abendessen gegessen. Daneben wird *callaloo* gern mit Okra, grünen Kochbananen und Brot-früchten zubereitet.

Grüne, also unreife Kochbananen werden in Stücke geschnitten und angebraten. (Was mich immer verwirrt ist die Diskrepanz zwischen ihrem pikanten, würzigen Geschmack und der Bananenoptik. In der Karibik werden sie im unreifen Zustand eher als Gemüse und nicht als Obst betrachtet.) Ebenfalls gern verwendet wird die Brotfrucht (Frucht oder Gemüse? Die Übergänge sind hier oft fließend), die zur Maulbeer-familie gehört, aber sehr stärkereich, entsprechend kohlenhydrathaltig ist und auch so schmeckt.

Kreolische Sprachen werden auf dem gesamten amerikanischen Kontinent gesprochen – vom tiefen Süden der USA und quer durch die gesamte Karibik –, doch keine ist einheitlich genormt, und sie gleichen sich untereinander auch nicht. Jamaika ist berühmt für sein Patois, eine Kreolsprache mit englischen Wurzeln, die aus dem Zusammen-leben von Menschen mit verschiedenen Muttersprachen entstand. Ähn-lich vielschichtige Einflüsse finden sich auch bei den *jamaican patties*, gefüllten Teigtaschen, die wie die lateinamerikanischen *empanadas* geformt sind. Gefüllt werden die *jamaican patties* mit lokalen Zutaten wie Ziegenfleisch oder Meeresfrüchten, gewürzt durch die Schärfe von *scotch bonnet*-Chilis sowie Ingwer und Sojasoße (der indische respektive chinesische Einfluss!).

Als Heimat von *patties* und Patois besitzen die Westindischen Inseln eine Hybridküche, die typisch ist für Amerika. Ihre Gerichte sind, wie die kreolische Sprache, das lebendige Resultat einer bewegten und oft gewalttätigen kolonialen Vergangenheit. Doch die Gerichte transzendieren die düsteren Kapitel der Kolonialgeschichte, es »löst sich der Seufzer der Geschichte auf«, und zwar »angesichts der Schönheit«, wie der große Dichter Derek Walcott schreibt. Sicher aber auch angesichts des Essens – meine ich.

Basisvorrat

Piment • *scotch bonnet*-Chilis • Stockfisch • Ingwer •
Currypulver • Kokosmilch • Akee-Früchte • Ziegenfleisch •
Limetten • Sojasoße • Kidneybohnen • Okra • *callaloo* •
Kochbananen

Jerk Chicken

In der Karibik wird *jerk chicken* oft so lange gegart, bis das Fleisch vom Knochen fällt – und fast zu trocken ist. Das Wort *jerk* oder *jerky* leitet sich wahrscheinlich von der spanischen Bezeichnung für Trockenfleisch ab, *charqui* (ein Wort aus dem Quechua, einer indigenen südamerikanischen Sprache). Was ich als »zu trocken« empfinde, ist daher aus karibischer Sicht vielleicht genau auf dem Punkt. Wie dem auch sei, ich mag kein trockenes Fleisch, deshalb bleibt das Hähnchenfleisch in meinem Rezept schön zart (ich bitte die Anhänger der wahren karibischen Küche hiermit um Entschuldigung). Wenn Sie wollen, können Sie die Hähnchenteile auf jeder Seite 5 Minuten grillen und dann weitere 15 bis 20 Minuten im Backofen bei 180°C (Umluft 160°C, Gas Stufe 4) braten – aber auf dem Grill zubereitet, schmecken sie natürlich deutlich besser! Warten Sie also auf einen heißen Sommertag, und erleben Sie, wie sich der Rauch der

Holzkohle mit der Schärfe der *scotch bonnet*-Chilis und der verkohlten Hähnchenhaut zu einem Essgenuss verbindet, der wirklich das Gefühl vermittelt:»Don't worry, be happy.« Eine Warnung zum Schluss: Seien Sie unbedingt vorsichtig mit den Chilis! Verwenden Sie Einweghandschuhe bei der Zubereitung, denn wenn Sie danach versehentlich mit den Fingern in Gesicht oder Augen kommen, kann das richtig schmerzhaft werden.

Für 6 Personen

1 EL schwarze Pfefferkörner
1 EL Piment, gemahlen
1 TL Zimt
1 TL frisch geriebene Muskatnuss
2 Schalotten, grob gewürfelt
4 Frühlingszwiebeln, grob zerteilt
einige Zweige frischer Thymian
10 g frischer Koriander, gehackt
2–4 *scotch bonnet*-Chilis (je nachdem, wie scharf Sie es gern hätten), entkernt und grob gehackt
50 g dunkler Rohrzucker
1 TL Salz
2 EL Sojasoße
Saft von 2 Limetten
12 Bio-Hähnchenteile, Brust und Keulen

- Die Pfefferkörner im Mörser zerstoßen, dann im Mixer mit Piment, Zimt, Muskat, Schalotten, Frühlingszwiebeln, Thymian, Koriander und Chilis zerkleinern. Anschließend Zucker, Salz, Sojasoße und Limettensaft zugeben und zu einer Paste verrühren. Das ist die Marinade.
- Die Hähnchenteile in eine große Auflaufform legen und mit Marinade begießen. Das Fleisch damit einreiben und einen Teil auch unter die Haut schieben. Mit Klarsichtfolie abdecken und mindestens drei Stunden im Kühlschrank durchziehen lassen – besser noch länger.
- Wenn die Hähnchenteile ein paar Stunden durchgezogen haben, den Grill anzünden, bevor Sie mit dem Zubereiten der Beilage (Reis und Bohnen, siehe unten) beginnen. Am besten eignet sich ein Grill, bei dem Sie den Abstand des Grillrostes zur Glut variieren können. Die Holzkohle sollte mit einer weißen Schicht überzogen sein, bevor Sie mit dem Grillen

beginnen. Auf keinen Fall sollten noch Flammen aus der Kohle lodern (das ist sehr wichtig – Sie brauchen eine schöne Glut, die für Grillaroma sorgt, aber Ihr Hähnchen nicht in Kohle verwandelt!).

- Die Hähnchenteile auf beiden Seiten über der Glut anbraten, bis sie eine schöne Farbe haben, dann den Grillrost höher stellen (und so die Hitze reduzieren) und alles 20–30 Minuten weitergaren lassen. Jeder Grill ist anders, achten Sie daher darauf, dass sich das Fleisch leicht vom Knochen löst und die austretenden Säfte klar sind, dann ist es durch. Mit Reis und Bohnen servieren.

Reis und Bohnen

Anders als dieser stärke- und kalorienverheißende Name vermuten lässt, macht das Gericht nicht dick – auch wenn der leckere Geschmack von der Kokosmilch herrührt und die enthaltenen Kidneybohnen durchaus nahrhaft sind. Ich mag dieses Rezept besonders, weil es so einfach ist: Man braucht keine Waage, als Maßeinheit genügen die Dose für die Kidneybohnen und die eigene Hand! Seien Sie beim Koriander ruhig großzügig, denn er ist es, der den Geschmack von Reis und Bohnen wunderbar zur Geltung bringt. Mit dieser Kombination haben Sie die perfekte Grund- und Beilage für das scharfe *jerk chicken* (siehe Rezept oben).

Für 4 Personen

1–2 EL Pflanzenöl
1 weiße Zwiebel, fein gehackt
300 g Langkorn- oder Basmatireis (anstatt die Menge abzuwiegen, können Sie auch einfach eine leere 400-Gramm-Dose nehmen und sie zu drei Vierteln mit Reis füllen)
400 ml Kokosmilch (1 Dose)
400 ml Wasser (1 Dose)
400 g Kidneybohnen (1 Dose)
1 großzügige Prise Salz und frisch gemahlener schwarzer Pfeffer
1 gute Prise Thymianblättchen
Eissalatblätter zum Anrichten, zerzupft
1 Handvoll Koriander zum Anrichten, gehackt

- Öl in einer großen, tiefen Pfanne bei mittlerer Temperatur erhitzen und die Zwiebelwürfel 8–10 Minuten lang anbraten, bis sie glasig sind. Den Reis zugeben und gut vermengen, darauf achten, dass die Körner vom Öl überzogen sind, dann Kokosmilch und Wasser zugießen. Zum Kochen bringen, danach die Hitze reduzieren.
- Kidneybohnen, Salz, Pfeffer und Thymian zugeben und köcheln lassen, dabei gelegentlich umrühren, bis der Reis fertig ist und er die Flüssigkeit komplett aufgenommen hat. Der Reis muss trocken und körnig sein – nicht matschig. Das dauert etwa 15–20 Minuten.
- Eissalat auf eine Platte geben und in der Mitte eine Vertiefung lassen, Reis und Bohnen daraufgeben. Darüber die Hähnchenteile des *jerk chicken* verteilen und großzügig mit gehacktem Koriander bestreuen.

PERU

Da man unmöglich wissen kann, was wirklich vor sich geht,
lügen, erfinden, träumen wir Peruaner und suchen Zuflucht
bei der Illusion. Aus diesen seltsamen Umständen heraus
ist das peruanische Leben, ein Leben, in dem so wenige wirklich
lesen, literarisch geworden.

Mario Vargas Llosa, *Maytas Geschichte*

Als der peruanische Autor Mario Vargas Llosa 2010 den Literatur-Nobelpreis erhielt, hieß es, er beziehe seine Inspiration aus »der geheimen Magie Perus«. Die Vorstellung von einer »geheimen Magie« Perus – einer Art undefinierbarer Schönheit – ist offenbar weitverbreitet, nicht zuletzt, wenn es ums Essen geht.

Perus Küche ist unglaublich üppig, mit starken Aromen und kühnen Techniken wie etwa dem Marinieren von rohem Fisch für *ceviche*. Aber sie ist auch sehr zurückhaltend. Der peruanische Gastronom Martin Morales vom Londoner Restaurant Ceviche spricht von »*sazón*«, einem natürlichen Zugang zu heimischen Aromen und deren perfekter Balance. *La sazón* hat man, oder man hat sie nicht, aber das heißt nicht, dass Sie die Geheimnisse der peruanischen Kochkunst nicht entschlüsseln könnten. Wie ein Peruaner zu kochen bedeutet, Balance und Subtilität wahrzunehmen. Der Einsatz von Chili ist ein gutes Beispiel: Chili ist eine häufige Zutat im peruanischen Essen, aber zurückhaltender eingesetzt als etwa in asiatischen Küchen – er verführt den Esser eher mit seiner Schärfe, den Gaumen aber beherrscht er nicht.

Peru ist dreigeteilt in Küsten-, Anden- und Amazonasregion, doch seine Küche folgt nicht immer der Beschaffenheit des Geländes. Sie ist mindestens so stark von den Jahrhunderten der Einwanderung geprägt wie von regionalen Zutaten. Perus erste Siedler waren vermutlich asiatische Nomaden mit schlichter Kost auf Basis von Mais, Bohnen und Chilis. Einige unserer heutigen Grundnahrungsmittel im Westen – Kartoffeln, Tomaten, Erdnüsse, ja sogar Popcorn – stammen aus Peru oder den umliegenden Regionen.* Einheimische Stämme, im Allgemeinen als Inka bekannt, machten im 16. Jahrhundert die spanischen *conquistadores* damit bekannt – während diese wiederum bestimmte Fleischsorten wie Hühnchen- und Rindfleisch in der Neuen Welt einführten. Afrikanische Sklaven und chinesische sowie japanische Gemeinschaften haben seitdem auch noch ihre eigenen kulinarischen Traditionen auf den Tisch gebracht und so die Afro-**, Chifa- und Nikkei-Einflüsse auf die Küche verstärkt. Chifa ist die Küche der chinesischen Einwanderer, die im 19. und 20. Jahrhundert aus Guangdong (Seite 276) nach Peru kamen. Das bekannteste Gericht ist *arroz chaufa* – gebratener Reis mit Hühnchen- und Schweinefleisch, Mandeln, Ananas, Ingwer und Frühlingszwiebeln. Chifa-Rezepte wie dieses sind noch immer relativ stark der kantonesischen Küche verpflichtet, wurden aber an die in Peru verfügbaren Zutaten angepasst. Der Einfluss kantonesischer Köche sorgte in Peru für asiatische Zutaten wie Soja und Ingwer, auf die die Peruaner heute nicht mehr verzichten möchten.

Mit »Nikkei« bezeichnet man die Japaner in der Diaspora, die sich überall in der Welt niedergelassen haben. In Peru lebt eine der größten Nikkei-Gemeinschaften, und ihr Einfluss spiegelt sich zum Beispiel im peruanischen Nationalgericht *ceviche* wider, das dem japanischen Umgang mit rohem Fisch ähnelt. Das mag nach Fusionsküche klingen, aber die einmalige Küche Perus ist wie so vieles, das mit der Ernährung in Amerika zusammenhängt, das Ergebnis verschiedener Einwanderergruppen, die in diesem Fall einheimische Zutaten der Andenregion wie Mais, Chilis, Kartoffeln und pazifische Meeresfrüchte verwenden.

* Darüber wird unter Ernährungshistorikern und Anthropologen gestritten. Die Spuren der Herkunft von Tomate, Kartoffel, roter Paprika, Chili, Avocado und Mais sind uneindeutig und weisen mal nach Mexiko, mal nach Peru, Kuba oder in deren Nachbarländer. Man kann allerdings sicher sagen, dass all dies Zutaten der Neuen Welt sind, die aus Mittel- und Südamerika stammen und von den *conquistadores* im 16. Jahrhundert nach Europa gebracht wurden.
** Die afroperuanische Bevölkerung konzentriert sich an Perus Küste und in der Hauptstadt Lima. Wie in Brasilien, der Karibik und den Vereinigten Staaten hat diese Gemeinschaft in Peru Entscheidendes zur Prägung der Küche beigetragen, die eindeutig kreolisiert ist. Gerichte wie *cau cau*, ein Eintopf mit Kutteln, Kartoffeln, Chilis, Zwiebeln, Knoblauch und Kurkuma, erinnern an die großen Eintöpfe, die man in Westafrika findet, an die *paneladas* Brasiliens (Seite 381) oder den *gumbo* aus Louisiana – allerdings mit einem ganz speziellen Charakter, typisch für Peru oder die Anden.

Perus klassische Gerichte sind ein idealer Tummelplatz kreativer Köche, weil sie so leicht anzupassen sind. Das Marinieren spielt eine wichtige Rolle, und so kann man leicht die Mengen variieren oder weitere und andere Zutaten verwenden, wenn man Lust dazu hat. Ein gutes Beispiel ist *ceviche* – marinierte Meeresfrüchte. Die Grundzutaten sind immer frischer roher Fisch und eine Marinade aus Chili, Limette, Salz und Zwiebel. Allerdings kann man die Gewichtung der Komponenten ändern, den Fisch wechseln oder stattdessen Meeresfrüchte verwenden, unterschiedliche Mengen von Knoblauch, Ingwer, Mais, Avocados oder Tomaten zufügen oder noch etwas ganz anderes ausprobieren.

Bei meinem ersten *ceviche* war ich skeptisch. Roher Fisch mit Chilis, Zitrusfrüchten und rohen Zwiebeln? Es klang wie ein Gericht, das man ganz sicher nicht bei einem Rendezvous essen möchte (was ja auch nicht der Fall war) und das man auf Reisen (was tatsächlich der Fall war) besser mied. Ich weiß nicht, was ich erwartete, aber ich weiß ganz sicher, dass der *ceviche*, den ich schließlich probierte, alle Erwartungen übertraf. Er bestand aus Weißfisch und Hummer, Avocados, Mais, kleinen Tomatenstücken, hauchdünn geschnittenen roten Zwiebeln und, ja, Unmengen Chili und Limettensaft. Irgendwie war alles dabei, was an typisch südamerikanischen Zutaten so genial ist, um die allerfrischesten Meeresfrüchte noch zu verfeinern.

Ein weiteres Beispiel peruanischer Anpassungsfähigkeit in kulinarischen Dingen sind *anticuchos*, eine afroperuanische Spezialität, die ursprünglich aus Rinderherz gemacht wurde (die Spanier behielten das »gute« Fleisch für sich und überließen ihren Sklaven die Innereien). Das Fleisch wird in Würfel geschnitten, in Essig, *aji panca* (fruchtige Andenchilis), Knoblauch und Kreuzkümmel mariniert, auf Spieße gesteckt und gegrillt. Heute verwendet man auch Tintenfisch, Hühnerleber, Lachs und Tofu für *anticuchos*, doch das ursprüngliche Rezept mit Rinderherz zeugt vom Einfallsreichtum der Sklaven in Peru. (Diese soziale Abstufung prägt viele Küchen in der ganzen Welt. Vergleiche dazu die Kapitel Latium auf Seite 108 und China auf Seite 270.)

Eine moderne (und zwiebelfreie) Version des *ceviche* ist der *tiradito*, eher ein Carpaccio oder Sashimi aus dünn aufgeschnittenem Fisch. Er stammt eindeutig von der Nikkei-Gemeinde Perus, wird aber durch Beilagen aus der Andenregion wie weißen Mais quasi peruanisiert. Zu den Gerichten mit Meeresfrüchten gehört auch *chupe de camarones*, eine gebundene Krabbensuppe mit Saubohnen, Reis, Eiern und Oregano, die mit Kartoffelschnitzen serviert wird, sowie *jalea*, ein Berg von leicht panierten Meeresfrüchten oder Fisch, der dem *fritto misto* ähnelt. *Jalea* schmeckt wunderbar mit *salsa criolla*, einer Soße mit grob gehackten Zwiebeln, die in ganz Südamerika in verschiedensten Variationen gegessen wird (siehe Argentinien, Seite 390). Dazu werden rote Zwiebeln fein – *a la pluma* (»wie Federn«) – geschnitten und dann mit Koriander, *aji amarillo*-Chilis, Zitrone, Öl und Gewürzen mariniert. Diese »kreolische Soße« gehört als Würze zu zahllosen peruanischen Gerichten – von typischen Genüssen der Andenregion wie *humitas* und *tamales* (Seite 393) bis hin zu *lomo saltado* (geschnetzeltes, in der Pfanne gebratenes Rinderfilet) und *arroz con pato* (wörtlich: Reis mit Ente). All dies sind Gerichte, die mit ihrem Einsatz von angebratenem, geschnetzeltem Fleisch und aromatischen Gewürzen wie Kreuzkümmel, Knoblauch und Koriander auch der chinesischen Küche einiges verdanken.

Süße Gemüse wie Kürbis, Süßkartoffel und Yuca (auch als Kassawa oder Maniok bekannt – siehe Afrika und Brasilien, Seite 381) spielen in der peruanischen Küche eine große Rolle. Yuca kann man braten oder zu Brot verarbeiten – im *pan de yuca* verwandeln sich Yucastärke, Käse, Eier und Butter in ein einzigartig weiches und schwer verdauliches südamerikanisches Brötchen. Wurzelgemüse sind auch die Grundlage von *causas*, einem typisch peruanischen Gericht, das zwischen Terrine und Kartoffelkuchen angesiedelt ist. Fein gestampfte Kartoffeln, gelber Chili, Limette und Salz werden je nach Wunsch mit Zugaben wie Krabben, Thunfisch, Mayonnaise, Tomaten und Avocado geschichtet und mit *salsa criolla* übergossen.

Quinoa oder Inkareis ist eine Andenpflanze, die in großer Höhe wächst. Ursprünglich stammt sie wahrscheinlich aus Bolivien, wird aber auch im Hochland Perus, Argentiniens, Chiles, Ecuadors und Kolumbiens angebaut und gegessen. Quinoa ist eine phantastische Salatzutat oder Beilage zu Fischgerichten. Sie sieht zwar wie Getreide aus, ist aber botanisch gesehen ein Fuchsschwanzgewächs und hat einen Eiweißgehalt von bis zu achtzehn Prozent, sodass der Proteinwert etwa dem von Fleisch entspricht. Die Bauernfamilien in den Anden ernähren sich seit Jahrhunderten davon. (Quinoa ist in den letzten Jahrzehnten dank seines herausragenden Nährwerts in der entwickelten Welt enorm beliebt geworden, was zu Kontroversen wegen der möglichen Auswirkungen auf die Ernährung in den Herkunftsländern geführt hat.)

Eine sehr beliebte Süßspeise sind *picarones*, die man auch auf der Straße kaufen kann: kleine Teigkringel aus Kürbis und Süßkartoffeln mit einer Soße aus nicht raffiniertem Zucker, dem sogenannten *miel de chancaca* (ein honigartiger, mit Orangenschale aromatisierter Sirup). Ein *picarón* ist eigentlich ein frecher, aber praktisch unwiderstehlicher Mensch – ein sehr passender Name für diese frittierte Köstlichkeit und, wenn man bedenkt, dass *picar* im Spanischen »herumstochern« heißt, vielleicht auch eine angemessene Verkörperung Perus und seiner Küche. Ist das Land, das frech im kulinarischen Erbe seiner Einwanderergemeinden herumstochert, vielleicht selbst ein listiger *picarón*? Könnte diese Fähigkeit, fremde Traditionen aufzugreifen und mit der eigenen so nahtlos neu zu verschmelzen, das »Geheimnis« von Perus »geheimer Magie« sein?

Basisvorrat

Chili • Limette • Kreuzkümmel • Oregano •
Koriander • Petersilie • Weißfisch (Corvina, Zackenbarsch,
Scholle) • Krabben • Jakobsmuscheln • Tintenfische •
Avocados • weißer Mais • Süßkartoffeln • Kürbis •
Maniok (Yuca) • Sojasoße • Quinoa

Ceviche

Das peruanische Gericht schlechthin! Und mit mehr als 800 Variationen gibt es eindeutig mehr als genug Möglichkeiten, es nach seinem ganz persönlichen Geschmack zu optimieren. Sie suchen ein lebensbejahendes Essen? Ceviche ist es: die rohe Zwiebel, der Kick des Chili, das saure Prickeln des Limettensafts, der leckere rohe Fisch – alles im Zusammenspiel hellt die Stimmung auf und reinigt den Gaumen. Ich finde es schön, dass das Gericht so leicht zuzubereiten und so einfach anzupassen ist. Es macht einfach Spaß. Unten finden Sie Vorschläge, an welchen Stellen Sie sich einige kreative Freiheiten erlauben können. Sie könnten zum Beispiel versuchen, anstelle oder kombiniert mit der Limette eine andere Zitrusfrucht einzusetzen. Jason Atherton verwendet in seinem Restaurant Pollen Street Social die mandarinenähnliche, aber saurere Yuzu, und ich habe gehört, dass auch Grapefruit gut passt.

Für 4–6 Personen

500 g Weißfischfilets ohne Haut (z. B. Zackenbarsch, Scholle oder Schnapper)
Meersalzflocken
eine Handvoll rohe gepulte Krabben, rohes Hummerfleisch, rohe Jakobsmuscheln ohne Rogen
(falls gewünscht)
250 ml Limettensaft (etwa 15 Limetten), durchs Sieb gegeben, um das Fruchtfleisch zu entfernen
1 Knoblauchzehe, fein gehackt
1 Stück Ingwer, 1 cm groß, sehr fein gehackt
25 g Koriander, gehackt
2 kleine rote Zwiebeln, in feine Halbmonde geschnitten
1 Chili (wenn möglich gelb, aber grün geht auch), ohne Kerne und fein gehackt

Zum Servieren (optional)
1 große Hass-Avocado (reif, aber nicht musig), gewürfelt
2 Tomaten, halbiert, entkernt und gewürfelt
frischer Zuckermais, von einem Kolben geschnitten
600 g frisch enthülste Saubohnen, 5 Minuten in Salzwasser gekocht und aus der Haut gepellt

- Die Fischfilets für 20 Minuten in die Tiefkühltruhe legen. So lassen sie sich später präziser schneiden. Herausholen und in 2 cm dicke Stücke schneiden. Zusammen mit den Meeresfrüchten in Salzflocken wälzen und zur Seite stellen.
- Die Zwiebelscheiben eventuell ein paar Minuten in kaltem Wasser einweichen, das mildert den Geschmack etwas.
- Limettensaft mit Knoblauch, Ingwer und der Hälfte des Korianders vermischen. Die Mischung über den Fisch geben, dabei darauf achten, dass er gleichmäßig bedeckt ist. Eine Stunde in den Kühlschrank stellen, um den rohen Fisch zu »kochen«.
- Kurz vor dem Essen ein Bett aus Zwiebeln anrichten, den Fisch aus der Marinade heben und auf die Zwiebeln geben. Etwa die Hälfte der verbliebenen Marinade, in der Sie den Fisch »gekocht« haben, darübergießen, dann mit den Chilis und dem restlichen Koriander garnieren und servieren.

- An diesem Punkt zusätzliche Zutaten hinzufügen. Ich bin ein großer Fan von Avocado und Mais zu *ceviche*. Der Mais ist angenehm knackig, und die weiche Avocado rundet den Fisch wirklich schön ab.

Reis nach peruanischer Art

Arroz a la Peruana ist ein mildes Reisgericht mit dem typisch peruanischen weißen Mais (auch *choclo* genannt), Knoblauch, Salz und Pfeffer. Das macht den Reis ein bisschen interessanter, ohne dass er sich dadurch in den Vordergrund drängt. Wichtig ist vor allem, dass Sie den Reis in einer Pfanne zubereiten, sodass Sie die übrigen Zutaten leichter integrieren können.

Für 6 Personen

1 EL Olivenöl
1 Zwiebel, fein gehackt
2 Knoblauchzehen, sehr fein gehackt
400 g Langkornreis
500 ml Hühnerbrühe
frischer Zuckermais, von 3 Kolben geschnitten
75 g Erbsen (falls gewünscht)
30 g Butter
Salz
15 g glatte Petersilie, grob gehackt (falls gewünscht)

- Das Olivenöl in einer großen, tiefen Pfanne erhitzen und die Zwiebeln 5 Minuten lang dünsten. Dann den Knoblauch für eine Minute dazugeben. Den Reis hinzufügen und 3 Minuten lang unter Rühren anschwitzen.
- Brühe, Mais, Erbsen und Butter hinzugeben. Die Pfanne zudecken und sanft 20–25 Minuten kochen lassen, bis der Reis weich ist.
- Nach Geschmack würzen und mit Petersilie bestreut servieren.

Salsa criolla

Diese einfache Salsa ist ein Grundnahrungsmittel aus Perus heiliger Aroma-Dreifaltigkeit: rote Zwiebel, Limette und Chili. *Salsa criolla* wertet einfach alles auf, zuerst und vor allem Fischgerichte. Als Chili verwendet man eigentlich *aji amarillo* – wörtlich »gelber Chili« –, doch da es schwierig werden kann, ihn außerhalb Perus aufzutreiben, empfehle ich jeden milden bis mittelscharfen (und vorzugsweise leicht süßen) Chili, etwa frischen Jalapeño.

Für 6–8 Personen

3 kleine rote Zwiebeln, fein in Halbmonde geschnitten
2 milde Chilis (wie *aji amarillo* oder Jalapeños), ohne Kerne
und fein gehackt
15 g Koriander, gehackt
15 g glatte Petersilie, gehackt
Saft von 2 Limetten
1 EL Rotweinessig
3 EL Olivenöl
Meersalz und frisch gemahlener schwarzer Pfeffer

Alle Zutaten in einer Schüssel vermischen. Vor dem Servieren mindestens eine halbe Stunde kühl stellen, damit sich die Aromen vermischen. Und dann geht's los.

BRASILIEN

Tupí or not Tupí: that is the question.

Oswald de Andrade, *Manifesto Antropófago*

In seinem *Manifesto Antropófago* (zu deutsch: Anthropophagisches Manifest oder, weniger akademisch: Kannibalen-Manifest) schlug der brasilianische Dichter und Polemiker Oswald de Andrade 1928 vor, Brasilien solle andere Kulturen kannibalisieren, um die eigene voranzubringen. Er nutzte den brasilianischen Kannibalenstamm der Tupí als Symbol für die Vor- und Nachteile eines solchen kulturellen Kannibalismus und formulierte seine zentrale Frage ironisch in diesem Shakespeare-Vers. In den letzten Jahrzehnten hat Brasilien bis zu einem gewissen Grad die Kultur der Ersten Welt »konsumiert«, auch, um die Wahrnehmung des Landes im Westen zu verbessern; in den letzten zehn Jahren war es die am schnellsten wachsende Wirtschaftsmacht in Lateinamerika.

Dieses Assimilierungsprogramm hat vor dem Essen nicht haltgemacht. Die traditionellen Eintöpfe (eher Pfannengerichte, *paneladas* genannt) blubbern seit Generationen unauffällig auf dem Herd vor sich hin, doch Brasiliens junge Kosmopoliten interessieren sich mehr für die angeblichen Raffinessen italienischer und japanischer Nahrungsmittel. O fehlgeleitete Jugend! Die Schönheit der echten, authentischen brasilianischen Küche wird ganz offenbar unterschätzt, und das nirgendwo stärker als in Brasilien selbst. In den meisten brasilianischen Städten findet man Pizza, Pasta und Sushi im Überfluss, besonders im Süden, wo Sahnesoßen zu Spaghetti besonders beliebt sind (den gleichen Appetit auf Sahne und Käse als Basis der Speisen findet man auch in Argentinien, wie man zum Beispiel an der Pizza *la fugazza* auf Seite 391 sieht). Zu lange wurde hier kulinarisches Anderssein gepflegt, und weil so wenige Brasilianer etwas über die essbaren Schätze ihrer Heimat ausgeplaudert haben, scheiterte Brasilien am Aufbau einer internationalen kulinarischen Reputation, die es verdient hätte. Erst jetzt, mit dem Aufstieg von São Paulo zu einem gefragten Ziel für Gourmets aus aller Welt, mit Weltklasse-Köchen wie Alex Atala vom Restaurant D. O. M., beginnt sich das langsam zu ändern.[*]

Die brasilianische Köchin und Chocolatière Samantha Aquim, bekannt in Brasilien durch ihre Schokoladenmarke Aquim, versicherte mir, dass sich die Situation gerade wandelt und ein neues, sehr genuines brasilianisches Bewusstsein entsteht. Man ist wieder stolz auf alles, was den authentischen brasilianischen Lebensstil und die dazugehörige Kultur widerspiegelt. Sie sagt: »Bohnen, Samba und tanzende Mulattinnen sind nicht unser alltägliches Brasilien.« Glücklicherweise erlebt auch brasilianisches Essen gerade ein Revival und wird von denen, auf die es ankommt – nämlich den Brasilianern selbst –, wieder stärker gewürdigt.

Mit mehr als 8 Milllionen Quadratkilometern Fläche und fast 200 Millionen Einwohnern ist Brasilien allerdings schwer auf einen Nenner zu bringen. Die Menschen, die sich vor allem an der Küste drängen, sind eine Mischung aus Nachkommen verschiedenster indigener Gruppen wie etwa des Tupí-Stammes, europäischer Kolonisten (die seit dem 16. Jahrhundert dort siedelten) und schwarzer Sklaven, die im 18. Jahrhundert aus Westafrika verschleppt wurden.[**] Diese drei wichtigsten gesellschaftlichen Gruppen haben sich hier vielleicht stärker gemischt als in anderen Ländern, und so entstanden große Bevölkerungsgruppen, die sich selbst als Mulatten (mit schwarzen und weißen Vorfahren) und *caboclos* (mit indigenen und weißen Vorfahren) bezeichnen.

Geographisch umfasst Brasilien ein riesiges Gebiet aus Regenwald, Steppe, Buschland und Mangroven; kulinarisch kann man das Land grob in vier Regionen einteilen: Amazonasbecken, Nordosten, Südosten und Süden. Der Nordosten wie auch der Südosten Brasiliens lie-

---

[*] Alex Atala ist Besitzer und Küchenchef des D. O. M.-Restaurants in São Paulo, das 2013 bei den »50 Best Restaurants Awards« zum sechstbesten Restaurant der Welt gekürt wurde. Atala selbst war die Nummer 44 in der Liste der 100 einflussreichsten Menschen weltweit, die das *Time Magazine* jedes Jahr erstellt. Sein Kollege René Redzepi vom Restaurant Noma sagt: »Er hat sich der gewaltigen Aufgabe angenommen, eine bessere kulinarische Kultur für Lateinamerika zu entwickeln. Seine Philosophie der Verwendung heimischer, brasilianischer Zutaten in der Haute Cuisine hat den ganzen Kontinent fasziniert.«

[**] Fast 40 Prozent aller Sklaven, die aus Afrika nach Amerika gebracht wurden, sollen in Brasilien verkauft worden sein.

gen am Atlantik, jedoch werden im Bundesstaat Bahia im Nordosten mehr Meeresfrüchte als im Südosten gegessen. Eintöpfe wie *moqueca de peixe* aus Fischen mit festem weißem Fleisch wie Zackenbarsch, Schnapper und Goldmakrele *(mahi mahi)* sind dort besonders beliebt.

Trotz aller regionalen Unterschiede in der brasilianischen Küche gibt es allerdings ein gemeinsames Element, das auf die brasilianische Kultur der Geselligkeit hinweist – und das ist die *panelada*, jene in einer großen Pfanne zubereitete Mahlzeit, von der alle satt werden. Langweilig, meinen Sie? Ganz sicher nicht. *Paneladas* sind mit einer ganzen Palette an Aromen aufgeladen, um auch nach den ersten paar Bissen den Gaumen weiter bei Laune zu halten. »Wir kochen nicht für einen, wir kochen für zehn«, sagt Samantha Aquim. »*Comida de panela* ist Familienessen, aber deshalb nicht weniger interessant.«

Comida de panela gibt es in ganz Brasilien, wobei die Aromen und Zutaten von Region zu Region variieren. Meist ist Koriander dabei – der über viele Gerichte gestreut wird –, aber auch *colorau* oder *urucum* (die rötlich-gelben Samen des Annattostrauches, die dem spanischen Paprikapulver *pimentón* ähneln), getrocknetes Rindfleisch (als *carne de sol*, an der Sonne gedörrt, und als *carne seca*, gepökelt), und braun gerösteter Knoblauch. Während man Kochlehrlingen auf der ganzen Welt beibringt, Knoblauch niemals braun werden zu lassen, ist das in Brasilien oft der erste Schritt hin zu einem leckeren Gericht. *Feijoada*, das klassische brasilianische Bohnengericht (für das meine Freundin Gizane Campos unten ein Rezept beigesteuert hat), beginnt damit und wird wie so viele andere *panelada*-Gerichte mit Maniokmehl angedickt, der gemahlenen knolligen Wurzel der Maniokpflanze (auch als Kassawa oder Yuca bekannt), was dem Ganzen ein nussiges Aroma und eine mehlige Textur gibt. Das in ganz Lateinamerika und der Karibik zum Backen, Braten und in Eintöpfen verwendete Maniokmehl ist auch die wichtigste Zutat für die brasilianische *farofa*. Dieses mit Butter angereicherte geröstete Maniokmehl wird gern als Beilage zu *feijoada* und anderen Eintopfgerichten serviert.

Das Erbe der afrikanischen Diaspora (jener Einwohner, deren Vorfahren aus Gegenden des heutigen Kongo, Nigeria oder Angola stammen) prägt die Küche Nordbrasiliens mit Zutaten wie Palmöl (das hier *dendê*-Öl heißt) und Kokosnuss. Zwischen dem 16. und dem 19. Jahrhundert wurden etwa fünf Millionen Sklaven nach Brasilien gebracht, um das Land zu bearbeiten. Viele von ihnen landeten in den Zuckerrohrplantagen des brasilianischen Nordens – und dort ist ihr starker

Einfluss noch heute sehr deutlich spürbar. Besuchen Sie zum Beispiel Salvador da Bahia, wo die *baianas*, afrobrasilianische Frauen in ihren farbenfroh mit Perlen bestickten Kleidern *acarajé* verkaufen – Teigbällchen aus gemahlenen schwarzen Bohnen, die in Palmöl ausgebacken werden. Leckereien wie *bobó de camarão* (Garnelen-*panelada* in einer mit Maniok angedickten Soße) oder *casquinha de siri* (eine Vorspeise aus Krebsfleisch, Gemüse und Parmesan, die in Krebsschalen gefüllt werden) kombinieren die Meeresfrüchte des Nordens mit den kulinarischen Traditionen Afrikas und sogar noch mit einem Hauch Europa in Form des berühmtesten Käses der Emilia-Romagna zu einer verblüffenden Gesamtwirkung.

Im Süden kommen Meeresfrüchte mit weniger Aufwand auf den Tisch. Allerdings gibt es in Rio de Janeiro und São Paulo, den größten Städten des Südens, insgesamt eine Tendenz hin zu eher fadem Essen (Stichwort: schlechte Spaghetti!). Hier kommt auch wieder mehr Fleisch ins Spiel – das klassische Trio aus Fleisch, Bohnen und Reis schmückt so manchen Teller. Brasilianer lieben ihr Fleisch und vertilgen im Schnitt umso mehr davon, je weiter südlich sie leben. Richtung Argentinien stehen täglich Steak, Barbecues, Würste, Schweinefleisch und Hühnerherzen auf der Speisekarte. Ich erinnere mich an einen Besuch in einem brasilianischen Restaurant in London mit ein paar Freunden aus Belo Horizonte im mittleren Süden Brasiliens – und an mein Entsetzen, als ein Berg von geäderten Herzen aus der Küche gebracht wurde. (Angeblich eine Delikatesse – aber ich fürchte, als Ex-Vegetarierin bin ich zu zimperlich, sie zu probieren.)[*]

Die sieben Bundesstaaten des Amazonasbeckens im Norden und im Westen Brasiliens (Heimat des Tupí-Stammes, auf den Oswald de Andrade anspielte) besitzen ein einmaliges Spektrum an uralten Stammesgerichten exklusiv aus heimischen Zutaten. Für *colorau*, ein Gewürz, das süßem Paprikapulver ähnelt, werden die Beeren des Annattostrauches gemahlen. Damit werden vor allem die vielen Süßwasserfische gewürzt, etwa *surubim* (ein Flusswels, den man wie Lachs räuchern kann) und *tambaquí*, dessen festes weißes Fleisch man grillen oder kleingehackt zu *paneladas* geben kann. *Picadinho de tambaquí* mit Zwiebeln,

---

[*] Übrigens gehöre ich nicht zu den Menschen, die finden, dass man sich als interessierter Esser völlig von der eigenen kulinarischen Wohlfühlzone verabschieden muss. Man sollte sich durchaus immer mal wieder über lieb gewordene Ernährungsgewohnheiten hinwegsetzen, aber ich bin gegen eine unkritische Begeisterung für alle essbaren Neuheiten, je verrückter, desto besser.

Knoblauch, scharfem Chili, Kokosmilch und Palmöl ist ein Beispiel einer solchen *panelada*, die mit Reis, *farofa* und dem allgegenwärtigen lokalen Würzkraut *jambú* (salbeiähnlich) serviert wird. *Jambú* hat eine irritierende, leicht betäubende Wirkung im Mund. *Jambú*-Blätter gehören (neben Chicoree und geriebenem Maniok) auch in eine Soße für marinierte und gebratene Ente, ein Gericht namens *pato no tucupí*.

Brasiliens kulinarische Vielfalt kann hier nicht ausreichend abgebildet werden, schon weil viele Zutaten nur dort zu bekommen sind. Glücklicherweise können Sie aber die Rezepte, die ich für Sie gesammelt habe, in der eigenen Küche nachkochen, nicht zuletzt auch Samantha Aquims ebenso unfassbar leckeres wie unfassbar einfaches Rezept für Schokoladenmousse. Mehrere Hundert Kakaosorten wachsen in Brasilien. Ausländische Schokoladenproduzenten kaufen einen Großteil der Ernte auf (und schwächen deren vollen natürlichen Geschmack mit Milch und Vanille ab), aber einiges bleibt auch im Lande – für heimische brasilianische Leckerbissen wie *brigadeiros*, Trüffel mit Kondensmilch, die in ihrer Textur Brownies ähneln. Einfach göttlich!

Brasiliens Image – vom Karneval bis zu den Favelas und den »Bohnen, Samba und tanzenden Mulattinnen«, von denen Samantha Aquim sprach – ist nur eine Seite der Geschichte: die Karikatur. Wenn wir noch einmal auf Oswald de Andrade zurückkommen, so hat Brasilien vielleicht andere Kulturen kannibalisiert, um selbst voranzukommen, aber ich hoffe, dass die jetzt folgenden Rezepte Sie davon überzeugen, dass das Land auch eigene, heimische Köstlichkeiten besitzt, denen es sich dringend wieder zuwenden sollte. Mit einem solchen reichen Erbe und solchen Landschaften, die die unterschiedlichsten kulinarischen Möglichkeiten bieten, gehört Brasilien ganz sicher zu den kulinarischen Mächten, die man im Auge behalten muss.

Basisvorrat

Koriander • *colorau* (wie süßer Paprika) • Kokosmilch •
Maniok • Maniokmehl • Rindfleisch, gepökelt oder an der
Sonne gedörrt • *bacalhau* • Süßwasserfisch im Norden, Seefisch an der Küste (Zackenbarsch, Schnapper und Goldmakrele) •
schwarze und braune Bohnen • *dulce de leite*

Eintopf aus schwarzen Bohnen

Dieses auf Portugiesisch *feijoada* genannte Gericht ist ein brasilianisches Grundnahrungsmittel und eine typische *panelada*, mit der man gut eine große Gruppe satt bekommt. Mit den Worten meiner Freundin Gizane Campos, die dieses Rezept beigesteuert hat: »*Feijoada* macht man nie für nur zwei Leute – es ist ein sehr herzhaftes Gericht, und man sollte es mit einer großen Gruppe Freunde bei einem langen Mittagessen genießen – am besten an einem Samstag oder Sonntag, wenn man hinterher noch Siesta halten kann!« Wie bei allen Eintöpfen sind eventuelle Reste auch ein tolles Abendessen oder Mittagsmahl für den nächsten Tag. Die authentischen Zutaten finden Sie in portugiesischen oder brasilianischen Läden, gute Alternativen dazu in Feinkostgeschäften und Supermärkten. (Gizane schlägt vor, die *feijoada* mit fein geschnittenem Frühlingskohl, Zwiebeln und Knoblauch, zusammen etwa fünf Minuten angeschwitzt, sowie mit gekochtem Reis und ein paar Orangenscheiben zu servieren.)

Für 8–10 Personen

1 kg getrocknete schwarze Bohnen
400 g an der Sonne getrocknetes Rindfleisch, in Stücke geschnitten, oder 400 g geräucherte Schweinerippchen
400 g geräucherter durchwachsener Speck, in Würfel geschnitten
8 EL Olivenöl
2 Zwiebeln, fein gehackt
6 Knoblauchzehen, fein gehackt
300 g große geräucherte Wurst, in große Würfel geschnitten (portugiesische Wurst ist die beste, aber auch Chorizo ist eine gute Alternative)
300 g kleine, würzige portugiesische Wurst oder 'nduja
(hier reichen auch normale Würstchen, wenn keine scharf gewürzten zu bekommen sind)
400 g gesalzene Schweinerippchen (oder jedes andere Stück Schweinefleisch am Knochen)
1 EL frisch gemahlener schwarzer Pfeffer
5 Lorbeerblätter
1 Orange, geschält, ganz
1 Schuss Cachaça (nicht unbedingt nötig, aber empfohlen)
1 Orange zum Servieren, geschält und in Spalten zerteilt

- Die Bohnen, das Dörrfleisch bzw. die geräucherten Schweinerippchen und den Räucherspeck in getrennten Schüsseln über Nacht in kaltem Wasser einweichen. Das Wasser am Morgen austauschen und das Fleisch weiter einweichen, um überflüssiges Salz und Fett zu entfernen.
- Die Bohnen abgießen und in einem sehr großen Topf mit kaltem Wasser ansetzen. Bei mittlerer Hitze zum Kochen bringen, dann 30 Minuten köcheln lassen, bis sie weich sind.
- Das eingeweichte Rindfleisch (oder die geräucherten Schweinerippchen) und den Räucherspeck gut abspülen, dann zu den Bohnen geben und noch einmal 30 Minuten kochen.
- Inzwischen einen sehr großen, schweren Topf erhitzen und das Olivenöl hineingießen, sodass es den ganzen Boden bedeckt. Zwiebeln und Knoblauch dazugeben und anschwitzen, bis sie weich sind. Die Würste, die gesalzenen Schweinerippchen, schwarzen Pfeffer und Lorbeerblätter zufügen. Die gekochten Bohnen und das Fleisch hineinschütten und mit Wasser auffüllen, bis alles bedeckt ist. Die geschälte Orange in die Mitte des Topfes geben. Den Eintopf 1,5 bis 2 Stunden oder länger köcheln lassen, dabei Wasser angießen, falls nötig, bis das Fleisch vom Knochen fällt. Kurz vor dem Servieren die Lorbeerblätter herausfischen, einen Schuss Cachaça dazugeben und mit den Orangenspalten servieren.

Garneleneintopf

Dieses Rezept stammt von der Köchin Samantha Aquim und ist, dem *panelada*-Anspruch folgend, eine große Familie satt zu kriegen, für einen großen Tisch mit vielen Gästen ausgelegt. *Bobó de camarao*, wie dieser Eintopf auf Portugiesisch heißt, besteht aus Garnelen und Maniokpüree mit Kokosmilch und Gemüse. Wie viele ähnliche Gerichte wird er mit Palmöl, im brasilianischen Portugiesisch *dendê* genannt, aromatisiert und traditionell mit weißem Reis serviert, kann aber auch als Beilage dienen. Der Garneleneintopf ist eines der vielen typischen Rezepte aus dem brasilianischen Bundesstaat Bahia, der stark afrobrasilianisch geprägt ist. Maniok finden Sie in Asia-Läden (und einigen Supermärkten), Palmöl ist online bestellbar. Wenn Sie es nicht bekommen, können Sie auch Sonnenblumenöl verwenden.

Für 8–10 Personen

1 kg Maniok, geschält und in Spalten geschnitten
500 ml Kokosmilch
30 ml Palmöl (oder Sonnenblumenöl)
1 kg frische Garnelen, geschält und geputzt
50 ml extra natives Olivenöl
1 weiße oder gelbe Zwiebel, in dünne Scheiben geschnitten
3 Knoblauchzehen, fein gehackt
½ kleine gelbe Paprika, entkernt und der Länge nach in Streifen geschnitten
½ kleine rote Paprika, entkernt und der Länge nach in Streifen geschnitten
1 kg Tomaten ohne Haut, in Würfel geschnitten
Meersalz und frisch gemahlener schwarzer Pfeffer
glatte Petersilie und Koriander, gehackt, zum Bestreuen
Frühlingszwiebeln, gehackt, zum Bestreuen

- Maniok etwa 20 Minuten in Salzwasser kochen, bis sie weich sind (wie Kartoffeln), dann abgießen, zusammen mit der Kokosmilch pürieren und zur Seite stellen.
- Die Garnelen (portionsweise, falls nötig) bei hoher Temperatur in zwei EL Palm- oder Sonnenblumenöl mit etwas Salz und Pfeffer kurz anbraten, dann in eine Schüssel umfüllen und zur Seite stellen.
- Das Olivenöl in einer Pfanne erhitzen und die Zwiebel etwa 30 Sekunden anschwitzen, dann den Knoblauch und die Paprika zugeben und noch einmal etwa 5 Minuten anbraten. Wenn alle Zutaten weich sind, die Tomaten zugeben und die Mischung köcheln lassen, bis die Flüssigkeit verdampft ist.
- Den Rest des Palmöls zugeben und ein paar Minuten rühren, um es gut zu verteilen. Dann die Mischung aus Maniok und Kokosmilch zugeben und 2–3 Minuten köcheln lassen. Die Masse sollte eine cremige Konsistenz haben; wenn sie zu fest ist, noch etwas Kokosmilch zugeben.
- Die Garnelen hineingeben, nach Geschmack würzen und vor dem Servieren mit frischen Kräutern und Frühlingszwiebeln garnieren.

Kräftige Schokoladenmousse mit Kakao-Nibs

Dieser leichte und leckere Nachtisch stammt von Köchin und Chocolatière Samantha Aquim, er hat meine Familie schon mehrfach zu Begeis-
terungsstürmen hingerissen. Außerdem ist er schnell zubereitet, sofern
man Zugang zu Kakao-Nibs* hat, die man notfalls im Internet bestellen
kann, wenn man sie nicht im Supermarkt bekommt.

Für 4 Personen

70 g dunkle Schokolade (wenigstens 70 % Kakao)
2 große Eiweiße
30 g feiner Zucker
195 ml Crème double
20 g Kakao-Nibs, und noch ein paar mehr zum Garnieren

- Die Schokolade im Wasserbad schmelzen. In etwa 15 Minuten auf Zimmertemperatur abkühlen, aber nicht wieder hart werden lassen.
- Die Eiweiße in einer anderen Schüssel mit dem Zucker 5 Minuten lang
schaumig schlagen, bis sich das Volumen verdreifacht hat und die Masse
luftig leicht ist. Die geschmolzene Schokolade und dann die Sahne mit
dem Mixer hineinrühren.
- Die Kakao-Nibs unterheben, in eine große Servierschüssel oder vier kleine
Schüsselchen umfüllen, ein paar Nibs als Garnierung darüberstreuen und
vor dem Servieren noch eine Stunde in den Kühlschrank stellen.

---

* Kakao-Nibs sind aufgebrochene rohe Kakaobohnen mit einem hohen Gehalt an Mineral-
stoffen wie Magnesium und Eisen.

ARGENTINIEN

Bruce Chatwins Buenos Aires ist eine Stadt
der Widersprüche, so absurd, dass die
»breiten Hüften«, »protzigen Statuen« und die
»Zuckerbäckerarchitektur« zur Karikatur werden. Seine Wahrnehmung der Stadt steht im
krassen Gegensatz zur Weite und Härte der
Wildnis Patagoniens, einer vielleicht vertraute-
ren Vorstellung von Argentinien: »Wir einigten
uns auf Patagonien als den sichersten Platz auf
Erden. Ich stellte mir ein niedriges sturmfestes
Holzhaus mit einem Schindeldach vor, in dem das Kaminfeuer loderte
und an den Wänden die schönsten Bücher standen, einen Ort, wo man
leben konnte, wenn die übrige Welt in die Luft flog.«

Chatwins Schilderung seiner argentinischen Reise mit all ihren Wi-
dersprüchen verrät tatsächlich eine Wahrheit über dieses Land an der
Spitze Südamerikas, das sich über fast 3700 Kilometer vom patagoni-
schen Hinterland (das Chatwin als »den abgelegensten Winkel der
Erde« beschreibt) über die Pampa mit weidenden Rindern in der Mitte
bis hin zu den Grenzen mit Bolivien, Peru, Chile, Brasilien in den Anden erstreckt. Besucher erleben in Argentinien vielleicht stärker als irgendwo sonst in Lateinamerika das Aufeinanderprallen der Alten und
der Neuen Welt, der Europäer und der Ureinwohner, eine einzigartige
Kultur, die diese – meist gegensätzlichen – Einflüsse hervorgebracht
haben. Argentinien ist praktisch überall von Meer und Gebirge umge-

ben. Über Ersteres kamen im 19. und in der ersten Hälfte des 20. Jahrhunderts Hunderttausende Europäer ins Land, Letzteres – die Anden – hielt sie davon ab, weiter nach Westen in die Nachbarländer zu ziehen.

Argentiniens Bevölkerung sieht ganz anders aus und klingt ganz anders als die des benachbarten Chile. Die meisten Argentinier haben im Stammbaum ein paar italienische, spanische, französische oder deutsche Vorfahren. So ist zum Beispiel etwa die Hälfte der argentinischen Bevölkerung italienischer Abstammung, was man an dem singenden Tonfall hört, mit dem hier spanisch gesprochen wird, an den italienischen Nachnamen* und an einer weitverbreiteten Vorliebe für Pizza und *helado* (Eiscreme). *La fugazza* ist eine heiß begehrte, mit gerösteten weißen Zwiebeln, Mozzarella und Parmesan belegte Pizza; und die beliebteste Eiscreme hat den typisch argentinischen Geschmack von *dulce de leche* (ein extrem süßer, klebriger Karamell aus – meist – Kondensmilch, der praktisch allgegenwärtig ist), die mit alten europäischen Rezepten kombiniert wird.

Aber langer Rede kurzer Sinn: Es sind ja nicht Pizza oder Eiscreme, die wir instinktiv mit Argentinien assoziieren, oder? Nein, wir denken an Steaks oder an die *asado*-Kultur, bei der bluttriefende, üppige Stücke vom Rind nur so lange auf dem Grill brutzeln, bis sie, innen noch leicht blutig, mit einem Malbec hinuntergespült werden. (Tatsächlich bilden Rindersteaks und Malbec-Rotwein ein ideales Team und sind die wichtigsten Nahrungsmittel-Exportgüter Argentiniens.) Seit Mitte des 20. Jahrhunderts ist das Steak praktisch gleichbedeutend mit Argentinien, das romantische Vorstellungen des Argentiniers im Sattel – damals als Gaucho, heute als Polospieler – heraufbeschwört. Essbare Sehnsucht. In dem Film *Die Reise des jungen Che* beschreibt Ernesto »Che« Guevara die argentinische Ernährung als eine insgesamt eher »kostspielige« Angelegenheit, wenn man sie mit anderen Andenküchen vergleicht, von deren Gerichten er und Alberto Granado sich auf dem Rest ihrer Reise ernährten.** Argentinisches Essen ist im Vergleich dazu »königlich«.

* Ein nettes Beispiel dafür ist das berühmte Weingut Luigi Bosca. »Luigi« hat es offenbar nie gegeben. Man wählte diesen typisch italienischen Namen, um die vielen Italiener anzusprechen, die zu Beginn des 20. Jahrhunderts nach Argentinien kamen.
** Von Buenos Aires aus reisten Guevara und Granado mit dem Motorrad durch die Anden, die Atacama-Wüste und das Amazonasbecken bis zur Karibik hinauf. Sie legten dabei mehr als achttausend Kilometer auf südamerikanischem Boden zurück und beobachteten, wie sich die Umwelt und das Leben der Menschen von einem Land, einer Klimazone und einer Kultur zur anderen änderten.

Steaks gibt es überall in Argentinien, aber vor allem bringt man das Rindfleisch mit La Pampa in Verbindung, dem riesigen, über 750 000 Quadratkilometern umfassenden Grasland im Herzen des Landes – gleich hinter Buenos Aires. Unendliche Weiten und sattes Grün machen die Pampa zu einem wunderbaren Weideland für einige der besten Rinderrassen der Welt, die die Argentinier in eine ganze Palette von Steaks und sonstigen Fleischprodukten verwandeln. Heute genießt man argentinisches Rind überall auf der Welt, aber nirgends in solchen Mengen wie in Argentinien selbst, wo Vegetarier eine Seltenheit sind und jeder im Durchschnitt 58,8 kg Rindfleisch pro Jahr verspeist.[*] Diego Jacquet, der argentinische Besitzer und Küchenchef des Restaurants Zoilo im Londoner West End, sagt vom Rindfleisch aus der Pampa, dass es »eindeutig zum besten Fleisch auf der Welt zählt. Die Textur ist wunderbar, weil die Rinder so viel Platz haben – ihre Muskeln können das Fett auf eine ganz besondere Weise verbrennen.«

Wenn Argentinier eine *parilla* (ein Grillrestaurant im traditionellen Stil) besuchen oder ein *asado* zu Hause machen, essen sie oft einfach Fleisch und kaum etwas dazu, was den Durchschnittseuropäer – ganz zu schweigen von einer gescheiterten Vegetarierin wie mir – in Erstaunen versetzt. Aber beim argentinischen Fleisch sind der Vielfalt keine Grenzen gesetzt. Große *asados* sind von schauriger Schönheit, sie sind regelrechte Fleischmosaiken: gewaltige Rinderfilets, langsam garende Rib-Eye-Steaks neben wilden Wurstknäueln (vor allem eine Blutwurst namens *morcilla* oder auch Chorizo, die man oft mit einem Stück geschmolzenem Käse, *provoleta*, isst), *mollejas* (Kalbsbries) und ganzen Bergen von Innereien. (Offenbar ist das Vertilgen aller Fleischteile eines Tieres in Argentinien keine ethische Entscheidung und keine Modeerscheinung wie in Großbritannien, sondern die kulturelle Basis.) Gegessen wird das Fleisch von richtig blutig bis ganz durch und in unendlich vielen Abstufungen dazwischen.

Dazu werden normalerweise zwei Soßen serviert: *chimichurri* und *salsa criolla*. Erstere ist typisch argentinisch, besteht unter anderem aus Olivenöl, frischem Oregano, weißen Zwiebeln, Tomaten, Petersilie, Knoblauch und mildem Chili – in Buenos Aires kommt noch Tomatensoße dazu, in bergigen Regionen wie Mendoza vielleicht *tomillo* (Thy-

---

[*] Laut *New York Times* aßen die Argentinier 2012 im Schnitt 58,8 Kilogramm Rindfleisch pro Kopf. Das ist mehr als das Doppelte des amerikanischen Durchschnitts von 26 Kilogramm. Und doch ist es ein deutlicher Rückgang von den 100 Kilogramm, die jeder Argentinier zu Spitzenzeiten im Jahr 1956 konsumierte.

mian) oder *romero* (Rosmarin). Die *salsa criolla* gibt es in verschiedenen Variationen überall in Lateinamerika – in Peru zum Beispiel (Seite 373) oder in der Karibik (Seite 364) gibt es Soßen gleichen Namens. Für Argentinien hat Diego Jacquet ein Rezept für *chimichurri* beigesteuert. Darin zeigt er Ihnen, wie man ein Steak zubereitet und auch isst wie ein Gaucho.

Die Qualität des argentinisches Fleisches und die weltbekannte *asado*-Kultur haben dazu beigetragen, dass die anderen, eher regionalen Küchen des Landes auf der Weltbühne stark in den Hintergrund gerückt sind. Doch die argentinische Kochkunst hat viele Facetten: Patagonien im Süden und Salta im Norden haben beide eine jeweils eigene Küche, mit besonderen Gerichten bis hin zu regionalen Versionen nationaler Rezepte. Ein Beispiel sind die *empanadas*: kleine Teigtaschen mit Rindfleisch, Käse (einer Mischung aus einem Weichkäse und einem etwas wabbeligen weißen Käse, den die Argentinier »Mozzarella« nennen) oder in Patagonien mit Fisch, Meeresfrüchten und Pilzen. Der Fleischanteil variiert von Region zu Region. In Buenos Aires ist das Verhältnis von Fleisch zu Zwiebeln etwa doppelt so hoch wie in Mendoza[*], wo das Ganze üblicherweise noch mit Kreuzkümmel verfeinert wird – und vielleicht noch mit ein paar Oliven und Eiern.

Wie *empanadas* findet man auch *tamales* mit Unterschieden von Land zu Land in ganz Südamerika. In Argentinien sind sie eine Spezialität der Andenregion, besonders der Provinzen Salta und Jujuy im Norden an der Grenze zu Chile und Bolivien. Diese kleinen Pakete aus Maisteig (*masa de maíz* – dieselbe Maismischung, die anderswo in Amerika auch für Tortillas verwendet wird) enthalten Hackfleisch vom Lamm, Rind oder Schwein, werden in ein Maisblatt eingewickelt und dann gekocht oder im Dampf gegart. Die ähnlichen *humitas* – eine Mischung aus frischem Mais, Zwiebeln, grüner und roter Paprika, Gewürzen und manchmal ein bisschen Käse oder Hühnerfleisch – werden in eine Maishülle eingepackt und im Ofen gebacken. Die Textur gegarter *masa* ist ganz typisch für die Andenregion – ein bisschen schwer, gröber als Polenta, aber fein genug, um einen klebrigen Teig daraus zu machen.

[*] Mendoza ist eine Stadt und auch eine Provinz im Westen Argentiniens an der chilenischen Grenze. Mendoza ist das Weinland Argentiniens, international bekannt für seine kräftigen Malbecs mit ihren Brombeer-, Veilchen- und Vanillenoten. Das bewässerte und kultivierte Land bringt neben tollen Weinen ebenso gutes Gemüse (etwa saftige Tomaten) hervor.

Nordargentinien besitzt die vielleicht markanteste Küche des Landes. In ihr spiegeln sich die härteren Lebensumstände (als in der Pampa) wider: extreme klimatische Bedingungen, zerklüftete Berge und Mangel an Wasser. Eintöpfe und Gerichte aus einem Topf liefern zweckmäßige, nahrhafte Mahlzeiten, etwa *carbonada* (Rindfleisch, Mais, Kartoffeln und Früchte wie Pfirsiche oder Birnen, alles zusammen in einem ausgehöhlten Kürbis serviert) und *locro* – der berühmteste argentinische Eintopf überhaupt. Einem spanischen *cocido* nachempfunden, enthält *locro* Fleisch, Speck, Wurst, Kürbis, Mais und Getreide – eine deftige Mahlzeit voller lokaler Zutaten aus einem einzigen Topf.

Der einzige Fisch, den man in ganz Argentinien bekommt, ist die ziemlich beliebte Regenbogenforelle *(trucha)*, die meist in künstlich angelegten Seen gezüchtet wird. Man kann sie backen, grillen, braten oder *en papillote* zubereiten (mit heimischen Gewürzen und ein paar Gemüsen in einer Hülle gegart). Es überrascht, dass die Argentinier verglichen mit ihren chilenischen Nachbarn so wenig Fisch essen, obwohl doch beide Länder lange Küsten besitzen.[*] Die argentinische Kultur hat sich nun einmal um Gauchos und Rindfleisch-Rituale herum entwickelt – die sonntäglichen *asados*, die *parrillas* und *choripan*-Buden[**] –, die die meisten Menschen bis heute prägen.

Die patagonische Küche bietet das Essen in Argentinien mit den wenigsten typisch südamerikanischen Merkmalen. Sie beruht weder auf Maismehl noch auf Steaks als wichtigsten Zutaten, sondern hat sich den Beschränkungen und Möglichkeiten eines raueren Klimas angepasst. Lamm, Wildschwein und Sammelgut wie Pilze und Beeren erinnern eher an die skandinavische oder die deutsche Küche und verweisen auf ganz andere Einwanderergemeinden als in den anderen Landesregionen. In Patagonien verschieben sich die kulturellen Einflüsse auf die Gastronomie weg vom Italienischen und hin zum Mittel- und Nordeuropäischen. Neben Wild und Konserven zählen dazu eine Art Anden-Fondue, Strudel und Crêpes mit Waldbeeren. Der Boden eignet sich ideal zum Anbau von Pinot Noir – die Region produziert einige wirklich tolle Weine.

[*] Chile liegt in seiner ganzen Länge am Pazifik, einer reichen Quelle für Fisch und Meeresfrüchte wie Scheidenmuscheln, Jakobsmuscheln und Hummer. Doch abgesehen von der Vielfalt an Meeresfrüchten hat Chile einfach nicht die großen Landflächen, um so viele Rinder zu ernähren wie Argentinien.

[**] Chorizo-Wurst mit Brot und *chimichurri* wird in Buenos Aires überall bei Fußballspielen oder auch an Imbissständen in Parks verkauft.

Mate, das koffeinhaltige heiße Getränk, das die Argentinier (und noch fanatischer die Uruguayer) so lieben, wird eigentlich tagein, tagaus das ganze Jahr getrunken. Es besteht aus den Blättern des *mate*-Strauchs, einer immergrünen, in Südamerika heimischen Pflanze. Die Blätter werden getrocknet, zu Pulver zermahlen und in einem besonderen Gefäß (das ebenfalls *mate* heißt) mit heißem Wasser aufgegossen. Dieses Gebräu wird dann durch ein Trinkrohr aus Metall, die *bombilla*, getrunken und immer wieder mit Wasser aufgefüllt, sodass der Inhalt allmählich schwächer wird. Ich persönlich trinke *mate* lieber mit ein bisschen Zucker, was echte Fans natürlich entsetzlich finden. (Was ich durchaus verstehe! Ich bin einfach ein furchtbarer Snob, wenn es um Zucker im Tee geht.) *Mate* oder Kaffee passen wunderbar zu einem Frühstück aus einem mit *dulce de leche* bestrichenem Brot oder einem *alfajor* – einem argentinischen Keks aus Mürbeteig. Man bekommt sie in verschiedenen Geschmacksrichtungen, aber klassisch bestehen sie aus zwei Keksen mit einer weichen Füllung aus – Überraschung! – *dulce de leche*.

Die argentinische Küche ist komplizierter, als man auf den ersten Blick vermutet: Das Kochen mit Bananenblättern und Maismehl erfordert eine gewisse Übung, ganz zu schweigen von den Problemen, die Zutaten zu bekommen. Ich würde vorschlagen, dass wir es bei unserem ersten Ausflug erst einmal langsam angehen und in wirklich gutes Kronfleisch und frische Kräuter für ein *asado* und ein Glas guten Malbec investieren, um einfach, aber »königlich« zu speisen. Wenn Sie abenteuerlustiger sind, versuchen Sie doch mal, mit Hilfe von Maricel Presillas Rezept Ihren eigenen *dulce de leche* herzustellen, und vielleicht sogar, diese Creme in Speiseeis einzuarbeiten, damit Sie eine leckere Karamellbombe vorrätig haben, wann immer Sie sie brauchen. Aber denken Sie dran: Immer schön schlank bleiben!

Basisvorrat

Steak • Forelle • Quinoa • weißer Käse (*provoleta,*
Käse nach Mozzarella- und Parmesanart*)* • Blutwurst
(morcilla) • Kalbsbries • weißer Mais • milder Chili •
dulce de leche

Gegrilltes Kronfleisch mit Chimichurri, Knoblauch und Tomaten

Hier also Diego Jacquets Steakrezept mit *chimichurri*, der Soße schlechthin in Argentinien. Wie bei allen unkomplizierten Gerichten müssen die Zutaten von überragender Qualität sein. Es hat keinen Sinn, es auszuprobieren, wenn Sie nicht auf ein wirklich gutes Stück Kronfleisch (aus dem Zwerchfell) zurückgreifen können. Wenn Sie eines haben, passen Sie während der (kurzen) Zeit auf dem Feuer – Holzkohle, Grillpfanne oder Ähnliches – gut darauf auf, um ganz sicherzugehen, dass das Fleisch *al punto* ist (genau so, wie Sie es sich wünschen). Ich bevorzuge mein Steak *medium rare*. Machen Sie den *chimichurri* möglichst früh, damit sich der Geschmack entfalten kann – je früher, desto besser.

Für 6 Personen

Für den Chimichurri

6 Knoblauchzehen, fein gehackt
40 g glatte Petersilie, fein gehackt
15 g Oregano, fein gehackt
4 Frühlingszwiebeln, fein gehackt
½ EL Chiliflocken
1 TL Paprikapulver
Saft von 2 Zitronen
50 ml Balsamico-Essig
30 ml extra natives Olivenöl
Meersalz und frisch gemahlener schwarzer Pfeffer

Für die Steaks

6 Pflaumentomaten, in zwei Hälften geschnitten
3 Knoblauchzehen, fein gehackt
50 ml extra natives Olivenöl
3 Skirtsteaks aus dem Kronfleisch (Zwerchfell), pariert
(jeweils etwa 400 g)

- Für den *chimichurri* alle Zutaten mit Ausnahme von Olivenöl, Meersalz und Pfeffer in einer Schüssel gut vermischen und bei Zimmertemperatur eine Stunde stehen lassen. Dann mit einem großen Schuss Olivenöl verquirlen und mit Meersalz und frisch gemahlenem schwarzem Pfeffer würzen; noch einmal durchrühren und bei Zimmertemperatur stehen lassen, damit sich die Aromen verbinden.

- Die Tomaten mit dem Knoblauch in eine Schüssel geben und so viel Olivenöl hinzufügen, dass alles gut überzogen ist. Mit Meersalz und frisch gemahlenem schwarzem Pfeffer würzen und über Nacht stehen lassen.
- Das Fleisch aus dem Kühlschrank nehmen und innerhalb von einer oder zwei Stunden auf Zimmertemperatur bringen. Vor dem Braten nicht würzen, sondern besser erst während der Zubereitung.
- Wenn Sie einen Grill verwenden, gut anheizen. Alternativ eine Grillpfanne bei mittlerer bis hoher Temperatur vorheizen. Zunächst die Tomaten bei niedriger Temperatur auf dem Grill oder in der Grillpfanne zubereiten, bis sie erste schwarze Flecken bekommen, also etwa 6–8 Minuten lang. Dann die Steaks in der Mitte des Grills oder der Pfanne 4 Minuten pro Seite braten, bis sie außen gut braun sind. Beim Wenden würzen. Dann in Alufolie einwickeln und 5 Minuten ruhen lassen – das Fleisch gart weiter und ergibt schließlich ein halb durchgebratenes Steak *(medium)*. Wenn Sie es roher mögen, braten Sie es nur 2–3 Minuten pro Seite und für ein durchgebratenes Steak *(well done)* 5 Minuten pro Seite.
- Zum Schluss die Steaks quer zur Faserrichtung in diagonale Streifen schneiden, mit den gegrillten Tomaten auf eine große Platte legen und mit großen Mengen *chimichurri* beträufeln.

Dulce de leche

Sie können es sich bei *dulce de leche* ganz einfach machen, indem Sie eine geschlossene Dose Kondensmilch im Wasserbad kochen! Doch der echt argentinische Weg ist fast genauso unkompliziert und führt zu eindeutig besseren Ergebnissen, die Erwachsene und Kinder gleichermaßen begeistern werden. Hier ist Maricel Presillas Rezept aus ihrem Buch *Gran Cocina Latina*. Sie hat die Zubereitung von einer alten Frau aus dem Nordosten Argentiniens gelernt, einer Region, in der noch die alte *Criollo*-Küche gepflegt wird. Sie gab ihr den Tipp, einen Teil des Zuckers zu karamellisieren, bevor die Milch dazukommt – so bekommt die Masse eine satte, dunkle Farbe. Maricel legt großen Wert darauf, dass man am Herd bleibt, während das Ganze kocht – man muss ein Auge darauf haben, vor allem gegen Ende –, und sie empfiehlt ein Zuckerthermometer (falls Sie so etwas besitzen), damit die Flüssigkeit sicher nicht heißer wird als 107°C. Eine Variation dieses Rezeptes wäre eine mexikanische *cajeta*, für die man eine Mischung aus Kuh- und Ziegenmilch verwendet und diese nicht über 105°C erhitzt, damit die Masse flüssig bleibt.

Ergibt 1,5 Liter

1,2 kg feiner Zucker
4 Liter Vollmilch
1 Vanilleschote, der Länge nach aufgeschnitten
1 TL Backnatron

- Einen großen, schweren Kochtopf bei mittlerer Temperatur einige Minuten erhitzen. 50–100 g Zucker hineingeben (100 g ergeben eine sehr schöne dunkelgoldbraune Farbe wie *café con leche*). Unter Rühren weiter erhitzen, bis der Zucker karamellisiert.
- Die Milch zusammen mit dem restlichen Zucker, der Vanilleschote und dem Backnatron schnell unterrühren, dabei Spritzer vermeiden. Die Milch wird hellbeige.
- Noch etwa anderthalb Stunden kochen lassen, dabei gelegentlich umrühren. Dann den Topfinhalt aufmerksam beobachten und häufiger rühren. Wenn die Mischung anfängt, kontinuierlich Blasen zu werfen, einige Tropfen auf einen Teller geben, um zu sehen, ob sie auseinanderfließen oder stabil bleiben (oder ein Zuckerthermometer verwenden). Ein paar Sekunden warten, bis die Probe ein bisschen abgekühlt ist. Wenn sie leicht fest wird oder 107°C auf dem Thermometer erreicht sind, ist die Creme fertig.
- Eine mittelgroße, hitzefeste Schüssel über einer anderen Schüssel mit zerstoßenem Eis und ein wenig Wasser bereithalten. Wenn der *dulce de leche* die gewünschte Konsistenz erreicht hat und zu einer glänzenden, cremigen, noch etwas flüssigen Soße geworden ist, in die vorbereitete Schüssel zum Auskühlen und Eindicken geben. Gut abgedeckt in einem Plastik- oder Glasgefäß bei Zimmertemperatur oder im Kühlschrank lagern. Hält sich monatelang.

ANHANG

BUCHTIPPS

Falls eine Länderküche Sie besonders inspiriert hat, finden Sie hier einige Buch-
tipps, die Ihnen helfen, sich ausführlicher mit einem Thema zu befassen. Wo es
deutsche Übersetzungen der empfohlenen Bücher gab, sind diese natürlich aufgeführt. Lassen Sie sich von den englischen Buchtiteln nicht abschrecken – sicher
gibt es zum gleichen Thema ein ähnlich gutes Kochbuch auf Deutsch. Zu manchen
Ländern gibt es deutlich mehr Literatur als zu anderen, aber vielleicht bieten gerade die weniger erforschten Küchen die größeren Abenteuer ...

Allgemeine Pflichtlektüre

Die folgenden vier Titel beschäftigen sich nicht mit einer bestimmten Länderküche, stammen aber alle von Autoren, die gern essen und kochen. Außerdem
bringen sie ihre Leser zum Lachen und waren für mich eine wichtige Inspiration –
daher also bitte die »Pflichtlektüre« nicht falsch verstehen. Eine derartige Liste
kann natürlich nie vollständig sein, aber die hier genannten Bücher sind meiner
Meinung nach ein guter Ausgangspunkt, wenn Sie Humor und die Liebe zu gutem
Essen zu schätzen wissen.

- Anthony Bourdain. *Geständnisse eines Küchenchefs: Was Sie über Restaurants nie wissen wollten.* München 2001.
- Laurie Colwin. *Home Cooking: A Writer in the Kitchen.* London 2012.
- Nigella Lawson. *How to Eat: The Pleasures and Principles of Good Food.* London 1998.
- Jeffrey Steingarten. *Der Mann, der alles isst: Aufzeichnungen eines Gourmets.* Berlin 2004.

Frankreich

- Xavier Marcel Boulestin. *Simple French Cooking for English Homes.* London 2011 (erstmals erschienen London 1923).
- Julia Child. *Mastering the Art of French Cooking.* London 1961.
- Elizabeth David. *French Provincial Cooking.* London 1960.
- Elizabeth David. *Küche von Cannes bis Kairo. Köstlichkeiten rund ums Mittelmeer.* Hamburg 1983.
- Auguste Escoffier. *Kochkunstführer: Hand- und Nachschlagebuch der klassischen französischen und der feinen internationalen Küche.* Frankfurt am Main 1998.

(Originalausgabe: *Le guide culinaire: Aide-mémoire de cuisine pratique*. Paris 1903).
- Richard Olney. *The French Menu Cookbook: The Food and Wine of France – Season by Delicious Season – in Beautifully Composed Menus for American Dining and Entertaining by an American Living in Paris and Provence*. Berkeley 1970.
- Stéphane Reynaud. *Vive la France! Das Kochbuch: 299 Rezepte aus dem Schlemmerparadies*. München 2009.
- Michel und Albert Roux. *French Country Cooking*. London 2011.
- Alice B. Toklas. *Das Alice B. Toklas Kochbuch*. Berlin 2011 (auf Englisch erstmals 1954 erschienen).

Spanien

- Colman Andrews. *Catalan Cuisine: Europe's last Great Culinary Secret*. London 1988.
- Sam und Sam Clark. *The Moro Cookbook*. London 2011.
- Sam und Eddie Hart, Nieves Barragán Mohacho. *Barrafina: A Spanish Cookbook*. London 2006.
- Simone Ortega, Inés Ortega und Javier Mariscal. *1080 Rezepte*. Berlin 2008.
- José Pizarro. *Spanish Flavours: Stunning Dishes Inspired by the Regional Ingredients of Spain*. London 2012.
- Claudia Roden. *Spanien: Das Kochbuch*. München 2012.
- Maria José Sevilla. *Spain on a Plate: Spanish Regional Cookery*. London 1992.

Portugal

- Miguel de Castro e Silva. *Recipes from my Portuguese Kitchen*. London 2013.
- Tessa Kiros. *Piri Piri: Die echte portugiesische Küche*. München 2012.
- David Leite. *The New Portuguese Table*. London 2010.

Italien

- Pellegrino Artusi. *Die klassische Kochkunst Italiens*. Stuttgart 2005.
- Bill Buford. *Hitze*. München 2008.
- Marcella Hazan. *Die klassische italienische Küche: 450 Rezepte von Marcella Hazan*. München 2010.
- Caz Hildebrand und Jacob Kenedy. *The Geometry of Pasta*. London 2011.
- Jacob Kenedy. *Bocca: Cookbook*. London 2011.
- Giorgio Locatelli. *Made in Italy: Das Kochbuch. Italienisch Kochen mit Giorgio Locatelli*. München 2013.
- Giorgio Locatelli. *Sizilien: Das Kochbuch*. München 2012.

- Russell Norman. *Die Venezianische Küche*. München 2013.
- *Der Silberlöffel*. Vollständige Neuausgabe, Berlin 2011.

Osteuropa

- Ruth Joseph und Simon Round. *Warm Bagels and Apple Strudel: Over 150 Nostalgic Jewish Recipes*. London 2012.
- Sharon Lebewohl und Rena Bulkin. *The 2nd Avenue Deli Cookbook*. London 1999.
- Silvena Rowe. *Kulinarisches Osteuropa*. München 2009.

England

- Isabella Beeton und Gerard Baker. *Mrs Beeton's How to Cook: 220 Classic Recipes Updated for the Modern Cook*. London 2011.
- Heston Blumenthal. *Historic Heston*. London 2013.
- Jane Grigson. *English Food*. London 1998.
- Fergus Henderson. *The Complete Nose to Tail: A Kind of British Cooking*. London 2012.
- Tom Kerridge. *Tom Kerridge's Proper Pub Food*. London 2013.
- Jamie Oliver. *Zu Gast bei Jamie: Die besten Rezepte aus dem Königreich*. München 2011.
- Nathan Outlaw. *Nathan Outlaw's British Seafood*. London 2012

Skandinavien

- Trina Hahnemann. *Die leichte Küche Skandinaviens: Von Jütland bis zum Nordkap*. Neustadt 2011.
- Signe Johansen. *Scandilicious: Secrets of Scandinavian Cooking*. London 2011.
- Signe Johansen. *Scandilicious Baking*. London 2012.
- Miisa Mink. *Zimtschnecken und Blaubeerkuchen: Die besten Backideen aus Skandinavien*. Stuttgart 2012.

Türkei

- Ghillie Basan. *Türkisch kochen*. Neustadt 2008.
- Claudia Roden. *Arabesque: 180 orientalische Rezepte*. München 2007.
- Rebecca Seal. *Istanbul: Recipes from the Heart of Turkey*. London 2013.
- Sevtap Yuce. *Turkish Flavours: Recipes from a Seaside Café*. London 2012.

Levante

- Helen Corey. *The Art of Syrian Cookery.* London 1993.
- Salma Hage. *Die libanesische Küche.* Berlin 2013.
- Anissa Helou. *Lebanese Cuisine.* London 2008.
- Anissa Helou. *Levant: Recipes and Memories from the Middle East.* London 2013.
- Greg und Lucy Malouf. *Arabesque: Modern Middle Eastern Food.* London 2007.
- Silvena Rowe. *Granatapfel, Sumach und Zitrusduft: Die schönsten Rezepte aus der orientalischen Küche.* München 2011.

Israel

- Janna Gur. *Die neue israelische Küche: Eine kulinarische Reise.* Neustadt 2007.
- Yotam Ottolenghi. *Jerusalem: Das Kochbuch.* München 2012.
- Claudia Roden. *Das Buch der jüdischen Küche: Eine Odyssee von Samarkand nach New York.* Wien 2012.
- Robin Soans, Claudia Roden und Cheryl Robson. *The Arab-Israeli Cookbook: The Recipes.* London 2004.

Iran

- Najmieh Batmanglij. *Food of Life: Ancient Persian and Modern Iranian Cooking and Ceremonies.* London 2011.
- Ariana Bundy. *Pomegranate and Roses: My Persian Family Recipes.* New York 2012.
- Margaret Shaida. *The Legendary Cuisine of Persia.* London 2000.

Indien

- Anirudh Arora und Hardeep Singh Kohli. *Food of the Grand Trunk Road.* London 2011.
- Madhur Jaffrey. *Madhur Jaffrey's Indian Cookery.* London 2002.
- Madhur Jaffrey. *Currys, Currys, Currys: Indisch – kreolisch – asiatisch.* München 2013.
- Pushpesh Pant. *Indien – Das Kochbuch: Das einzige Buch über die indische Küche, das Sie unbedingt besitzen sollten.* Hamburg 2012.
- Vivek Singh. *Cinnamon Kitchen: The Cookbook.* London 2012.
- Rick Stein. *Rick Stein's India.* London 2013.

Thailand

- Rosemary Brissenden. *South East Asian Food*. London 2011 (erstmals 1970 erschienen).
- David Thompson. *Thai Food*. München 2013.
- David Thompson. *Thai Street Food*. London 2010.

Vietnam

- Rosemary Brissenden. *South East Asian Food*. London 2011 (erstmals 1970 erschienen).
- Andrea Nguyen. *Into the Vietnamese Kitchen: Treasured Foodways, Modern Flavours*. London 2006.
- Luke Nguyen. *Vietnam – Das vietnamesische Kochbuch: Geschichten und Rezepte von Luke Nguyen*. München 2011.
- Charles Phan. *Vietnamese Home Cooking*. London 2012.

China

- Fuchsia Dunlop. *Sichuan Cookery*. London 2003.
- Fuchsia Dunlop. *Every Grain of Rice: Simple Chinese Home Cooking*. London 2012.
- Fuchsia Dunlop. *The Revolutionary Chinese Cookbook*. London 2006.
- Ken Hom. *Chinesisch kochen*. München 2003.
- Linda Lau Anusasananan. *The Hakka Cookbook: Chinese Soulfood from Around the World*. Berkeley 2012.
- Nicole Mones. *The Last Chinese Chef*. Boston 2008.

Korea

- Debbie Lee. *Seoultown Kitchen*. London 2011.
- Cecilia Hae-Jin Lee. *Eating Korean: From Barbecue to Kimchi, Recipes From My Home*. New York 2005.
- Young Jin Song. *The Food and Cooking of Korea*. Leicester 2008.

Japan

- Michael Booth. *Sushi and Beyond: What the Japanese Know About Cooking*. New York 2010.
- Yuki Gomi. *Sushi At Home: The Beginner's Guide to Perfect, Simple Sushi*. London 2013.

- Harumi Kurihara. *Japanisch kochen ganz easy.* München 2010.
- Shizuo Tsuji. *Original japanische Küche: Gekonnt zubereiten, elegant servieren.* München 1987.
- Takashi Yagihashi. *Takashi's Noodle Book.* London 2009.

Äthiopien

- Rachel Pambrun. *Ethiopian Cookbook: A Beginner's Guide.* Print on Demand 2012.
- Lydia Solomon. *How to Cook Ethiopian Food: Simple Delicious and Easy Recipes.* Print on Demand 2013.

Westafrika

- Dokpe L. Ogunsanya. *»My Cooking«: West African Cookbook.* Austin 1998.

Marokko

- Tess Mallos. *Die Küche Marokkos.* München 2010.
- Paula Wolfert. *The Food of Morocco.* London 2012.
- Paula Wolfert. *Moroccan Cuisine.* London 1998.

Kalifornien

- Anthony Myint und Karen Leibowitz. *Mission Street Food: Recipes and Ideas from an Improbable Restaurant.* San Francisco 2011.
- Jeremiah Tower. *California Dish: What I Saw (and Cooked) at the American Culinary Revolution.* New York 2004.
- Alice Waters. *Chez Panisse Cookbook.* London 1982.

Louisiana

- Elizabeth Begue. *Mme Begue's Recipes of Old New Orleans Creole Cookery.* New Orleans 2012.
- Rima Collin und Richard H. Collin. *The New Orleans Cookbook: Creole, Cajun and Louisiana French Recipes Past and Present.* New York 1987.
- Gwen McKee und Joseph A. Arrigo. *The Little New Orleans Cookbook: Fifty-Seven Classic Creole Recipes.* Brandon 1991.

Mexiko

- Diana Kennedy. *The Essential Cuisines of Mexico.* New York 2009.
- Thomasina Miers. *Mexikanisch kochen ganz einfach.* München 2011.
- Maricel E. Presilla. *Gran Cocina Latina.* New York 2012.
- Roberto Santibañez. *Tacos, Tortillas and Tamales: Flavours from the Griddles, Pots and Street-Side Kitchens of Mexico.* New York 2011
- Ivy Stark. *Dos Caminos Mexican Street Food.* New York 2011.

Karibik / Jamaika

- Lucinda Scala Quinn. *Lucinda's Authentic Jamaican Kitchen.* New York 2006.
- Levi Roots. *Cooking is Fun.* Köln 2011.
- Rita G. Springer. *Caribbean Cookbook.* London 1979.
- Helen Willinsky. *Jerk from Jamaica: Barbecue Caribbean Style.* London 2007.

Peru

- Flor Arcaya de Deliot. *The Food and Cooking of Peru.* London 2009.
- Martin Morales. *Ceviche: Peruanische Küche.* Köln 2014.
- Maricel E. Presilla. *Gran Cocina Latina.* New York 2012.
- Douglas Rodriguez. *The Great Ceviche Book.* London 2010.

Brasilien

- Alex Atala. *D. O. M.: Die neue brasilianische Küche.* Berlin 2013.
- Maricel E. Presilla. *Gran Cocina Latina.* New York 2012.
- Yara Castro Roberts und Richard Roberts. *The Brazilian Table.* Layton 2009.

Argentinien

- Lourdes Castro. *Latin Grilling: Recipes to Share, from Patagonian Asado to Yucatecan Barbecue and More.* London 2011.
- Maricel E. Presilla. *Gran Cocina Latina.* New York 2012.

REZEPTNACHWEIS

Loire-Tal: Umgedrehter Pflaumenkuchen © Eric Lanlard, aus: *Home Bake*, London 2010 Provence: Tapenade © Justin Myers Katalonien: Katalonischer Fischeintopf; Haselnusssuppe mit Haselnusskrokant und Eis © Rachel McCormack Nordspanien: Knoblauchgarnelen mit Spargel © José Pizarro, aus: *Seasonal Spanish Food*, London 2010 Zentralspanien: Zucchinicremesuppe; Tortilla © Javier Serrano Arribas Andalusien: Gazpacho © José Pizarro, aus: *Seasonal Spanish Food*, London 2010; Stockfischkroketten mit Sauce tartare © Nieves Barragán Mohacho Portugal: Stockfischbrühe © Nuno Mendes Latium: Kichererbsensuppe mit Pasta © Rachel Roddy; Frittierte ganze Artischocken © Jacob Kenedy, aus: *Bocca: Cookbook*, London 2011 Emilia-Romagna: Tagliatelle Bolognese © Jacob Kenedy, aus: *The Geometry of Pasta* mit Caz Hildebrand, London 2010 Kalabrien: Jakobsmuscheln mit 'Nduja; Scharfes Hühnchen Calabrese © Francesco Mazzei Sizilien: Schwertfisch aus Messina © Giorgio Locatelli, aus: *Made in Sicily*, London 2011 Osteuropa: Borschtsch © Emilia Brunicki; Bàbovka © Klara Cecmanova Türkei: Köfte aus Rindfleisch © Rebecca Seal, aus: *Istanbul: Recipes from the Heart of Turkey*, London 2013 Levante: Mansaf © Yotam Ottolenghi Israel: Hummus © Zac Frankel Iran: Huhn mit Berberitzen, Joghurt und Orangenschale; Lamm mit Kichererbsen, getrockneten Limetten und Auberginen; Tschelo-Reis © Pury Sharifi Nordindien: Rogan Josh © Anirudh Arora, aus: *Food of the Grand Trunk Road* mit Hardeep Singh Kholi, London 2011 Südindien: Kokosnuss-Fisch-Curry; Chicken Tikka aus dem Ofen mit Minz-Chutney; Bananenpfannkuchen mit Kokosnuss und Jaggery © Meera Sodha, aus: *Made in India*, London 2014 Vietnam: Rinder-*pho* © Hieu Trung Bui Westafrika: Ijes Eintopf © Ije Nwokerie Marokko: Hähnchen-Couscous © Paula Wolfert, aus: *Couscous and Other Good Food From Morocco*, New York 1987 Mexiko: Fruchtige Mole mit nur einer Chilisorte © Maricel E. Presilla, aus: *Gran Cocina Latina*, New York 2012 Brasilien: Eintopf aus Schwarzen Bohnen © Gizane Gampos; Garneleneintopf; kräftige Schokoladenmousse mit Kakao-Nibs © Samantha Aquim Argentinien: Gegrilltes Kronfleisch mit Chimichurri, Knoblauch und Tomaten © Diego Jacquet; Dulce de Leche © Maricel E. Presilla, aus: *Gran Cocina Latina*, New York 2012
Alle anderen Rezepte © Mina Holland

DANKSAGUNG

Ein großes Dankeschön geht zuallererst an meine drei großen »J« des Verlagswesens: Jenny Lord (eine Göttin unter den Lektorinnen), Jon Elek (den besten Agenten der Stadt) und Jamie Byng (König von Canongate). Vielen Dank, dass Ihr an mich und mein Buch geglaubt habt.

Mein Dank gilt außerdem den Mitarbeitern bei Canongate für all ihre Mühe, mit der sie mein Buch zum Leben erweckten: Natasha Hodgson, Vicki Rutherford und Rafi Romaya.

Bei der Arbeit an meinem Buch habe ich mit zahlreichen Koryphäen und Experten für Länderküchen und fürs Kochen allgemein gesprochen, die mir großzügig ihre Zeit, ihr Wissen und in vielen Fällen auch ihre Rezepte zur Verfügung stellten: Maria José Sevilla, José Pizarro, Rachel McCormack, Nieves Barragán Mohacho, Nuno Mendes, Jacob Kenedy, Russell Norman, Francesco Mazzei, Giorgio Locatelli, Rachel Roddy, Signe Johansen, Anissa Helou, Rebecca Seal, Yotam Ottolenghi, Pury Sharifi, Meera Sodha, Anirudh Arora, Hieu Trung Bui, Junya Yamasaki, John Devitt, Veronica Binfor, Paula Wolfert, Colman Andrews, Maricel Presilla, Martin Morales, Samantha Aquim, Herve Roy und Diego Jacquet.

Vielen Dank auch an ihre Assistenten, die mühevoll die Termine für sie und mich koordinierten: Gemma Bell, Hannah Norris, Zoe Haldane, Sarah Kemp, Clare Lattin, Lauryn Cooke, Anna Dickinson, Beau Limbrick, Rose McCullough, Kimberley Brown, Sophie Missing, Jean Egbunike, Charlotte Allen, Genevieve Sweet, Nicola Lando, Emma Daly und Caroline Craig.

Danken möchte ich auch meinen Freunden, die die verschiedensten Aufgaben übernahmen: Sie lasen mein Manuskript, lieferten mir Rezepte oder testeten sie für mich, leisteten mir beim Essen Gesellschaft und hielten mich bei Laune: Katharine Rosser, Sophie Andrews, Laura Brooke, Jessica Hopkins, Nick Carvell, Holly Jones, Petra Costandi, Ellie Davies, Gizane Campos, Harriet de Winton, Nick Taussig, Paul Van Carter, Javier Serrano Arribas, Zac Frankel, Brittany Wickes, Rebecca Gregory, Kate Willman, Sophie Mathewson, Charlotte Coats, Amy Baddeley, Katy Gault, Klara Cecmanova, Christian Holthausen, Georgia Frost, Doon Mackichan, Mary Myers, Justin Myers, Ann Boyer, Lara Boyer, Katia Boyer McDonnell, Emilia Brunicki, Deena Carter, Tony Carter, Claire Carter Scott, Meredith Sloane, Ije Nwokerie, Howard Josephs, Jonathan Harris, Laura Hirons, Jacqui Church, Kira Heuer, Janet Tarasofsky, Felicia Kozak und Lily Saltzberg. Vielen Dank für Eure Unterstützung und die positive Energie in den Situationen, in denen ich sie am meisten brauchte.

Ein weiteres Dankeschön gilt meinen Arbeitgebern und Kollegen bei *Observer Food Monthly* – Allan Jenkins, Gareth Grundy und Helen Wigmore – sowie dem ganzen Team bei *The Observer* für die tatkräftige Unterstützung.

Und zu guter Letzt danke ich meiner Familie, dem Holland-Clan und dem Cozens-Hardy-Clan, weil sie alle super Verwandte sind. Vor allem meinen Großmüttern, denen ich das Buch ja auch gewidmet habe: meiner »Food Granny« Jane, die in mir die Liebe zum Kochen (und zum guten und reichlichen Essen) geweckt hat, und meiner »Book Granny« Mavis, die vor ihrem Tod noch die Widmung sah. Meinem Bruder Max danke ich, weil er mich zum Lachen bringt, wenn ich es brauche. Frank danke ich, weil er sich geduldig alles anhörte und auf seinen Spaziergängen bestand, wodurch ich vom Computer wegkam. Und vor allem danke ich natürlich meinen unermüdlichen und brillanten Eltern. Ich danke Euch tausendmal. Ich liebe Euch alle.

REZEPTREGISTER

Salate

Suppen und Eintöpfe

ÜBER DIE AUTORIN

Mina Holland hatte nach ihrem Studium eine kurze Liaison mit der Werbung, bevor sie sich ihren eigentlichen Passionen widmete: dem Schreiben und Lesen, dem Reisen und dem Essen. Heute lebt sie in London und schreibt als Gastrokritikerin und Kulturjournalistin regelmäßig für den *Observer*. *Der Kulinarische Atlas* ist ihr erstes Buch.